客观事物原理

贾凤和 著

南开大学出版社

天 津

图书在版编目(CIP)数据

客观事物原理 / 贾凤和著. 一天津:南开大学出版
社,2014.10
ISBN 978-7-310-04627-0

Ⅰ.①客… Ⅱ.①贾… Ⅲ.①辩证唯物主义－研究
②宏观经济学－研究 Ⅳ.①B02②F015

中国版本图书馆 CIP 数据核字(2014)第 214135 号

南开大学出版社出版发行
出版人:孙克强
地址:天津市南开区卫津路 94 号　　邮政编码:300071
营销部电话:(022)23508339　23500755
营销部传真:(022)23508542　　邮购部电话:(022)23502200

*

天津泰宇印务有限公司印刷
全国各地新华书店经销

*

2014 年 10 月第 1 版　　2014 年 10 月第 1 次印刷
230×170 毫米　16 开本　29.5 印张　508 千字
定价:59.00 元

如遇图书印装质量问题,请与本社营销部联系调换,电话:(022)23507125

作者简介

贾凤和，男，南开大学教授。毕业于南开大学物理系。20世纪六七十年代曾在西安交通大学金属材料及强度研究所工作，从事优化模型研究。所参加的研究项目获1976年"全国科学大会奖"，1980年出版著作《生产管理与电子计算机——线性规划部分》。20世纪80年代初回到南开大学任教，开创数量经济研究。历任南开大学经济研究所数量经济研究室主任、南开大学经济研究所副所长、中国数量经济学会常务理事、中国数量经济学会学术委员会副主任、天津市人民政府咨询委员会第一届至第五届委员、天津市数量经济协会副理事长等。

1983年至1985年，参加中国国务院发展研究中心主持的中国哲学社会科学"六五"期间国家重点科研项目"2000年的中国"的研究，撰写的论文被采纳，圆满完成所承担的科研任务。该科研项目获1988年国家科技进步一等奖。

1984年，作者和当时中国社会科学院工业经济研究所副所长张宣三教授与天津市有关部门共同主持了"2000年天津市经济发展战略"的研究。

1985年，带领课题组采用作者设计的优化模型顺利完成大庆油田管理项目。1985年9月至1986年5月赴美国宾州州立大学做高级访问学者。1987年再次采用作者设计的优化模型完成辽河油田管理项目。

1987年获南开大学1986—1987年度教学质量优秀奖，1989年被评为南开大学校级优秀教师。

1990年8月20日《人民日报（海外版）》报道了作者在《南开学报》1990年第3期发表论文《社会主义条件下的经济周期波动》的消息，该论文在1996

年 1 月被选入《中国经济文库》。

所出版的专著《社会主义经济增长与经济波动》获 1991 年天津市社会科学优秀成果专著二等奖、南开大学经济学院优秀科研成果二等奖。

出版的著作还有《经济：增长与结构》、《宏观经济增长理论与决策》、《产业结构动态分析的理论、方法与模型》、《经济管理实用程序选》等。

序

能够正确认识客观事物，是一个人的能力、水平和良好道德修养的表现，也是在学习和工作中能够取得成就的前提。只有掌握正确的思维方法，并掌握一定的科学知识，才有可能正确认识客观事物。

唐朝诗人李白在描写庐山瀑布的壮观时写道："飞流直下三千尺，疑是银河落九天。"①该诗句被称为咏庐山瀑布的千古绝唱。李白不仅写出了庐山瀑布向下倾泻的磅礴气势，而且也展现出了豪迈的气概和激昂的情怀。读者感受到的不仅是诗人笔下对庐山瀑布气势奔放的浪漫生动的描绘，更为受益于李白诗句所展现的饱满热情、蓬勃精神和站在宇宙的高度洞察大自然的思维方法。

其他任何著作都是如此，在阐述具体内容的同时，也表述了一种精神和思维方法。本书希望读者受益的，不仅是书中所阐述的知识，更为重要的是力图让读者领悟到独立思考的思维方法和探索精神。"因为造就科学家的不是他之拥有知识、不可反驳的真理，而是他坚持不懈地以批判的态度探索真理"②，所以"被放在首要位置的永远应该是独立思考和判断的总体能力的培养"③，只有如此，才有可能对复杂的客观事物有正确的认识。

然而要真正做到这一点，就要求所阐述的具体内容必须具有一定的深度和广度，而且对内容的阐述是系统的、逻辑严谨的、以事实为依据的，让读者感知到"必须确切知道他是怎么能够确信它们都是现成存在着的事实。并且……必须能够把他达到这个确信的过程告诉别人"④。因此要求所阐述的内容本身要具有一定的开创性，要求阐述的过程"实际上就是对这些事实之为事实的论证"⑤，才能

---

① 景春选注. 李白诗选. 望庐山瀑布. 中华书局，2005 年: 13
② [英] 卡尔·波普尔. 查汝强，邱仁宗译. 科学发现的逻辑. 科学出版社，1986 年: 245
③ [美] 爱因斯坦. 方在庆等译. 爱因斯坦晚年文集. 论教育. 海南出版社，2000 年: 37
④ [德] 费希特. 王玖兴译. 全部知识学的基础. 商务印书馆，1986 年: 140
⑤ [德] 费希特. 王玖兴译. 全部知识学的基础. 商务印书馆，1986 年: 140

让读者在了解一定的科学知识的同时领悟到正确的思维方法。

本书分为三篇，共二十五章，所涉及的知识具有一定的广度，融会了众多学科的知识，引述的中外名著数以百计，涉及人类几千年的发展史，包括经济、历史、文化、社会、科技、军事等方面的知识。特别是对物理、哲学和经济方面的知识做了系统的、具有一定深度和一定开创性的阐述。

事实是科学的基础，本书第一篇"自然运动原理"概述了人类对大自然运动规律的认识。大自然运动规律是客观存在的事实，但是人类对大自然运动规律的描述并不等于实际存在着的大自然运动规律。比如，中国有著名的庐山，著名画家张大千（1899—1983）用绘画的方式来描述庐山，他的作品《张大千庐山图》现珍藏在中国台北故宫博物院。然而，大自然中的庐山与《张大千庐山图》中所展现的庐山则是完全不同的两回事。

"假如我们来考察一下：为什么有许多人尽管渴望并追求真理，而仍旧学不好科学，那么我们就会发现一个本质的、主要的、普遍的原因，那就是他们都不了解科学，也不了解要从它那里得到些什么。"[①] 物理学是对大自然运动规律的描述，虽然"物理书中充满了复杂的数学公式。但是所有的物理学理论都是起源于思维与观念，而不是公式"[②]。所以第一篇"自然运动原理"概述的是物理学的思维与观念，让人们了解人类对大自然运动规律的认识过程。因为了解大自然运动规律是人类认识事实，正确认识客观事物的基础。

大自然运动规律不依人类的意愿而改变，人类在探索大自然运动规律的过程中认识到，"并非每一个判断本身都能够建立在简单的感官观察或作为'直观的'判断的图像的基础上"[③]。古希腊哲学家、科学家亚里士多德（Aristotel，公元前384—公元前322）观察到"同样的星体总是在大地同样的位置上升起和下落"[④]，于是提出"地心说"："大地的中心在宇宙的中心之中。"[⑤] 亚里士多德对星体的表述是客观的，但是他的结论却与事实不相符，对客观事物没有给出正确的认识。

直到 1800 年以后，波兰的现代天文学创始人哥白尼（Nicolaus Copernicus，1473—1543）提出了"日心说"："通过行星所表现出来的地球运动。最后，我们

① [俄] 赫尔岑. 李原译. 科学中华而不实的作风. 论文一. 商务印书馆, 1981 年: 9

② [美] 爱因斯坦, 利·英费尔德. 周肇威译. 物理学的进化. 上海科学技术出版社, 1962 年: 201

③ [奥] 恩斯特·马赫. 李醒民译. 认识与谬误. 华夏出版社, 2000 年: 119

④ 苗力田主编. 徐开来译. 亚里士多德全集. 第二卷. 论天. 中国人民大学出版社, 1997 年: 347

⑤ 苗力田主编. 徐开来译. 亚里士多德全集. 第二卷. 论天. 中国人民大学出版社, 1997 年: 347-348

认识到太阳位于宇宙的中心。"[①]人类这才认识到，客观的表述并不一定就可以得出与事实相符的结论，没有正确的思维方法就不能正确地认识客观事物。因为"凭直觉的推理方法是不可靠的……根据直接观察所得出的直觉的结论不是常常可靠的，因为它们有时会引到错误的线索上去"[②]。意大利物理学家伽利略（Galileo Galilei，1564—1642）道出了其中的缘由："任何可以归之于地球本身的运动，只要我们始终看着地球上的事物，必然是我们觉察不到的，就好像是不存在一样。"[③]"伽利略的发现以及他所应用的科学的推理方法是人类思想史上最伟大的成就之一，而且标志着物理学的真正开端"[④]，实际上伽利略讲的是"在地球上进行的实验，决不能揭示出地球的任何平移运动"[⑤]。"伽利略对科学的贡献就在于毁灭直觉的观点而用新的观点来代替它。这就是伽利略的发现的重要意义。"[⑥]德国哲学家黑格尔（Georg Wilhelm Friedrich Hegel，1770—1831）很风趣地讲："假使物理学仅仅基于知觉，知觉又不外是感官的明证，那么物理学的行动就似乎仅仅在于视、听、嗅等等，而这样一来，动物也就会是物理学家了。"[⑦]

物理学两千多年的发展历史已经证实，对事物的客观表述并不一定与客观存在的事实相符。而事实是科学的基础；科学是对存在着的事物的规律性的描述，必须与事实相符。所以科学研究不能仅基于知觉，更要有哲学的思维，"如果把哲学理解为在最普遍和最广泛的形式中对知识的追求，那么，显然，哲学就可以被认为是全部科学研究之母"[⑧]。英国科学家牛顿（Isacc Newton，1643—1727）之所以能够建立经典力学，取得如此辉煌的成就，其原因之一是他用正确的哲学思维指导科学的探索，并归纳出四条规则，写在他的名著《自然哲学的数学原理》第三篇"哲学中的推理规则"中[⑨]。正如英国哲学家卡尔·波普尔（Sir Karl Raimund Popper，1902—1994）的评价："唯有独创精神才能迈出这一步。"[⑩]而要做到这

① ［波兰］哥白尼. 叶式辉译. 天体运行论. 第一卷. 陕西人民出版社，武汉出版社，2001 年：28-29
② ［美］爱因斯坦，利·英费尔德. 周肇威译. 物理学的进化. 上海科学技术出版社，1962 年：4
③ ［意］伽利略. 上海外国自然科学哲学著作编译组译. 关于托勒密和哥白尼两大世界体系的对话. 上海人民出版社，1974 年：149
④ ［美］爱因斯坦，利·英费尔德. 周肇威译. 物理学的进化. 上海科学技术出版社，1962 年：4
⑤ ［美］爱因斯坦. 许良英，范岱年编译. 爱因斯坦文集. 第一卷. 理论物理学的原理. 商务印书馆，1976 年：77
⑥ ［美］爱因斯坦，利·英费尔德. 周肇威译. 物理学的进化. 上海科学技术出版社，1962 年：5-6
⑦ ［德］黑格尔. 梁志学等译. 自然哲学. 导论. 商务印书馆，1986 年：9
⑧ ［美］爱因斯坦. 许良英，范岱年编译. 爱因斯坦文集. 第一卷. 物理学、哲学和科学进步. 商务印书馆，1976 年：519
⑨ ［英］牛顿. 王克迪译. 自然哲学的数学原理. 陕西人民出版社，武汉出版社，2001 年：447-449
⑩ ［英］卡尔·波普尔. 舒炜光等译. 客观知识. 上海译文出版社，1987 年：213

一点，"想要站在科学的最高峰，就一刻也不能没有理论思维"①。

本书第二篇"理论思维原理"，以事实为依据，系统阐述了认识客观事物的哲学思维及追求知识的思维方法，通过引用大量的科学知识和历史事件来阐明如何独立思考和判断客观的表述是否与事实相符，并阐述了科学哲学所关注的问题。"在这里只有理论思维才能有所帮助"②，正如法国哲学家、物理学家和数学家勒奈·笛卡尔（Rence Descartes, 1596—1650）所讲："研究的目的，应该是指导我们的心灵，使它得以对于[世上]呈现的一切事物，形成确凿的、真实的判断。"③

在第一篇和第二篇所阐述的思维、观念和方法的基础上，将独立思考的思维方法和探索精神应用到经济研究中。本书的第三篇"财富增长原理"阐述了对社会财富增长规律的认识，系统讨论了如何开创性地创建财富增长模型，如何将创建的财富增长模型应用于中国宏观经济决策和现实经济问题的研究。

第三篇"财富增长原理"的内容涉及经济理论。经济理论是一门科学，科学是以事实为基础的，经济的事实是以概念和数据来体现的，这就决定了经济理论的研究以概念和对经济数据的定量分析为基础。而且，"科学法则的一个特征，是它们与现实相关联……在这方面，经济学的命题与所有其他科学的命题完全一致"④。经济研究与现实相关联，意味着经济研究必须解决现实的经济问题。而现实经济的事实是以概念和数据来体现的，所以要求解决现实经济问题的方法必须是经济概念下的定量分析方法，也就是依据经济理论构建经济模型，并由经济模型得出具有规律性的推论，以此来解决现实经济问题。经济研究属于社会科学，"社会科学所要解决的问题比各种自然科学问题复杂得多；同时，这种问题需要良心正如需要理智一样"⑤，研究经济规律解决现实经济问题需要有良好的道德修养，需要有独立思考、判断的能力和勇于探索的精神。

第三篇"财富增长原理"，首先概述了社会财富增长的原理性理论。社会财富增长的原理性理论是社会财富增长必须遵从的限制性理论，并据此创建财富增长模型。正如爱因斯坦在《关于广义引力场》一文中指出的："广义相对性原理对理

① 马克思恩格斯全集. 第二十卷. 自然辩证法. 人民出版社, 1971 年: 384

② 马克思恩格斯全集. 第二十卷. 自然辩证法. 人民出版社, 1971 年: 382

③ [法]笛卡尔. 管震湖译. 探求真理的指导原则. 原则一. 商务印书馆, 1991 年: 1

④ [英]莱昂内尔·罗宾斯. 朱泱译. 经济科学的性质和意义. 商务印书馆, 2000 年: 87

⑤ [瑞士]西斯蒙第. 何钦译. 政治经济学新原理. 第二版. 序. 商务印书馆, 1983 年: 13

论的可能性加以极其严格的限制。要是没有这种限制性的原理，实际上任何人都不可能找到引力方程。"①在系统阐述如何创造性地构建起四个功能不同的财富增长模型的思路和过程后，书中进一步阐述了由创建的财富增长模型得出具有规律性的推论的全过程。

对于自然规律，"只有认定我们面前有一种不会改变的规则性时，我们才谈得到'自然规律'；如果我们发现它变了，我们就不会再叫它是'自然规律'了"②。经济规律与自然规律具有同样的特性，"经济规律是客观的、不以人们意志为转移的"③。英国经济学家亚当·斯密（Adam Smith，1723—1790）把发现的经济规律描述为"看不见的手"④、"一只无形的手"⑤。对此，第三篇做了专门的论证，用数理论证的方法证实，确实存在他在《国富论》中提出的与人的主观愿望无关的"一只无形的手"。亚当·斯密为人类认识客观存在的经济规律做出了不可磨灭的贡献。数理论证表明，德国经济学家、哲学家、政治家卡尔·马克思（卡尔·亨利希·马克思 Karl Heinrich Marx, 1818—1883）客观上使亚当·斯密的描述量化为社会财富增长的必要条件，成为宏观经济定量分析不可违背的原理，亦是构建财富增长模型不可违背的原理。

创建了财富增长模型、论证了经济规律、得出了具有规律性的推论后，还需要做两项工作，才能将其应用于解决宏观经济的实际问题。第一项工作是对创建的财富增长模型和推导出的具有规律性的推论进行检验，就像要建造一座大桥，在设计完成之后需要先做一个模型进行测试和验证一样；第二项工作是去掉财富增长模型中对关键因素的理想性假设，使其与现实经济更加接近，给出财富增长模型的实际应用表达式及经济效益提高的判据。第三篇对此做了系统的阐述，这样就可以着手解决宏观经济决策等现实经济问题。

1983 年至 1985 年，笔者参加了中国国务院发展研究中心承担的中国哲学社会科学"六五"期间国家重点科研项目"2000 年的中国"的研究。笔者应用所创建的社会财富增长模型以及相关理论研究中国宏观经济决策，所撰写的论文被采纳，圆满完成所承担的科研任务，该科研项目获 1988 年国家科技进步一等奖。在

① [美] 爱因斯坦. 许良英，范岱年编译. 爱因斯坦文集. 第一卷. 商务印书馆，1976 年: 505
② [英] 卡尔·波普尔. 傅季重，纪树立，周昌忠，蒋戈为译. 猜想与反驳. 上海译文出版社，1987 年: 80
③ 夏征农主编. 辞海. 1999 年版普及本. 上海辞书出版社，2000 年: 3308
④ [英] 亚当·斯密. 蒋自强，钦北愚，朱钟棣，沈凯璋译. 道德情操论. 第四卷. 商务印书馆，2003 年: 230
⑤ [英] 亚当·斯密. 唐日松译. 国富论. 第四篇. 华夏出版社，2004 年: 327

第三篇中，全文转载了笔者在"2000 年的中国"科研项目中的研究论文。

此外，第三篇中还全文转载了笔者应用所创建的社会财富增长模型及相关理论，研究中国现实经济问题的较有影响的两篇论文。其中之一是作者在《南开学报》1990 年第 3 期发表的论文《社会主义条件下的经济周期波动》，1990 年 8 月 20 日《人民日报（海外版）》对该论文的发表做了报道，该论文 1996 年被选入《中国经济文库》。

第三篇不仅对已发表和获奖的研究成果做了系统性的阐述，还依据所创建的财富增长模型推导出了未来可能出现的经济规律，应用演绎的方法对未来经济繁荣条件下的财富增长加速现象进行了论证，并论述了实现财富加速增长的可能性和方法。

美国经济学家克拉克（约翰·贝次·克拉克 John Bates Clark, 1847—1938）讲："一个社会的财富，是由各种各样的物品所组成的。"[①]物品的生产是社会财富增长的基础，如何能够消耗相对较少的资源而获得相对较多的财富，即获得相对较多的商品，这也是现实经济中需要解决的问题。大家都知道，可以应用优化的方法来解决这个问题，但是理论和实践都已经证实：应用一定的优化方法可以解决局部的优化问题，能够使局部达到最优。然而，诸局部最优加起来并不等于整体最优，只有在局部最优的基础上再次进行优化，才能达到整体最优。第三篇的最后一章阐述了达到整体最优的计算方法，并用模拟的例子给出了整体优化计算的全过程，该优化方法应用到中国企业管理的实际计算。

三十多年来，中国经济取得了令世界瞩目的发展成就，这绝不是偶然的。在 20 世纪 80 年代初期，中国有大批学者转向数量经济研究，他们克服各种困难，用定量分析的方法研究中国宏观经济的决策和企业的管理。1982 年在西安召开了中国数量经济学会第一届全国学术研讨会。中国的各级领导对数量经济的研究给予了重视，有的官员本身就是学者，如担任十二届全国政协副主席、中国人民银行行长的周小川当时就参加了国家重点科研项目"2000 年的中国"的研究[②]。

中国经济学家马洪（1920—2007），曾任中国社会科学院院长、国务院副秘书长、国务院发展研究中心主任，主持了"2000 年的中国"科研项目的研究。在为《中国经济的发展与模型》一书撰写的序中他写道：

---

① ［美］克拉克. 陈福生，陈振骅译. 财富的分配. 商务印书馆，1981 年：282
② 国务院经济技术社会发展研究中心编. 中国经济的发展与模型. 编者的话. 中国财政经济出版社，1990 年

　　高瞻远瞩是运筹帷幄的基础，没有科学的预见，就谈不上领导。……掌握客观经济规律，便是我们进行正确决策的前提。……宏观经济模型的研制和应用，是进行经济分析和预测工作的重要手段。……特别是在"2000 年的中国"的研究中，应用了大规模的系统研究，形成了我国的宏观模型体系。宏观经济模型的使用，标志着我国宏观决策研究达到了一个新的水平。

　　在"2000 年的中国"的研究基础上，整理出系统的政策建议，得到了国务院领导的重视，不少建议得到采纳。应用宏观经济模型进行的"2000 年的中国"研究，为国务院各级领导的决策，为各地区各部门的决策，提供了一部分科学依据。宏观经济模型的应用，在我国决策科学化的过程中，将发挥出很大的作用。[①]

　　"2000 年的中国"项目研究已经过去整整三十年，中国的经济发展已经实现并超过了当时的研究目标。笔者作为"2000 年的中国"研究的参与者，以两千多年科学发展的事实及众多学科知识为基础，把爱因斯坦所讲的"独立思考和判断的总体能力"放在首位，从思维、观念和方法谈起，对研究社会财富增长理论、创建财富增长模型及其在中国宏观经济决策等经济问题中的实际应用，做了系统的阐述。书中论述了财富增长理论模型的创造、构建，并依据这一理论模型给出了经济增长合理区间的上下限、均衡增长率等经济规律的数理论证及相应的计算公式，并展示其应用于解决中国实际经济问题的全过程，再现了笔者参加 1983 年国务院发展研究中心承担的中国哲学社会科学"六五"期间国家重点科研项目"2000 年的中国"研究的真实情况。这从一个侧面见证了创造性构建经济增长模型及相关理论在中国经济发展过程中所发挥的作用。

　　2013 年 7 月 10 日《人民日报》报道：中国国务院总理"李克强主持召开部分省区经济形势座谈会时强调：宏观调控要立足当前、着眼长远，使经济运行处于合理区间，经济增长率、就业水平等不滑出'下限'，物价涨幅等不超出'上限'。在这样一个合理区间内，要着力调结构、促改革，推动经济转型升级"。

　　自然科学的研究成果能够得到实践的证实，不是一件容易的事情；经济理论研究能够得到实践的证实，就更加不容易。中国三十多年经济发展的事实表明，在三十多年前创建并付诸实际应用的经济理论模型能够解决现实经济问题。可以

① 国务院经济技术社会发展研究中心编. 中国经济的发展与模型. 序. 中国财政经济出版社,1990 年

说，这部著作是笔者对 1983 年国务院发展研究中心承担的中国哲学社会科学"六五"期间国家重点科研项目"2000 年的中国"研究三十周年的纪念。也希望读者在了解众多学科知识的同时，领悟到独立思考、正确认识客观事物的思维方法和探索精神，以助于增强自身能力、提高解决实际问题的水平和修养。

研究经济理论的意义，并不在于所提出的理论能够被现实经济所证实，而在于所提出的理论能够解决现实的经济问题，更在于所提出的理论能够为未来经济的发展提供有规律性的决策依据。

英国经济学家莱昂内尔·罗宾斯（Lionel Robbins, 1898—1984）讲："经济规律描述的是必然的关系。如果它们所假设的条件是给定的，则必然会出现它们所预测的结果。"[①]本书第三篇依据所创建的财富增长模型，用数理论证的方法指出：现实的社会财富增长，是在生产资料的资本收益率相对较低的情况下，依靠大量消耗生产资料来保持的。大量消耗生产资料等同于大量消耗自然界蕴藏的物质资源，而自然界蕴藏的物质资源是有限的，且很多是不可再生的，所以，不能说现实的社会财富增长情况是合理的。在第三篇，依据所创建的财富增长模型，推导出了未来可能出现的经济规律，用数理论证的方法指出：如果能够依靠科学技术的进步和管理水平的提高，提升实体加工制造业的能力和水平，充分合理地利用资源，促进生产资料剩余价值率提高，从而提高生产资料的资本收益率，与此同时，控制消费商品的剩余价值率，那么社会财富的增长就会与现实情况大不一样，就有可能导致生产资料商品的资本有机构成小于消费商品的资本有机构成、生产资料商品的资本收益率大于消费商品的资本收益率，并保持较高的产业结构比。这就有可能实现在消耗相对较少资源的情况下，创造更多的社会财富，进入到《资本论》第二卷所描述的"资本主义生产已经有了显著的发展"[②]的经济繁荣阶段，从而出现社会财富加速增长的现象。

对于第三篇依据所创建的财富增长模型推导出的经济规律，可以通俗概括地解释为：如果能够在提高技术和管理水平的条件下，提高实体加工制造业的能力和水平，促进生产资料利用率和利润率的提高，同时运用新型销售模式和金融监管方法，控制住消费商品及金融服务等中间环节的利润率，改变现实经济中生产

---

① ［英］莱昂内尔·罗宾斯. 朱泱译. 经济科学的性质和意义. 商务印书馆, 2000 年: 100

② ［德］卡尔·马克思. 资本论. 第二卷. 第三篇. 第二十一章. 人民出版社, 2004 年: 579

资料商品的资本收益率小于消费商品的资本收益率的情况，就有可能在有效保护和利用自然界蕴藏的物质资源的情况下，创造更多的社会财富，实现社会财富加速增长。这应当是社会财富增长的合理情况，也是未来经济的发展方向。

贾凤和

写于南开大学

2013 年 12 月 25 日

目　录

第二篇　理论思维原理

绪　论

本书从目录上看有三部分内容，第一篇"自然运动原理"涉及的是物理学，第二篇"理论思维原理"涉及的是哲学，第三篇"财富增长原理"涉及的是经济学。有人不免会产生疑问：物理、哲学和经济学，它们之间存在什么样的关系？这本书将要阐述什么内容？这正是"绪论"要说明的问题。

可以明确地说，物理、哲学和经济学之间存在着紧密而不可分割的关系。

物理学是研究大自然运动规律的科学，大自然是客观存在的物质世界，在还没有人类之前，大自然就已经客观地存在着，并且按照大自然的运动规律在永恒地运动。人类的存在与大自然的存在相比是极其短暂的。"人类祖先在距今约35000 年时终于完成了自己的整个进化过程，而转变为人类——'能进行思维的人类'。"[①]语言是对思维的表达，"语言能力是动物和人智力区别最明显的标志"[②]，"很明显，正是由于语言，人的智力才获得了产生和识别高级抽象观念的能力"[③]。

由于能够进行思考，有了抽象能力，通过语言来表达和交流，人类才能够对大自然进行探索。古希腊哲学家、科学家亚里士多德（Aristotel，公元前 384—公元前 322）撰写《物理学》是在公元前 4 世纪，当时对大自然运动规律的认识还很肤浅，认为"大地的中心在宇宙的中心之中……而且是不能被运动的"[④]，显见，人类对大自然运动规律的描述和大自然客观存在着的运动规律是完全不同的两回事。

"我们也不能忽略自然科学是由人建立起来的这个事实"[⑤]，人类进行思维，运用抽象和概念，通过分析、综合和逻辑推理来描述大自然的运动规律。而人的

---

① [美] L. S. 斯塔夫里阿诺斯. 吴象婴，梁赤民译. 全球通史——1500 年以前的世界. 上海社会科学院出版社，2000 年: 66
② [英] E. B. 泰勒. 连树声译. 人类学. 上海文艺出版社，1993 年: 45
③ [英] E. B. 泰勒. 连树声译. 人类学. 上海文艺出版社，1993 年: 46
④ 苗力田主编. 徐开来译. 亚里士多德全集. 第二卷. 论天. 中国人民大学出版社，1997 年: 347-348
⑤ [德] W. 海森伯. 范岱年译. 物理学和哲学. 商务印书馆，1981 年: 41

思维是与物质世界并存的精神世界，运用抽象和概念，以及分析、综合和逻辑推理等思维方法属于哲学的范畴。"你是什么样的人，你便选择什么样的哲学"①，也就是说，不同的人选择不同的哲学，即选择不同的思维方法，对大自然的客观现象就会有不同的描述。"事实上，每一个哲学家都拥有他自己的私人科学观，每一个科学家拥有他的私人哲学。"②实际上，即使是客观的、不带个人主观偏见的表述，所表达的对客观事物的认识也并不一定与客观存在的事实相符。亚里士多德的表述"同样的星体总是在大地同样的位置上升起和下落"③是客观的，但他提出"地心说"，认为"大地的中心在宇宙的中心之中"④，却与客观存在的事实不相符，这与表述者的思维方法有关。

事实是科学的基础，物理学作为一门科学，必须以事实为基础，而只有正确的思维方法才能使对客观事物的表述与客观存在的事实相符，也就是说，物理学作为一门科学离不开哲学。"自从十六、十七世纪以来，与科学基本概念密切联系的哲学观念的发展，成为自然科学巨大发展的前驱，并相互影响。"⑤有的科学家认为，哲学，像数学、形式逻辑一样，也只是对物理研究有用的一种工具。实际上，哲学对物理研究而言并不只是一种工具，只有在正确哲学思维的指导下，物理学作为一门科学才能够发展，如现代物理学的开创者和奠基人爱因斯坦（Albert Einstein，1879—1955）所讲："如果把哲学理解为在最普遍和最广泛的形式中对知识的追求，那么，显然，哲学就可以被认为是全部科学研究之母。"⑥

物理学是研究大自然运动规律的科学，经济学是研究经济运行规律的科学。"社会和经济的规律相当于较为复杂和较不精确的自然科学的规律"⑦，"自然科学不单单是描述和解释自然；它也是自然和我们自身之间相互作用的一部分"⑧。经济学作为社会科学更是如此，经济现象是客观存在的经济规律与人的行为相互作用的表现。所以，经济理论研究首先要去除经济现象中人的行为作用的影响，就像物理学研究大自然的运动规律一样，运用抽象和概念，通过分析、综合和逻

---

① [苏联] 阿尔森·古留加. 贾泽林等译. 康德传. 商务印书馆, 1992年: 45

② [奥] 恩斯特·马赫. 李醒民译. 认识与谬误. 华夏出版社, 2000年: 10

③ 苗力田主编. 徐开来译. 亚里士多德全集. 第二卷. 论天. 中国人民大学出版社, 1997年: 347

④ 苗力田主编. 徐开来译. 亚里士多德全集. 第二卷. 论天. 中国人民大学出版社, 1997年: 347-348

⑤ [德] W. 海森伯. 范岱年译. 物理学和哲学. 商务印书馆, 1981年: 39

⑥ [美] 爱因斯坦. 许良英, 范岱年编译. 爱因斯坦文集. 第一卷. 物理、哲学和科学进步. 商务印书馆, 1976年: 519

⑦ [英] 马歇尔. 朱志泰译. 经济学原理. 上卷. 商务印书馆, 1964年: 50

⑧ [德] W. 海森伯. 范岱年译. 物理学和哲学. 商务印书馆, 1981年: 41-42

辑推理等思维方法研究客观存在的经济规律；然后再研究客观存在的经济规律与人的行为相互作用的结果，以指导对实际经济问题的解决。所以，经济理论研究既离不开哲学，也离不开物理、数学等自然科学。"自从培根以来，我们已认识到没有一种科学能单独地把其所研究的各种事物探讨到底而必须在这里或那里停下来让姐妹科学作进一步的探讨。所以全面性的解释，只能用各种科学的总和来求得。"①

"我国著名经济学家孙冶方同志生前曾写过一篇名叫'要懂得经济必须学点哲学'的文章，对经济学和哲学的关系作了很透彻的论述。他指出：经济理论研究工作者要懂得经济，必须先学点哲学；如果不懂得点哲学，就不可能真正了解经济学。由于哲学是探索经济规律的向导，是打开经济学宝库的钥匙。因此，广大经济理论研究工作者必须把对经济理论问题的探讨同对哲学的思考和运用结合起来，认真学点哲学。"②

客观事实也说明了经济学与哲学以及物理学等自然科学存在着紧密的联系。"哲学与经济学在古代、近代就有着密切的关系，哲学对经济学的思想演化发展有着重要的启迪、调节和引导作用。在近代，许多哲学家如穆勒同时又是经济学家，对古典经济学的发展作出了实质性的贡献。进入本世纪后，随着科学哲学从逻辑主义向历史主义及后现代主义的发展和经济学从新古典向新古典综合及现代的发展，科学哲学以自己在方法论原则和科学理论评价标准上的独特的优势，对经济学的思想创新、基本假设、基本原理的形成，理论体系的检验评价等问题产生了深层次的影响，卓有成效地推进了西方经济学基础和思想概念的现代发展。……马歇尔1890年出版的巨著《经济学原理》完成了对其实证研究的集成，瓦尔拉斯从数学上严格证明了市场机制的一般均衡。新古典学派以力学和物理学方法为模式，坚持逻辑分析和经验实证研究，强调命题的可证实性和可观察性，把经济学看成一个归纳—演绎系统和公理体系，以自利和追求最大化的'经济人'假设为前提，利用微分（边际）方法，实证研究了个人的消费行为、商品的边际效用、需求、供给价格弹性等，建立了实证化、逻辑化、公理化、系统化的新古典（微观）经济学理论，结束了古典经济学的前科学阶段，标志着西方经济学的成熟和真正的科学化。"③

从诺贝尔经济学奖获得者的知识背景也可以看出经济学与哲学、物理、数学

---

① [奥] 庞巴维克. 陈端译. 资本实证论. 商务印书馆, 1983年: 44

② 邱兆祥. 经济学与哲学. 新疆社会经济, 1991年（2）: 42

③ 杨建飞. 科学哲学对西方经济学思想发展演化的影响. 哲学动态, 2002年（1）: 15

的紧密联系。本世纪十多年中，几乎每年都有知识背景是哲学、物理或数学的学者获得诺贝尔经济学奖：

2000 年诺贝尔经济学奖获得者，丹尼尔·麦克法登（Daniel L. McFadden），首先在物理系获得学士学位；

2001 年诺贝尔经济学奖获得者，迈克尔·斯宾塞（A. Michael Spence），首先获得哲学学士学位，又获数学硕士学位；

2002 年诺贝尔经济学奖获得者，丹尼尔·卡内曼（Daniel Kahneman），首先获心理学与数学学士学位；

2003 年诺贝尔经济学奖获得者，罗伯特·恩格尔（Robert F. Engle），毕业于物理学专业，随后又获得物理学硕士学位；

2004 年诺贝尔经济学奖获得者，爱德华·普雷斯科特（Edward C. Prescott），首先获数学学士学位；

2005 年诺贝尔经济学奖获得者，罗伯特·约翰·奥曼（Robert John Aumann），首先获得数学学士学位，又获得数学博士学位；

2007 年诺贝尔经济学奖获得者，埃里克·马斯金（Eric S. Maskin），曾获应用数学博士学位；

2009年诺贝尔经济学奖获得者，奥利弗·伊顿·威廉姆森（Oliver Eaton Williamson），首先获得工商管理硕士学位，后又获得哲学博士学位；

2010 年诺贝尔经济学奖获得者，彼得·戴蒙德（Peter Diamond），首先获得数学学士学位；

2011 年诺贝尔经济学奖获得者，克里斯托弗·西姆斯（Christopher A. Sims），首先获得数学学士学位；

2011 年诺贝尔经济学奖获得者，托马斯·萨金特（Thomas J. Sargent），首先获得文学学士学位，又获哲学博士学位；

2012 年诺贝尔经济学奖获得者，埃尔文·罗斯（Alvin E. Roth），毕业于运筹学专业；

2012 年诺贝尔经济学奖获得者，罗伊德·沙普利（Lloyd S. Shapley），首先获得数学学士学位。

　　这些诺贝尔经济学奖获得者的受教育经历与知识背景，不仅表明经济理论研究与哲学以及物理学等自然科学存在着紧密的联系，同时也反映了一种内在的共性，即经济理论研究与自然科学研究一样，最为关键的是指导研究的思维方法。

　　"一个民族想要站在科学的最高峰，就一刻也不能没有理论思维。"[①]对于一个民族而言，不能没有理论思维；对于一个学科的研究而言，也是如此，要想站在学科的最高峰，就一刻也不能没有理论思维。

　　理论思维至少有两个特点：其一，能够称之为理论，它必须以事实为基础，必须是系统性的阐述，所以理论思维应当是以事实为基础的系统性思维。其二，理论思维属于哲学范畴，是指导科学研究的思维方法；思维属于精神世界，与物质世界并存，因此对理论思维的阐述不能脱离物质世界客观存在的规律。阐述理论思维，就要以事实为基础，做到"必须确切知道他是怎么能够确信它们都是现成存在着的事实。并且人们就必须能够把他达到这个确信的过程告诉别人，而把他的确信告诉别人，实际上就是对这些事实之为事实的论证"[②]；要阐述理论思维，就要在对物质世界客观规律的描述中系统地阐述认识客观事物的思维方法。

　　物理学是研究大自然运动规律的科学，是人类最早研究并被广泛了解和关注的一门科学，也是人类认识客观事物的基础。人类在探索大自然运动规律的过程中实现思维的发展并形成相应的概念。所以，本书的第一篇"自然运动原理"通过阐述物理学对大自然运动规律的描述，概述人类认识客观事物的思维与概念的发展过程，以作为第二篇的基础。第二篇"理论思维原理"，则是以对物质世界客观规律的描述为基础，系统地阐述了认识客观事物的思维方法。把前两篇阐述的概念和思维方法应用到经济理论的研究，就是本书第三篇"财富增长原理"阐述的内容。在第三篇中，不只展现了我们所创建的财富增长模型在中国宏观经济问题中的实际应用，而且依据所创建的财富增长模型通过数理论证的方法推导出未来经济发展可能出现的财富增长加速规律。

　　可以说，从表面上看本书是在阐述科学理论，包括物理和哲学，特别是系统地阐述社会财富增长理论，推导出现实的和未来可能出现的经济规律，这些都属于对知识范畴的阐述；但就实质而言，本书的核心是通过对知识范畴的认知，领悟探索过程中的创造思维，贯穿全书的是哲学思维方法，是对"独立思考和判断

① 马克思恩格斯全集. 第二十卷. 自然辩证法. 人民出版社, 1971 年: 384
② [德] 费希特. 王玖兴译. 全部知识学的基础. 第二部分. 商务印书馆, 1986 年: 140

的总体能力的培养"①。只有"一刻也不能没有理论思维"②，才可能使对客观事物的认识与事实相符，才可能做出正确的判断，才可能发展和创新，使一个人的综合能力、水平和修养得以全面提升。所以，这部著作"研究的目的，应该是指导我们的心灵"③。

---

① ［美］爱因斯坦. 方在庆等译. 爱因斯坦晚年文集. 论教育. 海南出版社, 2000 年: 37
② 马克思恩格斯全集. 第二十卷. 自然辩证法. 人民出版社, 1971 年: 384
③ ［法］笛卡尔. 管震湖译. 探求真理的指导原则. 原则一. 商务印书馆, 1991 年: 1

第一篇 自然运动原理

宇宙浩瀚，星空灿烂。假若你像一颗星星一样，置身于宇宙之中，就会感受到宇宙浩瀚无垠，会看到灿烂群星按照自己的规律永恒运动，奔向前方，宇宙仿佛在膨胀。当你回到地球，脚踏大地，再仰望群星，则是全然不同的感受。虽然感受不同，而宇宙群星、浩瀚自然的运动规律是不依人类意志和感受而转移的。综观人类对宇宙星体、大自然运动规律的认识，会发现其中蕴藏着深刻的哲理。

大自然不停地运动着，人类也不停地探索着它运动的规律。人们常常用公式、定理、原理等来描述对大自然运动规律的认识。"科学家们认识到——如同事实上伽利略第一个所做的那样——，为了从数学上进行描述和解释，可以把单个自然过程从其前后联系中分离出来。"①这样可以更清晰地对大自然的运动规律进行描述。但是，大自然的运动规律客观存在是一回事，而对其运动规律的描述则是另一回事，两者是不等同的。就好像庐山和《张大千庐山图》一样。

中国有著名的庐山，与大江、大湖浑然一体，雄奇险秀，刚柔并济，形成了罕见的壮丽景观。中国著名画家张大千（1899—1983）用绘画的方式来描绘著名的庐山，

---

① [德] W. 海森伯. 吴忠译. 物理学家的自然观. 商务印书馆, 1990 年: 2

他的作品《张大千庐山图》气势磅礴，青绿水墨淋漓，辉映交融。庐山在大自然中客观存在着，《张大千庐山图》珍藏于中国台北故宫博物院，也客观存在着，但是《张大千庐山图》是对庐山的描述而不是庐山。庐山与《张大千庐山图》是完全不同的两回事。

大自然运动规律好比是庐山，人类用公式、定理、原理对大自然运动规律的描述好比是《张大千庐山图》。大自然运动规律与人类对它的描述，有很相像甚至有很"准确"的地方，但这是有条件的，是相对的；而存在不相像甚至很"不准确"的地方，却是绝对的，这是由二者的本质不同所决定的。

本篇概述人类对大自然运动规律的认识，即人类如何描述大自然的运动规律，"研究的对象也不再是自然界本身，而是人类对自然的探索"[①]。物理学是对大自然运动规律的描述，虽然"物理书中充满了复杂的数学公式，但是所有的物理学理论都是起源于思维与观念，而不是公式"[②]。所以本篇概述的是物理学的思维与观念，以此基本了解大自然的运动规律，因为了解大自然运动规律是人类认识事实的基础。

---

① ［德］W. 海森伯. 吴忠译. 物理学家的自然观. 商务印书馆，1990 年: 11
② ［美］爱因斯坦，利·英费尔德. 周肇威译. 物理学的进化. 上海科学技术出版社，1962 年: 201

第一章　相对运动

"有一个基本问题，几千年来都因为它太复杂而含糊不清，这就是运动的问题。"[①]

相对运动是人类对大自然运动规律的最基本的认识。

物体的运动是永恒的。"西方有句谚语：'对运动无知，也就对大自然无知。'运动是万物的根本特性。"[②]要认识大自然，首先要认识物体的运动。

意大利物理学家伽利略（Galileo Galilei，1564—1642）在他的名著《关于托勒密和哥白尼两大世界体系的对话》（简称《两大世界体系的对话》）中提出了相对运动的概念："运动作为运动而言，并作为运动在起作用，只是对没有这种运动的物体才存在；在所有具有相等运动的物体中间，运动是不起作用的，而且看去就仿佛不存在似的。"[③]即一个物体存在运动是相对于另外一个不存在运动的物体而言的。

现代物理学的开创者和奠基人阿尔伯特·爱因斯坦（Albert Einstein，1879—1955）讲："为了描述一个物体的运动，就需要有另一个为第一个物体所参照的物体。一辆车的运动被认为是相对地面而言，一颗行星的运动是相对可见的恒星的整体而言。在物理学中，使事件在空间上被加以参照的物体称为坐标系。例如伽利略和牛顿的力学定律只有依靠坐标系才能表示为公式。"[④]

可以把伽利略和爱因斯坦的论述概括为两点：一是要描述一个物体的运动，

---

① [美] 爱因斯坦，利·英费尔德. 周肇威译. 物理学的进化. 上海科学技术出版社，1962 年: 3

② 郭奕玲，沈慧君. 物理学史. 清华大学出版社，1993 年: 8

③ [意] 伽利略. 上海外国自然科学哲学著作编译组译. 关于托勒密和哥白尼两大世界体系的对话. 上海人民出版社，1974 年: 151-152

④ [美] 爱因斯坦. 方在庆等译. 爱因斯坦晚年文集. 什么是相对论. 海南出版社，2000 年: 54

就需要有一个参照的物体；二是这个参照的物体一定是另外一个物体，所谓另外一个物体是指，它与被描述的物体处于分离的状态，不具有相同的运动。

描述一个物体的运动，实际上是在描述一个物体相对于另外一个物体，即所选择的参照物体的运动，或者说，是在描述一个物体对于所选择的参照物体的相对运动。那么，对于一个物体的运动而言，选择不同的参照物体，就会有不同的描述，因为物体的运动是相对参照物体而言的，即相对运动。如果被描述的物体与所选择的另外一个物体没有处于分离状态，而具有相同的运动，它们之间就不存在相对运动。或者可以说，选择一个与被描述的物体没有处于分离状态而具有相同运动的参照物体，"运动是不起作用的，而且看去就仿佛不存在似的"，就无法对这个物体的运动进行描述。爱因斯坦讲："在地球上进行的实验，决不能揭示出地球的任何平移运动。"[①]就如北宋（960—1127）著名文学家苏轼（1037—1101）的著名诗句所述："不识庐山真面目，只缘身在此山中。"[②]

中国古代的战国时期，秦国丞相吕不韦（约公元前292—公元前235）在《吕氏春秋·察今》中记载了一个刻舟求剑的寓言故事："楚人有涉江者，其剑自舟中坠于水，遽契其舟曰：'是吾剑之所从坠。'舟止，从其所契者入水求之。舟已行矣，而剑不行，求剑若此，不亦惑乎？"[③]译文如下："楚国有一个乘船过江的人，他的剑从船上掉到了河中，他立即在船上刻上记号说；'这是我的剑掉下去的地方。'船停止后，他从所刻记号处下水去寻求剑。他不知船已前行了，而剑并没有前行，寻求失落的剑像这样，不是糊涂吗？"[④]

这个寓言故事很有意思，而且含义深刻。通常人们会认为，在剑没有从船上掉到河中之前，剑和船在河中具有相同的运动；在剑从船上掉到河中的时刻，如果选择河岸上的物体作为参照物，可以确定船的位置和运动情况，也就可以确定剑在河中的位置。因为在剑从船上掉到河中后，船相对于河岸上的物体仍然在做相对运动，而剑相对于河岸上的物体已经处于相对静止的状态。这实际上是用河岸上的物体作为参照物来描述剑的运动状态。那位"楚人"显然对相对运动没有认识，而且犯了一个错误：他没有选择河岸上的物体作为参照物，而是选择船作为参照物来描述剑的运动状态，他在描述时（即"在船上刻上记号"）是认为落水

---

① ［美］爱因斯坦. 许良英，范岱年编译. 爱因斯坦文集. 第一卷. 理论物理学的原理. 商务印书馆, 1976 年: 77

② 苏轼. 孔凡礼，刘尚荣选注. 苏轼诗词选. 题西林壁. 中华书局, 2005 年: 135

③ 吕不韦. 关贤柱等译注. 吕氏春秋全译. 贵州人民出版社, 1997 年: 525

④ 吕不韦. 关贤柱等译注. 吕氏春秋全译. 贵州人民出版社, 1997 年: 525-526

的剑与船不具有相对运动，实际上是落水的剑与岸上的物体不具有相对运动，而船与岸上的物体及船与落水的剑都具有相对运动，所以他的描述与事实不符。

在公元前 3 世纪，秦国丞相吕不韦通过刻舟求剑的寓言故事所指出的错误，其实在相当长的时间内并没有被人类所认识。在很长的时间里，人类并没有认识到相对运动；人类站在地球上，选择地球上的物体作为参照物，来描述地球的运动。所以，古希腊哲学家、科学家亚里士多德（Aristotel，公元前 384—公元前 322 年）从地球上观察到"同样的星体总是在大地同样的位置上升起和下落"[①]，于是提出"大地的中心在宇宙的中心之中"[②]，即地球是宇宙中心的"地心说"。

"地心说"影响人类思想近两千年。直到公元 16 世纪，波兰天文学家尼古拉·哥白尼（Nicolaus Copernicus, 1473—1543）指出："如果这从一种太阳运动转换为一种地球运动，而认为太阳静止不动，则黄道各宫和恒星都会以相同方式在早晨和晚上显现出东升西落。还有，行星的留、逆行以及重新顺行都可认为不是行星的运动，而是通过行星所表现出来的地球运动。最后，我们认识到太阳位于宇宙的中心。"[③]"哥白尼的伟大成就在于把坐标系从地球转换到太阳上去"[④]，他选择太阳为参照物来描述地球的运动，所以"认识到太阳位于宇宙的中心"。哥白尼用一种新的思维方法扭转了影响人类思想近两千年的对地球的错误认识。"在那个时候，根本没有人想到相对运动的概念"[⑤]，可以说，哥白尼在实践中认识到相对运动，而伽利略则从理论的角度阐述了相对运动的概念。

物体的运动是最普通的物理现象。要认识物体的运动规律，首先要认识物体的相对运动。而要客观地描述物体的运动，就必须遵从爱因斯坦所讲明的两点：一是要选择一个参照物；二是这个参照物一定要与被描述的物体处于分离的状态，不具有相同的运动。

现在用一个例子来更加形象地说明什么是相对运动。

在一个火车站站台上，有两个具有标志的点——A 点和 B 点，A 与 B 两点相距 25 米。在 A 点上站着一个人——甲，在 B 点上站着另一个人——乙。有一列车，以每秒 25 米的速度由 A 点驶向 B 点。在列车内，有一个具有标志的点——

① 苗力田主编. 徐开来译. 亚里士多德全集. 第二卷. 论天. 中国人民大学出版社, 1997 年: 347
② 苗力田主编. 徐开来译. 亚里士多德全集. 第二卷. 论天. 中国人民大学出版社, 1997 年: 347-348
③ [波兰] 哥白尼. 叶式辉译. 天体运行论. 第一卷. 陕西人民出版社, 武汉出版社, 2001 年: 28-29
④ [美] 爱因斯坦, 利·英费尔德. 周肇威译. 物理学的进化. 上海科学技术出版社, 1962 年: 155
⑤ [英] A. N. 怀特海. 何钦译. 科学与近代世界. 商务印书馆, 1989 年: 175

C 点，在 C 点上站着一个人——丙。列车在行驶，当列车上的丙恰好与站台上的甲相对时，丙从列车上的 C 点向上跳起。经过一秒钟，丙又落回到列车上的 C 点，此时恰好与站台上的乙相对。如图 1-1-1 所示。

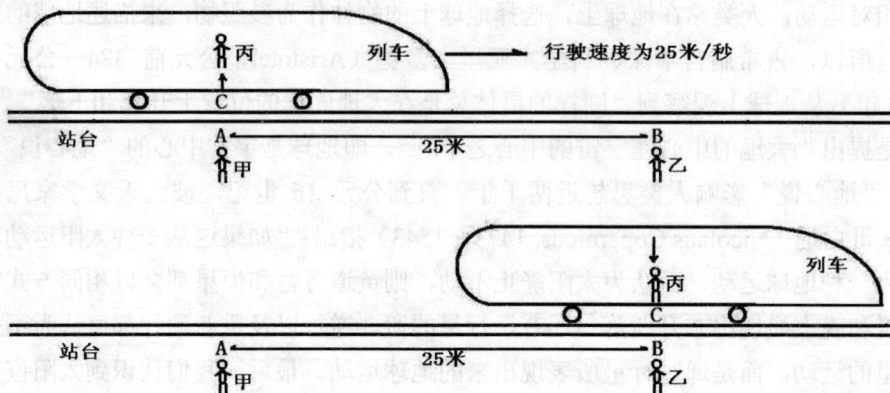

图 1-1-1

对于丙的跳起运动，列车上的人和站台上的人会有不同的描述，因为他们选择了不同的参照物。

列车上的人对丙跳起运动的描述是：丙从列车上的 C 点跳起，又落回到列车上的 C 点，原地没动。

站台上的人对丙跳起运动的描述是：丙从站台上的 A 点跳起，在站台上的 B 点落下，两点相距 25 米。

列车上的人描述丙的跳起运动，是以列车上的 C 点为参照物，或者说，是以列车为参照物。在列车上，丙从列车上的 C 点跳起，又落回到列车上的 C 点，所以原地没动。

站台上的人描述丙的跳起运动，是以站台为参照物。在站台上观察，丙是在经过站台上的 A 点时跳起，在经过站台上的 B 点时落下。所以，丙的跳起位置和落下位置相距 25 米。

这说明两点：其一，要描述丙的跳起运动，必须选择另外一个物体作为参照物。列车上的人选择列车作为参照物，而站台上的人则选择站台作为参照物。被选来作为参照物的物体也被称为参照系，能够进行度量的参照系叫做坐标系，用坐标系可以做定量的描述。

其二，选择不同的坐标系来观察同一物体的运动，观察的结果可能会有所不同。选择列车作为坐标系，观察丙的跳起运动，其结果是丙在 C 点原地没动；选择站台作为坐标系，观察丙跳起运动的结果却是，丙从 A 点跳起，在 B 点落下，跳起和落下的位置相距 25 米。

物理学是研究大自然现象及其运动规律的自然科学。相对运动是指某一物体对另一物体而言的相对位置的连续变动。列车上丙的跳起运动，相对于站台上的人而言，他的相对位置由 A 点到 B 点，在连续地变动，即列车上的丙在对站台做相对运动。而列车上的丙，对列车而言，从 C 点跳起，在 C 点落下，原地没动，并未做水平方向的相对运动。

自然界物体的运动是绝对的。当我们研究某一物体的运动时，必须明确指出该物体的运动是相对于哪一个参照物或坐标系，否则就无法确定该物体的运动情况。由于存在相对运动，对运动的描述只能是相对的，这就是运动的相对性。

物体的相对运动，使物体的运动具有相对性。选择不同的参照系，对物体位置的描述就会有所不同。物体运动的相对性，表现为对物体位置描述的相对性。物体的"位置"是"空间"的概念，所以说，"物体在空间的位置"是相对的。

在所举的例子中，无论是选择列车作为参照物，还是选择站台作为参照物，站台上 A 点与 B 点之间的距离为 25 米是不变的，即空间中两点之间的直线距离与所选择的参照系无关；同样，无论是选择列车作为参照物，还是选择站台作为参照物，列车上的丙从与站台上的甲相对到与站台上的乙相对，经过的时间都是 1 秒，这也与所选择的参照系无关。"所谓绝对空间是指长度的量度与参照系无关，绝对时间是指时间的量度和参照系无关。"[①]所以，对于所阐述的相对运动而言，"空间"是绝对，"时间"也是绝对的；只是"物体在空间的位置"是相对的，因此"为了描述一个物体的运动，就需要有另一个为第一个物体所参照的物体"[②]。

---

① 张三慧，王虎珠. 大学物理学. 清华大学出版社，1990 年：219
② ［美］爱因斯坦. 方在庆等译. 爱因斯坦晚年文集. 什么是相对论. 海南出版社，2000 年：54

第二章 惯性定律

"伽利略发现的惯性原理对于运动的理解推进了一大步。"[1]

"在物理学概念和原理的创新方面,伽利略在物理学的许多领域都做出了巨大的贡献,提出了许多新的物理学概念和原理,比如惯性原理和力与加速度的新概念的提出,为牛顿经典力学奠定了基础。"[2]

人类为了认识大自然的运动规律而研究物理学。人类对物理学的研究经历了漫长的过程,从古希腊时代算起,经历了两千多年,这是一个科学继承和发展的过程。

在中国春秋末期[3]的古籍《考工记》中写着"马力既竭,辀犹能一取焉"[4],其意是"在拉车子的马停止后,车子要继续走一小段路程。这是有关惯性现象的早期记载"[5]。

古希腊哲学家、科学家亚里士多德在公元前4世纪写的《物理学》一书中,就对运动做了阐述:"运动的最一般、最基本的形式是地点方面的变化,即我们所谓的移动。"[6]在亚里士多德的著作中已经有了类似于"惯性"的思想萌芽,他在《物理学》一书中写道:"事物要么就静止着,要么就必然会无限地移动,除非遇到更为有力的某物阻碍。"[7]亚里士多德依据直观感觉把物体的移动和"有力的阻碍"联系起来。

---

① [美] R.P. 费曼. 郑永令等译. 费曼物理学讲义. 第一卷. 上海科学技术出版社, 1983年: 86
② [美] 爱因斯坦. 周学政, 徐有智编译. 相对论. 第五部分. 北京出版社, 2007年: 150
③ 注: 春秋时期为公元前771年至公元前481年
④ 闻人军译注. 考工记译注. 下编. 上海古籍出版社, 1993年: 122
⑤ 程守洙, 江之咏主编. 普通物理学第一册(第五版). 高等教育出版社, 1998年: 49
⑥ 苗力田主编. 徐开来译. 亚里士多德全集. 第二卷. 物理学第四卷. 中国人民大学出版社, 1997年: 82
⑦ 苗力田主编. 徐开来译. 亚里士多德全集. 第二卷. 物理学第四卷. 中国人民大学出版社, 1997年: 105

意大利物理学家伽利略发展了亚里士多德的思想，用科学的推理方法代替直观感觉。伽利略在 1638 年出版的《关于两门新科学的对话》（简称《两门新科学》）中写道："我们可以注意到任何速度一旦被赋予一个运动的物体，将严格地保持下去，只要去掉加速或减速的外部原因，这是仅在水平面的情况下碰到的一个条件，因为在向下倾斜的平面的情况存在加速的原因，而在向上倾斜的平面的情况存在减速的原因，由此得出沿着一个水平面的运动是永恒的；因为，如果速度是均匀的，它就不能减少、减慢，更不能消失。"[①] "伽利略便第一次提出了惯性概念"[②]，"正是这本被称为《两种新科学》（笔者按，即上述《两门新科学》）的书，甚至比支持哥白尼更进一步，成为现代物理学的起源"[③]。

伽利略提出"去掉加速或减速的外部原因"，"而这个实验实际上是永远无法做到的，因为不可能把所有的外界影响都消除掉"[④]，"这种情况在自然界中永远不会出现，因为如果我们让一个木块在桌面上自由滑动，它就会停下来，但这正是由于它并不是不受干扰的——它与桌面间存在着摩擦。要找出这条正确的规律需要一定的想象力，而这种想象力正是伽利略提供的表达"[⑤]。

伽利略在这个理想实验中，去掉了"外部原因"，得出物体的"速度是均匀的"结论。伽利略的理想实验发现了新线索："速度本身并不表明有没有外力作用于物体上。"[⑥] "伽利略发现的惯性原理对于运动的理解推进了一大步"[⑦]。

正是由于发现惯性原理把对运动的理解推进了一大步，"一系列相继得到了改造的概念导致了牛顿 1687 年的惯性定律，显然，其中第一个概念就是伽利略提出来的"[⑧]。"伽利略这个正确的结论隔了一代以后由牛顿把它写成惯性定律"[⑨]："每个物体都保持其静止，或匀速直线运动状态，除非有外力作用于它迫使它改变那个状态。"[⑩]

惯性定律也称为牛顿第一定律，"牛顿第一定律就是伽利略最早发现的惯性定

① ［意］伽利略. 武际可译. 关于两门新科学的对话. 北京大学出版社，2006 年：199-200
② ［美］爱因斯坦. 周学政，徐有智编译. 相对论. 第五部分. 北京出版社，2007 年：151
③ ［英］史蒂芬. 霍金. 许明贤，吴忠超译. 时间简史（插图版）. 湖南科学技术出版社，2002 年：237
④ ［美］爱因斯坦，利·英费尔德. 周肇威译. 物理学的进化. 上海科学技术出版社，1962 年：4-5
⑤ ［美］R. P. 费曼. 郑永令等译. 费曼物理学讲义. 第一卷. 上海科学技术出版社，1983 年：86
⑥ ［美］爱因斯坦，利·英费尔德. 周肇威译. 物理学的进化. 上海科学技术出版社，1962 年：5
⑦ ［美］R. P. 费曼. 郑永令等译. 费曼物理学讲义. 第一卷. 上海科学技术出版社，1983 年：86
⑧ ［美］科恩. 鲁旭东等译. 科学中的革命. 第三部分. 商务印书馆，1998 年：174
⑨ ［美］爱因斯坦，利·英费尔德. 周肇威译. 物理学的进化. 上海科学技术出版社，1962 年：5
⑩ ［英］牛顿. 王克迪译. 自然哲学之数学原理. 运动的公理或定律. 陕西人民出版社，武汉出版社，2001 年：18

律"①。爱因斯坦把它称为"伽利略—牛顿力学的基本定律（称为惯性定律）"②。"惯性原理被视为物理学的奠基石。"③

人类发现惯性定律对扭转人类探索自然的思维方法有着重大的意义。"我们已经知道，这个惯性定律不能直接从实验得出，它只能根据思索和观察得出。理想实验无论什么时候都是不能实现的，但它使我们对实际的实验有深刻的理解。"④

"伽利略的发现以及他所应用的科学的推理方法是人类思想史上最伟大的成就之一，而且标志着物理学的真正开端"⑤，"伽利略对科学的贡献就在于毁灭直觉的观点而用新的观点来代替它。这就是伽利略的发现的重要意义"⑥。

牛顿"第一定律指明了任何物体都具有惯性，因此第一定律又被叫做惯性定律。所谓惯性，就是物体所具有的保持其原有运动状态不变的特性"⑦。

由物体的相对运动可知，观察某一物体的运动，首先要选择一个参照系。"任何物体，只要没有外力改变它的状态，便会永远保持静止或匀速直线运动的状态"⑧，这是由物体具有惯性所决定的。如果所选择的参照系相对于静止（或做匀速直线运动）的物体，在做匀速直线运动，那么称这个参照系为惯性参照系，即惯性系。惯性参照系可以用笛卡尔坐标系来表示。

惯性的概念为相对性原理的表述奠定了基础。

① ［美］爱因斯坦. 易洪波，李智谋编译. 相对论. 重庆出版社，2006 年：23
② ［美］爱因斯坦. 杨润殷译. 狭义与广义相对论浅说. 第一部分. 北京大学出版社，2006 年：11
③ ［美］爱因斯坦. 郝建纲，刘道军译. 相对论的意义. 广义相对论. 上海科技教育出版社，2005 年：60
④ ［美］爱因斯坦，利·英费尔德. 周肇威译. 物理学的进化. 上海科学技术出版社，1962 年：5
⑤ ［美］爱因斯坦，利·英费尔德. 周肇威译. 物理学的进化. 上海科学技术出版社，1962 年：4
⑥ ［美］爱因斯坦，利·英费尔德. 周肇威译. 物理学的进化. 上海科学技术出版社，1962 年：5-6
⑦ 程守洙，江之咏主编. 普通物理学. 第一册. 第五版. 高等教育出版社，1998 年：49
⑧ ［美］爱因斯坦，利·英费尔德. 周肇威译. 物理学的进化. 上海科学技术出版社，1962 年：5

第三章　伽利略相对性原理

"相对性原理是力学的基本原理。"[1]

要描述一个物体的运动，就要选择一个参照系；选择不同的参照系，对物体的运动就会有不同的描述。那么，选择哪一个参照系对物体运动进行描述是有效的？不同的参照系之间存在着什么关系？

为有效地描述一个物体的运动，就必须回答这些问题。相对性原理给出了这些问题的答案。

一、伽利略相对性原理

人类认识大自然的过程是曲折的。在公元前 4 世纪以前，人类并没有认识到自己所居住的地球会是球形的。

古希腊哲学家、科学家亚里士多德在著作《论天》[2]中提出："地球必定是圆球形……不仅表明地球的形状是圆的，而且表明这个圆球的体积不大。"[3]这是人类对大自然认识的一大进步。但亚里士多德同时提出："大地的中心在宇宙的中心之中"[4]，即地球是宇宙中心的"地心说"。

"地心说"影响人类思想近两千年，直到 1543 年 5 月 24 日，波兰天文学家尼古拉·哥白尼在已濒临死亡时出版了《天体运行论》。哥白尼在《天体运行论》中

---

① [美] 爱因斯坦. 易洪波，李智谋编译. 相对论. 重庆出版社，2006 年：138

② 有的书翻译为《天论》

③ 苗力田主编. 徐开来译. 亚里士多德全集. 第二卷. 论天. 中国人民大学出版社，1997 年：351

④ 苗力田主编. 徐开来译. 亚里士多德全集. 第二卷. 论天. 中国人民大学出版社，1997 年：347-348

写道："我们认识到太阳位于宇宙的中心。正如人们所说，只要'睁开双眼'，正视事实，行星依次运行的规律以及整个宇宙的和谐，都使我们能够阐明这一切事实。"[1]哥白尼提出了"日心说"，这在当时引发了一场激烈的争论。

意大利物理学家伽利略在1632年出版了他的名著《两大世界体系的对话》。书中以"萨尔维阿蒂"的名义，用"日心说"批驳了"地心说"。在《两大世界体系的对话》的"第二天"中，有一段有名的阐述，用描述运动现象的方式，提出了著名的相对性原理：

　　　把你和一些朋友关在一条大船甲板下的主舱里，再让你们带几只苍蝇、蝴蝶和其他小飞虫。舱内放一只大水碗，其中有几条鱼。然后，挂上一个水瓶，让水一滴一滴地滴到下面的一个宽口罐里。船停着不动时，你留神观察，小虫都以等速向舱内各方向飞行，鱼向各个方向随便游动，水滴滴进下面的罐子中。你把任何东西扔给你的朋友时，只要距离相等，向这一方向不必比另一方向用更多的力。你双脚齐跳，无论向哪个方向跳过的距离都相等。当你仔细地观察这些事情后（虽然当船停止时，事情无疑一定是这样发生的），再使船以任何速度前进，只要运动是匀速的，也不忽左忽右地摆动。你将发现，所有上述现象丝毫没有变化，你也无法从其中任何一个现象来确定，船是在运动还是停着不动。即使船运动得相当快，在跳跃时，你将和以前一样，在船底板上跳过相同的距离，你跳向船尾也不会比跳向船头来得远，虽然你跳到空中时，脚下的船底板向着你跳的相反方向移动。你把不论什么东西扔给你的同伴时，不论他是在船头还是在船尾，只要你自己站在对面，你也并不需要用更多的力。水滴将像先前一样，滴进下面的罐子，一滴也不会滴向船尾，虽然水滴在空中时，船已行驶了许多柞[2]。鱼在水中游向水碗前部所用的力，并不比游向水碗后部来得大；它们一样悠闲地游向放在水碗边缘任何地方的食饵。最后，蝴蝶和苍蝇继续随便地到处飞行，它们也决不会向船尾集中，并不因为它们可能长时间留在空中，脱离了船的运动，为赶上

---

[1] ［波兰］哥白尼. 叶式辉译. 天体运行论. 第一卷. 陕西人民出版社, 武汉出版社, 2001年: 29
[2] 注：为大指尖到小指尖伸开之长

船的运动而显出累的样子。[①]

概括一下，伽利略阐述了以下现象：

1．开始时，船相对于岸是静止不动的，观察了船在静止不动的情况下，船舱内的人、鱼、飞虫、水滴的运动情况；

2．让船匀速直线前进，船相对于岸是相对运动的，观察了船在相对运动的情况下，船舱内的人、鱼、飞虫、水滴的运动情况；

3．观察结果表明，无论是"船停着不动"的状态，还是"船以任何速度前进，只要运动是匀速的"状态，船舱内的人、鱼、飞虫、水滴的运动情况是完全一样的。换句话讲，在船以"匀速直线前进"的状态下，船舱内的人根据船舱内人、鱼、飞虫、水滴的运动情况，无法判断船是在静止不动还是在匀速直线前进。

"伽利略所描述的种种现象正是指明了：一切彼此作匀速直线运动的惯性系，对于描写机械运动的力学规律来说是完全等价的，并不存在任何一个比其他惯性系更为优越的惯性系。与之相应，在一个惯性系的内部所作的任何力学的实验都不能够确定这一惯性系本身是在静止状态，还是在作匀速直线运动。这个原理叫做力学的相对性原理，或伽利略相对性原理。"[②]

二、惯性系都是等价的

用现代的术语来概括，伽利略相对性原理可表述为：

……相对于一惯性系作匀速直线运动的一切参考系都是惯性系。亦即，对于物理学规律来说，一切惯性系都是等价的。[③]

现用物体相对运动的观点，分析一下伽利略阐述的现象。

为了便于表述，给每个参照系一个名称：

1．选择岸作为参照系，用 $K0$ 表示它的坐标系；

① [意] 伽利略. 上海外国自然科学哲学著作编译组译. 关于托勒密和哥白尼两大世界体系的对话. 上海人民出版社, 1974 年: 242-243

② 程守洙, 江之咏主编. 普通物理学. 第一册. 第五版. 高等教育出版社, 1998 年: 228

③ 赵凯华, 罗蔚茵. 新概念物理教程——力学. 高等教育出版社, 1995 年: 82

2. 在船相对于岸是静止不动时，选择船为参照系，它的坐标系用 $K1$ 表示；

3. 在船相对于岸是匀速直线前进时，选择船为参照系，它的坐标系用 $K2$ 表示。

坐标系 $K0$、$K1$ 和 $K2$，它们是相对静止或做匀速直线运动，所以它们都是惯性系。

当船相对于岸是静止不动的，先选择船为参照系，即选择坐标系 $K1$，观察船舱内的人、鱼、飞虫、水滴的运动情况；然后选择岸为参照系，即选择坐标系 $K0$，再进行观察，其观察结果与选择坐标系 $K1$ 的观察结果是一样的。此时，船和岸是相对静止的，船舱内的人、鱼、飞虫、水滴在做相对运动。

当船匀速直线前进时，船相对于岸做匀速直线相对运动。此时选择船为参照系，即选择坐标系 $K2$ 进行观察。结果是，选择坐标系 $K2$ 的观察结果与前面选择坐标系 $K1$ 时的观察结果是一样的。"这种结果可以用所谓伽利略相对性原理来表达：假使力学定律在一个坐标系中是有效的，那么在任何其他相对于这个坐标系作匀速直线运动的坐标系中也是有效的。"[①]伽利略相对性原理回答了选择哪一个参照系对物体运动进行描述是有效的问题。

这样一来，可以把伽利略阐述的现象表述为：对描述物体运动规律而言，所有惯性系都是等价的。这个结论便是伽利略相对性原理。

伽利略相对性原理包括几层含义：

其一，承认物体存在相对运动。

其二，伽利略相对性原理指出：对物体运动规律的描述，与所选择的惯性参照系无关。

其三，明确了伽利略相对性原理成立的条件：所选择的参照系都必须是惯性系，即所选择的参照系彼此之间必须是相对静止或做匀速直线运动。

三、伽利略坐标变换

有人会问，由于存在相对运动，选择不同的参照系，对运动现象的描述会有所不同；而伽利略相对性原理表明，对物体运动规律的描述，与所选择的惯性参照系无关，"如果两个坐标系在某个时刻的相对速度与相对位置都是已知的，那么

---

① [美] 爱因斯坦, 利·英费尔德. 周肇威译. 物理学的进化. 上海科学技术出版社, 1962 年: 114

是否知道了一个坐标系中的观察结果，便可以求出另一个坐标系中的观察结果呢？"①这便是需要回答的另一个问题。

　　既然对物体运动规律的描述，与所选择的惯性参照系无关，那么"要描述自然现象，我们必须知道从一个坐标系过渡到另一个坐标系的方法，这是非常重要的，因为这两个坐标系是等效的，因而同样适宜于描写自然界中的现象。事实上，只要知道在一个坐标系中的一个观察者所得到的结果，你便可以知道在另一个坐标系中的观察者所得到的结果"②。

　　为了回答这个问题，现在再来分析一下前面相对运动中的例子。

　　在火车站站台上，甲站在 A 点处，乙站在 B 点处，两者相距 25 米。列车以每秒 25 米的匀速，由 A 点直线驶向 B 点。列车上丙站在 C 点处。当列车上的丙恰好与站台上的甲相对时，丙从列车上的 C 点向上跳起；经过 1 秒钟，丙又落回到列车上的 C 点，此时恰好与站台上的乙相对。

　　列车及列车上的丙，对站台在做匀速直线相对运动。

　　列车上的人选择列车为参照系，把丙的跳起运动描述为原地没动。

　　站台上的人选择站台为参照系，把丙的跳起运动描述为从站台的 A 点跳起，在站台的 B 点落下。

　　由于选择了不同的参照系，他们对丙的跳起运动的描述也有所不同。

　　现在假设，在站台上还有一辆汽车，汽车上站着一个人——丁，汽车亦以每秒 25 米的匀速由 A 点直线驶向 B 点，与列车平行前进。且当丙与甲相对时，亦恰好与丁相对。而 1 秒钟后，当丙与站台上的乙相对时，仍然保持着与汽车上的丁相对。因此，汽车上丁对丙的跳起运动的描述，与列车上的人对丙的描述是一样的。如图 1-3-1 和图 1-3-2 所示：

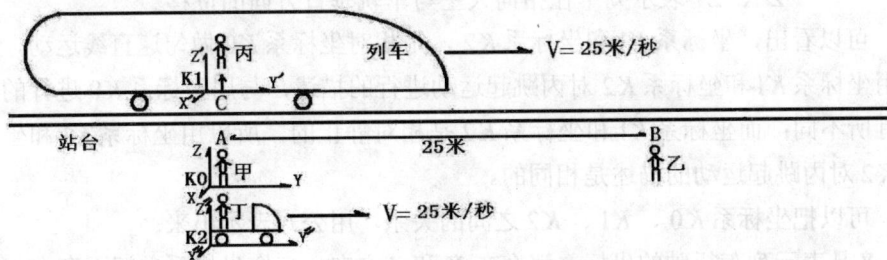

图 1-3-1

① [美] 爱因斯坦, 利·英费尔德. 周肇威译. 物理学的进化. 上海科学技术出版社, 1962 年: 115
② [美] 爱因斯坦, 利·英费尔德. 周肇威译. 物理学的进化. 上海科学技术出版社, 1962 年: 115

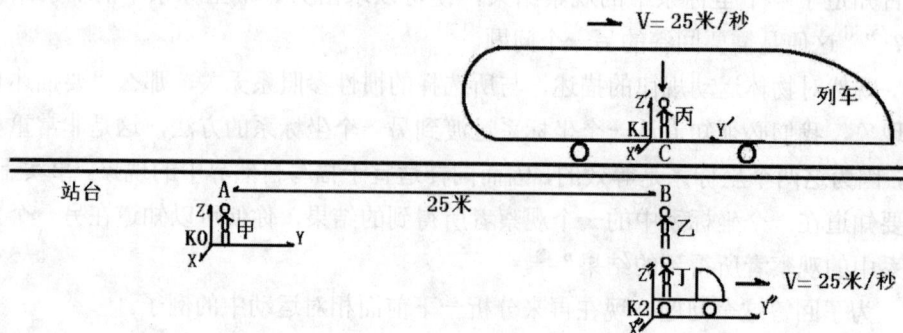

图 1-3-2

无论是选择站台为参照系、选择列车为参照系，还是选择汽车为参照系，它们都是处于静止或做匀速直线运动的状态，所以它们都是惯性参照系。惯性参照系可以用笛卡尔坐标系来表示。

现在，把选择站台为参照系，用坐标系 $K0$ 表示，并用 X、Y、Z 表示坐标。

其中，Y 表示列车在前进方向的位移；

X 表示列车在地平面与车轨垂直方向的位移；

Z 表示列车在指向天空与车轨垂直方向的位移。

把选择列车为参照系，用坐标系 $K1$ 表示，并用 X'、Y'、Z' 表示坐标。

把选择汽车为参照系，用坐标系 $K2$ 表示，并用 X''、Y''、Z'' 表示坐标。

同样，Y'、Y'' 表示列车在前进方向的位移；

X'、X'' 表示列车在地平面与车轨垂直方向的位移；

Z'、Z'' 表示列车在指向天空与车轨垂直方向的位移。

可以看出，坐标系 $K1$ 和坐标系 $K2$，是相对坐标系 $K0$ 做匀速直线运动，所以用坐标系 $K1$ 和坐标系 $K2$ 对丙跳起运动进行的描述，与用坐标系 $K0$ 进行的描述有所不同；而坐标系 $K1$ 和坐标系 $K2$ 是相对静止的，所以用坐标系 $K1$ 和坐标系 $K2$ 对丙跳起运动的描述是相同的。

可以把坐标系 $K0$、$K1$、$K2$ 之间的关系，用公式表示出来：

Y 是表示列车行驶的坐标，那么在 X 和 Z 方向，三个坐标系之间不存在相对运动，所以：

$$X = X' = X''$$

$$Z = Z' = Z''$$

在 Y 方向，三个坐标系之间存在相对运动，在坐标系 $K0$ 和 $K1$ 之间，有：

$$Y = Y' + VT$$

或　　　　$Y' = Y - VT$

在坐标系 $K0$ 和 $K2$ 之间，有：

$$Y = Y'' + VT$$

或　　　　$Y'' = Y - VT$

在坐标系 $K1$ 和 $K2$ 之间，有：

$$Y' = Y''$$

其中：V 表示列车和汽车的匀速直线运动速度，$V = 25$ 米/秒；T 表示列车和汽车的匀速直线运动时间。

如果坐标系之间存在匀速直线相对运动，那么，这些坐标系是惯性系，也称为伽利略坐标系。伽利略坐标系之间的坐标变换，称为伽利略坐标变换。

如果在列车上的丙恰好与站台上的甲相对时，丙跳起，将丙跳起的时间标记为 0，即 $T = 0$；此时丙与甲、丁三人恰好相对，将此时丙在三个坐标系中的坐标标记为 0。

即在丙跳起运动的起跳时刻，$T = 0$ 时，丙在三个坐标系中的坐标均为 0：

$$Y = Y' = Y'' = 0$$

当丙落下，与乙相对时，亦与丁相对，恰好经过了 1 秒钟。

即在丙跳起运动的落下时刻，$T = 1$ 时，丙在三个坐标系中的坐标分别为：

$$Y' = Y'' = 0$$

$$Y = 25$$

现在把三个坐标系之间的相对运动速度 $V = 25$ 米/秒、描述丙跳起运动的起始时间 $T = 0$、终止时间 $T = 1$，代入上述伽利略坐标变换，会得到与上面相同的结果：

在 $T = 0$ 时，

$$Y = Y' = Y'' = 0$$

在 $T = 1$ 时，

$$Y' = Y'' = 0$$

$$Y = Y' + VT = 0 + 25 \times 1 = 25$$

$$Y = Y'' + VT = 0 + 25 \times 1 = 25$$

这表明，当选择列车为参照系时，丙跳起运动的位移为 0，即 $Y^{/}=0$；

当选择汽车为参照系时，丙跳起运动的位移为 0，即 $Y^{//}=0$；

当选择站台为参照系时，丙跳起运动的位移为 25，即 $Y=25$。

而且，通过对所选择的参照系进行伽利略坐标变换，这三种描述结果可以互相转换。

可见，伽利略相对性原理通过伽利略坐标变换回答了不同的参照系之间存在着什么关系的问题。

现在可以进行一下概括。由于物体的运动是相对的，要描述一个物体的运动，就要选择一个参照系；选择不同的参照系，对物体的运动会有不同的描述；那么，选择哪一个参照系对物体运动进行描述才是有效的？这是描述物体运动所必须回答的问题。伽利略相对性原理回答了这个问题：对于描述物体运动规律而言，所有惯性系都是等价、有效的；而且通过伽利略坐标变换，可以使不同的惯性参照系对物体运动的描述相互转换。"所谓相对性原理，就是坐标系的平等性，从一个坐标系转换到另一个坐标系的可能性"[1]，这样就可以用任何一个惯性参照系对物体运动进行有效的描述。换句话讲，正是由于伽利略相对性原理，才使定量描述物体的运动规律成为可能。"伽利略伟大发现的内容，如果用现代物理语言陈述，即是如此。它是近代自然科学的真正起点。"[2]所以说，"相对性原理是力学的基本原理"[3]。没有这个基本原理就无法知道哪个惯性参照系对物体运动的描述是有效的，因而也就无法知道怎样才能对物体运动进行有效的描述。

伽利略相对性原理认为物体在空间的位置是相对的，但空间两点之间的距离和时间间隔与所选择的惯性参照系无关，即"空间"和"时间"对所选择的惯性参照系都是绝对的，所以，伽利略坐标变换只是对物体在空间的位置坐标的变换。

---

① ［美］爱因斯坦. 易洪波，李智谋编译. 相对论. 重庆出版社, 2006 年: 139
② ［美］爱因斯坦. 易洪波，李智谋编译. 相对论. 重庆出版社, 2006 年: 139
③ ［美］爱因斯坦. 易洪波，李智谋编译. 相对论. 重庆出版社, 2006 年: 138

第四章　牛顿力学

在伽利略相对性原理的范畴内，牛顿力学用数学表述的方法对大自然运动规律进行了描述。"现代科学，尤其是物理学，其特征就是用数学来表述其最高原理和定律。"[1]

一、牛顿三定律

英国科学家牛顿（Isacc Newton，1643—1727）最为卓越的科学成就，是在1687 年 7 月出版了他的名著《自然哲学之数学原理》（简称《原理》），用牛顿三定律和万有引力定律奠定了经典力学体系。经典力学也称为伽利略—牛顿力学，或牛顿力学。

牛顿在《原理》一开篇就首先提出了三条定律：

> 定律Ⅰ 每一个物体都保持它自身的静止的或者一直向前均匀地运动的状态，除非由外加的力迫使它改变它自身的状态为止。
> 定律Ⅱ 运动的改变与外加的引起运动的力成比例，并且发生在沿着那个力被施加的直线上。[2]
> 定律Ⅲ 每一种作用都有一个相等的反作用；或者，两个物体间的相互作用总是相等的，而且指向对方。[3]

① [美] 科恩. 鲁旭东等译. 科学中的革命. 第三部分. 商务印书馆, 1998 年: 174
② [英] 牛顿. 赵振江译. 自然哲学之数学原理. 公理或运动的定律. 商务印书馆, 2006 年: 15-16
③ [英] 牛顿. 王克迪译. 自然哲学之数学原理. 运动的公理或定律. 陕西人民出版社, 武汉出版社, 2001 年: 19

"牛顿第一定律只定性地指出了力和运动的关系。牛顿第二定律进一步给出了力和运动的定量关系。……牛顿第二定律用现代语言应表述为，物件的动量对时间的变化率与所加的外力成正比，并且发生在这外力的方向上。"[①]

以 F 表示作用在物体（质点）上的外力，则牛顿第二定律用数学公式表示就是[②]：

$$F = \frac{\mathrm{d}P}{\mathrm{d}t} = \frac{\mathrm{d}(mv)}{\mathrm{d}t} \tag{1-4-1}$$

其中：m 表示物体的质量；

v 表示物体的运动速度；

mv 表示物体的动量；

$\dfrac{\mathrm{d}(mv)}{\mathrm{d}t}$ 表示物体的动量对时间的变化率。

"牛顿当时认为，一个物体的质量是一个与它的运动速度无关的常量。"[③]因此，由式（1-4-1）可得：

$$F = m\frac{\mathrm{d}(v)}{\mathrm{d}t} \tag{1-4-2}$$

由于 $\dfrac{\mathrm{d}(v)}{\mathrm{d}t} = a$ 是物体的加速度，所以有：

$$F = ma \tag{1-4-3}$$

式（1-4-3）是大家早已熟知的牛顿第二定律公式。

"'$F = ma$'成了最重要的规则。牛顿的三大定律几乎测定了一切。"[④]

二、万有引力

万有引力，"这是存在于任何两个物质质点之间的吸引力。它的规律首先由牛顿发现，就叫万有引力定律，这个定律说：任何两个质点都互相吸引，这引力的

① 张三慧，王虎珠编著. 大学物理学. 第一册. 清华大学出版社，1990 年: 39-40

② 张三慧，王虎珠编著. 大学物理学. 第一册. 清华大学出版社，1990 年: 40

③ 张三慧，王虎珠编著. 大学物理学. 第一册. 清华大学出版社，1990 年: 40

④ [美] 萨缪尔等. 李斯，马永波译. 爱因斯坦的圣经. 新约物理学之第三书. 海南出版社，2000 年: 116

大小与它们的质量的乘积成正比，和它们的距离的平方成反比。用 m_1 和 m_2 分别表示两个质点的质量，以 r 表示它们的距离，则万有引力定律的数学表示式就是

$$f = G\,\frac{m_1 m_2}{r^2} \tag{1-4-4}$$

式中 f 就是两个质点的相互吸引力，G 是一个比例恒量，叫万有引力恒量"[①]。

三、牛顿奠定了经典力学

"牛顿在《原理》中首先列举的运动定律，是在前人积累的丰富的动力学知识的基础上，再加牛顿本人大量的观察、实验、计算等辛勤劳动才总结出来的。牛顿曾一再表示，运动定律的得出，在很大程度上是因为他从前人同时代的科学家那里获得了许多有用的知识。例如，他利用了开普勒[②]所提出的科学知识以及数学计算，运动第一、第二定律是以伽利略提供的宝贵数据为基础的；第三定律也从惠更斯[③]、雷安[④]、胡克[⑤]的研究成果中获得了有益的启示。"[⑥]

牛顿对自己在科学上所取得的成就，一直持非常谨慎的态度，"牛顿在给胡克的信中写道：'如果我看得更远那是因为站在巨人的肩上'"[⑦]，"这些巨人就是哥白尼、伽利略和开普勒，惠更斯和笛卡尔、费尔马[⑧]和波义耳[⑨]，以及他尊敬的老师和朋友伊萨克·巴罗[⑩]"[⑪]。"牛顿为伽利略欢呼，说伽利略是他自己的理论力学最初的奠基者。"[⑫]

---

① 张三慧，王虎珠编著. 大学物理学. 第一册. 清华大学出版社，1990 年: 50-51

② 注：约翰尼斯·开普勒（Johannes Kepler, 1571—1630），德国著名天文学家

③ 注：克里斯蒂安·惠更斯（Christiaan Huygens, 1629—1695），荷兰物理学家、天文学家、数学家

④ 注：应当是克里斯多佛·雷恩（Christopher Wren, 1632—1723），英国天文学家、建筑师，或埃德蒙·哈雷（Edmond Halley, 1656—1742），英国天文学家和数学家

⑤ 注：罗伯特·胡克（Robert Hooke, 1635—1703），英国科学家

⑥ 中外科学家发明家丛书——牛顿. 电子图书学校专集：第五章

⑦ 郭奕玲，沈慧君编著. 物理学史. 清华大学出版社，1993 年: 36

⑧ 注：Pierrede Fermat（1601—1665），法国著名数学家

⑨ 注：罗伯特·波义耳（Robert Boyle, 1627—1691），英国化学家、物理学家和哲学家

⑩ 注：Isaac Barrow（1630—1677），英国著名数学家

⑪ [德] H. 武辛. 伯幼，任荣译. 牛顿传. 科学普及出版社，1979 年: 102

⑫ [美] 科恩. 鲁旭东等译. 科学中的革命. 第三部分. 商务印书馆，1998 年: 182

“现代科学，尤其是物理学，其特征就是用数学来表述其最高原理和定律。到了17世纪，科学的这一特征开始显示出了重要意义，而且，这种特征的重要性在牛顿的《自然哲学的数学原理》（即《原理》）出版时到达了第一个高峰。”①

“《原理》第三编介绍了许多研究成果，它运用第一、二编中推导出来的运动普遍规律来解释现实自然界的实际问题。例如，根据测得的天文数据研究行星的运动，研究月球的运动、潮汐、二分点的岁差和彗星的运动。”②

“行星围绕太阳的运动将由牛顿的万有引力与运动定律做出解释。这四个定律将结合起来产生三个称为开普勒定律的次定律。第一次定律说，行星将以椭圆轨道绕太阳运动，太阳将位于椭圆的两个焦点之一。第二次定律说，在太阳与行星间画下的一条直线将在相同时间内扫过相同的面积。第三次定律说，时间的平方将与平均距离的立方成正比。时间是指行星绕太阳一周的时间，平均距离为近日点和远日点的平均值。……所以离太阳较远的行星绕太阳一周需要较长时间，土星就是个例子。土星离太阳的距离大约为地球的9倍，它绕太阳一周的时间大约也为地球的27倍。地球一年绕太阳一周，土星将需要约27年绕太阳一周。……由牛顿定律推导出来的开普勒定律将成为宇宙的法则。小行星和彗星也将遵守开普勒定律。这些法则适用于任何由引力束缚在一起的双体系统，如月亮和地球。”③

牛顿的《原理》将地球上和天上的物质运动规律和相互作用统一起来，实现了划时代的重大突破，是自然科学史上的一座不朽丰碑。人们公认牛顿的经典力学可以计算行星的运行轨道；牛顿认为其也可以计算彗星的运行轨道。牛顿在《原理》中写道：“彗星的轨道能由这一理论计算。”④

“理论也被一颗逆行的彗星的运动证实，它出现在1682年。……一颗逆行的彗星，它出现在1607年，画出一条轨道……这条轨道与出现在1682年的一颗彗星的轨道非常接近。如果这两颗彗星是一颗且同一颗，则这颗彗星的运行时间是75年。”⑤

牛顿在《原理》中所说的彗星，就是哈雷慧星。爱因斯坦讲：“经典力学对天体的实际运动的描述，所达到的精确度简直是惊人的。”⑥《原理》对近现代科学

① [美] 科恩. 鲁旭东等译. 科学中的革命. 第三部分. 商务印书馆, 1998年: 174

② [德] H. 武辛. 伯幼, 任荣译. 牛顿传. 科学普及出版社, 1979年: 65

③ [美] 萨缪尔等. 李斯, 马永波译. 爱因斯坦的圣经. 新约物理学之第三书. 海南出版社, 2000年: 110-111

④ [英] 牛顿. 赵振江译. 自然哲学的数学原理. 第三卷. 命题. 商务印书馆, 2006年: 643

⑤ [英] 牛顿. 赵振江译. 自然哲学的数学原理. 第三卷. 命题. 商务印书馆, 2006年: 642-644

⑥ [美] 爱因斯坦. 狭义与广义相对论浅说. 第一部分. 北京大学出版社, 2006年: 13

和自然哲学的发展，产生了无与伦比的影响。

"伊萨克·牛顿在自然科学史上占有独特的地位。没有哪个人像牛顿那样，给整整两个多世纪的自然科学的内容和结构打上了自己的烙印。他继续并完成了十六和十七世纪由他的先辈所领导的科学革命。"[1]

"牛顿建立的力学体系经过 D. 伯努利（Daniel Bernoulli，1700—1782[2]）、拉格朗日（全名约瑟夫·路易斯·拉格朗日，Joseph-Louis Lagrange, 1735—1813[3]）、达朗贝尔（Jean le Rond d' Alembert，1717—1783[4]）等人的推广和完善，形成了系统的理论……到了 18 世纪，经典力学已经相当成熟，成了自然科学中的主导和领先学科。"[5]

牛顿的《原理》奠定了经典力学。"《自然哲学之数学原理》是牛顿一生中最重要的科学著作。无论从科学史还是整个人类文明史来看，牛顿的《自然哲学之数学原理》（以下简称《原理》）都是一部划时代的巨著。在科学的历史上，《原理》是经典力学的第一部经典著作，也是人类掌握的第一个完整的科学的宇宙论和科学理论体系，其影响所及遍布经典自然科学的所有领域，在其后的 300 年时间里一再取得丰硕成果。就人类文明史而言，《原理》的发表，表明人类文明发展到系统全面地认识自然进而有可能利用自然和改造自然的阶段。"[6]

应当指出一点，牛顿奠定的经典力学体系的基础，是承认伽利略相对性原理，是立足于惯性参照系的，"伽利略—牛顿力学诸定律只有对于伽利略坐标系来说才能认为是有效的"[7]，所以可以应用伽利略坐标变换。牛顿奠定的经典力学体系促进了近代科学的发展。

---

① [德] H. 武辛. 伯幼，任荣译. 牛顿传. 科学普及出版社，1979 年：102
② 瑞士物理学家、数学家
③ 法国数学家、物理学家
④ 法国物理学家、数学家和天文学家
⑤ 郭奕玲，沈慧君编著. 物理学史. 清华大学出版社，1993 年：7
⑥ [英] 牛顿. 王克迪译. 自然哲学之数学原理. 译者序言. 陕西人民出版社，武汉出版社，2001 年：1
⑦ [美] 爱因斯坦. 杨润殷译. 狭义与广义相对论浅说. 第一部分. 北京大学出版社，2006 年：11

第五章 爱因斯坦狭义相对论

爱因斯坦狭义相对论表明，在物体的运动速度与光速之比是不可忽略的情况下，空间和时间都是相对的，此时对物体运动规律的描述，可以通过洛伦兹坐标变换做到与所选择的惯性参照系无关。

一、狭义相对论的两个假设

阿尔伯特·爱因斯坦是现代物理学的开创者和奠基人。爱因斯坦一生中最重要的贡献是相对论。1905 年，爱因斯坦在德国莱比锡出版的《物理学纪事》上发表了《论动体的电动力学》，提出狭义相对论。这是物理学中具有划时代意义的历史文献。

爱因斯坦提出狭义相对论的前提是承认相对性原理和光速不变原理：

 1．在所有的相互做匀速直线运动的坐标系中，光在真空中的速度都是相同的。

 2．在所有的相互做匀速直线运动的坐标系中，自然定律都是相同的。

"相对论就是以这两个假设开端的。"[①]

"就是在看来这样简单而且最一般的两个假设的基础上，爱因斯坦建立起一套完整的理论——狭义相对论，而把物理学推进到了一个新的阶段。"[②]

---

① [美] 爱因斯坦，利·英费尔德. 周肇威译. 物理学的进化. 上海科学技术出版社, 1962 年: 129-130

② 张三慧，王虎珠编著. 大学物理学. 清华大学出版社, 1990 年: 224

爱因斯坦在《什么是相对论》一文中讲："上述两条原理都为经验强有力地支持着，但它们在逻辑上却好像是互相矛盾的。狭义相对论终于成功地把它们在逻辑上调和了起来。"[①]

现在来分析一下爱因斯坦提出的两个假设。

爱因斯坦讲："如果抽象一点来说这个问题，就是一个质点 m 相对于一个坐标系 K 在做匀速直线运动，如果第二个坐标系 K' 相对于 K 也在做匀速直线运动的话，那么，m 相对于 K' 也是在做匀速直线运动。再进一步抽象来讲，如果 K 是一个伽利略坐标系，则其他每一个相对于 K 在做匀速直线运动的坐标系 K' 也是一个伽利略坐标系。m 的运动相对于 K' 和相对于 K 的情况是一样的。这样伽利略—牛顿力学定律在这种情况下是成立的。"[②]爱因斯坦的这段话，讲的是伽利略相对性原理：伽利略首先提出相对性原理，认为力学定律在一切惯性参考系中具有相同的形式，人们称之为伽利略相对性原理，它对绝对时空的惯性参考系是有效的。

爱因斯坦接着又讲："如若我们将这个思路推广，如果 K' 是相对于 K 做匀速运动而没有旋转的坐标系，那么自然现象相对于坐标系 K' 的实际演化将与其相对于坐标系 K 的演化是一样的，二者遵循同样的物理规律。这就是相对性原理。"[③]

可见，爱因斯坦提出狭义相对论的第二个前提是，首先把研究范围限定在惯性参照系，以伽利略提出的相对性原理为基础，把适用于"力学定律"推广到"自然定律"，其本质特征仍然是伽利略相对性原理，并没有超出绝对时空的概念。伽利略相对性原理确实"为经验强有力地支持着"，它是对绝对空间和绝对时间而言的，与光速不变原理在逻辑上是互相矛盾的，因为"光速的不变性明显地与力学的速度合成法则相抵触"[④]。狭义相对论把绝对时空范围内的相对性原理和光速不变原理调和起来。

二、雷击事件与同时性概念

既然相对性原理是爱因斯坦狭义相对论的基础，而相对性原理的基础又是相

① [美] 爱因斯坦. 许良英，范岱年编译. 爱因斯坦文集. 第一卷. 什么是相对论. 商务印书馆，1976 年: 111
② [美] 爱因斯坦. 周学政，徐有智编译. 相对论. 第一部分. 北京出版社，2007 年: 12
③ [美] 爱因斯坦. 周学政，徐有智编译. 相对论. 第一部分. 北京出版社，2007 年: 12
④ 郭奕玲，沈慧君编著. 物理学史. 清华大学出版社，1993 年: 221

对运动，所以，还是用举例的方法形象地从相对运动开始说起。

有一个路基，路基上有两个点——A 点和 B 点。M 点位于 A 点和 B 点的中间。在路基 M 点上，站着一个人 P。在 P 的身旁有一个计时的秒表 Z。

有一辆十分长的列车，相对于路基以每秒 V 米的速度做匀速直线相对运动，行驶的方向是从 A 点驶向 B 点。在列车上也有两个点——A' 点和 B' 点。中间有一 M' 点，在 M' 点站着一个人 P'，在 P' 的身旁有一个计时的秒表 Z'。

在某一时刻，列车上的 A' 点、B' 点和中间的 M' 点，与路基上的 A 点、B 点及中间的 M 点，恰好一一对应。此时秒表 Z 和秒表 Z' 的指针均为 0。如图 1-5-1 所示。

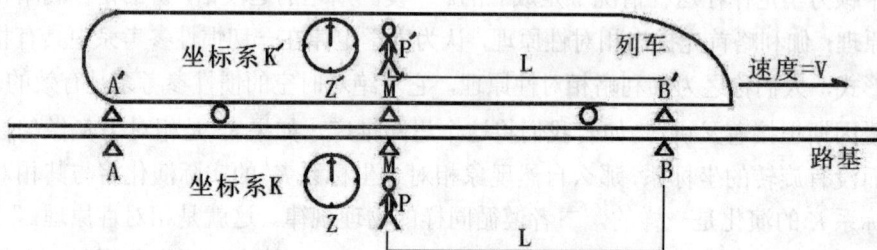

图 1-5-1

以路基为参照系，用坐标系 K 表示；以列车为参照系，用坐标系 K' 表示。由于列车相对于路基做匀速直线相对运动，所以，坐标系 K 和坐标系 K' 都是惯性参照系。

现假设，就在列车上的 M' 点与路基上的 M 点恰好相对应的这一时刻，即秒表 Z' 和秒表 Z 的指针均为 0 的时刻，在路基上的 B 点发生"雷击"。"闪光"以每秒 C 米的速度传播。

在坐标系 K，当"闪光"从 B 点传播到 M 点时，P 发现秒表 Z 的指针指在 t 的位置，即在路基上站着的人 P 在 t 时刻观察到 B 点被"雷击"。

在坐标系 K'，当"闪光"从 B 点传播到 M' 点时，P' 发现秒表 Z' 的指针指在 t' 的位置，即在列车上站着的人 P' 在 t' 时刻观察到 B 点被"雷击"。如图 1-5-2 所示。

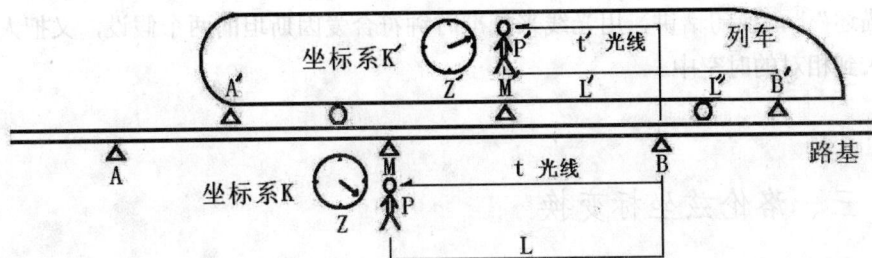

图 1-5-2

在对"雷击"事件做分析之前，先明确"同时"的概念。现引述爱因斯坦对"同时"的论述："如果我们要描述一个质点的运动，我们就以时间的函数来给出它的坐标值。现在我们必须记住，这样的数学描述，只有在我们十分清楚地懂得'时间'在这里指的是什么之后才有物理意义。我们应当考虑到：凡是时间在里面起作用的我们的一切判断，总是关于同时的事件的判断。比如我说，'那列火车 7 点钟到达这里'，这大概是说：'我的钟的短针指到 7 同火车的到达是同时的事件。'"[①]

现在分析"雷击"事件。对于坐标系 K，P 发现秒表 Z 的指针指在 t 的位置时，观察到 B 点被"雷击"，按爱因斯坦的观点，P 的秒表 Z 的指针指在 t 的位置与 B 点被"雷击"是同时的事件。对于坐标系 K'，P' 发现秒表 Z' 的指针指在 t' 的位置时，观察到 B 点被"雷击"，即 P' 的秒表 Z' 的指针指在 t' 的位置与 B 点被"雷击"是同时的事件。也就是说，P 观测到在时间为 t 时 B 点被"雷击"，而 P' 观测到在时间为 t' 时 B 点被"雷击"。但是，当列车的速度相当快时，t 与 t' 并不相等。"由此可见，我们不能给予同时性这概念以任何绝对的意义；两个事件，从一个坐标系看来是同时的，而从另一个相对于这个坐标系运动着的坐标系看来，它们就不能再被认为是同时的事件了"[②]，"这就是说，对不同的参照系，同样的两个事件之间的时间间隔是不同的。这也就是说，时间的量度是相对的"[③]。

爱因斯坦对"同时"概念的论述表明，他是在用光线来校准时钟。"爱因斯坦

---

① 范岱年主译. 爱因斯坦全集. 第二卷. 湖南科学技术出版社，2002 年: 245
② 范岱年主译. 爱因斯坦全集. 第二卷. 湖南科学技术出版社，2002 年: 248
③ 张三慧，王虎珠编著. 大学物理学. 清华大学出版社，1990 年: 227

所以用光线来校准时钟是因为两个假设使我们有可能对光信号的传播方式作明确的描述"[1]，换句话讲，用光线来校准时钟符合爱因斯坦的两个假设，又把人们带入到相对的时空中。

三、洛伦兹坐标变换

在阐述伽利略相对性原理时已确认：对物体运动规律的描述，与所选择的惯性参照系无关；不同惯性参照系对物体运动规律描述的等效或其相互转换，可以由伽利略坐标变换来实现。但是，伽利略相对性原理基于相对运动，即"物体在空间的位置"是相对的，但"空间"是绝对的，"时间"也是绝对的。所以，伽利略坐标变换是在"空间"和"时间"都是绝对的条件下，对"物体在空间的位置"的坐标的变换。

爱因斯坦通过"同时"的概念阐明，如果光速是不变的，那么不仅空间是相对的，"时间"也是相对的。"要描述一个质点的运动，我们就以时间的函数来给出它的坐标值。"[2]而在时间是相对的情况下，"时间坐标明显地和空间坐标有关"[3]，这样，就必须把表示惯性参照系的三维空间笛卡尔坐标系变成加入时间坐标的四维笛卡尔坐标系。

依据光速不变原理推导出洛伦兹坐标变换。洛伦兹坐标变换应用的是四维笛卡尔坐标。假设前面讲的列车只是沿着坐标 Y 的方向运动，那么对于坐标系 K 和坐标系 K'，它们之间的洛伦兹坐标变换可以表示为：

$$Y' = \frac{Y - Vt}{\sqrt{1 - \dfrac{V^2}{C^2}}}$$

$$X' = X$$

$$Z' = Z$$

---

[1] [德] 索末菲. 相对论. 第Ⅰ编：12

[2] 范岱年主译. 爱因斯坦全集. 第二卷. 湖南科学技术出版社, 2002 年: 245

[3] 张三慧, 王虎珠编著. 大学物理学. 清华大学出版社, 1990 年: 237

$$t' = \frac{t - \dfrac{V}{C^2}Y}{\sqrt{1 - \dfrac{V^2}{C^2}}}$$

"在洛伦兹变换方程中，我们如以无穷大值代换光速 C，就可以得到伽利略变换方程"[①]：

$$Y' = Y - Vt$$
$$X' = X$$
$$Z' = Z$$
$$t' = t$$

即，当物体的运动速度与光速相比可以忽略时，洛伦兹坐标变换就变为伽利略坐标变换，也就是说，洛伦兹坐标变换涵盖着伽利略坐标变换，伽利略坐标变换是洛伦兹坐标变换的近似。

四、狭义相对论

现在用比较通俗的语言来概述爱因斯坦狭义相对论。

再具体地分析一下"雷击"事件，以便有一个直观的感觉。

假定列车的速度相当快，经过 t' 时间，列车或坐标系 K' 已经向前行使了 L'' 米，"闪光"从 B 点传播到 M' 点，只传播了 L' 米。距离 L 是 L' 与 L'' 之和，L' 小于 L。

在坐标系 K，当"闪光"从 B 点传播到 M 点时，传播了 L 米。

在坐标系 K'，当"闪光"从 B 点传播到 M' 点时，只传播了 L' 米。

由于"闪光"的传播速度，即光的传播速度是不变的，无论是在坐标系 K，还是在坐标系 K'，都是每秒 C 米。但是，"闪光"在坐标系 K 传播了 L 米，而在坐标系 K' 只传播了 L' 米，L' 小于 L，所以在坐标系 K' 传播的时间 t' 要小于在坐标系 K 传播的时间 t，即 t' 小于 t。好像由于坐标系 K' 相对坐标系 K 做匀速直线相对运动，而使坐标系 K' 的秒表"变慢"或时间在"变短"。可以想象，对于该

---

① [美] 爱因斯坦. 杨润殷译. 狭义与广义相对论浅说. 第一部分. 北京大学出版社, 2006年: 26

"雷击"事件而言，如果列车的行驶速度接近光速，那么坐标系 $K^/$ 的秒表 $Z^/$ 会比坐标系 K 的秒表 Z 慢了将近一半，或是说坐标系 $K^/$ 的时间会比坐标系 K 的时间短了将近一半。

这表明，我们在坐标系 $K^/$ 和在坐标系 K 观察的是同一个"雷击"事件，即路基上的 B 点被"雷击"，但是在路基上的坐标系 K 观察到"雷击"的时间是 t，而在列车上的坐标系 $K^/$ 观察到同一个"雷击"的时间却是 $t^/$。"时间"对坐标系 K 和坐标系 $K^/$ 而言，不再是绝对的而是相对的。即对于不同的惯性坐标系而言，"时间"是相对的。

另外，列车行驶的距离是列车的行驶速度与列车行驶时间的乘积，对于坐标系 K 和坐标系 $K^/$ 而言，时间不再是绝对的而是相对的，"应该明确的是，长度测量是和同时性概念密切相关的……既然同时性是相对的，那么长度的测量也必定是相对的"[①]。也就是说，时间的量度和距离的量度与所选择的坐标系有关，即时间是相对的，空间也是相对的。

伽里略坐标变换是在"空间"是绝对的、"时间"也是绝对的条件下，只对"物体在空间的位置"的坐标进行变换。在"空间"是相对的、"时间"也是相对的条件下，"我们根据爱因斯坦的相对论时空概念导出相应的另一组坐标变换式——洛伦兹变换"[②]，"是两个基本假设的结果"[③]，用洛伦兹坐标变换代替伽利略坐标变换，那么，对物体运动规律的描述，与所选择的惯性参照系无关。"在这个意义上我们说它是狭义相对性原理或狭义相对论"[④]，"狭义相对论突破了牛顿的绝对概念，使世界变了一个样"[⑤]。

用洛伦兹坐标变换代替伽利略坐标变换，对于惯性参照系而言，就可以把逻辑上好像是互相矛盾的在绝对时空范围内的相对性原理和光速不变原理调和起来，这就是对"狭义相对论最基本的认识是：如果事件的坐标和时间的变换呈现一种新的关系（'洛伦兹变换'），那么这两个假定就彼此相容了"[⑥]。

这时，对物体运动规律的描述，已不仅仅限于对牛顿力学的描述，而是推广到对包括力学定律和电磁学定律在内的一切自然规律的描述，均与所选择的惯性

---

① 张三慧，王虎珠编著. 大学物理学. 清华大学出版社, 1990 年: 232
② 张三慧，王虎珠编著. 大学物理学. 清华大学出版社, 1990 年: 235
③ [德] 索末菲. 相对论. 第Ⅰ编: 15
④ [美] 爱因斯坦. 杨润殷译. 狭义与广义相对论浅说. 第二部分. 北京大学出版社, 2006 年: 48
⑤ [美] 爱因斯坦. 周学政, 徐有智编译. 相对论. 第一部分. 北京出版社, 2007 年: 30
⑥ [美] 爱因斯坦. 易洪波, 李智谋编译. 相对论. 编者导读. 重庆出版社, 2006 年: 26

参照系无关。"爱因斯坦狭义相对论所考察的是将做匀速运动的参照系之间的相对性加以推广"①，或者说爱因斯坦狭义相对论是对伽利略相对性原理的推广。

　　爱因斯坦狭义相对论表明，在物体的运动速度与光速之比是不可忽略的情况下，空间和时间都是相对的，此时对物体运动规律的描述，可以通过洛伦兹坐标变换，做到与所选择的惯性参照系无关。所以，狭义相对论"在这个意义上我们说它是狭义相对性原理"，它涵盖了伽利略相对性原理；伽利略相对性原理是狭义相对性原理在一定条件下的近似。

　　① ［美］爱因斯坦. 易洪波，李智谋编译. 相对论. 重庆出版社，2006年：174

第六章　爱因斯坦广义相对论

"自然规律必须作这样的公式表述,它们的形式对于无论哪一种运动状态的坐标系都是完全一样的。要完成这项工作,那是广义相对论的任务。"[①]

一、广义相对论所解决的问题

狭义相对论表明,对自然界定律的描述,可以通过洛伦兹坐标变换做到与所选择的惯性参照系无关。依据狭义相对论,对自然界定律的描述仍需局限于相互做匀速直线运动的系统中,即局限于惯性参照系。

"当我通过狭义相对论得到了一切所谓惯性系对于表示自然规律的等效性时(1905年),就自然地引起了这样的问题:坐标系有没有更进一步的等效性呢?"[②]"我们是否能这样来表达物理学中的定律,使它们在所有的坐标系中,即不单是在相互作匀速直线运动的系统中,而且在相互作任何任意运动的坐标系中都是有效的呢?"[③]

"建立能应用于一切坐标系的物理学定律的问题,已经被所谓的广义相对论所解决了"[④],"所有的高斯坐标系对于表述普遍的自然界定律在本质上是等效的"[⑤]。

① [美] 爱因斯坦. 许良英, 范岱年编译. 爱因斯坦文集. 第一卷. 关于理论物理学基础的考查. 商务印书馆, 1976年: 390

② [美] 爱因斯坦. 许良英, 范岱年编译. 爱因斯坦文集. 第一卷. 广义相对论的来源. 商务印书馆, 1976年: 319

③ [美] 爱因斯坦, 利·英费尔德. 周肇威译. 物理学的进化. 上海科学技术出版社, 1962年: 156

④ [美] 爱因斯坦, 利·英费尔德. 周肇威译. 物理学的进化. 上海科学技术出版社, 1962年: 157

⑤ [美] 爱因斯坦. 杨润殷译. 狭义与广义相对论浅说. 第二部分. 北京大学出版社, 2006年: 73

二、笛卡尔坐标与高斯坐标

在阐述广义相对论之前，先概述一下笛卡尔坐标和高斯坐标的关系。

爱因斯坦狭义相对论表明，在物体的运动速度与光速之比是不可忽略的情况下，空间和时间都是相对的，此时对物体运动规律的描述，可以通过洛伦兹坐标变换做到与所选择的惯性参照系无关。洛伦兹坐标变换应用的是四维笛卡尔坐标。

勒奈·笛卡尔（Rence Descartes，1596—1650）是法国哲学家、物理学家和数学家。1637 年，笛卡尔发表《几何学》，创立了直角坐标系。直角坐标系的基础是公元前 3 世纪中叶古希腊著名数学家欧几里得（Euclid，公元前 325—公元前 265）开创的欧氏几何学。现在人们通常应用的直角坐标，即是以笛卡尔的名字命名的笛卡尔坐标。

与欧氏几何学相对应的还有非欧氏几何学。"今天，非欧几何已经被人们承认并接受。高斯①、雅诺斯②、罗巴切夫斯基③三人并称为非欧几何的发明者。"④

基于对非欧几何的研究，高斯于1822年发表《关于保持无穷小部分相似性的曲面向平面投影的条件》，"在这篇论文中，高斯提出'正形影'的概念，详细地叙述了平面、正圆柱面、球面以及旋转椭圆面在平面上的正形投影方法。在文章的附注中，高斯还介绍了应用椭圆面向球面正形投影理论，解决了大地测量的计算问题"⑤。

高斯"于 1827 年 10 月 8 日发表《关于曲面的一般研究》，标志着以曲面为基本对象的微分几何的创立"⑥。"高斯通过推广长度观念……从而解决了展开其内蕴几何的基础，即度量问题，这是几何历史上的一次重大突破。"⑦"高斯开创的

---

① 注：卡尔·弗列德里奇·高斯（Carl Friedrich Gauss，1777—1855），是德国 18 世纪末到 19 世纪中叶的伟大数学家、天文学家和物理学家，被誉为历史上最有才华的数学家之一

② 注：雅诺斯·鲍耶（János Bolyai, 1802—1860），匈牙利数学家

③ 注：尼古拉斯·伊万诺维奇·罗巴切夫斯基（Николай Иванович Лобачёвский，英文 Nikolas lvanovich Lobachevsky, 1792—1856），俄罗斯数学家

④ 中外科学家发明家丛书——高斯. 电子图书学校专集. 第六章

⑤ 中外科学家发明家丛书——高斯. 电子图书学校专集. 第五章

⑥ 陈惠勇. 高斯的内蕴微分几何与非欧几何. 西北大学学报. 第 36 卷（6）. 2006 年 12 月：1028

⑦ 陈惠勇. 高斯的内蕴微分几何与非欧几何. 西北大学学报. 第 36 卷（6）. 2006 年 12 月：1029

内蕴几何不仅大大地改变了人们对曲面的认识……而且把空间的数学概念大大地推广了，使它在现代物理学中占有非常重要的地位。"①

　　爱因斯坦讲："高斯发明了对一般连续区作数学表述的方法……对于一个连续区的每一个点可标以若干个数（高斯坐标），这个连续区有多少维，就标多少个数……高斯坐标系是笛卡尔坐标系的一个逻辑推广。"② "欧几里得几何是非欧几里得几何在无穷小的情形下的近似。"③在无穷小近似的情形下，"高斯坐标也就成为笛卡尔坐标"④。

三、狭义相对论不能解决的问题

　　对相关的坐标系进行了概述之后，再来分析狭义相对论的问题。

　　前面已经提及，爱因斯坦的狭义相对论建立在相对性原理和光速不变原理的基础上。相对性原理只是对于惯性参照系才有效，所以，爱因斯坦的狭义相对论也是在光速不变的前提下，只对于惯性参照系才有效，"而对于其他参照物体（例如具有另一种运动状态的参考物体）则是无效的"⑤，同时"作为狭义相对论中两个基本假定之一的真空中光速恒定定律，就不能被认为具有无限的有效性……我们只能作这样的结论：不能认为狭义相对论的有效性是无止境的"⑥。

　　既然不能认为狭义相对论的有效性是无止境的，也确实存在不是保持静止或匀速直线运动、而是具有另一种运动状态的非惯性参照系，而且也不能认为光速恒定具有无限的有效性，那么如何才能够做到对物体运动自然规律的描述与所选择的任何参照系都无关？或者说，如何才能够做到"所有参照物体 K、K^{l} 等不论它们的运动状态如何，对于描述自然现象（表述普遍的自然界定律）都是等效的"？⑦这是狭义相对论所不能解决的问题。

---

① 中外科学家发明家丛书——高斯. 电子图书学校专集. 第六章
② ［美］爱因斯坦. 杨润殷译. 狭义与广义相对论浅说. 第二部分. 北京大学出版社，2006 年：68
③ 陈惠勇. 高斯的内蕴微分几何与非欧几何. 西北大学学报. 第 36 卷（6）. 2006 年 12 月：1028
④ ［美］爱因斯坦. 杨润殷译. 狭义与广义相对论浅说. 第二部分. 北京大学出版社，2006 年：67
⑤ ［美］爱因斯坦. 杨润殷译. 狭义与广义相对论浅说. 第二部分. 北京大学出版社，2006 年：48
⑥ ［美］爱因斯坦. 杨润殷译. 狭义与广义相对论浅说. 第二部分. 北京大学出版社，2006 年：58
⑦ ［美］爱因斯坦. 杨润殷译. 狭义与广义相对论浅说. 第二部分. 北京大学出版社，2006 年：48

四、广义相对论

为了解决狭义相对论所不能解决的问题，爱因斯坦引入了引力场的概念。

"'如果我拾起一块石头，然后放开手，为什么石块会落到地上呢？'通常对于这个问题的回答是：'因为石块受地球吸引。'现代物理学所表述的回答则不大一样……地球对石块的作用不是直接的。地球在其周围产生一引力场，引力场作用于石块，引起石块的下落运动……在一个引力场的唯一影响下运动着的物体得到了一个加速度，这个加速度与物体的材料和物理状态都毫无关系……那么引力质量与惯性质量之比对于一切物体而言也必然是一样的……因而我们就得出下述定律：物体的引力质量等于其惯性质量……物体的同一个性质按照不同的处境或表现为'惯性'，或表现为'重量'。"[1]

爱因斯坦"在 1915 年建立了广义相对论，1916 年的论文《广义相对论的基础》就是这项工作的总结"[2]。

意大利物理学家伽利略在《两大世界体系的对话》中，用一条大船阐述了著名的相对性原理[3]。与此相类似，爱因斯坦在《物理学的进化》中用一部电梯阐述了广义相对论："设想有一个大的升降机在摩天楼的顶上，而这个理想的摩天楼比任何真实的摩天楼还要高得多……里面的观察者正在做实验。"[4]"现在设想，电梯上挂有火箭，并把它向上加速……在没有加速度但却存在引力场时，所发生的现象与在被加速的电梯中的现象严格相同。"[5]

为直观起见，用火箭代替电梯来概述广义相对论。

图 1-6-1 中，图 A 是静止于引力场中的火箭，图 B 是具有加速度 a 的孤立火箭。

① [美] 爱因斯坦. 杨润殷译. 狭义与广义相对论浅说. 第二部分. 北京大学出版社, 2006 年: 50-51
② 范岱年主译. 爱因斯坦文集. 第二卷. 选编说明. 商务印书馆, 1977 年: 1
③ [意] 伽利略. 上海外国自然科学哲学著作编译组译. 关于托勒密和哥白尼两大世界体系的对话. 上海人民出版社, 1974 年: 242-243
④ [美] 爱因斯坦, 利·英费尔德. 周肇威译. 物理学的进化. 上海科学技术出版社, 1962 年: 158
⑤ [英] 彼得·科尔斯. 李醒民译. 爱因斯坦与大科学的诞生. 北京大学出版社, 2005 年: 48

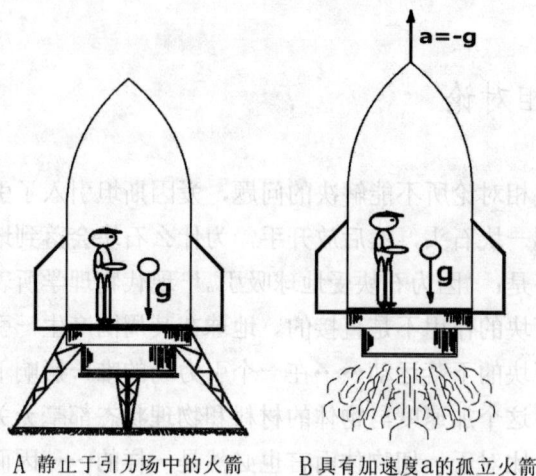

A 静止于引力场中的火箭   B 具有加速度a的孤立火箭

图 1-6-1

　　"一位观察者在火箭舱里作自由落体实验。在图中 A，火箭静止在地面惯性系上，他将看到质点因引力作用而自由下落；在图中 B，火箭处于不受力的自由空间内，是个孤立火箭，质点是静止的，但当火箭突然获得一定的向上加速度时（非惯性系），他将看到质点的运动是和在图中 A 完全相同的自由落体运动。显然，如果他不知道舱外的情况，在这个局部范围内，单凭这实验，他将无法判断自己究竟是在自由空间相对于恒星作加速运动呢还是静止。"[①]

　　"事实上，由于惯性质量与引力质量相等，我们无法根据上述两个实验来区分哪一个是在静止于地面的火箭舱内做的，哪一个是在自由空间中加速的火箭舱内做的。因此，我们看到：在处于均匀的恒定引力场影响下的惯性系中，所发生的一切物理现象，可以和一个不受引力场影响，但以恒定加速度运动的非惯性系内的物理现象完全相同。这便是通常所说的等效原理。由于引力场和加速效应等效，所以让火箭舱在引力场中自由下落，火箭舱里的观察者将处于失重状态之中，这时引力场的作用，在这个局部环境中，将被加速运动完全抵消。爱因斯坦据此把相对性原理推广到非惯性系，认为物理定律在非惯性系中，可以和局部惯性系中完全相同，但在局部惯性系中要有引力场存在，或者说，所有非惯性系和有引

---

① 程守洙, 江之咏主编. 普通物理学. 第一册. 第五版. 第一篇. 高等教育出版社, 1998 年: 256

力场存在的惯性系对于描述物理现象都是等价的。"[1]

认同引力场的存在导致物体的引力质量等于其惯性质量，用高斯坐标代替刚性的笛卡尔坐标，就会得出"所有的高斯坐标系对于表述普遍的自然界定律在本质上是等效的"[2]，这就是爱因斯坦广义相对论。"建立能应用于一切坐标系的物理学定律的问题，已经被所谓的广义相对论所解决了。"[3]

伽利略相对性原理表明，对物体运动规律的描述，与所选择的惯性参照系无关，其原因是存在伽利略坐标变换。爱因斯坦狭义相对论表明，当物体的运动速度与光速之比是不可忽略的情况下，空间和时间都是相对的，此时对物体运动规律的描述，可以通过洛伦兹坐标变换做到与所选择的惯性参照系无关。洛伦兹坐标变换和伽利略坐标变换都是应用笛卡尔坐标的变换。

爱因斯坦广义相对论表明，"所有的高斯坐标系对于表述普遍的自然界定律在本质上是等效的"[4]，是存在高斯坐标变换。在无穷小近似的情形下，"高斯坐标也就成为笛卡尔坐标"[5]。广义相对论涵盖了狭义相对论，自然也就涵盖了伽利略相对性原理。

① 程守洙，江之咏主编. 普通物理学. 第一册. 第五版. 第一篇. 高等教育出版社，1998 年: 257
② [美] 爱因斯坦. 杨润殷译. 狭义与广义相对论浅说. 第二部分. 北京大学出版社，2006 年: 73
③ [美] 爱因斯坦，利·英费尔德. 周肇威译. 物理学的进化. 上海科学技术出版社，1962 年: 157
④ [美] 爱因斯坦. 杨润殷译. 狭义与广义相对论浅说. 第二部分. 北京大学出版社，2006 年: 73
⑤ [美] 爱因斯坦. 杨润殷译. 狭义与广义相对论浅说. 第二部分. 北京大学出版社，2006 年: 67

第七章　牛顿力学与爱因斯坦相对论

"我们的会谈显示出经典物理学中一个严重的困难。我们有定律，但是不知它们归属于哪一个框架，因此整个物理学都好像是筑在沙堆上一样。"[①]

在经典物理学中，牛顿力学属于构造性理论，伽利略相对性原理属于原理性理论。爱因斯坦相对论也属于原理性理论，牛顿力学与爱因斯坦相对论分属不同的理论体系。

一、理论划分为两大类

爱因斯坦把理论划分为两大类：第一类是构造性理论，第二类是原理性理论。他在《什么是相对论》一文中写道："我们可以把物理学中的理论分成不同种类。其中大多数是构造性的（constructive）。……同这一类最重要的理论一道的，还存在着第二类理论，我把它们叫做'原理理论'（principle-theory）。"[②]

爱因斯坦对构造性理论做了这样的描述："它们企图从比较简单的形式体系（formalscheme）出发，并以此为材料，对比较复杂的现象构造出一幅图象……当我们说，我们已经成功地了解一群自然过程，我们的意思必然是指：概括这些过程的构造性的理论已经建立起来。……构造性理论的优点是完备、有适应性和明确。"[③]

英国科学家牛顿在 1687 年 7 月出版了名著《自然哲学之数学原理》，用牛顿

---

① [美] 爱因斯坦. 利·英费尔德. 周肇威译. 物理学的进化. 上海科学技术出版社, 1962 年: 155
② [美] 爱因斯坦. 许良英, 范岱年编译. 爱因斯坦文集. 第一卷. 什么是相对论. 商务印书馆, 1976 年: 109-110
③ [美] 爱因斯坦. 许良英, 范岱年编译. 爱因斯坦文集. 第一卷. 什么是相对论. 商务印书馆, 1976 年: 109-110

三定律和万有引力定律奠定了经典力学体系。经典力学也称为伽利略—牛顿力学，或牛顿力学。牛顿力学将地球上和天上的物质运动规律及相互作用统一起来，概括了物体运动的自然过程，让人们"已经成功地了解一群自然过程"。按爱因斯坦对构造性理论的描述，牛顿力学属于构造性理论。

爱因斯坦对原理性理论做了这样的描述："它们是自然过程的普遍特征，即原理，这些原理给出了各个过程或者它们的理论表述所必须满足的数学形式的判据。……原理理论的优点则是逻辑上完整和基础巩固。"[①]"这些原理不是从其他理论推导出来，而是成为论证的推理链的公设，成为所有物理理论皆须满足的普遍标准的表述"[②]，"但实际上，它是对于（可以想象的）自然规律的一个严格的限制"[③]。

依据伽利略相对性原理，采用惯性坐标系对牛顿力学定律的表述才是有效的；采用伽利略坐标变换可以保证对于不同的惯性坐标而言，牛顿力学的定律是等效的。伽利略相对性原理给牛顿力学限定了一个框架，牛顿力学的所有定律都必须满足它。按爱因斯坦对原理性理论的描述，伽利略相对性原理属于原理性理论。

二、伽利略相对性原理与牛顿力学

定律是"对客观规律的科学概括和表述。……定律都有它一定的适用范围和条件"[④]；"原理给出了各个过程或者它们的理论表述所必须满足的数学形式的判据"，"是对于（可以想象的）自然规律的一个严格的限制"。牛顿力学是用定律来描述存在于空间的物体的运动规律；伽利略相对性原理给出了牛顿力学所有定律必须满足的有效范围及对定律有效性的描述规则。牛顿力学阐述的是描述物体运动规律的定律；伽利略相对性原理阐述的是描述物体运动规律的定律应当遵从的基本规律。即牛顿力学阐述的是定律，属于构造性理论；伽利略相对性原理阐述

① ［美］爱因斯坦. 许良英, 范岱年编译. 爱因斯坦文集. 第一卷. 什么是相对论. 商务印书馆, 1976 年: 110

② ［美］施塔赫尔（Stachel, J.）. 范岱年等译. 改变物理学面貌的五篇论文. 第三篇. 爱因斯坦论相对论. 上海科技教育出版社, 2001 年: 84

③ ［美］爱因斯坦. 许良英, 范岱年编译. 爱因斯坦文集. 第一卷. 相对性: 相对论的本质. 商务印书馆, 1976 年: 455

④ 金炳华等. 哲学大辞典. 修订本. 上海辞书出版社, 2001 年: 277

的是原理，属于原理性理论。虽然把牛顿力学和伽利略相对性原理都归入经典物理学中，这可能与它们都是在绝对的时空范畴内才有效有关，但是牛顿力学和伽利略相对性原理属于不同的理论体系。可以用表格的形式清晰反映伽利略相对性原理与牛顿力学的区别及限制关系，如表 1-7-1 所示。

表 1-7-1

体系	构造性理论	原理性理论			
名称	牛顿力学（经典力学）	伽利略相对性原理			
功能	用定律描述大自然运动规律	对定律有效性的限制及描述规则			
		对定律有效性的限制		对定律有效性的描述规则	
		依据原理	有效范围	坐标系	坐标变换
		相对运动	惯性坐标系	笛卡尔坐标	伽利略坐标变换
空间描述	空间是绝对的	空间是绝对的			
时间描述	时间是绝对的	时间是绝对的			

三、"相对论"这个词的来源

在论述爱因斯坦相对论之前，先介绍一下"相对论"这个词的来源。

"严格讲，用'相对论'这个术语来讨论爱因斯坦有关这一课题的头几篇论文是时代错误。在那些论文中，他[①]称之为'相对性原理'。1906 年马克斯·普朗克用 'Relativtheorie'（'相对理论'）一词来描述关于电子运动的洛伦兹—爱因斯坦方程，而这种表达法继续使用了几年。布赫雷尔（A. H. Bucherer）似乎是在普朗克讲演后的讨论中，第一个采用 'Relativitatstheorie'（'相对论'）一词的人。埃伦菲斯特（Paul Ehrenfest）在一篇文章中用了这个词，1907 年，爱因斯坦在他对该文的回答中采用了这个词，虽然，爱因斯坦此后有时也用这个词，但有好几年，他继续在他的论文标题中用 'Relativitatsprinzip'（'相对性原理'）一词。1910 年，

---

① 注：爱因斯坦

数学家克莱因（Felix Klein）建议用 'Invariantentheorie'（'不变量理论'），但似乎没有任何物理学家采纳他的建议。1915 年，爱因斯坦开始称他早期的工作为'狭义相对论'，与他后来的'广义相对论'相对照。"[①]爱因斯坦也没有对相对性原理与相对论加以区分，所以他讲："我们说它是狭义相对性原理或狭义相对论。"[②]

再回忆一下物理学的重要发展。

意大利物理学家伽利略在《两大世界体系的对话》中提出了相对运动的概念和著名的相对性原理；又在 1638 年出版的《关于两门新科学的对话》中提出惯性原理。"伽利略的发现以及他所应用的科学的推理方法是人类思想史上最伟大的成就之一，而且标志着物理学的真正开端"[③]，"成为现代物理学的起源"[④]。

1905 年，爱因斯坦在德国莱比锡出版的《物理学纪事》上发表《论动体的电动力学》，提出狭义相对论。这是物理学发展史上具有划时代意义的历史文献。

爱因斯坦"在 1915 年建立了广义相对论，1916 年的论文《广义相对论的基础》就是这项工作的总结"[⑤]。

爱因斯坦在 1921 年获诺贝尔奖，是由于"提出了他的'很革命性的'假说，即物质和辐射只能通过交换这种能量子而相互作用。他表明这一假说能说明许多明显全异的现象，特别是光电效应；正是这项工作被 1921 年诺贝尔奖委员会引用为授奖的依据"[⑥]；爱因斯坦并没有因为他提出狭义相对论和广义相对论所做出的巨大贡献而获诺贝尔奖，这是否与爱因斯坦当初对相对性原理与相对论的表述不够清晰有关，就不得而知了。

科学家对科学的探索，就像冒险家攀登神秘的山峰。冒险家登山的过程，就是探索的过程。当他攀登到一个可以立足的地点时，回头观察攀登过的路线，会对走过的路线做一个小结，如同科学家写论文对取得的阶段性成果做一个小结。当继续攀登到一个更高的地点，再回头观察攀登过的路线时，会发现有更好的捷径，这时再做小结就会对前面已做过的小结给予适当修正。科学家对科学的探索过程与此类似；科学家的探索过程与科学家撰写论文对探索过程所做的小结是有

① [美] 施塔赫尔（Stachel, J.）. 范岱年译. 改变物理学面貌的五篇论文. 第三篇. 爱因斯坦论相对论. 上海科技教育出版社, 2001 年: 81-82

② [美] 爱因斯坦. 杨润殷译. 狭义与广义相对论浅说. 第二部分. 北京大学出版社, 2006 年: 48

③ [美] 爱因斯坦, 利·英费尔德. 周肇威译. 物理学的进化. 上海科学技术出版社, 1962 年: 4

④ [英] 史蒂芬·霍金. 许明贤, 吴忠超译. 时间简史（插图版）. 湖南科学技术出版社, 2002 年: 237

⑤ 范岱年主译. 爱因斯坦文集. 第二卷. 选编说明. 商务印书馆, 1977 年: 1

⑥ [美] 施塔赫尔（Stachel, J.）. 范岱年译. 改变物理学面貌的五篇论文. 导言. 上海科技教育出版社, 2001 年: 15

区别的，而且随着探索的深入，后面的小结会对前面的小结进行修正，这是很正常的事情。1687 年 7 月牛顿出版他的名著《自然哲学之数学原理》，也存在若干错误，"牛顿在世时，《原理》共出了三版。第二版在纠正若干错误……于 1713 年出版"①。所以，应当从整体上来分析科学家所取得的成果，而不是强调对研究过程的表述。对爱因斯坦相对论的认识也应如此。

四、狭义相对论与相对论力学

伽利略相对性原理可表述为："一切彼此作匀速直线运动的惯性系，对于描写机械运动的力学规律来说是完全等价的……这个原理叫做力学的相对性原理，或伽利略相对性原理"②。

伽利略相对性原理表明，对物体运动规律的描述，与所选择的惯性参照系无关；由于存在伽利略坐标变换，可以使不同惯性参照系的表述相互转换。

用洛伦兹坐标变换代替伽利略坐标变换，则对物体运动规律的描述与所选择的惯性参照系无关，同样可以使不同惯性参照系的表述相互转换。"在这个意义上我们说它是狭义相对性原理或狭义相对论。"③这时对物体运动规律的描述，已不仅限于对牛顿力学的描述，而是推广到对包括力学定律和电磁学定律在内的一切自然规律的描述，均与所选择的惯性参照系无关。"爱因斯坦狭义相对论所考察的是将做匀速运动的参照系之间的相对性加以推广"④，或者说爱因斯坦狭义相对论是对伽利略相对性原理的推广。

爱因斯坦明确地指出相对论属于原理性理论："还存在着第二类理论，我把它们叫做'原理理论'（principle-theory）。它们是自然过程的普遍特征，即原理。……相对论属于后一类。"⑤⑥"用爱因斯坦后来使用的术语来说，他创建的是原理性理论，而不是构造性理论。"⑦

---

① [德] H. 武辛. 伯幼，任荣译. 牛顿传. 科学普及出版社，1979 年：61
② 程守洙，江之咏主编. 普通物理学. 第一册. 第五版. 高等教育出版社，1998 年：228
③ [美] 爱因斯坦. 杨润殷译. 狭义与广义相对论浅说. 第二部分. 北京大学出版社，2006 年：48
④ [美] 爱因斯坦. 易洪波，李智谋编译. 相对论. 重庆出版社，2006 年：174
⑤ 注：指第二类理论
⑥ [美] 爱因斯坦. 许良英，范岱年编译. 爱因斯坦文集. 第一卷. 什么是相对论. 商务印书馆，1976 年：110
⑦ [美] 施塔赫尔（Stachel, J.）. 范岱年译. 改变物理学面貌的五篇论文. 导言. 上海科技教育出版社，2001 年：13

　　伽利略相对性原理属于原理性理论。狭义相对论是对伽利略相对性原理的推广，广义相对论是对狭义相对论的推广，因而它们同属原理性理论。从这个角度，将狭义相对论称为狭义相对性原理，将广义相对论称为广义相对性原理，更与其含义相符。爱因斯坦讲："在这个意义上我们说它是狭义相对性原理或狭义相对论。"[①]他并没有将狭义相对论与狭义相对性原理加以严格区分，同样，也没有将广义相对论与广义相对性原理加以严格区分。

　　"尽管相对论很有价值，可是，爱因斯坦感到它不能取代构造性理论。"[②] 但实际上，爱因斯坦不仅对原理性理论做出了巨大贡献，同时对构造性理论也做出了巨大贡献。

　　爱因斯坦在提出狭义相对论时，"把光速不变作为第二公设，得到一切有利于麦克斯韦—洛伦兹理论的经验证据的支持。当与相对性原理相结合，这导出一个表观上佯谬的结论：光速必须在一切惯性系中相同。这一结果与牛顿的速度加法定律相冲突，迫使对全部物理学的运动学基础作修正"[③]，"经典力学必须加以改变，这样才能和对于洛伦兹转换的不变性的要求相一致。或者换句话说，经典力学在速度接近光速时就不再适用了。……把经典力学改造成既不与相对论相矛盾，又不与已经观察到的以及已经由经典力学解释出来的大量资料相矛盾……旧力学将只适用于小的速度，而成为新力学中的特殊情况。……一种更复杂的力学定律出现了，它代替了联结力和速度改变的旧的力学定律"[④]，这样产生了相对论力学，"术语'相对论力学'总是用来表示狭义相对论的力学，即洛伦兹群的力学"[⑤]。

　　以牛顿第二定律为例，以 F 表示作用在物体（质点）上的外力，则牛顿第二定律用数学公式表示就是[⑥]：

$$F = \frac{\mathrm{d}P}{\mathrm{d}t} = \frac{\mathrm{d}(mv)}{\mathrm{d}t} \tag{1-7-1}$$

　　其中：m 表示物体的质量；

① ［美］爱因斯坦. 杨润殷译. 狭义与广义相对论浅说. 第二部分. 北京大学出版社，2006 年：48

② ［美］施塔赫尔（Stachel，J.）. 范岱年译. 改变物理学面貌的五篇论文. 导言. 上海科技教育出版社，2001 年：13

③ ［美］施塔赫尔（Stachel，J.）. 范岱年译. 改变物理学面貌的五篇论文. 第三篇. 爱因斯坦论相对论. 上海科技教育出版社，2001 年：85

④ 爱因斯坦，利·英费尔德. 周肇威译. 物理学的进化. 上海科学技术出版社，1962 年：141-143

⑤ ［德］索末菲. 相对论. 第 156 页注 213a

⑥ 张三慧，王虎珠编著. 大学物理学. 第一册. 清华大学出版社，1990 年：40

v 表示物体的运动速度；

mv 表示物体的动量 $p = mv$；

$\dfrac{\mathrm{d}(mv)}{\mathrm{d}t}$ 表示物体的动量对时间的变化率。

"牛顿当时认为，一个物体的质量是一个与它的运动速度无关的常量"[①]。因此，由式（1-7-1）可得：

$$F = m\frac{\mathrm{d}(v)}{\mathrm{d}t} \qquad\qquad (1\text{-}7\text{-}2)$$

由于 $\dfrac{\mathrm{d}(v)}{\mathrm{d}t} = a$ 是物体的加速度，所以有：

$$F = ma \qquad\qquad (1\text{-}7\text{-}3)$$

式（1-7-3）是大家早已熟知的牛顿第二定律公式。

"如果对（1-7-1）[②]式进行洛伦兹变换，则相对论原理可使我们明确地导出在任何其他坐标系 K 中的运动方程。"[③]

当物体的运动速度接近光速时，物体的质量不再是一个与它的运动速度无关的常量。我们可以说，动量总是由 $p = mv$ 表示，但质点的质量按下列关系式随速度而变化：

$$m = \frac{m_0}{\sqrt{1 - v^2/c^2}} \qquad\qquad (1\text{-}7\text{-}4)$$

因此，称质量 m_0 为质点的静质量，因为 m_0 是 $v = 0$ 时，即当质点相对于观察者静止时，m 的值。方程（1-7-4）[④]所表示的质量，叫做有效质量，即当质点相对于观察者的速度为 v 时，必须使用的质量值。

作用在质点上的力和它的动量之间的关系，即 $F = \dfrac{\mathrm{d}P}{\mathrm{d}t}$，在相对论力学中，仍保持这个定义。因此，我们把力重新表述为：

---

① 张三慧，王虎珠编著. 大学物理学. 第一册. 清华大学出版社，1990 年: 40

② 注：公式的编号与原著作不同

③ ［德］索末菲. 相对论: 156

④ 注：公式编号与原著不同

$$F = \frac{\mathrm{d}P}{\mathrm{d}t} \qquad 或 \qquad F = \frac{\mathrm{d}}{\mathrm{d}t}(\frac{m_0 v}{\sqrt{1 - v^2/c^2}})^① \qquad\qquad （1\text{-}7\text{-}5）$$

　　这就是在相对论力学中联结力和速度改变的力学定律，当物体的运动速度与光速相比较小时，（1-7-5）式就近似为牛顿第二定律公式（1-7-3）。也就是说，相对论力学中联结力和速度改变的力学定律"代替了联结力和速度改变的旧的力学定律"，即代替了牛顿力学定律。确切地说，相对论力学的力学定律涵盖了经典力学的力学定律，经典力学的力学定律是相对论力学的力学定律在运动速度较小时的近似。

　　相对论力学与牛顿力学同属于构造性理论。可以用表格的形式清晰反映狭义相对论和相对论力学的区别及限制关系，如表 1-7-2 所示。

表 1-7-2

体系	构造性理论	原理性理论			
名称	相对论力学	狭义相对论 （狭义相对性原理）			
功能	用定律描述 大自然运动规律	对定律有效性的限制及描述规则			
功能	用定律描述 大自然运动规律	对定律有效性的限制		对定律有效性的描述规则	
功能	用定律描述 大自然运动规律	依据原理	有效范围	坐标系	坐标变换
功能	用定律描述 大自然运动规律	相对性原理 光速不变原理	惯性坐标系	笛卡尔坐标	洛伦兹 坐标变换
空间描述	空间是相对的	空间是相对的			
时间描述	时间是相对的	时间是相对的			

五、广义相对论与场论力学

　　狭义相对论是对伽利略相对性原理的推广，用洛伦兹坐标变换代替伽利略坐标变换推导出的相对论力学涵盖了牛顿力学。

　　同样，广义相对论是对狭义相对论的推广。爱因斯坦讲："建立能应用于一切坐标系的物理学定律的问题，已经被所谓的广义相对论解决了。……因为在广义

---

① 以上内容参见［美］M. Alonso, E. J. Finn. 梁宝洪译. 大学物理学基础. 第一卷. 第一部分. 高等教育出版社,
1983 年: 316-317

相对论中，一切相对作任意运动的坐标系都是许可的"①，"下面的陈述才与广义相对性原理的基本观念相一致：'所有的高斯坐标系对于表述普遍的自然界定律在本质上是等效的。'……广义相对性原理对自然界定律作了一些广泛而具明确性的限制，广义相对性原理所具有的巨大威力就在于此"②。这似乎表明爱因斯坦将广义相对论也称为广义相对性原理。

爱因斯坦提出"在广义相对性原理的基础上解引力问题"③，他在《关于相对论》一文中指出"以惯性和重量相等为依据的广义相对论，提供了一种引力场理论"④，又在《关于广义引力场》一文中指出"广义相对性原理在数学上就决定了这个场定律……只要物体是用场的奇点来表示的，这些微分方程就完全代替了牛顿的天体运动理论。换句话说，它们包含力定律，也包含运动定律，却排除了'惯性系'"⑤，"它扫除了场论的许多困难和矛盾；它建立了更普遍的力学定律"⑥，"广义相对论的引力方程可以应用于任何坐标系。……如果不考虑引力，我们就会自动回到狭义相对论的惯性坐标系……我们的新的引力方程也是一种描述引力场变化的结构定律"⑦。1937 年 6 月，爱因斯坦发表《引力方程和运动问题（一）》，从场方程推导出物体运动方程，"我们因此单独从场方程得到了牛顿运动方程"⑧。用高斯坐标变换代替洛伦兹坐标变换推导出的场论力学涵盖了相对论力学，也涵盖了牛顿力学。

如果把在广义相对论内应用场论建立的力学定律或引力方程称为场论力学，那么爱因斯坦的论述表明，它是在广义相对论范围内的力学定律，和牛顿力学是同一个体系，均属于构造性理论，并且涵盖了相对论力学和牛顿力学；但场论力学与广义相对论却分属不同的体系。如表 1-7-3 所示。

构造性理论是对自然规律的描述，而原理性理论"是对于（可以想象的）自然规律的一个严格的限制"⑨。构造性理论和原理性理论属于不同的理论体系。

① ［美］爱因斯坦，利·英费尔德. 周肇威译. 物理学的进化. 上海科学技术出版社, 1962 年: 157
② ［美］爱因斯坦. 狭义与广义相对论浅说. 第二部分. 北京大学出版社, 2006 年: 73-74
③ ［美］爱因斯坦. 狭义与广义相对论浅说. 第二部分. 北京大学出版社, 2006 年: 75
④ ［美］爱因斯坦. 许良英, 范岱年编译. 爱因斯坦文集. 第一卷. 关于相对论. 商务印书馆, 1976 年: 165
⑤ ［美］爱因斯坦. 许良英, 范岱年编译. 爱因斯坦文集. 第一卷. 关于广义引力场. 商务印书馆, 1976 年: 504
⑥ ［美］爱因斯坦. 利·英费尔德. 周肇威译. 物理学的进化. 上海科学技术出版社, 1962 年: 146
⑦ ［美］爱因斯坦. 利·英费尔德. 周肇威译. 物理学的进化. 上海科学技术出版社, 1962 年: 175
⑧ 范岱年, 赵中立, 许良英编译. 爱因斯坦文集. 第二卷. 引力方程和运动问题（一）. 商务印书馆, 1977 年: 488
⑨ ［美］爱因斯坦. 许良英, 范岱年编译. 爱因斯坦文集. 第一卷. 相对性: 相对论的本质. 商务印书馆, 1976 年: 455

表 1-7-3

体系	构造性理论	原理性理论			
名称	场论力学	广义相对论 （广义相对性原理）			
功能	对大自然规律的描述	对定律有效性的限制及描述规则			
		对定律有效性的限制		对定律有效性的描述规则	
		依据原理	有效范围	坐标系	坐标变换
		在引力场内物体的引力质量等于其惯性质量	引力场内非惯性坐标系	高斯坐标	高斯坐标变换
空间描述	空间是相对的	空间是相对的			
时间描述	时间是相对的	时间是相对的			

　　综上所述，伽利略相对性原理、狭义相对论和广义相对论是同一个体系，属于原理性理论，它们之间是涵盖和包容的关系；牛顿力学、相对论力学和场论力学是同一个体系，属于构造性理论，它们之间也是涵盖和包容的关系。可以用图示来形象地表明它们之间的关系，如图 1-7-1 所示。

　　对于狭义相对论和广义相对论而言，可以说"这是一个任何物理理论都没获得的更好的命运了，一个理论本身指出创立了一个更为全面的理论，在这更为全面的理论中，原来的理论作为一个受限制的理论继续存在下去"[①]。

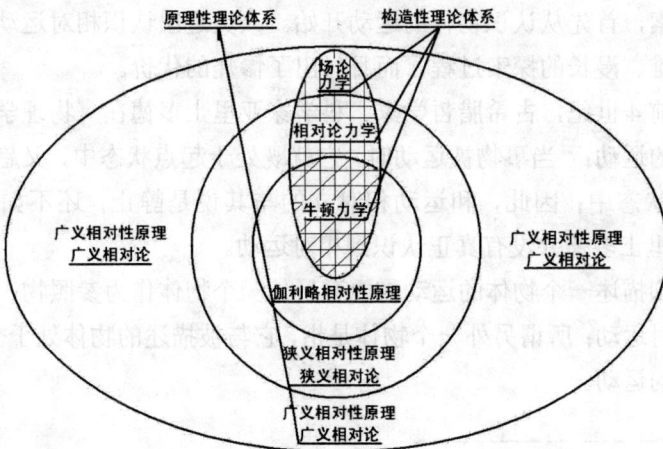

图 1-7-1

① [美] 爱因斯坦. 易洪波, 李智谋编译. 相对论. 重庆出版社, 2006 年: 179

第八章　对大自然运动规律的认识

"科学没有永恒的理论，一个理论所预言的论据常常被实验所推翻。任何一个理论都有它的逐渐发展和成功的时期，经过这个时期以后，它就很快地衰落。……差不多科学上的重大进步都是由于旧理论遇到了危机，通过尽力寻找解决困难的方法而产生的。我们必须检查旧的观念和旧的理论，虽然它们是过时了，然而只有先检查它们，才能了解新观念和新理论的重要性，也才能了解新观念和新理论的正确程度。"[①]

一、不能以地球作为参照物来观察地球的运动

人类对大自然运动规律的认识经历了一个长期的探索过程。人类对大自然运动规律的探索，首先从认识物体的运动开始。人类迈出认识相对运动这一步，经历了十分艰难、漫长的探索过程，而且付出了惨痛的代价。

在公元前 4 世纪，古希腊哲学家、科学家亚里士多德在《物理学》一书中就谈到了物体的运动："当事物被运动时，它就既处于起点状态中，又趋于变化所要达到的终点状态中；因此，和运动相对立的与其说是静止，还不如说是另一运动。"[②]但亚里士多德并没有真正认识到相对运动。

当认识到描述一个物体的运动需要有另外一个物体作为参照物，这时才是真正认识到相对运动；所谓另外一个物体是指，它与被描述的物体处于分离的状态，不具有相同的运动。

---

① [美]爱因斯坦，利·英费尔德. 周肇威译. 物理学的进化. 上海科学技术出版社, 1962 年: 53
② 苗力田主编. 徐开来译. 亚里士多德全集. 第二卷. 物理学. 中国人民大学出版社, 1997 年: 153-154

　　亚里士多德在《论天》一文中讲："首先让我们说明大地是运动还是静止的问题。……同样的星体总是在大地同样的位置上升起和下落。再次，无论是大地整体还是各部分，它的合乎自然的移动是朝向宇宙中心的；正因为如此，它现在才实实在在地处于中心。……从这些考察清楚可见，大地是不被运动的。……因为观察到的现象——被星体的排列次序所规定的形状的变化——是与大地停留在中心的假定一致的。"①显然，亚里士多德是选择地球为参照物来描述地球的运动的。

　　由于没有真正认识到相对运动，当选择地球为参照物来描述地球的运动时，所选择的参照物与被描述的物体没有处于分离的状态，具有相同的运动，这必然导致认为地球是不被运动的，是宇宙的中心。

　　波兰天文学家尼古拉·哥白尼与亚里士多德不同，他选择太阳为参照物来描述地球的运动，他在1543年出版的《天体运行论》中写道："如果这从一种太阳运动转换为一种地球运动，而认为太阳静止不动，则黄道各宫和恒星都会以相同方式在早晨和晚上显现出东升西落。还有，行星的留、逆行以及重新顺行都可认为不是行星的运动，而是通过行星所表现出来的地球运动。最后，我们认识到太阳位于宇宙的中心。"②"哥白尼的伟大成就在于把坐标系从地球转换到太阳上去"③，他从实践中认识到相对运动。

　　意大利物理学家伽利略对亚里士多德和哥白尼的观点从理论上做了评述。他在《两大世界体系的对话》中写道："任何可以归之于地球本身的运动，只要我们始终看着地球上的事物，必然是我们觉察不到的，就好像是不存在一样；因为作为地球上的居民，我们也同样地动着。但是另一方面，这种运动同样必然普遍地显示在一切其他看得见的物体和对象上，因为它们和地球是分开的，所以并不卷入地球的运动。"④伽利略明确地指出，不能以地球作为参照物来观察地球的运动。

① 苗力田主编. 徐开来译. 亚里士多德全集. 第二卷. 论天. 中国人民大学出版社出版, 1997年: 346-348
② [波兰] 哥白尼. 叶式辉译. 天体运行论. 第一卷. 陕西人民出版社, 武汉出版社, 2001年: 28-29
③ [美] 爱因斯坦, 利·英费尔德. 周肇威译. 物理学的进化. 上海科学技术出版社, 1962年: 155
④ [意] 伽利略. 上海外国自然科学哲学著作编译组译. 关于托勒密和哥白尼两大世界体系的对话. 上海人民出版社, 1974年: 149

二、人类为真正认识到相对运动付出了惨痛的代价

乔丹诺·布鲁诺（Giordano Bruno, 1548—1600）出生于意大利那不勒斯附近诺拉镇，"1584 年，布鲁诺写成了《论无限、宇宙和世界》、《论原因、本原和统一》等重要的自然哲学著作。在这些著作中，布鲁诺以他的宇宙论发展了哥白尼的日心说"①。

"1600 年 2 月 8 日，罗马宗教裁判所以'异端'罪判处布鲁诺火刑，2 月 17 日执行。……年仅 52 岁的布鲁诺为真理和正义贡献了自己的生命。……布鲁诺殉难 289 年以后，在社会舆论的压力下，罗马宗教法庭不得不为意大利这位杰出的思想家平反。"②"1889 年 6 月 19 日，在鲜花广场处决布鲁诺的刑场建立了一座至今仍然耸立在那里的纪念碑，但是布鲁诺的全部著作却一直被列入禁书目录，直到 1948 年。"③

"公元 1616 年 3 月 5 日，负责禁书事务的圣主教会议对哥白尼的著作作了结论，说：'主教会议获悉，尼古拉·哥白尼在《天体运行论》中提出的关于地球运动和太阳休息的、违背圣经的、毕达哥拉斯信徒式的伪学说已经传播开来，并且已被许多人所接受……为此，主教会议认为，为了不使这种学说进一步蔓延，危害天主教真理，有必要对其加以禁止……直到它得到修正为止。'"④

"1633 年 6 月 16 日，乌尔班八世在宗教裁判所委员会秘密会议上下令在刑罚威胁下审问伽利略。……1637 年，伽利略双目失明，1642 年 1 月 8 日伽利略与世长辞。几百年来，教会始终禁止伽利略的著作，直到 1835 年⑤，他的著作才同哥白尼、刻卜勒⑥及其他天文学的最初发现者的著作从禁书目录中删去。"⑦

---

① 中外科学家发明家丛书——哥白尼. 电子图书学校专集. 第五章
② 中外科学家发明家丛书——布鲁诺. 电子图书学校专集. 第十章
③ 董进泉. 西方文化与宗教裁判所. 上海社会科学院出版社, 2004 年: 249
④ 中外名人传记百部——哥白尼传. 北京圣碟科贸有限公司制作: 144-145
⑤ 注：应当是 1822 年。"1822 年 9 月 25 日，教皇七世批准颁布了一个教令，明确说：'那些讨论地球运转和太阳静止不动的著作，根据目前天文学家们的一致意见，准予印行。'"见《中外名人传记百部——哥白尼传》第五章第 145 页，北京圣碟科贸有限公司制作
⑥ 注：即约翰尼斯·开普勒（Johannes Kepler, 1571—1630）德国科学家、行星运动定律的创立者
⑦ 董进泉. 西方文化与宗教裁判所. 上海社会科学院出版社, 2004 年: 261-263

英国哲学家罗素（伯特兰·亚瑟·威廉·罗素 Bertrand Arthur William Russell，1872—1970）讲："异端审判所如愿以偿结束了意大利的科学，科学在意大利经几个世纪未复活。"[①] "意大利哲学家安东尼奥·班菲[②]更加沉痛地说：'谴责伽利略对意大利的有害后果之一，是使科学研究丧失了效能，因此，我国文化长期遭受灾难，并且继续遭受着灾难，尤其是在哲学科学领域内。'"[③]

认识大自然运动规律是人类认识事实的基础，如果不能真正认识到相对运动，也就不可能真正认识大自然的运动规律，科学的发展必然受到阻碍。在人类探索大自然运动规律的过程中，为真正认识到相对运动是付出了惨痛代价的。

三、物理学的真正开端

真正认识到相对运动，把选择的参照物用坐标系来代替，就可以对物体的运动进行定量描述。那么如何对物体的运动进行定量描述才是有效的，这是定量描述物体运动所必须解决的问题。伽利略首先提出了著名的相对性原理，解决了这一问题，"伽利略的发现以及他所应用的科学的推理方法是人类思想史上最伟大的成就之一，而且标志着物理学的真正开端"[④]，"伽利略可能比任何其他的人更有资格称为近代科学的奠基人"[⑤]。

在伽利略等科学家研究成果的基础上，英国科学家牛顿在 1687 年 7 月出版了《自然哲学之数学原理》，用牛顿三定律和万有引力定律奠定了经典力学体系，即牛顿力学。在伽利略相对性原理的范畴内，牛顿力学用数学表述的方法对大自然运动规律进行了描述，将地球上和天上的物质运动规律及相互作用统一起来，解释了很多地面现象和天体现象。

后来，爱因斯坦在 1905 年提出了狭义相对性原理，推导出相对论力学；又在 1915 年提出广义相对性原理，推导出场论力学。这些理论解决了牛顿力学不能解

① ［英］罗素. 马元德译. 西方哲学史. 下卷. 卷三. 第一篇. 商务印书馆，1982 年：54
② 注：Antonio Banfi（1886—1957），"是战后意大利最著名的马克思主义哲学家之一"。见史仲文、胡晓林主编《世界全史》第 94 卷《世界当代哲学思想史》第六章第三节（1），电子图书学校专集
③ 董进泉. 西方文化与宗教裁判所. 上海社会科学院出版社，2004 年：264
④ ［美］爱因斯坦，利·英费尔德. 周肇训译. 物理学的进化. 上海科学技术出版社，1962 年：4
⑤ ［英］史蒂芬·霍金. 许明贤，吴忠超译. 时间简史（插图版）. 湖南科学技术出版社，2002 年：236

释的一些问题。

为了能够更清晰地描述大自然运动规律，爱因斯坦将理论划分为两大类：一类是构造性理论，一类是原理性理论。构造性理论是用比较简单的形式体系，对比较复杂的现象进行描述；原理性理论"是对于（可以想象的）自然规律的一个严格的限制"[①]，或者说是对构造性理论的一个严格的限制。

牛顿力学是构造性理论，伽利略相对性原理是原理性理论。牛顿力学要受到伽利略相对性原理的限制。这种限制包括两个方面：其一是对有效范围的限制，只有在惯性坐标系内，且物体运动速度与光速相比可以忽略的范围内，牛顿力学才有效；其二是对描述规则的限制，牛顿力学采用笛卡尔坐标和伽利略坐标变换才是有效的。实际上，这两方面的限制，就是对伽利略相对性原理的描述。

同样，狭义相对性原理是原理性理论，它的有效范围是：在惯性坐标系内，光速不变，且采用笛卡尔坐标和洛伦兹坐标变换。相对论力学是构造性理论，它要受到狭义相对性原理的限制：其一是对有效范围的限制，相对论力学在惯性坐标系内，且光速不变的范围内才有效；其二是对描述规则的限制，相对论力学采用笛卡尔坐标和洛伦兹坐标变换才是有效的。

广义相对性原理是原理性理论，它的有效范围是：在引力场内非惯性坐标系，且采用高斯坐标和高斯坐标变换。场论力学是构造性理论，它要受到广义相对性原理的限制：其一是对有效范围的限制，场论力学在引力场内非惯性坐标系，且物体的引力质量等于其惯性质量的范围内才有效；其二是对描述规则的限制，场论力学采用高斯坐标和高斯坐标变换才是有效的。

这表明，无论是构造性理论还是原理性理论，它们都有一定的有效范围，都要受到一定的限制。实际上，无论是用构造性理论还是用原理性理论对自然规律进行描述，都是在一定的条件下，从不同的角度对一定范围内的客观现象的描述，所以以规律的形式描述自然现象的理论，必然是在一定的范围内、一定的条件下才有效的。正如德国哲学家黑格尔（格奥尔格·威廉·弗里德里希·黑格尔 Georg Wilhelm Friedrich Hegel，1770—1831）所讲："如果它们是系统的科学，包含有普遍性的原则和定律，并根据这些原则和定律进行研究，则它们涉及的也只是有限范围的一些对象。"[②]

---

① ［美］爱因斯坦. 许良英，范岱年编译. 爱因斯坦文集. 第一卷. 相对性：相对论的本质. 商务印书馆, 1976 年: 455
② ［德］黑格尔. 贺麟，王太庆译. 哲学史讲演录. 第一卷. 导言. 商务印书馆, 1983 年: 58

爱因斯坦广义相对论对科学做出了前所未有的贡献，依据广义相对论可以推断出，光在引力场中不沿着直线而会沿着曲线传播，"光线经过太阳，要受到1.7″的弯曲"[①]。英国天文学家对 1919 年 5 月 29 日发生的日蚀的观察证实了爱因斯坦的预见，"1919 年 11 月 6 日下午，皇家学会和皇家天文学会在伦敦举行联席会议，听取两日蚀观察队的正式报告。……日蚀观测的数据和爱因斯坦预言的 1″74 十分吻合。……皇家学会会长、电子的发现者汤姆逊教授在全场肃穆中起立致词，说：'爱因斯坦的相对论是人类思想史上最伟大的成就之一'"[②]。爱因斯坦广义相对论让人类对大自然运动规律的认识有了长足的进步。

四、期待着新的原理性理论的创建

广义相对论也有无能为力之处，在它的有效范围内也有涵盖不到的地方。

对于微观世界而言，人类的认识还不够充分。"量子现象完全在广义相对论的范围之外。波动力学不是相对论的，因为它不能免除超距作用的概念。"[③]爱因斯坦在《相对论的基本思想和问题》中讲道："不应当忘记，关于电的基本组成的理论不应当同量子论问题割裂开来。而对这个最深刻的物理问题，相对论暂时还显得无能为力。"[④]

对于宏观宇宙，人类的了解还很肤浅。英国剑桥大学应用数学及理论物理学系教授史蒂芬·霍金（史蒂芬·威廉·霍金 Stephen William Hawking, 1942—　）是当代最重要的广义相对论和宇宙论学者，他讲："宇宙膨胀的发现是 20 世纪最伟大的智慧革命之一"[⑤]，"宇宙在每 10 亿年里膨胀 5％至 10％。……现在的证据暗示，宇宙可能会无限地膨胀"[⑥]，"这些证明显示，广义相对论只是一个不完全的理论"[⑦]。

既然宇宙在膨胀，那么一定存在使宇宙膨胀的"力场"，而且这个力场一定不

① [美] 爱因斯坦. 范岱年等译. 爱因斯坦文集. 第二卷. 广义相对论的基础. 商务印书馆, 1977 年: 334

② 聂运伟编著. 爱因斯坦传: 182

③ [美] P. G. 柏格曼. 周奇, 郝苹译. 相对论引论. 第二部分. 人民教育出版社, 1961 年: 243

④ [美] 爱因斯坦. 许良英, 范岱年编译. 爱因斯坦文集. 第一卷. 商务印书馆, 1976 年: 190

⑤ [英] 史蒂芬·霍金. 许明贤, 吴忠超译. 时间简史（插图版）. 湖南科学技术出版社, 2002 年: 53

⑥ [英] 史蒂芬·霍金. 许明贤, 吴忠超译. 时间简史（插图版）. 湖南科学技术出版社, 2002 年: 60-61

⑦ [英] 史蒂芬·霍金. 许明贤, 吴忠超译. 时间简史（插图版）. 湖南科学技术出版社, 2002 年: 67

是引力场。这个力场不是引力场，就超出了广义相对论的有效范围。换句话说，广义相对论对这个力场是无效的。正如爱因斯坦在《相对性：相对论的本质》一文中所讲的："可是广义相对论还不完备，因为广义相对性原理只能满意地用于引力场，而不能用于总场。我们还没有确实地知道究竟该用怎么样的数学结构形式来描述空间里的总场，以及这种总场所遵循的究竟是怎么样的广义不变定律。"①

如果把伽利略相对性原理、狭义相对论和广义相对论归纳起来考虑，如爱因斯坦所讲："把现已知晓的相对性理论都归拢起来，这才是相对性原理的意义所在"②，这会让人们认识到：科学发展的重大突破，需要有新的原理性理论的提出。对于这个新的原理性理论而言，"目前还很难预言，这些困难将如何克服，但是将来的理论毫无疑问地将包括量子理论和相对论二者的精华"③，"这些原理不是从其他理论推导出来，而是成为论证的推理链的公设，成为所有物理理论皆须满足的普遍标准的表述"④。

"在建立一个物理学理论时，基本观念起了最主要的作用。物理书中充满了复杂的数学公式，但是所有的物理学理论都是起源于思维与观念，而不是公式。"⑤只有提出新的原理性理论，才能实现新的构造性理论的突破。而且新的原理性理论与已有的原理性理论应当是相融的。正如爱因斯坦所讲："如果不相信我们的理论结构能够领悟客观实在，如果不相信我们世界的内在和谐性，那就不会有任何科学。这种信念是，并且永远是一切科学创造的根本动机。"⑥

可以将新的原理性理论与已有的原理性理论之间的关系，以及新的构造性理论与已有的构造性理论之间的关系，用图 1-8-1 来形象地描绘。

① [美] 爱因斯坦. 许良英, 范岱年编译. 爱因斯坦文集. 第一卷. 相对性：相对论的本质. 商务印书馆, 1976 年: 460-461

② [美] 爱因斯坦. 易洪波, 李智谋译. 相对论. 重庆出版社, 2006 年: 147

③ [美] P. G. 柏格曼. 周奇, 郝苹译. 相对论引论. 第二部分. 人民教育出版社, 1961 年: 243

④ [美] 施塔赫尔 (Stachel, J.) 主编. 范岱年译. 改变物理学面貌的五篇论文. 第三篇. 爱因斯坦论相对论. 上海科技教育出版社, 2001 年: 84

⑤ [美] 爱因斯坦, 利·英费尔德. 周肇威译. 物理学的进化. 上海科学技术出版社, 1962 年: 201

⑥ [美] 爱因斯坦, 利·英费尔德. 周肇威译. 物理学的进化. 上海科学技术出版社, 1962 年: 216-217

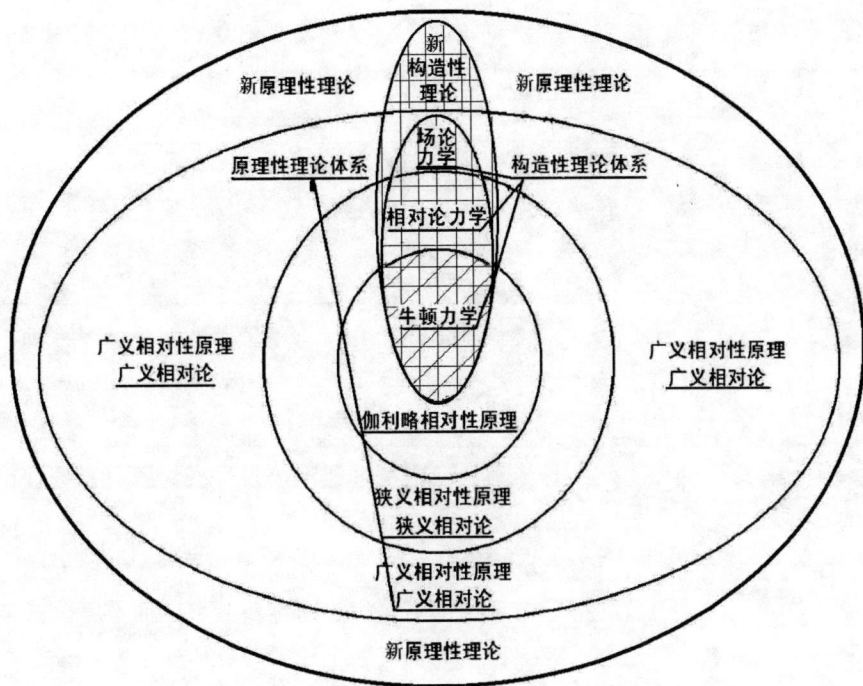

图 1-8-1

　　人们期待着新的原理性理论的创建。只有创建能够涵盖广义相对论的新的原理性理论，才能推导出新的构造性理论，人类对大自然的探索才能更前进一步。"必须承认的是，新的理论概念并非源于异想天开，而是源于事实经验的压力。"[①]新的原理性理论的创建，不仅需要有对科学知识的广泛了解和对科学理论的深入研究，更需要有独立思考的能力、创新的思维和勇于探索的精神，自然也离不开正确的理论思维的指导。所以，了解认识客观事物的理论思维原理是十分必要的。

---

① [美] 爱因斯坦. 方在庆, 韩文博, 何维国译. 爱因斯坦晚年文集. 理论物理学的基础. 海南出版社, 2000 年: 105

第二篇 理论思维原理

"一个民族想要站在科学的最高峰,就一刻也不能没有理论思维。"[①]

理论思维是"人类在知识和经验事实基础上形成的认识事物本质、规律和普遍联系的一种理性思维"[②],是人们借助于概念、判断、推理等思维形式能动地反映客观现实的理性认识过程。

理论思维至少有两个特点:其一,能够称之为理论,它必须是以事实为基础,必须是系统性的阐述,阐述的内容应当是系统的,而且应当涉及科学发展的历史事实。因为理论思维"在不同的时代具有非常不同的形式,并因而具有非常不同的内容……是一种历史的科学,关于人的思维的历史发展的科学"[③],而"科学史是对科学作哲学理解的不可缺少的工具"[④],所以理论思维应当是以事实为基础的系统性的思维。

其二,思维是精神世界,理论思维属于哲学的范畴,是指导科学研究的思维方法,逻辑、概念、范畴是理论思维

---

① 马克思恩格斯全集. 第二十卷. 自然辩证法. 人民出版社,1971 年: 384
② 金炳华等编. 哲学大辞典. 修订本. 上海辞书出版社,2001 年: 820
③ 马克思恩格斯全集. 第二十卷. 自然辩证法. 人民出版社,1971 年: 382
④ [瑞士] 皮亚杰. 王宪钿等译. 发生认识论原理. 英译本序言. 商务印书馆,1985 年: 13

的基本元素，理论思维"运用分析综合、归纳演绎等科学抽象方法，超越事实，从有限中把握无限，从相对中认识绝对，从特殊中认识一般，透过现象把握本质，获得规律性的知识"①，所以对理论思维的阐述不能脱离物质世界客观存在的规律，也不能脱离人类认识物质世界的科学抽象方法。

能够正确认识客观事物，离不开理论思维。正确认识客观事物，是一个人的能力、水平和良好道德修养的表现；正确认识客观事物，是科学发展的基础，也是人类生存、发展的基础。所以，对于一个民族而言，不能没有理论思维；对于一个国家而言，更不能没有理论思维；对于一个学科的研究而言，也是如此，要想站在科学的最高峰，就一刻也不能没有理论思维。

理论思维是一种能力，"这种能力必须加以发展和锻炼，而为了进行这种锻炼，除了学习以往的哲学，直到现在还没有别的手段"②，"哲学观点在理论思维中起着统率作用，每一时代的哲学都给理论思维的发展以重大影响"③。所以，本篇从科学与哲学谈起，按理论思维的特点做系统阐述。

---

① 金炳华等编. 哲学大辞典. 修订本. 上海辞书出版社, 2001 年: 820
② 马克思恩格斯全集. 第二十卷. 自然辩证法. 人民出版社, 1971 年: 382
③ 金炳华等编. 哲学大辞典. 修订本. 上海辞书出版社, 2001 年: 820

第一章 科学与哲学

"如果把哲学理解为在最普遍和最广泛的形式中对知识的追求，那么，显然，哲学就可以被认为是全部科学研究之母。"[①]

一、"科学"和"哲学"这两个词的来源

要了解科学与哲学的关系，首先要了解"科学"和"哲学"这两个词的来源和含义。《辞海》、《中国百科大辞典》、《哲学大词典》和《简明大英百科全书》中，对"哲学"这个词有内容相似的解释，认为"哲学一词起源于希腊文，并透过拉丁文流传下来，原意是［爱智］"[②]；"哲学一词源于希腊文（拉丁文转写为philosophia），由'爱'和'智'两个词根组合而成，19世纪日本学者采用中文的哲（智慧）字翻译为哲学，有'求知'的含义"[③]；"19世纪日本最早的西方哲学传播者西周首次用汉语的'哲'、'学'两字指源于古希腊罗马的西方哲学学说。1896年前后，中国学者黄遵宪[④]将这一名称介绍到中国，为中国学界所接受"[⑤]。"哲学，是关于自然界、社会和人类思维及其发展的最一般规律的学问"[⑥]；"哲学，作为人类知识体系的一个组成部分，其特征是具有高度的概括性与智慧性，

---

① ［美］爱因斯坦. 许良英, 范岱年编译. 爱因斯坦文集. 第一卷. 物理学、哲学和科学的进步. 商务印书馆, 1976年: 519

② 简明大英百科全书. 中文版. 第14卷. 台湾中华书局, 1989年: 409

③ 中国百科大辞典. 普及版. 中国大百科全书出版社, 2005年: 1297

④ 注：黄遵宪（1848—1905），晚清诗人、外交家、政治家、教育家

⑤ 金炳华等编. 哲学大辞典. 修订本. 上海辞书出版社, 2001年: 1923

⑥ 夏征农主编. 辞海. 1999年版普及本. 上海辞书出版社, 2000年: 2108

因而也具有更为广泛而深刻的指导意义"①。

认为"科学"是"以范畴、定理、定律形式反映现实世界各种现象的本质和运动规律的知识体系。……1896 年梁启超②在《变法通义》中首次采用'科学'一词。在西方，'科学'一词源于拉丁文 scientia 或 scirc，意为'识认'或'学问'"③；"科学则是用理论和逻辑的方式把握客体，推动人们正确认识主客体的关系。……科学则追求对客体的正确反映，以便指导人们成功地从事各种实践活动"④；"科学，运用范畴、定理、定律等思维形式反映世界各种现象的本质和规律的知识体系。……按研究对象的不同，可分为自然科学、社会科学和思维科学，以及总括和贯彻于三个领域的哲学和数学"⑤。

按记载，"哲学"这个词源于希腊文，"科学"这个词源于拉丁文，在 1896 年前后，"科学"和"哲学"这两个词才引入中国，至今也只有一百多年的历史。科学研究大自然各种现象的本质，以定理、定律的思维形式反映大自然的运动规律。哲学不仅研究自然界，而且研究人类社会和人类思维，寻求最一般的规律。虽然科学和哲学的研究范围有所不同，但在研究对象和寻求客观规律方面，科学和哲学存在着共同点。

"当有人提出一个带有普遍性的问题的时候，哲学就开始了，科学也开了端"⑥，"哲学和科学原是不分的，因此它们是一起诞生于公元前第六世纪的初期"⑦。科学和哲学"所有研究的终极目的是相同的。这本身也在下述事实中显示出来：像柏拉图（Plato）、亚里士多德（Aristotle）、笛卡尔（Descartes）、莱布尼兹（Leibniz）等等这样的最伟大的哲学家也开辟了专家探究的新道路，而像伽利略（Galileo）、牛顿（Newton）、达尔文（Darwin）等等之类的科学家也大量地提出了哲学思想，尽管他们未被称为哲学家"⑧。就在几百年以前，无论是科学和哲学的研究内容，还是研究科学和研究哲学的学者，都难以区分而融为一体。

---

① 易宁, 岳斌, 郑殿华. 世界古代中期哲学思想史. 概述. 中国国际广播出版社, 1996 年: 1
② 注：梁启超（1873—1929），中国近代史上著名的政治活动家、启蒙思想家
③ 金炳华等编. 哲学大辞典. 修订本. 上海辞书出版社, 2001 年: 722
④ 中国百科大辞典. 普及版. 中国大百科全书出版社, 2005 年: 533
⑤ 夏征农主编. 辞海. 1999 年版普及本. 上海辞书出版社, 2000 年: 4953
⑥ [英]罗素. 温锡增译. 西方的智慧. 苏格拉底以前. 商务印书馆, 1999 年: 10
⑦ [英]罗素. 何兆武, 李约瑟译. 西方哲学史. 卷一. 商务印书馆, 1982 年: 24-25
⑧ [奥]奥斯特·马赫. 李醒民译. 认识与谬误. 华夏出版社, 2000 年: 9-10

"现在称为物理学的东西，以前叫做自然哲学。"[①]

　　将古代的学者称为科学家和哲学家，那是后人对他们的尊敬。例如，古希腊的泰勒斯（Thales，约公元前 624—公元前 547 或 546 年）被后人誉为人类历史上最早的科学家及西方思想史上第一个有名字留下来的哲学家。"每本哲学史教科书所提到的第一件事都是哲学始于泰勒斯，泰勒斯说万物是由水做成的。"[②]"我们知道关于泰勒斯的年代最好的证据，就是他以预言一次日蚀而著名，根据天文学家的推算，这次日蚀一定是发生在公元前 585 年。"[③]"我们却有足够的理由要推崇泰勒斯，尽管也许是把他当成一位科学家而不是当成一位近代意义上的哲学家来推崇。"[④]"从泰利士[⑤]起，我们才真正开始了我们的哲学史。"[⑥]"大家一致公认他[⑦]是第一个自然哲学家。"[⑧]按照德国哲学家黑格尔的论断，当时的自然哲学家就是物理学家，也就是科学家。

　　可见，科学和哲学的关系自古以来就非同一般。

二、哲学中的前因问题与后果问题

　　在谈论科学与哲学的关系之前，先简要地概述一下相关的哲学观点。

　　"自然哲学早在古代就已产生。当时还没有自然科学，一切有关自然的知识都是在自然哲学范围内发展起来的。"[⑨]"从希腊哲学到现代物理学的整个科学史中不断有人力图把表面上极为复杂的自然现象归结为几个简单的基本观念和关系。这就是整个自然哲学的基本原理。"[⑩]"在17世纪，数学和力学逐渐从自然哲学中分化独立出来，但不少科学家和哲学家仍把自然科学和哲学混同起来。牛顿就将

① [德] 黑格尔. 梁光学等译. 自然哲学. 导论. 商务印书馆, 1986 年: 8
② [英] 罗素. 何兆武, 李约瑟译. 西方哲学史. 卷一. 商务印书馆, 1982 年: 49
③ [英] 罗素. 何兆武, 李约瑟译. 西方哲学史. 卷一. 商务印书馆, 1982 年: 50
④ [英] 罗素. 何兆武, 李约瑟译. 西方哲学史. 卷一. 商务印书馆, 1982 年: 49
⑤ 注: 即泰勒斯
⑥ [德] 黑格尔. 贺麟, 王太庆译. 哲学史讲演录. 第一卷. 商务印书馆, 1983 年: 178
⑦ 注: 即泰勒斯
⑧ [德] 黑格尔. 贺麟, 王太庆译. 哲学史讲演录. 第一卷. 商务印书馆, 1983 年: 180
⑨ 金炳华等编. 哲学大辞典. 修订本. 上海辞书出版社, 2001 年: 2064
⑩ [美] 爱因斯坦, 利·英费尔德. 周肇威译. 物理学的进化. 上海科学技术出版社, 1962 年: 39

他的经典力学著作称为'自然哲学的数学原理。'"①

在现代物理学出现之前，物理学界将研究现象的前因归为自然哲学，而将整个自然哲学的基本原理的哲学思想称为机械论，且这种思想占据着主导地位，甚至于认为"经典力学的伟大成果暗示着机械观可以无例外地应用于物理学的任何分支部门"②。

在哲学辞典中，"机械论是一种用机械力学原理解释自然界一切现象和过程的形而上学观点"，机械决定论"看不到不同的物质运动有不同的因果联系和运动规律，把机械运动当作因果制约的唯一形式和各种事物运动的唯一规律"③。

在哲学中，将认为事物本身的必然性中存在着目的性的学说称为目的论。"目的论，主张世界上的一切都是为某种目的所决定的"④。目的论认为事物的存在有必然性，但一定是有目的的，在由自然产生出来的东西里面，存在着有目的的活动；事物不是由于必然性才存在，目的才是事物存在的真正根据和推动者，目的是比必然性更高的原则。1939 年中国学者葛名中⑤撰写《目的论与不可知论批判》一文，认为"并不是任何目的都可以得到预定的结果，现代自然科学已经证明目的论完全破产"⑥。

科学和哲学都是人类需求的产物。人类出于生存的需要，不能不关心周围的各种现象。"原因是引起某种现象产生的现象，结果是被某种现象所引起的现象。"⑦在自然界、人类社会和思维领域，都没有无缘无故产生的东西，没有无原因的现象，一切现象都是由一定的原因引起的；世界上也没有不发生任何影响的现象，各种现象都必然地会造成一定的结果。概括地讲，客观世界中的所有事物、现象和过程都必然地由某种原因所引发，只有原因尚待查明或结果尚需考察的现象，不存在不受因果关系支配的事物和现象。所以，当关注或研究周围的现象时，无论是从科学的角度还是从哲学的角度，通常有两个问题需要回答：

---

① 金炳华等编. 哲学大辞典. 修订本. 上海辞书出版社, 2001 年: 2064
② [美] 爱因斯坦, 利·英费尔德. 周肇威译. 物理学的进化. 上海科学技术出版社, 1962 年: 47
③ 金炳华等编. 哲学大辞典. 修订本. 上海辞书出版社, 2001 年: 581
④ 金炳华等编. 哲学大辞典. 修订本. 上海辞书出版社, 2001 年: 1038
⑤ 葛名中, 1907 年生, 江苏溧阳人, 1930 年毕业于清华大学, 曾在陕西武功农学院任教, 1951 年调到轻工业部任中国轻工科学研究院副院长, 1939 年出版《科学的哲学》, 还撰写有《唯物辩证法》、《在望的乐园》等多种著作和论文, 1994 年在北京病逝
⑥ 转引自方克立主编. 中国哲学大辞典. 中国社会科学出版社, 1994 年: 196
⑦ 金炳华等编. 哲学大辞典. 修订本. 上海辞书出版社, 2001 年: 1885

第一个问题：是什么原因引起了这种现象的产生？简称为前因问题。

第二个问题：这种现象会引起什么样的结果？简称为后果问题。

前因问题关注产生现象的原因，后果问题关注现象所能引起的结果。

要回答这两个问题，既离不开科学，也离不开哲学。虽然科学和哲学在研究对象、内容和方法等方面都有所不同，但科学和哲学之间存在着深层次的内在联系。

科学是关注和研究具体的对象，"如果它们是系统的科学，包含有普遍性的原则和定律，并根据这些原则和定律进行研究，则它们涉及的也只是有限范围的一些对象"[①]；哲学关注和研究的是寻求因果的思维，黑格尔讲："用普遍的理智概念去理解自然事物，譬如说，去要求认识事物的原因。于是我们可以说，这个民族开始作哲学思考了。因为寻求因果与研究哲学一样，皆以思维为其共同内容。"[②]

哲学的本质是思维，哲学是人类对客观世界及自身的反思。哲学从最高层次上反映了人类思维发生、发展的历史过程，而科学需要运用范畴、定理、定律等思维形式反映世界各种现象的本质和规律。

因此，在自然界、人类社会和思维领域，无论是关注和研究前因问题，还是关注和研究后果问题，都离不开哲学寻求因果的思维，但又不能被前面所概述的相关哲学观点所束缚。研究现象的前因，不等于其哲学思想就是机械论；研究现象的后果，并不等于其哲学思想就是目的论。从哲学的角度，可以把阐述前因问题的相关哲学思想称为前因论范畴。之所以称之为前因论范畴，是为了区别于一般哲学意义的机械论或机械决定论。同样，可以把阐述后果问题的相关哲学思想称为后果论范畴，以区别于一般哲学意义的目的论。

假如探求某现象甲的前因问题，发现了现象乙，探求现象乙的前因问题，又会发现现象丙；对于现象甲而言，现象乙是它的前因；对于现象乙而言，现象丙是它的前因，而现象甲是它的后果，前因和后果是相对的。只有既回答了前因问题，又回答了后果问题，才是对所关注或研究的现象的完整回答。所以，前因论范畴与后果论范畴具有相对性，而且合起来是一个整体，构成完整的哲学，可以阐述各种现象。

---

① [德] 黑格尔. 贺麟，王太庆译. 哲学史讲演录. 第一卷. 导言. 商务印书馆，1983 年: 58

② [德] 黑格尔. 贺麟，王太庆译. 哲学史讲演录. 第一卷. 导言. 商务印书馆，1983 年: 59-60

苏格拉底（Socrates，公元前 469—公元前 399）是著名的古希腊哲学家，一生没留下任何著作，他的行为和学说主要是通过他的学生柏拉图（Plato，约公元前 427—公元前 347）著作中的记载流传下来的。但苏格拉底的影响却是巨大的，与中国的思想家、儒家学派创始人孔子（Confucius，公元前 551—公元前 479）有些相似。"但在苏格拉底之前，在古希腊确乎出现过不少哲学家，如泰勒士①、芝诺②、毕达戈拉斯③……不过这些哲人所热衷的是……自然哲学。"④

柏拉图的《申辩篇》记述了苏格拉底在法庭上的精彩申辩，其中写道："只要我还有生命和能力，我将永不停止实践哲学，对你们进行规劝，向我遇到的每一个人阐明真理。我将以通常的方式继续说，我的好朋友，你是一名雅典人，属于这个因为智慧和力量而著称于世的最伟大的城市，你只注意尽力获得金钱，以及名声和荣誉，而不注意或思考真理、理智和灵魂的完善，难道你不感到可耻吗？……我每到一处便告诉人们，财富不会带来美德（善），但是美德（善）会带来财富和其他各种幸福，既有个人的幸福，又有国家的幸福。"⑤这表明苏格拉底把哲学从研究自然转向研究自我，从研究前因转向研究后果，使哲学从天上回到了人间。苏格拉底以前的哲学思想是在阐述前因问题，属于前因论范畴。苏格拉底的哲学思想是在阐述后果问题，属于后果论范畴。没有后果论范畴的哲学不能说是完整的哲学，可以说，是苏格拉底使哲学开始成为完整的整体。

三、科学的发展离不开哲学的思维方法

科学和哲学具有内在联系，互相影响，互相促进。意大利天文学家、力学家、哲学家伽利略通过一个理想实验，用科学推理的方法，把"惯性"的思想向前推进了一大步，为后来牛顿提出惯性定律铺平了道路。伽利略在 1638 年出版的《关于两门新科学的对话》中阐述了惯性的思想："我们可以注意到任何速度一旦被赋

---

① 注：即泰勒斯（Thales）
② 注：芝诺（埃利亚）（Zeno of Elea，约公元前 490—约公元前 425），"芝诺的出色之点是辩证法"，见：[德] 黑格尔. 贺麟，王太庆译. 哲学史讲演录. 第一卷. 商务印书馆，1983 年：317
③ 注：即毕达哥拉斯（Pythagoras，约公元前 572—约公元前 497），"毕达哥拉斯说'万物都是数'"，见：[英] 罗素. 何兆武，李约瑟译. 西方哲学史. 卷一. 商务印书馆，1982 年：62
④ 刘以焕，王凤贤编著. 苏格拉底. 辽海出版社，1998 年：第六章
⑤ 王晓朝译. 柏拉图全集. 第一卷. 申辩篇. 人民出版社，2002 年：18

予一个运动的物体，将严格地保持下去，只要去掉加速或减速的外部原因，这是仅在水平面的情况下碰到的一个条件，因为在向下倾斜的平面的情况存在加速的原因，而在向上倾斜的平面的情况存在减速的原因，因此得出沿着一个水平面的运动是永恒的；因为，如果速度是均匀的，它就不能减少、减慢，更不能消失。"①

现代物理学的开创者和奠基人阿尔伯特·爱因斯坦指出：伽利略的"这个结论是从一个理想实验中得来的，而这个实验实际上是永远无法做到的，因为不可能把所有的外界影响都消除掉。……我们已经知道，这个惯性定律不能直接从实验得出"②，但是他证明了"根据直接观察所得出的直觉的结论不常常是可靠的，因为它们有时会引到错误的线索上去"③，"伽利略对科学的贡献就在于毁灭直觉的观点而用新的观点来代替它。这就是伽利略的发现的重要意义"④。

科学的本质是由普遍理性的原理组成的。伽利略理想实验的思维告诉人们，这些原理并不是物理学家基于知觉，对所观察现象的直观表述，而是依赖着某种哲学思维，将观察到的现象上升到普遍理性的结果。"假使物理学仅仅基于知觉，知觉又不外是感官的证明，那么物理学的行动就似乎仅仅在于视、听、嗅等等，而这样一来，动物也就会是物理学家了。"⑤物理学是用思维对自然界进行考察，任何科学的普遍理性都渗透着一种哲学思维或观念。

哲学是以人类的思想认识活动为对象，而实现对客观世界的认识及对自身的反思。科学的发展离不开哲学的思维方法，"许多物理学的新发现与哲学思潮有联系"⑥，所以许多著名的学者论述哲学的思维方法，以促进科学的发展，亚里士多德是这方面的开创者。

古希腊哲学家、科学家亚里士多德是柏拉图的弟子。他在《工具论》中提出逻辑推理三段论学说。亚里士多德首先明确："三段论是一种论证，其中只要确定某些论断，某些异于它们的事物便可以必然地从如此确定的论断中推出。所谓'如此确定的论断'，我的意思是指结论通过它们而得出的东西，就是说，不需要其他任何词项就可以得出必然的结论。"⑦亚里士多德第一个提出了能够得出必然结论

---

① [意] 伽利略. 武际可译. 关于两门新科学的对话. 第三天. 北京大学出版社, 2006 年: 199-200
② [美] 爱因斯坦, 利·英费尔德. 周肇威译. 物理学的进化. 上海科学技术出版社, 1962 年: 4-5
③ [美] 爱因斯坦, 利·英费尔德. 周肇威译. 物理学的进化. 上海科学技术出版社, 1962 年: 4
④ [美] 爱因斯坦, 利·英费尔德. 周肇威译. 物理学的进化. 上海科学技术出版社, 1962 年: 5-6 页
⑤ [德] 黑格尔. 梁光学, 薛华, 钱广华, 沈真译. 自然哲学. 导论. 商务印书馆, 1986 年: 9
⑥ 郭奕玲, 沈慧君编著. 物理学史. 前言. 清华大学出版社, 1993 年: 5
⑦ 苗力田主编. 余纪元译. 亚里士多德全集. 第一卷. 前分析篇. 中国人民大学出版社, 1997 年: 84-85

的思维方法，并在《工具论》中对三段论做了详细的阐述。

英国哲学家罗素对亚里士多德的三段论做了概括性的描述："亚里士多德在逻辑学上最重要的工作就是三段论的学说。一个三段论就是一个包括有大前提、小前提和结论三个部分的论证。三段论有许多不同的种类，其中每一种经院学者都给起了一个名字。最为人所熟知的就是称为 'Barbara'①的那一种"②：

> 凡人都有死（大前提）。
> 苏格拉底是人（小前提）。
> 所以：苏格拉底有死（结论）。

亚里士多德通过三段论得出的必然结论是指科学知识，"我们知道，我们无论如何都是通过证明获得知识的。我所谓的证明是指产生科学知识的三段论。所谓科学知识，是指只要我们把握了它，就能据此知道事物的东西"③。

亚里士多德的三段论是开创性的，奠定了逻辑学的发展基础，"他是被人称为逻辑学之父的"④。但是，后来的历史现实却与亚里士多德的良好愿望相反。在中世纪的数百年，直至 16 世纪，科学的发展几乎停滞不前。有人认为，是亚里士多德"他的阴魂就阻碍了知识的进步。……亚里士多德虽然承认地球是球体，但仍然坚持地球中心说，认为地球是宇宙的中心。他的权威在阻止天文学家接受阿利斯塔克⑤提出的太阳中心说方面，起了很大作用。直到一千七百年以后的哥白尼时代，局面才为之一变"⑥。

20 世纪英国著名科学史家 W. C. 丹皮尔（W. C. Dampier）的表述，涉及了两个不可回避的问题：

其一，如何看待科学发展过程中科学家对科学发展的贡献？

其二，哲学思维如何对科学的发展产生影响？

---

① 注：是指三段都是全称肯定
② ［英］罗素. 何兆武, 李约瑟译. 西方哲学史. 卷一. 商务印书馆, 1982 年: 252-253
③ 苗力田主编. 余纪元译. 亚里士多德全集. 第一卷. 后分析篇. 中国人民大学出版社, 1997 年: 247
④ ［德］黑格尔. 贺麟, 王太庆译. 哲学史讲演录. 第二卷. 商务印书馆, 1983 年: 366
⑤ 注：阿利斯塔克（Aristarchus，约公元前 310—公元前 230），古希腊天文学家，他的大部分著作已经失传，仅存《太阳月球的大小和距离》一文
⑥ ［英］W. C. 丹皮尔. 李珩译. 科学史. 上册. 商务印书馆, 1997 年: 72-73

四、如何看待科学发展过程中科学家对科学发展的贡献

先谈第一个问题：如何看待科学发展过程中科学家对科学发展的贡献？回答这个问题，应当以史为鉴。首先对亚里士多德以来的科学与哲学发展做简要的回顾。

亚里士多德在《物理学》一书中写道："事物要么就静止着，要么就必然会无限地移动，除非遇到更为有力的某物阻碍"①，这已经提出了类似于"惯性"的思想。伽利略发展了亚里士多德的思想，用科学的推理方法代替直观感觉，把"惯性"的思想向前推进了一大步，后来由牛顿总结成惯性定律，即牛顿第一运动定律。亚里士多德的《物理学》写于公元前 4 世纪，他在两千多年以前把科学和哲学发展到了当时的巅峰。虽然亚里士多德认为地球是宇宙的中心，但他在《论天》中提出："在月蚀时，它的外线总是弯曲的；既然月蚀是由于地球插入其间，那么，它外线的那种形态就应是地球的表面所造成，所以，地球必定是圆球形。"②这在当时是人类对大自然认识的一大进步。可以说，"亚里士多德是古希腊最伟大的学者"③。

亚里士多德去世后，出现了一批著名的学者，比如古希腊数学家欧几里得（Euclid，公元前 325—公元前 265）、古希腊天文学家阿利斯塔克（Aristarchus，约公元前 310—公元前 230）、古希腊学者阿基米德（Archimedes of Svracusc，公元前 287—公元前 212）等。

据记载，在"公元前 320 年左右，罗德斯的欧德谟（Eudemus of Rhodes）写了一部几何学史。这部著作的残篇仍然存在，从这一残篇中我们可以看出几何学命题是怎样逐渐增添起来的。公元前 300 年左右，亚历山大里亚的欧几里得把已有的知识搜集起来，加以发展和系统化。他从少数被认为是空间的不证自明的特性的公理出发，按照逻辑原理，推演出一系列奇妙的命题。他的办法直到不久以前还是公认的唯一方法"④。欧几里得生活于亚历山大港，时代稍晚于亚里士多

---

① 苗力田主编. 徐开来译. 亚里士多德全集. 第二卷. 物理学. 中国人民大学出版社, 1997 年: 105
② 苗力田主编. 徐开来译. 亚里士多德全集. 第二卷. 论天. 中国人民大学出版社, 1997 年: 350-351
③ 简明大英百科全书. 中文版. 第 16 卷. 台湾中华书局, 1989 年: 271
④ [英] W. C. 丹皮尔. 李珩译. 科学史. 上册. 商务印书馆, 1997 年: 83

德，他的"《几何原本》毫无疑义是古往今来最伟大的著作之一，是希腊理智最完美的纪念碑之一"①。

"萨摩的亚里士达克"②大约生活于公元前310年至公元前230年，"他提出了完备的哥白尼式的假说，即一切行星包括地球在内都以圆形在环绕着太阳旋转，并且地球每24小时绕着自己的轴自转一周"③。"哥白尼偶然知道了一些几乎已被遗忘了的亚里士达克的假说，虽然知道得并不多；他为自己的创见能找到一个古代的权威而感到鼓舞。不然的话，这种假说对于后代天文学的影响实际上是会等于零的。"④

阿基米德"不仅在数学方面作出了巨大的贡献，而且在物理学方面也取得了惊人的成果。……大量的研究成果充分显示了阿基米德在力学领域里为人类作所出的巨大贡献，他的这些力学理论是古代力学科学的顶峰"⑤。"亚里士多德还没有物体的相对密度的观念。首先明确地阐明这个观念的是阿基米得（德）。此外，他还发现了所谓阿基米得（德）原理；一个物体浮于液体中的时候，其重量等于所排开的液体的重量：一物沉于液体中时，其所失的重量也与所排开的液体重量相等。"⑥"阿基米得（德）是古代世界的第一位也是最伟大的近代型物理学家。"⑦

但是，公元 1 世纪以后，科学的发展逐步走入低谷。"公元 1 世纪发现了亚里士多德的讲稿后，又兴起了对他著作进行注释的学派，对中世纪哲学有很大的影响。"⑧"此后几百年的中世纪，通常称为黑暗时代，在科学上没有什么成果。……15 世纪以意大利为中心的文艺复兴运动为近代科学的出现开辟了道路；……哥白尼首先举起科学的旗帜，他提出了日心说，并于 1543 年出版了《天体运行论》，它标志着近代科学的创立。"⑨

"不久以前，'中世纪'一词还是指自古代文化衰落到意大利文艺复兴一千年

---

① ［英］罗素. 何兆武, 李约瑟译. 西方哲学史. 上册. 卷一. 商务印书馆, 1982 年: 271

② 注：在 W. C. 丹皮尔《科学史》中翻译为阿利斯塔克

③ ［英］罗素. 何兆武, 李约瑟译. 西方哲学史. 上册. 卷一. 商务印书馆, 1982 年: 274-275

④ ［英］罗素. 何兆武, 李约瑟译. 西方哲学史. 上册. 卷一. 商务印书馆, 1982 年: 276

⑤ 张奎元. 世界古代后期科学史. 中国国际广播出版社, 1996 年: 247-248

⑥ ［英］W. C. 丹皮尔. 李珩译. 科学史. 上册. 商务印书馆, 1997 年: 84-85

⑦ ［英］W. C. 丹皮尔. 李珩译. 科学史. 上册. 商务印书馆, 1997 年: 86

⑧ 简明大英百科全书. 中文版. 第 14 卷. 台湾中华书局. 1989 年: 409

⑨ 简明大英百科全书. 中文版. 第 16 卷. 台湾中华书局. 1989 年: 271

的整个漫长时间。……而现在人们往往把'中世纪'一词只用于指'黑暗时期'以后文艺复兴以前的四百年间。"①文艺复兴是"14～16世纪欧洲新兴资产阶级思想文化运动"②。盖伦（Galen，全名Claudius Galenus of Pergamum，129—199）是古罗马时期最著名、最有影响的医学大师，"从盖伦的时代起，或者从更早的时候起，古代世界的一般科学和哲学就有了最后趋于暗然无光的清晰迹象"③。据此推算，古代文化的衰落始于公元2世纪。

实际上，"'中世纪'仍有其原来的意义——由古代学术衰落到文艺复兴时期学术兴起的一千年；这是人类由希腊思想和罗马统治的高峰降落下来，再沿着现代知识的斜坡挣扎上去所经过的一个阴谷"④。哥白尼首先举起科学的旗帜，其著作《天体运行论》的出版是在16世纪的1543年。推算一下可知，从古代文化衰落到再次兴起的过程经历了1400年左右。在这一时期，亚里士多德的哲学思想有很大的影响。在3世纪，"在一切科学理论问题上，甚至在实际事实问题上，亚里士多德仍旧被认为是最高权威"⑤，"十三世纪由于希腊古籍的完整版本，特别是亚里士多德的著作重新发现，知识领域里有了很大的进展。不过一直要等到文艺复兴时期，西方人才开始用批判的眼光去检查希腊哲学，或用新的实验方法去寻找自己的道路"⑥。

在中世纪后期，"实际上在全部的近代史上，科学、逻辑与哲学每进一步都是冒着亚里士多德弟子们的反对而争取来的"⑦，这是客观事实。"在1638年出版的《关于两门新科学的对话》一书中……伽利略以简单的逻辑推理，驳斥了直至那时仍支配着人们认识的亚里士多德的观点"⑧，就是例证。

人类对大自然的认识，有一个继承和发展的过程，科学发展的意义就在于改变人类原有的认识，使其与事实更加相符。在科学的探索过程中，应当允许出现错误，否则就没有科学探索的合理性。科学探索"不是像毁掉一个旧的仓库，在那里建起一座摩天大楼，它倒是像在爬山一样，愈是往上爬愈能得到新的更宽广

---

① [英]W. C. 丹皮尔. 李珩译. 科学史. 上册. 商务印书馆, 1997年: 108
② 夏征农主编. 辞海. 1999年版普及本. 上海辞书出版社, 2000年: 4373
③ [英]W. C. 丹皮尔. 李珩译. 科学史. 上册. 商务印书馆, 1997年: 105
④ [英]W. C. 丹皮尔. 李珩译. 科学史. 上册. 商务印书馆, 1997年: 109
⑤ [英]W. C. 丹皮尔. 李珩译. 科学史. 上册. 商务印书馆, 1997年: 106
⑥ [英]W. C. 丹皮尔. 李珩译. 科学史. 上册. 商务印书馆, 1997年: 109
⑦ [英]W. C. 丹皮尔. 李珩译. 科学史. 上册. 商务印书馆, 1997年: 261
⑧ 姚海. 世界近代前期科技史. 中国国际广播出版社, 1996年: 120-121

的视野，并且愈能显示出我们的出发点与其周围广大地域之间的意外的联系。但是我们出发的地点还是在那里，还是可以看得见，不过显现得更小了，只成为我们克服种种阻碍后爬上山巅所得到的广大视野中的一个极小的部分而已"①。所以，不应当用现在的认识水平来否认亚里士多德在两千多年以前的科学探索过程中所做出的贡献。

从亚里士多德去世至哥白尼、伽利略出现的近两千年间，亚里士多德的弟子们盲目地维护亚里士多德的权威，止步不前，又没有人能够超越亚里士多德的哲学思维。阿利斯塔克出生于公元前 310 年左右，亚里士多德去世是在公元前 322 年；在亚里士多德去世后，出现了一批著名的学者，不仅有阿利斯塔克，还有欧几里得、阿基米德等。客观地讲，不是亚里士多德的权威在阻止，而是亚里士多德的弟子们利用亚里士多德的影响，阻止天文学家接受阿利斯塔克提出的太阳中心说；而天文学家也没有能够冲破亚里士多德弟子们的哲学思维。伊曼努尔·康德（Immanuel Kant，1724—1804）是德国哲学家、天文学家及德国古典哲学的创始人，"康德也像他的前人一样，由于尊崇亚里士多德而被引入了歧途，尽管是在另一条不同的道路上"②。英国哲学家、作家和科学家弗兰西斯·培根（Francis Bacon，1561—1626）讲："人们之所以在科学方面停顿不前，还由于他们像中了蛊术一样被崇古的观念，被哲学中所谓伟大人物的权威，和被普遍同意这三点所禁制住了。"③所以，后人的盲从和无能，不能怪罪先人的威信。不可否认，由于亚里士多德的威信，使他的哲学思维影响了人类近两千年；但重要的是，应分析亚里士多德的哲学思维是如何对科学的发展产生影响的。这就需要回答前文所提及的第二个问题，即：哲学思维如何对科学发展产生影响？

五、分析哲学思维对科学发展的影响

再谈第二个问题，哲学思维如何对科学的发展产生影响？

前面已经提到，没有无原因的现象，也没有不产生任何影响的现象。"一定的原因必定产生一定的结果，有因必有果；反之，一定的结果，必定由一定的原因

---

① ［美］爱因斯坦，利·英费尔德．周肇威译．物理学的进化．上海科学技术出版社，1962 年：109

② ［英］罗素．何兆武，李约瑟译．西方哲学史．上册．卷一．商务印书馆，1982 年：257

③ ［英］培根．许宝骙译．新工具．第一卷．商务印书馆，1986 年：61

所引起，有果必有因。因与果的这种必然联系，就是因果律，即因果性，它构成了决定论的主要内容"①，而且前因和后果是相对的。

假设把某现象甲看做一个原点，现象甲的前因是现象乙，现象甲的后果用现象丙表示；那么现象甲的前因现象乙是已经发生的，现象甲的后果现象丙是将要发生的，而且现象甲既是现象丙的前因，又是现象乙的后果。如果阐述前人未曾阐述过的某现象甲的后果问题，即阐述现象丙，可以引用现象丙的前因现象甲为依据，因为现象丙是由现象甲引起的。但是，阐述现象甲的前因问题，即阐述现象乙，却不能以现象乙的后果现象甲为依据来推断现象乙，只能对现象甲进行分析来探索现象乙，否则就是因果倒置。这表明，阐述前因问题和阐述后果问题存在很大的区别，不仅它们的依据不同、方法不同，而且阐述前因问题比阐述后果问题要更具有开创性。阐述前因问题的哲学思想，属于前因论范畴；阐述后果问题的哲学思想，属于后果论范畴。

亚里士多德三段论的大前提和小前提是对已发生现象的陈述，"前提是对某一事物肯定或否定另一事物的一个陈述"②，而且，三段论的大前提和小前提是先于结果的原因，"作为证明知识出发点的前提必须是真实的、首要的、直接的，是先于结果、比结果更容易了解的，并且是结果的原因。只有具备这样的条件，本原才能适当地应用于有待证明的事实。没有它们，可能会有三段论，但决不可能有证明，因为其结果不是知识"③。即三段论是以先于结果的原因为依据，推证由此而引起的结果。所以，亚里士多德的三段论是在阐述后果问题，属于后果论范畴。

亚里士多德承认只有解决前因问题，才能得到关于它的知识，"只有当我们知道事物的原因时，我们才认为具有了关于它的知识"④。但是，亚里士多德又讲："一个过去的结果具有另一个更为过去的原因，一个将来的结果有另一个先于它的将来的原因，一个现在的结果也有一个先于它的原因？根据上述观点，以后来的事件为根据的推论是可能的（虽然这些后来的事件起源于某些先前的事物）。同样情况适用于现在发生的事件。但以在先的事情为根据进行推论则不然。"⑤他在这

---

① 金炳华等编. 哲学大辞典. 修订本. 上海辞书出版社, 2001 年: 1824
② 苗力田主编. 余纪元译. 亚里士多德全集. 第一卷. 前分析篇. 中国人民大学出版社, 1997 年: 83
③ 苗力田主编. 余纪元译. 亚里士多德全集. 第一卷. 后分析篇. 中国人民大学出版社, 1997 年: 248
④ 苗力田主编. 余纪元译. 亚里士多德全集. 第一卷. 后分析篇. 中国人民大学出版社, 1997 年: 328
⑤ 苗力田主编. 余纪元译. 亚里士多德全集. 第一卷. 后分析篇. 中国人民大学出版社, 1997 年: 331

里表述的是要用后果为依据来推证前因。看来亚里士多德的目的是要用属于后果论范畴的三段论解决属于前因论范畴的前因问题，而这与他对三段论的论述是矛盾的。黑格尔指出了亚里士多德的思维矛盾："亚里士多德乃是理智的普通逻辑学的创立者；他的形式所触及的只是有限的东西彼此之间的关系，真理在这种形式中是不能被把握到的。但必须指出，他自己的逻辑学不是建立在这些形式之上的，他的逻辑学不是以这些理智关系为基础的，——就是说，亚里士多德并不是依照这些三段论的形式来进行思维的。"①

亚里士多德的三段论本身并没有什么错，其哲学思维属于后果论范畴。科学探索的是产生现象的原因，即前因问题，属于前因论范畴。问题在于，不能用哲学思维属于后果论范畴的三段论，来解决哲学思维属于前因论范畴的前因问题。

英国哲学家罗素在《西方哲学史》中有一段论述："经验表明机械论的问题引到了科学的知识，而目的论的问题却没有。原子论者问的是机械论的问题而且做出了机械论的答案。可是他们的后人，直到文艺复兴时代为止，都是对于目的论的问题更感兴趣，于是就把科学引进了死胡同。"②

罗素是在讲，前因问题引到了科学的知识，应当用属于前因论范畴的哲学思维来解答；如果用属于后果论范畴的哲学思维解答属于前因论范畴的前因问题，就把科学引进了死胡同。而且，无论是用属于前因论范畴的哲学思维来解决属于前因论范畴的问题，还是用属于后果论范畴的哲学思维来解决属于后果论范畴的问题，它们"只能适用于实在的范围内，而不能适用于实在的全体"③；否则会把科学引向歧途，导致出现一个创世主："目的论的解释，它通常总是很快地就达到一个创世主。……一种颇为类似的论证也可以用于机械论的解释。"④

这表明，哲学思维对科学的发展有着深远的影响，没有正确的哲学思维的指导，就会把科学引进死胡同。这便是对第二个问题的简要回答。

① [德] 黑格尔. 贺麟, 王太庆译. 哲学史讲演录. 第二卷. 商务印书馆, 1983 年: 379
② [英] 罗素. 何兆武, 李约瑟译. 西方哲学史. 上册. 卷一. 商务印书馆, 1982 年: 99-100
③ [英] 罗素. 何兆武, 李约瑟译. 西方哲学史. 上册. 卷一. 商务印书馆, 1982 年: 100
④ [英] 罗素. 何兆武, 李约瑟译. 西方哲学史. 上册. 卷一. 商务印书馆, 1982 年: 100

六、科学的发展需要正确哲学思维的指导

解答了第二个问题，又会产生疑问：难道科学探索只需要属于前因论范畴的哲学思维吗？在苏格拉底以前的哲学思维都属于前因论范畴，难道要退回到苏格拉底以前的哲学思维吗？

要解答这个疑问，先要说明两种情况：其一，科学探索首先要探索现象的原因，"若不首先恰当地考察和找出常见事物的原因，以及那些原因的原因，就不能对罕见的或非凡的事物做出什么判断，更不能揭示出任何新的事物"[①]。

但是，如果用单纯的属于前因论范畴的哲学思维进行科学探索，当探索现象甲的原因时，发现了现象乙，又探索现象乙的原因，发现了现象丙，再探索现象丙的原因，又会发现现象丁，依此类推。因为对大自然的认识是无穷尽的，所以最后只能把终极的原因归到"创世主"上去，而这"创世主"本身必须是没有原因的。正如英国哲学家罗素所阐述的："一件事以另一件事为其原因，这另一件事又以第三件事为其原因，如此类推。但是假如我们要求全体也有一个原因的话，我们就又不得不回到创世主上面来，而这一创世主的本身必须是没有原因的。"[②]这也是苏格拉底以前机械论的哲学思维。

而且，当探索现象甲的原因时，发现了现象乙，但是这并不等于说现象乙一定是引起现象甲的原因，或现象甲一定是由现象乙引起的结果。只有当能够证明现象乙所引起的后果就是现象甲时，才能够说现象甲的原因是现象乙。

这说明，进行科学探索，首先要探索现象的原因。要探索现象甲的原因，首先要用属于前因论范畴的哲学思维进行科学探索，比如用分析的方法，直到发现现象甲的原因现象乙。但是，仅仅依靠属于前因论范畴的哲学思维进行科学探索是不够的。到此应当转换一个思路，用属于后果论范畴的哲学思维进行探索，比如用综合的方法，论证现象乙所引起的后果。即把现象乙假设为已知的现象，用属于后果论范畴的哲学思维，探索现象乙的后果问题，以论证现象乙引起的后果是否是现象甲。

---

① ［英］弗·培根. 许宝骙译. 新工具. 第一卷. 商务印书馆, 1986 年: 93
② ［英］罗素. 何兆武, 李约瑟译. 西方哲学史. 上册. 卷一. 商务印书馆, 1982 年: 100

因为"真正的哲学，其职责在于由真正存在的原因去追寻事物的本性……有足够的理由设想，由几种原因，彼此有所不同，能引出相同的效果来；但真正的原因是那能实际起作用的一个，其他的在真正的哲学中没有地位"①。如果能够发现现象甲的原因现象乙，而且能够证明现象乙所引起的后果就是现象甲，这才能说现象甲的原因确实是现象乙。

这表明，进行科学探索，首先要用属于前因论范畴的哲学思维探索前因问题，然后要用属于后果论范畴的哲学思维探索后果问题，要将属于前因论范畴的哲学思维与属于后果论范畴的哲学思维恰当地配合起来，才能探索到现象的真正原因。这也正是牛顿的哲学思维方法。

1687 年 7 月牛顿出版了他的著作《自然哲学之数学原理》，"牛顿在世时，《原理》共出了三版。……英国数学家 R. 科茨（1682—1716 年）……在前言中对牛顿表示热烈赞同"②。科茨在为《原理》第二版所写的序言中，概述了牛顿的哲学思维："这些人固然从尽可能最简单的原理中导出了所有事物的原因，但他们从不把没有为现象所证明的东西作为原理。他们不作任何假说，除非把假设作为其真理性尚待讨论的一些问题，否则就也不把它们引进哲学中去。因此，他们是用双重方法，也就是用综合法和分析法来进行工作的。从一些特选的现象，经过分析，他们导出了自然界的各种力，以及这些力所遵循的比较简单的规律；再从这里经过综合而说明其他事物的结构。这是研究哲学时无以伦比的最好方法，也就是我们的著名作者所乐于采用的胜于其他方法的方法，并且他③认为这也是唯一值得去运用，并用来点缀他的杰出的著作的方法。"④⑤牛顿本人也做了直白的表述："在研究困难的事物时，总是应当先用分析的方法，然后才用综合的方法。……从结果到原因，从特殊原因到普遍原因，一直论证到最普遍的原因为止，这就是分析的方法；而综合的方法则是假定原因已经找到，并且已把它们立为原理，再用这些原理去解释由它们发生的现象，并证明这些解释的正确性。"⑥

牛顿用他的哲学思维指导他对科学的探索，并归纳出四条规则，写在《原理》

---

① ［英］牛顿. 王克迪译. 自然哲学之数学原理. 科茨为《原理》第二版所作序言. 陕西人民出版社, 武汉出版社, 2001 年: 15

② ［德］H. 武辛. 伯幼, 任荣译. 牛顿传. 科学普及出版社, 1979 年: 61

③ 注: 指牛顿

④ ［英］牛顿. ［美］H. S. 塞耶编. 王福山等译. 牛顿自然哲学著作选. 第四部分. 上海译文出版社, 2001 年: 161-162

⑤ 注: 该书此段翻译比《原理》书中的翻译通俗易懂, 特以予以引用

⑥ ［英］牛顿. ［美］H. S. 塞耶编. 王福山等译. 牛顿自然哲学著作选. 第五部分. 上海译文出版社, 2001 年: 235

第三篇"哲学中的推理规则"中：

> 规则Ⅰ，除那些真实而已足够说明其现象者外，不必再去寻求自然界事物的其他原因。[①]
>
> 规则Ⅱ，因此对于相同的自然现象，必须尽可能地寻求相同的原因。
>
> 规则Ⅲ，物体的特性，若其程度既不能增加也不能减少，且在实验所及范围内为所有物体所共有；则应视为一切物体的普遍属性。
>
> 规则Ⅳ，在实验哲学中，我们必须将由现象所归纳出的命题视为完全正确的或基本正确的，而不管想象所可能得到的与之相反的种种假说，直到出现了其他的或可排除这些命题、或可使之变得更加精确的现象之时。[②]

牛顿把前因论范畴的哲学思维和后果论范畴的哲学思维作为一个可以互相包容的整体。在牛顿归纳的四条规则中，规则Ⅰ和规则Ⅱ恰当地用前因论范畴的哲学思维指导探求真理的科学研究，并用规则Ⅰ将前因论范畴的哲学思维方法限制在"只能适用于实在的范围内"，以避免机械论的哲学思维将科学引入歧途。规则Ⅲ和规则Ⅳ又恰当地用后果论范畴的哲学思维给出了达到目的的具体方法，并用规则Ⅲ将后果论范畴的哲学思维方法限制在"只能适用于实在的范围内"，以避免类似"目的论的解释"将科学引入歧途。

牛顿在《原理》中将前因论范畴的哲学思维和后果论范畴的哲学思维作为统一的整体，指导研究具有统一性和因果规律性的自然现象。"从牛顿所列的这些推理法则可以看出，牛顿坚信物质世界的客观性、统一性、因果性和规律性。"[③]没有牛顿的哲学思维方法，也不会有牛顿对物理学的贡献。

现代物理学的开创者和奠基人爱因斯坦认为牛顿的哲学思维构成了物理因果性的完整体系，并给予了肯定："我们必须明白，在牛顿以前，并没有一个关于物理因果性的完整体系，能够表示经验世界的任何深刻特征。"[④]

---

① ［英］牛顿．［美］H. S. 塞耶编．王福山等译．牛顿自然哲学著作选．第一部分．上海译文出版社，2001年：3
② ［英］牛顿．王克迪译．自然哲学之数学原理．第三编．陕西人民出版社，武汉出版社，2001年：447-449
③ 黄粉和．世界近代中期科技史．中国国际广播出版社，1996年：24
④ ［美］爱因斯坦．许良英，范岱年编译．爱因斯坦文集．第一卷．牛顿力学及对理论物理学发展的影响．商务印书馆，1976年：222

爱因斯坦很重视哲学，他用独立思考的方式研究哲学："我正在这里读康德的《绪论》①，并且开始理解到这个人所发散出来的和仍在发散的那种发人深思的力量。只要您一旦对他的先验的综合判断的存在让步，您就落入了圈套。"②爱因斯坦认为"物理学的当前困难，迫使物理学家比其前辈更深入地掌握哲学问题"③，并且提倡物理学家要研究哲学，"像目前这个时候，经验迫使我们去寻求更新、更可靠的基础，物理学家就不可以简单地放弃对理论基础作批判性的思考，而听任哲学家去做，因为他自己最晓得，也最确切地感到鞋子究竟是在哪里夹脚的"④。

英国剑桥大学应用数学及理论物理学系教授、当代最重要的广义相对论和宇宙论家史蒂芬·霍金从另一个角度表达了与爱因斯坦类似的观点："以寻根究底为己任的哲学家跟不上科学理论的进步。在 18 世纪，哲学家将包括科学在内的整个人类知识当作他们的领域，并讨论诸如宇宙有无开初的问题。然而，在 19 和 20 世纪，科学变得对哲学家，或除了少数专家以外的任何人而言，过于技术性和数学化了。哲学家如此地缩小他们的质疑的范围，以至于连维特根斯坦⑤——这位本世纪最著名的哲学家都说道：'哲学余下的任务仅是语言分析。'这是从亚里士多德到康德以来哲学的伟大传统的何等的堕落！"⑥

爱因斯坦和霍金是在告诫人们，应当像牛顿一样，掌握正确的哲学思维方法以指导对大自然的探索，把正确的哲学思维与对大自然探索的每一个步骤结合起来，保持对客观世界及自身的反思，才有可能认识到大自然现象的规律性，而不能完全依赖别人的哲学思维方法的指导，"因为他自己最晓得，也最确切地感到鞋子究竟是在哪里夹脚的"。

通过对历史事实的阐述和分析，可以看出科学与哲学的密切关系。简单地讲，科学与哲学向来互相依存、互相促进，哲学的发展离不开科学，科学的发展需要哲学的指导。"自从十六、十七世纪以来，与科学基本概念密切联系的哲学观念的

---

① 注：指康德 1783 年出版的著作《任何能作为科学而出现的未来形而上学的绪论》

② ［美］爱因斯坦. 许良英, 范岱年编译. 爱因斯坦文集. 第一卷. 康德的《绪论》读后感. 商务印书馆, 1976 年: 104

③ ［美］爱因斯坦. 许良英, 范岱年编译. 爱因斯坦文集. 第一卷. 论伯特兰·罗素的认识论. 商务印书馆, 1976 年: 405

④ ［美］爱因斯坦. 许良英, 范岱年编译. 爱因斯坦文集. 第一卷. 物理学和实在. 商务印书馆, 1976 年: 341

⑤ 注：路德维希·维特根斯坦（Ludwig Wittgenstein, 1889—1951），出生于奥地利，后入英国籍, 20 世纪最有影响的哲学家之一

⑥ ［英］史蒂芬·霍金. 许明贤, 吴忠超译. 时间简史（插图版）. 湖南科学技术出版社, 2002 年: 233

发展，成为自然科学巨大发展的前驱，并相互影响"①，"哲学的推广必须以科学成果为基础。可是哲学一经建立并广泛地被人们接受以后，它们又常常促使科学思想的进一步发展，指示科学如何从许多可能的道路中选择一条路。等到这种已经接受了的观点被推翻以后，又会有一种意想不到和完全新的发展，它又成为一个新的哲学观点的源泉"②。

最后用爱因斯坦的一句名言来结束关于哲学与科学的谈论："如果把哲学理解为在最普遍和最广泛的形式中对知识的追求，那么，显然，哲学就可以被认为是全部科学研究之母。"③

七、小结

（一）科学与哲学向来是互相依存、互相促进的。"许多物理学的新发现与哲学思潮有联系。……物理学的进展往往给哲学提供新鲜例证，而哲学也常对自然科学指出前进的方向。"④哲学是科学研究之母，科学探索要把前因论范畴的哲学思维和后果论范畴的哲学思维作为一个可以相互包容的整体，首先用属于前因论范畴的哲学思维探索前因问题，然后用属于后果论范畴的哲学思维探索后果问题，将属于前因论范畴的哲学思维与属于后果论范畴的哲学思维恰当地配合起来，以探索现象的真正原因。

（二）科学的发展需要正确哲学思维的指导。哲学是人类对大自然认识的自我反思，德国哲学家约翰·戈特利布·费希特（Johann Gottlieb Fichte，1762—1814）讲："你是什么样的人，你便选择什么样的哲学"⑤，"事实上，每一个哲学家都拥有他自己的私人科学观，每一个科学家拥有他的私人哲学"⑥。只有在正确哲学思维的指导下，科学才能够得到发展。

（三）对前人的科学贡献，应当给予客观的评价。科学发展的意义就在于改变

---

① [德] W. 海森伯. 范岱年译. 物理学和哲学. 商务印书馆，1981 年：39
② [美] 爱因斯坦，利·英费尔德. 周肇威译. 物理学的进化. 上海科学技术出版社，1962 年：39
③ [美] 爱因斯坦. 许良英，范岱年编译. 爱因斯坦文集. 第一卷. 物理、哲学和科学进步. 商务印书馆，1976 年：519
④ 郭奕玲，沈慧君. 物理学史. 前言. 清华大学出版社，1993 年：5
⑤ [苏联] 阿尔森·古留加. 贾泽林等译. 康德传. 商务印书馆，1992 年：45
⑥ [奥] 恩斯特·马赫. 李醒民译. 认识与谬误. 华夏出版社，2000 年：10

人类原有的认识，使其与事实更加相符。不应当用现在的认识水平来否认前人在科学探索过程中所做出的贡献。爱因斯坦对待牛顿的态度，为人们做出了榜样，他在《自述》中的一段话很值得回味："牛顿啊，请原谅我；你所发现的道路，在你那个时代，是一位具有最高思维能力和创造力的人所能发现的唯一的道路。你所创造的概念，甚至今天仍然指导着我们的物理学思想，虽然我们现在知道，如果要更加深入地理解各种联系，那就必须用另外一些离直接经验领域较远的概念来代替这些概念。"[①]

（四）人类对大自然的认识，有一个继承和发展的过程。在科学的探索过程中，应当对学者采取宽容的态度，允许学者出现错误，以至提出错误的观点、错误的方法和错误的结论，这是学者从事科学探索的权利，否则就没有科学探索的合理性。学者出现的错误，对科学探索也是一种贡献，它为后人提供了借鉴。但是，抄袭、伪造、惑众、危害社会和人类者属于伪君子，而非学者，所以不应在被宽容之列。

（五）对学者采取宽容的态度，并不等于对学术上的错误观点、错误结论的容忍。提出错误的观点，提出错误的结论，是学者从事科学探索的权利；指出错误的观点，指出错误的结论，也是学者从事科学探索的权利。如果不能指出错误的观点和错误的结论，就会以错传错。虽说学者出现的错误，从借鉴的角度而言也是对科学探索的一种贡献；但是，只有当认识到了错误的原因，它才能起到借鉴的作用。因为"现实生活也一再提醒我们，听任伪科学泛滥将会造成严重的社会后果，正像伪劣商品和假币会严重损害消费者的权益那样，伪科学也会使人受骗上当，尤其是在科学权威压倒一切的今天，借科学名义行骗的危害性就更大了"[②]。所以，对于错误观点和错误结论，应当依据科学论据及合乎逻辑的论述，指出错误的原因；既不回避，也不是简单地指责，更不应当是超出学术范围的谴责或怪罪，因为这对科学探索毫无意义，而且客观上是在阻碍科学探索——对于科学探索而言，这是比提出错误观点和错误结论更为严重的错误。

（六）科学探索是开创性的，面临着各种困难和阻力，学者应当像哥白尼、伽利略一样坚持科学原则，承担社会责任和风险。当遇到外界的不同意见和不同声音时，不应当抱怨，要持有客观、平和的态度，把它们视为对自己科学探索的促

---

① [美] 爱因斯坦. 许良英，范岱年编译. 爱因斯坦文集. 第一卷. 自述. 商务印书馆，1976 年: 14-15
② 周林东. 科学哲学. 复旦大学出版社，2004 年: 115

进，用科学论证和有力论据进一步阐明观点；当得到外界的赞扬和推崇时，不应当傲慢，要持有客观、谦虚的态度，避免以权威自居，不可对新概念、新思路毫无证据地予以指责。学者应当向居里夫人学习，"她在任何时候都意识到自己是社会的公仆，她的极端的谦虚，永远不给自满留下任何余地"[①]。

（七）权威是相对的，是相对于一定的时间、一定的范围、一定的认识水平和一定的贡献而言的。观念和认识同样也是相对的。不存在绝对的权威，也不存在绝对的观念和认识，否则科学将不会发展，人类社会将停滞不前。因此，科学探索必须冲破对权威的迷信，必须冲破传统观念的束缚，而且不能被所谓的常识所迷惑。

---

① [美]爱因斯坦. 许良英, 范岱年编译. 爱因斯坦文集. 第一卷. 悼念玛丽·居里. 商务印书馆, 1976 年:339

第二章　对客观表述是否与事实相符的判断

　　"研究的目的,应该是指导我们的心灵,使它得以对于[世上]呈现的一切事物,形成确凿的、真实的判断。"[1]

　　人类的表述过程实际上有两个阶段：第一阶段是对观察到的现象的表述；第二阶段是依据对现象的表述做出结论。

　　通常认为,如果表述是客观的,由此得出的结论应当是与事实相符的；实际上这个推论是不成立的。也就是说,第一阶段的表述是客观的,并不能决定第二阶段的结论就一定与事实相符。即客观的表述并不一定能得出与事实相符的结论；如果主体对客体的表述不是客观的,由此得出的结论肯定与客观存在的事实不相符。

一、明确客观、主体及客体和事实的含义

　　人类通过观察、研究,对大自然进行探索,来认识大自然存在的规律。人类对大自然规律的认识,有一个积累和传授的过程。首先是把它记录、表述出来,然后是传授和积累的过程。

　　大自然规律是客观存在的,这里的"客观"的含义是"指人的意识之外的物质世界和认识对象"[2]。

　　但大自然规律是通过具体的人（即表述者）来表述的。可以把表述者称为主

---

① [法] 笛卡尔. 管震湖译. 探求真理的指导原则. 原则一. 商务印书馆, 1991 年: 1
② 金炳华等编. 哲学大辞典. 修订本. 上海辞书出版社, 2001 年: 2036

体，即主体是"指实践活动和认识活动的承担者"①；而把表述的对象称为客体，即客体是"指主体实践活动和认识活动的对象"②。

主体对客体进行客观表述，在这里"客观"的含义是指"不带个人偏见，按照事物的本来面目去认识"③。所以，主体对客体的客观表述，就是主体对客体不带个人偏见、按照事物的本来面目去认识而得出的表述。

事实"作为认识论范畴通常指已被正确认识到的客观事物、事件、现象、关系、属性、本质及规律性的总称。客观存在的事物、现象、关系只有被人的感觉和思维如实反映，并作为人们进一步认识和行动的依据，才称为'事实'"④。这其中的"客观"的含义是"指人的意识之外的物质世界和认识对象"⑤。所以，事实是指已被正确认识到的人的意识之外的物质世界和认识对象。

事实是科学的基础。"科学知识在一定程度上具有一种特殊地位，因为它是建立在一个可靠的基础之上，而这个基础就是被观察牢固地确定下来的可靠的事实。"⑥

二、客观的表述并不一定就能得出与事实相符的结论

奥地利物理学家恩斯特·马赫（Ernst Mach，1838—1916）在《认识与谬误》一书中讲了一个十分精辟的例子："在获得我们的物理发现物时，我们常常遭受错误和错觉。斜插入水中的直棒看起来是弯曲的，没有经验的人也许以为原来触摸它也是弯曲的。"⑦斜插入水中的直棒如图 2-2-1 所示。

---

① 金炳华等编. 哲学大辞典. 修订本. 上海辞书出版社，2001 年：2038
② 金炳华等编. 哲学大辞典. 修订本. 上海辞书出版社，2001 年：2038
③ 夏征农主编. 辞海. 1999 年版普及本. 上海辞书出版社，2000 年：2899
④ 金炳华等编. 哲学大辞典. 修订本. 上海辞书出版社，2001 年：1353
⑤ 金炳华等编. 哲学大辞典. 修订本. 上海辞书出版社，2001 年：2036
⑥ ［英］A. F. 查尔默斯. 鲁旭东译. 科学究竟是什么. 第三版. 商务印书馆，2007 年：31
⑦ ［奥］恩斯特·马赫. 李醒民译. 认识与谬误. 华夏出版社，2001 年：15

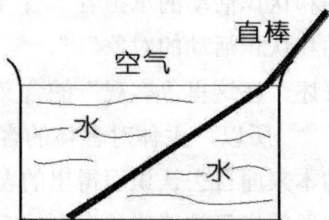

图 2-2-1

如果只依靠简单的感官观察"斜插入水中的直棒",则其"看起来是弯曲的","没有经验的人"就会得出直觉的结论:"触摸它也是弯曲的",即"斜插入水中的直棒"是"弯曲的"。

如前文所述,人的表述过程实际上有两个阶段:第一阶段是对观察到的现象的表述;第二阶段是依据对现象的表述做出结论。在恩斯特·马赫的例子中,第一阶段是根据对"斜插入水中的直棒"的感官观察所做出的表述:"看起来是弯曲的";第二阶段是"没有经验的人"由直觉得出的结论:"触摸它也是弯曲的。"作为"没有经验的人",在第一阶段,他对"斜插入水中的直棒"的表述是不带个人偏见的,是按观察到的"本来面目"进行的客观表述;在第二阶段,他由直觉得出结论,但是与客观事实不相符。

通常认为,如果表述是客观的,则由此得出的结论应当是与事实相符的,实际上这个推论不成立。也就是说,第一阶段的表述是客观的,并不意味着第二阶段的结论就一定是与事实相符的。

"没有经验的人"并不清楚,"看起来是弯曲的"并不一定就是弯曲的,依靠简单的感官观察得出的直觉结论并不一定可靠。在这里,"可靠"的含义是指直觉的结论与客观事实相符。直觉是"一种直接(非推理)的和完整的认识、把握客体的能力"[1],"根据直接观察所得出的直觉的结论不常常是可靠的,因为它们有时会引到错误的线索上去"[2],"并非每一个判断本身都能够建立在简单的感官观察或作为'直观的'判断的图像的基础上"[3]。"伽利略对科学的贡献就在于毁灭

---

[1] 中国百科大辞典. 普及版. 中国大百科全书出版社, 2005 年: 1318
[2] [美] 爱因斯坦, 利·英费尔德. 周肇威译. 物理学的进化. 上海科学技术出版社, 1962 年: 4
[3] [奥] 恩斯特·马赫. 李醒民译. 认识与谬误. 华夏出版社, 2001 年: 119

直觉的观点而用新的观点来代替它。这就是伽利略的发现的重要意义。"①

"没有经验的人"也不清楚，要得出与事实相符的结论，需要论证。

德国哲学家约翰·戈特利布·费希特在他的著作《全部知识学的基础》中写道："知识学不允许直接假设某种东西为事实，而是必须进行论证，就像现在所进行的论证这样，以证明某种东西是一事实。如果引证的事实属于没经哲学反思推论的普通意识的范围之内的事实，那么，尽管人们的论证也还严密，只要他所得到的结论不是原来就现成存在着的，他就只能炮制出一种骗人的通俗哲学，那其实不是哲学。但是，如果建立起来的事实属于普通意识的范围之外，人们就必须确切知道他是怎么能够确信它们都是现成存在着的事实。并且人们就必须能够把他达到这个确信的过程告诉别人，而把他的确信告诉别人，实际上就是对这些事实之为事实的论证。"②

恩斯特·马赫的例子说明了一个问题，主体对客体的不带个人偏见的表述是主体对客体的客观表述，而由此得出的结论未必就与客观存在的事实相符，即客观的表述并不一定就能得出与事实相符的结论；如果主体对客体的表述不是客观的，由此得出的结论肯定与客观存在的事实不相符。

如果要判断主体对客体的表述及由此得出的结论是否与客观事实相符，那么，首先就要判断主体对客体的表述是否客观；如果主体对客体的表述是客观的，那么还要判断主体的结论是否与客观存在的事实相符。

三、波普尔提出的判断客观性的标准

如果主体对客体的表述不是客观的，那么由此得出的结论就不会与客观存在的事实相符。那么是否存在一个检验标准，能够判断主体对客体的表述具有客观性呢？

英国哲学家卡尔·波普尔（Sir Karl Raimund Popper，1902—1994）在他的著作《科学发现的逻辑》中，提出了检验主体的表述是否具有客观性的标准："科学

---

① [美] 爱因斯坦, 利·英费尔德. 周肇威译. 物理学的进化. 上海科学技术出版社, 1962 年: 5-6
② [德] 费希特. 王玖兴译. 全部知识学的基础. 第二部分. 商务印书馆, 1986 年: 139-140

陈述的客观性就在于它们能被主体间相互检验。"①

按卡尔·波普尔提出的检验标准，如果主体的表述是客观的，那么就可以被不同的主体相互检验；或者说，不同的主体对同一个客体的表述应当是相同的。

在恩斯特·马赫的例子中，任何人都会看到"斜插入水中的直棒看起来是弯曲的"，所以，按卡尔·波普尔提出的检验标准，"斜插入水中的直棒看起来是弯曲的"这一表述是客观的。

按波普尔提出的客观性检验标准，可以判断"没有经验的人"的表述"斜插入水中的直棒看起来是弯曲的"是客观的，但并不能判断"没有经验的人"由此得出的结论"触摸它也是弯曲的"是否与事实相符。也就是说，波普尔提出的判断标准只能判断主体对客体的表述是否客观，而不能判断主体对客体的表述是否与事实相符。所以，在主体对客体的表述是客观的情况下，还要判断主体的结论是否与客观存在的事实相符。

四、没有明确参照标准就无法判断是否与事实相符

首先讲一个例子。老师在给小学的学生上课。讲桌上放了一张画，画的是在河里行驶的一条船。老师让学生甲站在画面船头的旁边，又让学生乙站到画面船尾的旁边。如图 2-2-2 所示。

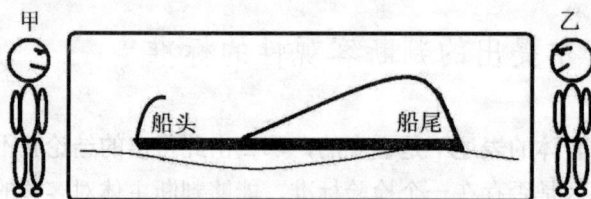

图 2-2-2

老师讲：这画中船的形状很像一个阿拉伯数字。

老师问学生甲：你看像什么数字？

学生甲答：像数字 9。

---

① [英] 卡尔·波普尔. 查汝强, 邱仁宗译. 科学发现的逻辑. 第一部分. 科学出版社, 1986 年: 18-19 (注：本书作者 K. R. Popper 也被翻译为 K. R. 波珀)

老师对学生甲讲：很好，你站在画面船头这边，看到画中船的形状像数字 9。

老师问学生乙：你看像什么数字？

学生乙答：像数字 6。

老师对学生乙讲：很好，你站在画面船尾这边，看到画中船的形状像数字 6。

放学后学生丙向家长讲，课堂上老师让学生看一幅画，画的是一条船，说画中船的形状很像一个阿拉伯数字，问像数字几？学生甲说像数字 9，学生乙说像数字 6，可老师说他们回答得都很好。学生丙的家长听后感到很疑惑：对于同一张画，为什么两个学生的表述截然不同，老师却说都很好？老师对学生回答的对与错是如何来判断的？为什么两个学生对同一个问题的回答是相互矛盾的，却又都是对的？

依据卡尔·波普尔提出的客观性检验标准，对学生甲的直觉表述进行检验，会发现学生甲的直觉表述符合卡尔·波普尔的检验标准，所以学生甲的表述是客观的，因为任何人站在学生甲的位置都会说像数字 9。同样，依据卡尔·波普尔提出的客观性检验标准，再对学生乙的直觉表述进行检验，会发现学生乙的直觉表述也符合标准，所以学生乙的表述也是客观的，因为任何人站在学生乙的位置都会说像数字 6。但是，这种检验显然不能消除学生丙家长的疑惑。因为卡尔·波普尔提出的客观性检验标准只能判断主体的表述是否客观，却并不能判断主体的结论是否与客观事实相符。

那么，怎样才能消除学生丙家长的疑惑呢？这需要找到问题出在什么地方。

问题出在学生丙向家长的讲述中。他没有说明学生甲是站在什么位置，而只讲学生甲说像数字9；也没有说明学生乙又是站在什么位置，而只讲学生乙说像数字6。

爱因斯坦讲："为了描述一个物体的运动，就需要有另一个为第一个物体所参照的物体。一辆车的运动被认为是相对地面而言，一颗行星的运动是相对可见的恒星的整体而言。在物理学中，使事件在空间上被加以参照的物体称为坐标系。例如伽利略和牛顿的力学定律只有依靠坐标系才能表示为公式。"[①] 这段话是对伽利略在《两大世界体系的对话》这部名著中所阐述的思想方法的概括。爱因斯坦用通俗易懂的语言概括了对事物进行客观描述时应当遵守的一个重要规则：主体描述客体，首先要确定一个参照标准，也叫参照物，能够量化的参照物称为坐

---

① ［美］爱因斯坦. 方在庆等译. 爱因斯坦晚年文集. 什么是相对论. 海南出版社, 2000 年: 54

标系；确定了参照标准，主体与客体及参照物之间的相互位置被确定下来，也就有了相应的描述标准，这样才能判断由主体的描述得出的结论是否与客观事实相符。对一个物体的运动进行描述是如此，对其他事物的描述亦是如此。比如，用照相机单单照一个玻璃球，就无法判断这个玻璃球的大小；只有在这个玻璃球的旁边再放一个有刻度的尺作为参照标准，把玻璃球和有刻度的尺同时拍摄下来，才能判断这个玻璃球的大小，就是这个道理。

前面讲到两个学生对同一个问题给出截然不同的回答，其原因是学生甲站在画面船头这边，他心中默认了一个参照物，他说像数字9；而学生乙站的位置与学生甲不同，他是站在画面船尾这边，他心中也默认了一个参照物，但是这个参照物与学生甲的不同，所以他说像数字6。学生甲和学生乙默认的参照物不同，所以他们对画面的描述也就截然不同。学生丙的家长如果知道，两个学生是处于不同的位置，默认了不同的参照物，二者的表述都是相对于各自所处的位置、各自所默认的参照标准的描述，那么他也就不会感到疑惑了。正因为学生丙在向家长讲述时，没有说明学生甲是站在什么位置，也没有说明学生乙又是站在什么位置，学生丙的家长不清楚学生甲和学生乙所默认的参照标准，所以才感到疑惑，无法判断是否与事实相符。所以，没有明确参照标准，就无法判断是否与事实相符。

五、主体没有明确自己的表述位置就无法确定主体的结论是否与事实相符

再回到前面的例子，如图 2-2-3 所示。

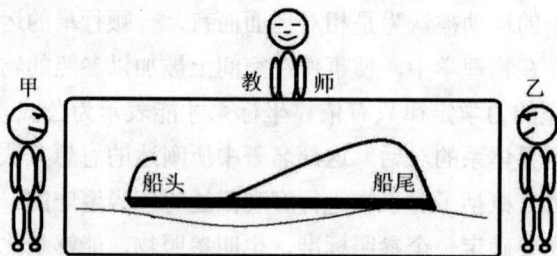

图 2-2-3

老师开始讲课。

老师讲：学生甲站在画面船头的位置，也就是说，学生甲的观察位置靠近画面的船头，他自然地就选择船头朝向自己的方向作为参照标准，所以，学生甲回答：像数字 9。学生乙站在画面船尾的位置，也就是说，学生乙的观察位置靠近画面的船尾，他自然地就选择船尾朝向自己的方向作为参照标准，所以，学生乙回答：像数字 6。因为甲、乙站的位置不同，他们选择的参照标准不同，所以对于同一张画，他们的回答却不相同。我对学生甲讲：很好，你站在画面船头这边，认出了是像数字 9。我首先明确的是，学生甲站在画面船头这边，然后再肯定他认出了是像数字 9。同样，我对学生乙讲：很好，你站在画面船尾这边，认出了是像数字 6。我也是首先明确，学生乙站在画面船尾这边，然后再肯定他认出了是像数字 6。即首先要明确主体的表述位置，然后才能确定他的结论是否与事实相符。如果不明确甲、乙的观察位置，也就是主体的表述位置，只讲是 9 或 6，就不能确定他们的结论是否与事实相符。因为站在我的位置上观察，既不是 9，也不是 6，却好像是一个翻了个儿的日文字母。这说明，如果主体没有明确自己的表述位置，那么就无法确定主体的结论是否与事实相符。

主体的表述位置与主体所处的位置是不同的。教师站在甲乙两个学生中间，图2-2-3所显示的位置是教师作为主体所处的位置（站立位置）。当教师讲"学生甲站在画面船头的位置……所以，学生甲回答：像数字9"时，教师所站立的位置并没有改变。而此时教师的思维方法和学生甲是相同的，也就是说，相当于教师站在"画面船头的位置"在思维；或者说，教师的思维位置和学生甲一样，是在"画面船头的位置"。教师作为主体的思维位置就是主体的表述位置，即此时教师的表述位置恰好是学生甲的位置。当教师讲"学生乙站在画面船尾的位置……所以，学生乙回答：像数字6"时，教师所站立的位置并没有改变，但此时教师作为主体的思维位置是在"画面船尾的位置"，即此时教师的表述位置恰好是学生乙的位置。

可见，主体的表述位置是指主体的思维位置，而不是主体所处的位置。主体的思维位置是与主体所选择的参照标准相联系的。主体站在地球上，主体所处的位置是地球，但是主体的思维位置可以是太阳，即选择太阳作为参照标准；主体的思维位置也可以是宇宙中的任何位置，即可以选择宇宙中的任何位置作为参照标准。所以应当明确，主体的表述位置是指主体的思维位置。

现用热力学第一定律和热力学第二定律做进一步的阐述。

人类对能量的认识，经历了漫长的历史过程。"能量是物质运动的一种量度，是人们认识客观世界的主要对象之一。"①

能量守恒定律至今仍然是力学乃至整个自然科学的重要定律。"能量守恒定律无疑是十九世纪最伟大的发现之一，它不仅适用于无机界，也适用于生命过程，是自然界中最为普遍的规律。"②可以把能量守恒定律描述为："一个孤立系统经历任何变化时，该系统的所有能量的总和是不变的，能量只能从一种形式变化为另一种形式，或从系统内的一个物体传给另一个物体。这就是能量守恒定律。它是物理学中具有最大普遍性的定律之一。……自然界一切已经实现的过程无一例外遵守着这些守恒定律。"③

热力学第一定律是能量守恒定律的一种表述方式：一个封闭系统"物体内能的能量定恒表达式叫做热力学第一定律"④。

热力学第一定律表明，系统的内能是守恒的，"外界对系统传递的热量，一部分是使系统的内能增加，另一部分是用于系统对外做功"⑤。由此可知，外界对系统传递的热量，可以用于系统对外做功，或者说外界的热量可以供系统对外做功。做功需要动力或热量，燃料能够产生热量，若没有燃料或动力，就不能做功。"曾有人企图制造一种机器，它不需要任何动力和燃料，工作物质的内能最终也不改变，却能不断地对外做功。这种永动机叫做第一类永动机。所有这种企图，终经无数次的尝试，都失败了。热力学第一定律指出，做功必须由能量转换而来，很显然第一类永动机违反热力学第一定律，所以它是不可能造成的。"⑥所以，可以把热力学第一定律表述为第一类永动机是不可能造成的，即把能量守恒定律表述为第一类永动机是不可能造成的。

热力学第二定律有两种表述方法。

德国物理学家鲁道夫·尤里乌斯·艾曼努尔·克劳修斯（Rudolf Julius Enmanvel Clausius，1822—1888）是热力学的主要奠基人之一。"1850 年克劳修斯发表题为《论热的动力以及由此得出的热学理论的普遍规律》的著名论文……明确提出了热力学第二定律的克氏表示：'热不可能自动地从冷的物体传到热的物

---

① 向义和. 物理学基本概念和基本定律溯源. 高等教育出版社，1994 年：21
② 赵凯华，罗蔚茵. 新概念物理教程——热学. 高等教育出版社，1999 年：135
③ 程守洙，江之永主编. 普通物理学. 第五版. 第一册. 高等教育出版社，1998 年：124
④ 张三慧主. 大学物理学. 第二册. 清华大学出版社，1999 年：107
⑤ 程守洙，江之永主编. 普通物理学. 第五版. 第一册. 高等教育出版社，1998 年：342
⑥ 程守洙，江之永主编. 普通物理学. 第五版. 第一册. 高等教育出版社，1998 年：342

体'。"①克劳修斯从热量传递的角度表述热力学第二定律，揭示了热量传递的不可逆性。

英国物理学家开尔文（Lord Kelvin，1824—1907），原名 W. 汤姆孙（William Thomson），是热力学第二定律的两位主要奠基人之一。"开尔文在 1851 年提出（后来普朗克又提出了类似的说法）的热力学第二定律的表述为：其唯一效果是热全部转变为功的过程是不可能的。"②开尔文从热功转换的角度表述热力学第二定律，揭示了热功转换的不可逆性。

概括地讲，"热力学的基本理论是热力学第一定律与热力学第二定律。热力学第一定律其实是包括热现象在内的能量转换与守恒定律，热力学第二定律则是指明过程进行的方向和条件的另一基本定律"③。

"人们根据热力学第一定律，知道制造一种效率大于100%的循环动作的热机只是一种空想，因为第一类永动机违反能量转换与守恒定律，所以不可能实现。但是，制造一种效率为100%的循环动作的热机，有没有可能呢？……这种热机可不违反热力学第一定律，因而对人们有很大的吸引力。"④这里表明了一点，如果讲热可以通过热机转换为功，这并不违反热力学第一定律。

所以，人们曾设想制造"从一个热源吸热，并将热全部转变为功的循环动作的热机，叫做第二类永动机。……无数尝试证明，第二类永动机同样是一种幻想，也是不可能实现的"⑤。

根据这些事实，开尔文对热力学第二定律做了这样的叙述："不可能制成一种循环动作的热机，只从一个热源吸取热量，使之全部变为有用的功，而其他物体不发生任何变化。"⑥开尔文是在讲，不可能制成第二类永动机，因为它违反热力学第二定律。这表明，只讲热可以通过热机转换为功，并不违反热力学第一定律，但可能违反热力学第二定律。

如果主体只讲"热可以转换为功"，而没有明确他的"思维位置"，即没有明确是站在哪个角度来讲的，就不能确定他讲的是否与事实相符。如果他的思维位置是在"能量转换"的角度，那么"热可以转换为功"是与事实相符的，因为这

① 王修智总主编，牛秋业主编. 古今中外科技名人. 综合卷. 山东科技出版社,2007 年: 200
② 张三慧主编. 大学物理学. 第二册. 清华大学出版社,1999 年: 172-173
③ 程守洙，江之永主编. 普通物理学. 第五版. 第一册. 高等教育出版社,1998 年: 337
④ 程守洙，江之永主编. 普通物理学. 第五版. 第一册. 高等教育出版社,1998 年: 368
⑤ 程守洙，江之永主编. 普通物理学. 第五版. 第一册. 高等教育出版社,1998 年: 368
⑥ 程守洙，江之永主编. 普通物理学. 第五版. 第一册. 高等教育出版社,1998 年: 369

不违反热力学第一定律；如果他的思维位置是在"制造一种效率为100%的循环动作的热机"的角度，那么"热可以转换为功"就与事实不完全相符，这违反热力学第二定律，因为"热可以转换为功"是有条件的，不是在任何情况下都能实现的，"不可能制成一种循环动作的热机，只从一个热源吸取热量，使之全部变为有用的功，而其他物体不发生任何变化"。

所以说，主体必须明确自己的思维位置，才有可能确定主体的结论是否与事实相符。

六、缺乏专业知识的客观表述难以与事实相符

生于英格兰的澳大利亚人文科学院院士艾伦·查尔默斯（A. F. Chalmers，1939— ）教授讲："两个正常的观察者在同样的物理环境下，从同一地点观看同一物体时，即使在他们各自的视网膜上的映像可能实质上是相同的，也并非必然会获得同样的视觉经验。两个观察者不一定'看到'同样的事物这一点，有着重要的意义。"[1] "当观察者注视某一个物体或同一景象时，他们所看到的东西，他们所经历的主观体验，并非仅由他们视网膜上的映像决定，而且也依赖观察者的经验、知识和期望。"[2] "当许多观察者观看一幅画、一台仪器、一块显微镜载片或无论什么东西时……他们所面对、注视因而看到的是同一物。但并不能由此推论出，他们具有相同的视觉经验。从某种非常重要的意义上讲，他们并没有看到相同的事物。"[3]

生活中会遇到类似的例子，可以证实艾伦·查尔默斯的论断。一个病人颅内长了脑瘤，为确诊脑瘤的性质照了 CT 胶片。有三个人看了病人的 CT 胶片，一位是病人的家属，他看了病人的 CT 胶片后说只看到颅骨的影像，别的看不出什么；另一位是刚毕业的实习医生，他看了病人的 CT 胶片后说病人颅内有些异常，但不能确诊脑瘤的性质；第三位是医院的主任医师，他是这个专业的专家，他一看病人的 CT 胶片马上就确诊了脑瘤的性质。

任何一位没有专业知识的人看了这个病人的 CT 胶片后都会说只看到颅骨的

---

① ［英］A.F. 查尔默斯. 鲁旭东译. 科学究竟是什么. 第三版. 商务印书馆, 2007 年: 18
② ［英］A.F. 查尔默斯. 鲁旭东译. 科学究竟是什么. 第三版. 商务印书馆, 2007 年: 20
③ ［英］A.F. 查尔默斯. 鲁旭东译. 科学究竟是什么. 第三版. 商务印书馆, 2007 年: 23

影像，所以不能说病人家属的表述不是客观的，因为他们没有带着个人的偏见。无论是实习医生还是主任医师，他们也不会否认家属的表述，因为他们看到的也是颅骨的影像。三者看到的都是相同的颅骨影像，但结论却完全不同，就像看到"斜插入水中的直棒"，大家都说"看起来是弯曲的"，"没有经验的人"会得出结论"触摸它也是弯曲的"，而"有经验的人"会得出相反的结论"触摸它不会是弯曲的"。这是因为如果主体缺乏经验和专业知识，即使他的表述是客观的，也难以与事实相符。"经验丰富并且经过特殊训练的观察者的知觉经验，与未经训练的新手的知觉经验是不同的"①，"人必须通过学习才能成为一个合格的科学观察者"②。这表明，如果一个人缺乏专业知识，他对涉及专业知识的表述即使是客观的，也难以与事实相符。

七、参照标准不与客体分离就失去了与事实相符的依据

人们每天清晨看见太阳从东方升起，傍晚太阳在西方落下。亚里士多德这样描述："同样的星体总是在大地同样的位置上升起和下落。"③ 哥白尼也描述道："恒星都会以相同方式在早晨和晚上显现出东升西落。"④ 按卡尔·波普尔的客观性判断标准，他们的描述都是客观的。

亚里士多德和哥白尼，他们描述的目的是要说明地球如何运动。

爱因斯坦讲，"为了描述一个物体的运动，就需要有另一个为第一个物体所参照的物体"⑤，且参照标准必须是与客体分离的另一个物体。

亚里士多德在《论天》一文中讲："首先让我们说明大地是运动还是静止的问题。……同样的星体总是在大地同样的位置上升起和下落。……从这些考察清楚可见，大地是不被运动的。……因为观察到的现象——被星体的排列次序所规定的形状的变化——是与大地停留在中心的假定一致的。"⑥显然，亚里士多德是选

---

① ［英］A. F. 查尔默斯. 鲁旭东译. 科学究竟是什么. 第三版. 商务印书馆, 2007 年: 21
② ［英］A. F. 查尔默斯. 鲁旭东译. 科学究竟是什么. 第三版. 商务印书馆, 2007 年: 20
③ 苗力田主编. 徐开来译. 亚里士多德全集. 第二卷. 论天. 中国人民大学出版社, 1997 年: 347
④ ［波兰］哥白尼. 叶式辉译. 天体运行论. 第一卷. 陕西人民出版社, 武汉出版社, 2001 年: 28-29
⑤ ［美］爱因斯坦. 方在庆等译. 爱因斯坦晚年文集. 什么是相对论. 海南出版社, 2000 年: 54
⑥ 苗力田主编. 徐开来译. 亚里士多德全集. 第二卷. 论天. 中国人民大学出版社, 1997 年: 346-348

择地球为参照标准来描述地球的运动，即参照标准与客体未分离，虽然"同样的星体总是在大地同样的位置上升起和下落"，但是以地球为参照物观察不到地球的运动，便会认为"大地是不被运动的"。所以，他得出的结论是：地球是不动的，是宇宙的中心。这显然与事实不符。

哥白尼在《天体运行论》中写道："如果这从一种太阳运动转换为一种地球运动，而认为太阳静止不动，则黄道各宫和恒星都会以相同方式在早晨和晚上显现出东升西落。……我们认识到太阳位于宇宙的中心。"[①]"哥白尼的伟大成就在于把坐标系从地球转换到太阳上去。"[②]虽然哥白尼和亚里士多德一样都身处地球，但是亚里士多德的思维位置在地球上，而哥白尼的思维位置选择的是太阳。哥白尼选择太阳为参照标准来描述地球的运动，即参照标准与客体是分离的，此时仍然是"恒星都会以相同方式在早晨和晚上显现出东升西落"，但以太阳为参照物能够观察到地球的运动，所以他得出的结论是：地球围绕着太阳转。

正如伽利略在《两大世界体系的对话》中所讲："任何可以归之于地球本身的运动，只要我们始终看着地球上的事物，必然是我们觉察不到的，就好像是不存在一样；因为作为地球上的居民，我们也同样地动着。但是另一方面，这种运动同样必然普遍地显示在一切其他看得见的物体和对象上，因为它们和地球是分开的，所以不卷入地球的运动。"[③]

伽利略明确地指出，不能以地球作为参照标准来观察地球的运动。如果参照标准不与客体分离，对于客体的运动"必然是我们觉察不到的，就好像是不存在一样"。虽然所表述的现象是客观的，但是不能用实际上"觉察不到的，就好像是不存在一样"的结果作为结论的依据，也就是说，所得出的结论失去了与事实相符的依据。

可以用一句通俗的语言来概括：如果所描述的对象（客体）本身又是参照标准，那么无论结论是什么，它都没有与事实相符的依据，因为不能用自己来证明自己。

---

① ［波兰］哥白尼. 叶式辉译. 天体运行论. 第一卷. 陕西人民出版社, 武汉出版社, 2001 年: 28-29
② ［美］爱因斯坦, 利·英费尔德著. 周肇威译. 物理学的进化. 上海科学技术出版社, 1962 年: 155
③ ［意］伽利略. 上海外国自然科学哲学著作编译组译. 关于托勒密和哥白尼两大世界体系的对话. 上海人民出版社, 1974 年: 149

八、在两个不同的范畴内采用同一个参照标准不可能得出 与事实相符的结论

《辞海》认为："空间，在哲学上，与'时间'一起构成运动着的物体存在的两种基本形式。……没有脱离物质运动的空间和时间，也没有不在空间和时间中运动的物质。……就宇宙而言，空间无边无际，时间无始无终，而对具体事物来说，则是有限的。"[①]这表明物体不能脱离空间而存在，对于具体的事物而言，空间是有限的，而且在表述所观察的物体时，应当阐明物体所在的空间。

《哲学大词典》认为，范畴是"人们对客观事物的本质和关系的概括。……范畴的内容具有客观性，它是客观世界规律性的东西在人的认识中的反映形式。……任何范畴都是包含诸种要素的概念系统，范畴的本质表现在构成它的各个要素之间的关系结构中"[②]。这表明范畴是按要素来划分的，不同的要素可以构成不同的范畴，而且范畴具有客观性。

亚里士多德在《范畴篇》中，以不同的要素划分不同的范畴。他把性质和状况作为要素，并对要素做了描述，写道："所谓'性质'，我是指决定某一事物如此这般的原因。性质可以在多种意义上被述说，有一类性质我们叫做状况……很显然，人们倾向于把这样一些更为持久，更不易变化的性质叫做状况"[③]，"只有'性质'范畴可以使用'相同'或'不同'这样的词"[④]。亚里士多德把性质和状况作为要素来划分范畴，不同的性质或不同的状态，属于不同的范畴。

前面曾引用奥地利物理学家恩斯特·马赫在《认识与谬误》中提出的例子："在获得我们的物理发现物时，我们常常遭受错误和错觉。斜插入水中的直棒看起来是弯曲的，没有经验的人也许以为原来触摸它也是弯曲的。"[⑤]而且我们已经论述，"斜插入水中的直棒看起来是弯曲的"是客观的表述，但是"没有经验的人"得出的"触摸它也是弯曲的"的结论与事实不相符。

---

① 夏征农主编. 辞海. 1999 年版普及本. 上海辞书出版社, 2000 年: 第 5081
② 金炳华等编. 哲学大辞典. 修订本. 上海辞书出版社, 2001 年: 342-343
③ 苗力田主编. 秦典华译. 亚里士多德全集. 第一卷. 范畴篇. 中国人民大学出版社, 1997 年: 25-26
④ 苗力田主编. 秦典华译. 亚里士多德全集. 第一卷. 范畴篇. 中国人民大学出版社, 1997 年: 32
⑤ [奥] 恩斯特·马赫. 李醒民译. 认识与谬误. 华夏出版社, 2000 年: 15

那么，为什么当主体是"没有经验的人"，就可能产生错误，以为"原来触摸它也是弯曲的"呢？现在来论述之所以产生错误的原因。

前面提到，物体不能脱离空间而存在，在表述所观察的物体时，应当阐明物体所在的空间。一个斜插入水中，一半在水中、一半在透明容器外面的直棒，实际是处在两个空间中：一个空间是透明容器内的水，一个空间是透明容器外面的空气。水的性质和空气的性质完全不同。"当光从一种介质进入另一种介质，例如从空气进入水中时……我们也看到光不再沿原直线行进，在水中光的路线偏离了它在空气中的路线。"[①]即光线经过不同的介质会产生折射。光的折射规律"是直到 1621 年才有人终于找到……这个由荷兰数学家斯涅耳[②]所发现的规律……称为斯涅耳定律"[③]。水是一种介质，空气也是一种介质。依据斯涅耳定律，光从空气介质进入水介质时，入射角与折射角正弦之比为一常数，若用 N 表示这个常数，"对于水，常数 N 约为 1.33"[④]，这是水对空气的相对折射率。

这说明，由水构成的空间的状况，与由空气构成的空间的状况完全不同。按亚里士多德的观点，以性质和状况为要素来划分范畴，那么由水构成的空间和由空气构成的空间是完全不同的两个范畴。斜插入水中的直棒，处于两个不同的空间，属于两个不同的范畴。

问题就出在这两个不同的空间和范畴上。"如果我们询问我们自己，当立足于观察时，错误的判断出自什么源泉，我们必须说，它们源于对观察的环境的不适当的注意。"[⑤]在这个举例中，错误的判断出自对观察的两个不同空间、不同范畴的忽略。

判断来自对客体的观察和比较，比较就需要选择参照标准。对于水空间和空气空间而言，它们一个是液体一个是气体，折射率不同、性质不同、状况不同；这就无法选择一个确定定义的参照标准，能够同时适合这两个性质、状况完全不同的范畴。如果选择了适合一个空间、一个范畴的参照标准，而又用这个参照标准来观察或比较与它不相适应的另一个空间、另一个范畴中的客体，那么必然会出现错误。

① [美] R. P. 费曼. 郑永令等译. 费曼物理学讲义. 第一卷. 上海科学技术出版社, 1983 年: 245

② 注：威里布里德·斯涅耳（Willebrord van Royen Snell, 1591—1626）

③ [美] R. P. 费曼. 郑永令等译. 费曼物理学讲义. 第一卷. 上海科学技术出版社, 1983 年: 246

④ [美] R. P. 费曼. 郑永令等译. 费曼物理学讲义. 第一卷. 上海科学技术出版社, 1983 年: 246

⑤ [奥] 恩斯特·马赫. 李醒民译. 认识与谬误. 华夏出版社, 2000 年: 120

在例子中，主体选择透明容器外的空间作为参照标准，用符合空气这个空间和范畴的参照标准来对水中的直棒进行观察比较，自然得出斜插入水中的直棒原来是弯曲的结论。实际上，主体犯了亚里士多德早已指出的错误："简单地说，如若两件事物都不符合某一确定的定义，那它们根本就不能进行比较。"[①]正是由于犯了这样的错误，所以结论不可能与事实相符。

在马赫的例子中，直棒斜插入水中，一半在透明容器内的水中，一半在透明容器的外面。在透明容器内水空间的直棒属于一个范畴，比如称做水范畴，选取的参照标准称做水坐标；在透明容器外空气空间的直棒属于另一个范畴，比如称做气范畴，选取的参照标准称做气坐标。范畴是由要素决定的，要素之间的内在联系，就决定了"诸种范畴之间存在着内在的联系"[②]。折射率作为介质的性质，既决定了水范畴与气范畴的区别，也决定了水范畴与气范畴的联系。可以设想，如果让气范畴具有水范畴的性质，即让气范畴具有与水范畴同样的折射率，但不是让气变换成水，而是让气坐标按水对空气的相对折射率旋转一个角度，其效果是一样的。这时，由于在效果上气范畴与水范畴具有同样的折射率，类似于同一个范畴，所以对于光线而言水空间和气空间如同一个空间，直棒在这两个空间中不再是弯曲的，而是直的，从而展现了直棒的真实的客观存在，符合直棒的物理事实。正如瑞士心理学家和哲学家让·皮亚杰（JeanPiaget，1896—1980）所讲："简言之，物理事实只有经过逻辑—数学构架的中介才能为我们所认识，从事实的验证开始就是这样。"[③]正是由于"经过逻辑—数学构架的中介"，设想将气空间按水对空气的相对折射率旋转一个角度，所以就展现了直棒的物理事实。然而，这个设想的具有水空间折射率的气空间，在现实中并不存在，是理性的空间，是依据要素的特性对现实的抽象，但却反映了直棒真实的客观存在。

人们在观察客体时，往往用感性直觉代替理性，"当我们的意识被充分唤醒时，我们发现生理空间即我们的感性直觉的空间是现成的，它与作为概念的度规空间大相径庭"[④]。用感性直觉对现象做出的表述，不等于真实的客观存在，所以表述的不一定是事实。对客观存在的事实的表述，是"经过逻辑—数学构架的中介"对现象的抽象和升华。所以，用感性直觉的观察，在两个不同的范畴内采用同一

① 苗力田主编. 秦典华译. 亚里士多德全集. 第一卷. 范畴篇. 中国人民大学出版社，1997 年: 32
② 金炳华等编. 哲学大辞典. 修订本. 上海辞书出版社，2001 年: 343 页
③ [瑞士] 皮亚杰. 王宪钿等译. 发生认识论原理. 商务印书馆，1985 年: 90
④ [奥] 恩斯特·马赫. 李醒民译. 认识与谬误. 华夏出版社，2000 年: 332

个参照标准，不可能得出与事实相符的结论。

九、判断不同主体的客观表述是否等效的相对性原理

再来分析一下前面图 2-2-2 的例子。

前面讲到两个学生对同一个问题给出了截然不同的回答，其原因是学生甲站在画面船头这边，他心中默认了一个参照物，他说船的形状像数字9；而学生乙站立的位置与学生甲不同，是站在画面船尾这边，他心中也默认了一个参照物，但是这个参照物与学生甲的不同，所以他说船的形状像数字6。如果用坐标表示参照物，学生甲和学生乙默认的坐标恰好相差180度。老师指出学生甲和学生乙的回答都是正确的，也就是说，从正确与否的角度讲，老师是在说：学生甲和学生乙的回答是等效的。那么，有没有判断学生甲和学生乙的回答是否等效的方法呢？

要判断学生甲和学生乙的表述是否等效，首先要知道学生甲和学生乙对船的形状的表述之间的关系，这就需要知道学生甲和学生乙各自所选择的参照标准（坐标）之间的关系。不同的参照标准之间存在着内在的联系，可以把这种内在的联系称为要素；如果能够找到不同参照标准之间内在联系的要素，就可以对参照标准进行转换；能够对参照标准进行转换，就可以论证学生甲和学生乙对船的形状的表述是否等效。

学生甲和学生乙各自默认的坐标恰好相差 180 度。学生甲说船的形状像数字9，把学生甲默认的坐标旋转 180 度，则"9"变为"6"，与学生乙对船的形状的表述相同；学生乙说船的形状像数字 6，把学生乙默认的坐标旋转 180 度，则"6"变为"9"，与学生甲对船的形状的表述相同。这说明，学生甲默认的坐标与学生乙默认的坐标之间存在着内在的联系，相互之间可以进行坐标转换；而且，学生甲的表述通过坐标转换与学生乙的表述相同，学生乙的表述通过坐标转换与学生甲的表述相同，这说明学生甲和学生乙的表述是等效的。对于学生甲和学生乙的表述，如果其中一个表述的结论被确认是与事实相符的，那么另一个表述的结论也是与事实相符的。

再来分析一个例子。假设学生甲和学生乙看到的是一条船，而且在船的中间有一块很大的不透明的板。学生甲站在船头附近，只能看到船头这半边，学生甲

会说：船的形状像字母 J，即学生甲表述船的形状像字母 J；学生乙站在船尾附近，只能看到船尾那半边，学生乙会说：船的形状像数字0，即学生乙表述船的形状像数字0。如图2-2-4所示。

图 2-2-4

首先按卡尔·波普尔提出的客观性检验标准，对学生甲和学生乙的表述进行检验，他们的表述都是客观的，因为任何一个主体站在学生甲的位置，都会说船的形状像字母 J；任何一个主体站在学生乙的位置，都会说船的形状像数字 0；他们的表述都会与学生甲或学生乙相同。

如果仍然认为，学生甲和学生乙各自选择的参照标准或坐标系的方向相差了180 度，并按这个要素进行坐标转换。对于学生乙而言，坐标转换之后"0"仍然是"0"，与学生甲的表述"J"并不相同；对于学生甲而言，坐标转换之后"J"虽然变换了形状，但仍与学生乙的表述"0"不相同。

这说明，对于学生甲和学生乙而言，学生甲说船的形状像字母 J，学生乙说船的形状像数字0，他们的表述都是客观的，但不能由此得出结论：船的形状像字母 J，或船的形状像数字0。实际上，船的形状既不像字母 J 也不像数字0，学生甲和学生乙的结论与事实都不相符，这是因为他们的观察具有片面性，不能反映事物本来的整体面目。虽然学生甲和学生乙所选择的坐标系可以进行坐标转换，但是坐标转换表明，他们的表述是不等效的，二人之中一定存在与事实不相符的结论。

上述论述说明了一个规律：假设两个不同的主体的表述都是客观的，不同主体所选择的参照物之间存在着内在的联系，相互之间可以进行坐标转换，如果不同主体的客观表述通过参照物之间存在着的内在联系进行坐标转换后相互等同，则这两个主体的表述是等效的，如果有一个主体的结论已经被确认是与事实相符的，那么，另一个主体的结论也是与事实相符的，"因为当一个判断符合一个对象时，关于这同一对象的一切判断也一定彼此互相符合"①；如果两个不同主体的客观表述通过参照物之间存在着的内在联系进行坐标转换后无法实现相互等同，则这两个主体的表述不是等效的，那么，这两个主体中存在与事实不相符的结论。这就是判断不同主体的客观表述结论是否等效的相对性原理。

我们回忆一下人类对大自然运动规律的认识过程。从相对运动到伽利略相对性原理，到爱因斯坦狭义相对性原理，再到爱因斯坦广义相对性原理，这一线索可以说贯穿了物理学的发展过程，也是人类对大自然规律认识的发展过程。

如果在惯性系范畴内，参照系采用笛卡尔坐标，通过伽利略坐标变换，不同主体对物体运动规律的描述与所选择的惯性参照系无关，即对物体运动规律的描述是等效的，这就是伽利略相对性原理。

如果在惯性系范畴内，认可光速不变，参照系采用笛卡尔坐标，通过洛伦兹坐标变换，不同主体对物体运动规律的描述与所选择的惯性参照系无关，即对物体运动规律的描述是等效的，这就是爱因斯坦狭义相对性原理。

如果在引力场非惯性坐标系范畴内，认可在引力场内物体的引力质量等于其惯性质量，参照系采用高斯坐标，通过高斯坐标变换，不同主体对物体运动规律的描述与所选择的参照系无关，即对物体运动规律的描述是等效的，这就是爱因斯坦广义相对性原理。

可以看出，判断不同主体的客观表述是否等效的相对性原理，与物理学的相对性原理是一致的。或者说，伽利略相对性原理、爱因斯坦狭义相对性原理和爱因斯坦广义相对性原理，是对判断不同主体的客观表述是否等效的相对性原理的最好的旁证。

前面提到热力学第二定律有克劳修斯和开尔文两种表述方法。热力学第二定律的这两种表述也对判断不同主体的客观表述是否等效的相对性原理做了旁证。"热力学第二定律的两种表述，乍看起来似乎毫不相关，其实，二者是等价的。可以证明，如果开尔文叙述成立，则克劳修斯叙述成立；反之，如果克劳修斯叙述成立，则开尔文叙述成立。"②即克劳修斯表述和开尔文表述都是对热力学第二定律的表述，或者说克劳修斯和开尔文对热力学第二定律的表述是等效的。

---

① [德] 康德. 庞景仁译. 任何一种能够作为科学出现的未来形而上学导论. 第二编. 商务印书馆, 1982 年: 63-64
② 程守洙, 江之永主编. 普通物理学. 第五版. 第一册. 第二篇. 高等教育出版社, 1998 年: 369

十、小结

（一）主体对客体的客观表述，是指主体对客体不带个人偏见、按照事物的本来面目去认识的表述。事实是指已被正确认识到的人的意识之外的物质世界和认识对象。

（二）人对观察到的现象的表述，通常是为表达某种结论性的意见，虽然对现象的表述和所要表达的结论性看法常常混为一体，但是严格地讲，人的表述过程实际上有两个阶段，第一阶段是对观察到的现象进行表述，第二阶段是依据对现象的表述做出结论。

通常认为，如果表述是客观的，则由此得出的结论应当与事实相符，实际上这个推论是不成立的。也就是说，第一阶段的表述是客观的，并不意味着第二阶段的结论就一定与事实相符；即客观的表述并不一定就能得出与事实相符的结论。如果主体对客体的表述不是客观的，那么由此得出的结论肯定与客观存在的事实不相符。

（三）英国哲学家卡尔·波普尔在他的著作《科学发现的逻辑》中提出了检验主体的表述是否具有客观性的标准："科学陈述的客观性就在于它们能被主体间相互检验。"[①]按卡尔·波普尔提出的检验标准，如果主体的表述是客观的，那么就可以被不同的主体相互检验；或者说，不同的主体对同一个客体的表述应当是相同的。

（四）客观的表述并不一定就能得出与事实相符的结论。现在不能给出一个判据，可以用来判断某个主体的表述是否与事实相符；但是，可以指出：对于一个主体的客观表述而言，如果有下述情况之一存在，就不能确认主体的客观表述与事实相符：

1. 没有明确参照标准，就无法判断是否与事实相符。

2. 主体没有明确自己的表述位置，就无法确定主体的表述是否与事实相符。应当明确，主体的表述位置是指主体的思维位置，而不是主体所处的位置。

3. 缺乏专业知识的客观表述难以与事实相符。

4. 参照标准不与客体分离，就失去了与事实相符的依据。

5. 在两个不同的范畴内采用同一个参照标准的表述不可能与事实相符。

---

① ［英］卡尔·波普尔. 查汝强, 邱仁宗译. 科学发现的逻辑. 第一部分. 科学出版社, 1986 年: 18-19

（五）如果有一个主体的表述已经被确认是与事实相符的，而且还有多个主体对这同一个客体做客观表述，那么可以应用判断不同主体的客观表述是否等效的相对性原理，来判断其他主体的客观表述是否与事实相符。

假设两个不同的主体的表述都是客观的，不同主体所选择的参照物之间存在着内在联系，可以进行坐标转换。如果不同主体的客观表述通过参照物之间存在着的内在联系进行坐标转换后相互等同，则这两个主体的表述是等效的，如果有一个主体的结论已经被确认与事实相符，那么，另一个主体的结论也是与事实相符的。如果不同主体的客观表述通过参照物之间存在着的内在联系进行坐标转换后无法实现相互等同，则这两个主体的表述不是等效的，那么，这两个主体中存在与事实不相符的结论。这就是判断不同主体的客观表述是否等效的相对性原理。

第三章 科学理论不可能完全得到证明及判断的可能性

"被放在首要位置的永远应该是独立思考和判断的总体能力的培养,而不是获取特定的知识。如果一个人掌握了他的学科的基本原理,并学会了如何独立思考和工作,他将肯定会找到属于他的道路。除此之外,与那些接受的训练主要只包括获取详细知识的人相比,他更加能够使自己适应进步和变化。"①

一、事实与科学理论的关系

首先明确"事实"的概念。事实"作为认识论范畴通常指已被正确认识到的客观事物、事件、现象、关系、属性、本质及规律性的总称。客观存在的事物、现象、关系只有被人的感觉和思维如实反映,并作为人们进一步认识和行动的依据,才称为'事实'"②。

"科学"是指"以范畴、定理、定律形式反映现实世界各种现象的本质和运动规律的知识体系"③。

"理论"是"人们在实践中,借助一系列概念、判断、推理表达出来的关于事物的本质及其规律性的知识体系"④。

"科学理论指对某一科学领域所作的系统解释的知识体系"⑤,即反映现实世

① [美] 爱因斯坦. 方在庆, 韩文博, 何维国译. 爱因斯坦晚年文集. 论教育. 海南出版社, 2000 年: 37
② 金炳华等. 哲学大辞典. 修订本. 上海辞书出版社, 2001 年: 1353
③ 金炳华等. 哲学大辞典. 修订本. 上海辞书出版社, 2001 年: 722
④ 金炳华等. 哲学大辞典. 修订本. 上海辞书出版社, 2001 年: 818
⑤ 金炳华等. 哲学大辞典. 修订本. 上海辞书出版社, 2001 年: 734

界各种现象的本质及规律性的知识体系。而"无论是什么知识,只有经过实践检验,证明是科学地反映了客观事物的,才是正确可靠的知识"①。

概括地讲,科学理论是知识体系,正确可靠的知识是客观事物的反映,被正确认识到的客观事物称为"事实"。"科学知识在一定程度上具有一种特殊地位,因为它是建立在一个可靠的基础之上,而这个基础就是被观察牢固地确定下来的可靠的事实。"②所以,事实是科学理论的基础。

如果对客体的表述,不是客体已经被确认的本质和规律,而是尚需判断或证实的表述,或者说,是对客体尚未被判断或证实的新本质、新规律、新知识的表述,暂且将其称为科学理论;那么,这个科学理论首先必须是客观的表述,"科学陈述必须是客观的,那么那些属于科学的经验基础的陈述也必须是客观的"③。然而这是不够的,事实是科学理论的基础,科学理论必须与事实相符。换句话讲,如果与事实不相符也就不能将其称为科学理论。

前一章已做了论述,客观的表述并不一定就能得出与事实相符的结论。而且也不能给出一个判据,可以用来判断某个主体的表述是否与事实相符;只能指出不能确认主体的客观表述是否与事实相符的情况。可是,不能确认主体的客观表述是否与事实相符,就不能确认科学理论的成立。那么,如何能够证明科学理论能够成立呢?

二、科学理论不可能完全得到证明或证实

英国哲学家卡尔·波普尔强调:"科学理论不可能完全得到证明或证实。"④

卡尔·波普尔阐述了"科学理论不可能完全得到证明或证实"的理由:"自然科学的理论,特别是所谓自然定律,具有严格全称陈述的逻辑形式;因此它们可以被表达成严格存在陈述的否定形式,或者可以称作非存在陈述(或'无'陈述)。例如,能量守恒定律可以表达为这样的形式'不存在永动机'"⑤,但是,"我们

---

① 金炳华等. 哲学大辞典. 修订本. 上海辞书出版社, 2001 年: 1966
② [英] A. F. 查尔默斯. 鲁旭东译. 科学究竟是什么. 第三版. 商务印书馆, 2007 年: 31
③ [英] 卡尔·波普尔. 查汝强, 邱仁宗译. 科学发现的逻辑. 科学出版社, 1986 年: 21
④ [英] 卡尔·波普尔. 查汝强, 邱仁宗译. 科学发现的逻辑. 科学出版社, 1986 年: 18
⑤ [英] 卡尔·波普尔. 查汝强, 邱仁宗译. 科学发现的逻辑. 科学出版社, 1986 年: 40-41

不能去搜索整个世界来确定某个事物不存在，过去从未存在过，将来也不会存在。正由于同一个理由，严格全称陈述不是可证实的"①，即"科学理论不可能完全得到证明或证实"。

"证明"是"由断定一个或一些判断的真，运用必然性推理而确定另一判断为真的思维过程"②。即证明需要有明确的前提条件。首先要确定一个或一些判断为真，而且既具有必要条件，又具有充分条件，才能够运用必然性推理证明另一判断为真。所以说，证明是严谨的。

"证实"是"在实践的基础上用经验方法和逻辑方法对某个理论或命题的真理性的判定。……证实方式是根据其他有关已证实的科学定律和事实命题，运用逻辑推理方法进行推断"③。证实同样需要有明确的"已证实的科学定律和事实命题"作为前提条件，既具有必要条件，又具有充分条件，才能"运用逻辑推理方法进行推断"。

卡尔·波普尔的论述实际上阐述了科学理论不可能完全得到证明或证实的原因，即不可能找到证明或证实科学理论成立的充分条件。从论证的角度，只有必要的条件，而不具有充分的条件，那么科学理论也就不可能完全得到证明或证实。

关于科学理论能否完全得到证明或证实的问题，仅从论证其"不具有充分条件"的角度回答是不够的，还应当对科学理论发现过程的实际情况进行考察。

美国著名物理学家、诺贝尔奖获得者理查德·菲利普·费曼（Richard Phillips Feynman，1918—1988）说："科学是一种方法，它教导人们：一些事物是怎样被了解的，什么事情是已知的，现在了解到什么程度（因为没有事情是绝对已知的），如何对待疑问和不确定性，证据服从什么法则，如何去思考事物，做出判断，如何区别真伪和表面现象。"④鉴于费曼对科学的阐述，应当认真回顾伽利略对惯性定律的发现，因为"伽利略的发现以及他所应用的科学的推理方法是人类思想史上最伟大的成就之一，而且标志着物理学的真正开端"⑤。

伽利略在《关于两门新科学的对话》中阐述了惯性的思想："我们可以注意到任何速度一旦被赋予一个运动的物体，将严格地保持下去，只要去掉加速或减速

---

① [英] 卡尔·波普尔. 查汝强, 邱仁宗译. 科学发现的逻辑. 科学出版社, 1986 年: 42

② 金炳华等. 哲学大辞典. 修订本. 上海辞书出版社, 2001 年: 1952

③ 金炳华等. 哲学大辞典. 修订本. 上海辞书出版社, 2001 年: 1953

④ 赵凯华. 新概念物理教程——力学. 绪论. 高等教育出版社, 1999 年: 5

⑤ [美] 爱因斯坦, 利·英费尔德. 周肇威译. 物理学的进化. 湖南教育出版社, 1962 年: 4

的外部原因，这是仅在水平面的情况下碰到的一个条件，因为在向下倾斜的平面的情况存在加速的原因，而在向上倾斜的平面的情况存在减速的原因，由此得出沿着一个水平面的运动是永恒的；因为，如果速度是均匀的，它就不能被减少、减慢，更不能消失。"①伽利略这个正确的结论后来由牛顿总结成惯性定律。

现代物理学的开创者和奠基人爱因斯坦指出伽利略的正确结论"是从一个理想实验中得来的"②，他对伽利略的惯性思想做了通俗的解释："假如有人推着一辆小车在平路上行走，然后突然停止推那辆小车，小车不会立刻静止，它还会继续运动一段很短的距离。……假想路是绝对平滑的，而车轮也毫无摩擦，那么就没有什么东西阻止小车，而它就会永远运动下去。"③紧接着爱因斯坦做了如下评述："这个结论是从一个理想实验中得来的，而这个实验实际上是永远无法做到的，因为不可能把所有的外界影响都消除掉……我们已经知道，这个惯性定律不能直接从实验得出，它只能根据思索和观察得出。理想实验无论什么时候都是不能实现的，但它使我们对实际的实验有深刻的理解。"④

爱因斯坦明确地指出，伽利略发现惯性定律的理想实验"实际上是永远无法做到的，因为不可能把所有的外界影响都消除掉……这个惯性定律不能直接从实验得出"。既然"这个实验实际上是永远无法做到的"，就表明惯性定律是不能被证明的。正如奥地利物理学家、哲学家恩斯特·马赫所讲的："尤其是在惯性定律和运动的相对性——它们作为通过抽象而发现的例子……该原理只能被直觉到，而不能被证明……伽利略确实通过抽象辨识该原理。"⑤

伽利略的发现以及爱因斯坦、恩斯特·马赫的评述表明，科学理论不可能完全得到证明或证实，这与科学理论本身所具有的性质相关。

出生于捷克的数学家、逻辑学家和哲学家库尔特·哥德尔（Kurt Godel, 1906—1978）"在 1931 年发表的一条定理，使许多的数学家和哲学家都吃一惊。定理说：在包含了自然数的任一形式系统中，一定有这样的命题，它是真的，但不能被证明。（当然要假定系统是协调的，否则，任一命题的正面与反面都可以用反证法证明了。）长期以来，数学家和哲学家总觉得，数学的真理总是可以证明的。哥德尔

---

① [意] 伽利略. 武际可译. 关于两门新科学的对话. 第三天. 北京大学出版社, 2006 年: 199-200
② [美] 爱因斯坦, 利·英费尔德. 周肇威译. 物理学的进化. 湖南教育出版社, 1962 年: 4-5
③ [美] 爱因斯坦, 利·英费尔德. 周肇威译. 物理学的进化. 湖南教育出版社, 1962 年: 4
④ [美] 爱因斯坦, 利·英费尔德. 周肇威译. 物理学的进化. 湖南教育出版社, 1962 年: 4-5
⑤ [奥] 恩斯特·马赫. 李醒民译. 认识与谬误. 华夏出版社, 2000 年: 141-142

定理表明，'真'与'可证'是两回事"①。

哥德尔定理揭示出，"真"与"可证"是两回事，同样表明科学理论不可能完全得到证明或证实。

三、科学理论是可以证伪的

科学理论不可能完全得到证明或证实，那么如何来判断一个理论是否能够称之为科学理论呢？

卡尔·波普尔提出：科学理论"可以作为划界标准的不是可证实性而是可证伪性"②。

"证伪""亦译'否证'"，是"在实践基础上用经验方法或逻辑方法对某个理论或命题的谬误性的判定"③。

（一）为什么科学理论是可以证伪的

德国哲学家黑格尔讲："如果它们是系统的科学,包含有普遍性的原则和定律,并根据这些原则和定律进行研究，则它们涉及的也只是有限范围的一些对象。"④也就是说，科学理论只是在有限的范围内能够成立，或者说，科学理论都有一个有限的适用范围。比如：

能量守恒定律在"一个孤立系统经历任何变化时"⑤才能成立，也就是说，能量守恒定律只适用于有明确限制范围的"一个孤立系统"；

经典力学的适用范围是"惯性坐标系，运动速度远低于光速"，超出这个范围经典力学就不能够成立；

相对论力学的适用范围是"惯性坐标系，光速不变，运动速度较高、相对于光速不可忽略"，超出这个范围相对论力学就不能够成立；凡此等等。

任何科学理论的成立都是在一定的范围内，受到一定的制约，这是科学理论所具有的特性。如果用范围 A 表示科学理论适用的范围，科学理论适用范围之外

---

① 张景中. 数学与哲学. 中国少年儿童出版社, 1989 年: 79
② [英] 卡尔·波普尔. 查汝强, 邱仁宗译. 科学发现的逻辑. 科学出版社, 1986 年: 15
③ 金炳华等. 哲学大辞典. 修订本. 上海辞书出版社, 2001 年: 1953
④ [德] 黑格尔. 贺麟, 王太庆译. 哲学史讲演录. 第一卷. 导言. 商务印书馆, 1983 年: 58
⑤ 程守洙, 江之永主编. 普通物理学. 第五版. 第一册. 第一篇. 高等教育出版社, 1998 年: 124

用范围 B 表示，也就是说，科学理论在范围 A 内成立，在范围 B 就不成立，则有如图 2-3-1 所示：

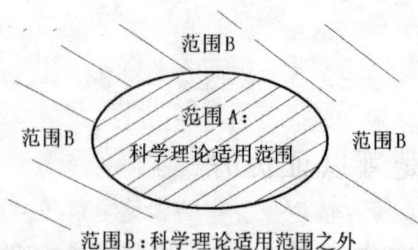

图 2-3-1

某一科学理论只能在范围 A 内成立，在范围 A 以外的范围 B，它就不再能够成立。科学理论在范围 B 不再能够成立，就意味着在范围 B 科学理论是可以证伪的。正如出生于英格兰的澳大利亚人文科学院院士艾伦·查尔默斯教授所讲："一个适当的科学定律或理论，恰恰由于它提出了关于世界的明确的主张因而是可否证的。"[1]因此，科学理论是可以证伪的，这是由科学理论所具有的特性所决定的。

从另一个角度讲，如果一个理论是不可证伪的，也就是说，这个理论的适用范围无限大，即范围 A 无限大而不存在范围 B，那么这个理论就违背了科学理论所具有的在一定的范围内、受到一定的制约、有"明确的主张"的特性，所以，这个理论就不可能是科学理论。因此，不可证伪的理论一定不是科学理论。

（二）如何判断一个理论是否可以证伪

艾伦·查尔默斯教授对证伪做了概述："如果存在着一个逻辑上可能的观察命题或一组观察命题与一个假说不一致，那么，该假说就是可否证的，也就是说，如果观察命题被证实，就会使该假说遭到否证。"[2]

可以用简明的逻辑推理的方式来判断一个理论是否可以证伪：

假设存在一个理论 A；

假设存在一个（或一组）逻辑上可能的观察命题 B；

如果理论 A 与观察命题 B 不一致，则理论 A 就是可证伪的；

如果理论 A 与观察命题 B 永远一致，则理论 A 就是不可证伪的。

---

① ［英］A. F. 查尔默斯. 鲁旭东译. 科学究竟是什么. 第三版. 商务印书馆, 2007 年: 84
② ［英］A. F. 查尔默斯. 鲁旭东译. 科学究竟是什么. 第三版. 商务印书馆, 2007 年: 81

举例说明一：

现假设理论 A 是：地球不做任何平移运动；

假设观察命题 B 是：地球上进行的实验。

爱因斯坦讲："在地球上进行的实验，决不能揭示出地球的任何平移运动。"[①]既然在地球上进行的实验决不能揭示出地球的任何平移运动，那么，理论 A 与观察命题 B 永远一致，由此判断：理论 A 是不可证伪的，因此地球不做任何平移运动的理论是不能成立的。

爱因斯坦讲："为了描述一个物体的运动，就需要有另一个为第一个物体所参照的物体"[②]，即参照标准必须是与客体分离的另一个物体。如果以地球为参照标准在地球上进行实验，就不可能描述地球的平移运动，因为参照标准与客体未分离就失去了与事实相符的依据[③]，那么所谓的理论也就不能成立。或者说，由于参照标准不与客体分离，而导致理论 A 与观察命题 B 永远一致，即导致理论 A 是不可证伪的，而参照标准不与客体分离就失去了与事实相符的依据，所以不可证伪的理论是不能成立的。

举例说明二：

现假设理论 A 是：今天的天气可能下雨，可能不下雨；

假设一组观察命题，B1 是：今天在下雨，B2 是：今天没下雨。

无论观察命题 B 是下雨还是没有下雨，都与理论 A 永远一致，则理论 A 就是不可证伪的。由于所谓的理论 A，就和什么都没有讲一样，所以也不能称其为科学理论。

通俗地讲，以自我为标准来证明自我的理论是不可证伪的，它失去了与事实相符的依据，因此所谓的理论也就不能成立。艾伦•查尔默斯以奥地利精神病学家阿德勒（Alfred Adler，1870—1937）的理论为例，对此做了通俗的解释："阿德勒理论的一个基本原则是，人类的行动是受某种自卑感驱使的。在我们的漫画式描述中，这一点得到了以下事件的支持。一个人正站在一条变化莫测的河的岸边，这时，一个孩子在附近落入了河中。这个人要么为了救这个孩子而跳入水中，要么不跳。如果这个人跳入水中，阿德勒学派的成员的反应是，指出这种局面如何支持了他的理论：由于这个人要表明他很勇敢，完全可以不顾危险跳入河中，

---

① 许良英，范岱年编译. 爱因斯坦文集. 第一卷. 理论物理学的原理. 商务印书馆，1976 年: 77

② [美] 爱因斯坦. 方在庆，韩文博，何维国译. 爱因斯坦晚年文集. 什么是相对论. 海南出版社，2000 年: 54

③ 注：见第二篇第二章的论述

他显然需要克服他的自卑感。如果这个人没有跳入水中，阿德勒学派的成员还是可以声称这种局面支持了他的理论：当那个孩子溺水身亡时，这个人想通过他的有意志力泰然自若地留在岸上来证明，他正在克服他的自卑感。如果这种漫画式描述所表明的是阿德勒理论运用的典型方式。那么，这种理论就是不可否证的。它与任何类型的人类行为都是一致的，而这恰恰是因为，它并未告诉我们人类如何行动。"[1]所以，不能说阿德勒理论是科学理论。

艾伦·查尔默斯的阐述表明，"理论应当是得到清晰陈述的并且应当是精确的。如果一个理论陈述得非常模糊，以至于不清楚它的主张是什么，那么，当用观察和实验对它加以检验时，它就可能总是被解释得与那些检验结果相一致。这样一来，它就能顶住否证"[2]，所以它是不可证伪的，这样的理论也就不能称其为科学理论。

（三）科学理论是可以证伪的与一个理论是否被证伪是两回事情

由图 2-3-1 可知，科学理论的成立都是在一定的范围内，受到一定的制约，例如只能在范围 A 内成立，在范围 B 则不能够成立的。因此，科学理论是可以证伪的，是指科学理论在范围 B 不再能够成立，即在范围 B 科学理论是可以证伪的。

一个理论如果能够成立，是指它在范围 A 可以成立；如果一个理论被证伪，是指这个理论在范围 A 被证伪。如果一个理论是在范围 A 成立的科学理论，那么这个理论在范围 B 就是可以证伪的。但是，一个理论在范围 B 是可以被证伪的，并不表明这个理论在范围 A 就一定能够成立。或者说，一个理论在范围 B 是可以被证伪的，并不表明这个理论在范围 A 就不被证伪或被证伪。

科学理论是可以证伪的，指的是发生在范围 B 的过程；一个理论被证伪，则是指发生在范围 A 内的过程。所以，科学理论在范围 B 是可以证伪的与一个理论在范围 A 内是否被证伪是两回事情。

（四）可证伪的理论不一定是科学理论

如果一个理论是不可证伪的，那么它就违背了科学理论所具有的在一定的范围内、受到一定的制约、有"明确的主张"的特性，所以，这个理论就不可能是科学理论。因此，不可证伪的理论一定不是科学理论。如果一个理论是可证伪的，那么这个理论就一定是科学理论吗？不一定。

---

① ［英］A. F. 查尔默斯. 鲁旭东译. 科学究竟是什么. 第三版. 商务印书馆, 2007 年: 83
② ［英］A. F. 查尔默斯. 鲁旭东译. 科学究竟是什么. 第三版. 商务印书馆, 2007 年: 87

一个理论在范围 B 是可以证伪的与这个理论在范围 A 内是否被证伪是两回事情。由图 2-3-1 可知，如果一个理论在范围 B 是可以证伪的，在范围 A 也被证伪，则表明这个理论在范围 A 不能成立，它就不可能是科学理论；如果一个理论在范围 B 是可以证伪的，在范围 A 未被证伪，则表明这个理论在范围 A 有可能成立，它就有可能是科学理论。

可以用简明的逻辑推理的方式来判断可证伪的理论不一定是科学理论：

　　　　假设存在一个理论 A；

　　　　假设存在一个（或一组）逻辑上可能的观察命题 B；

　　　　如果理论 A 与观察命题 B 不一致，则理论 A 是可证伪的；

　　　　如果观察命题 B 被证实，则理论 A 被证伪；结论：理论 A 不是科学的理论。

　　　　如果观察命题 B 未被证实，则理论 A 未被证伪；结论：理论 A 可能是科学理论。

举例说明：

假设一个理论 A：凡天鹅皆白；

假设观察命题 B：在某时某地观察到一只天鹅是黑色的；

理论 A 与观察命题 B 不一致，则理论 A 是可证伪的；

因为观察命题 B 被证实，则理论 A 被证伪；

结论：理论 A "凡天鹅皆白"，虽然是可证伪的，但是理论 A 被证伪，因此不能成立，所以理论 A "凡天鹅皆白"不可能是科学的理论。

在这里，"理论 A 是可证伪的"是指在图 2-3-1 的范围 B 内，"理论 A 被证伪"是指在图 2-3-1 的范围 A 内。在图 2-3-1 中，范围 B 内可证伪的理论，在范围 A 内也可能被证伪；即可证伪的理论不一定是科学理论。

这表明"我们永远无法在逻辑上通过演绎，从一组有限的可观察事实中推导出科学定律的那些概括，但是，我们却可以在逻辑上通过演绎，从某个与一定律相抵触的观察事实中推导出该定律的谬误。通过观察而确定有一只天鹅是黑色的，就可以否证'凡天鹅皆白'。这是没有例外的和不可否认的"[①]。很显然，这是指

---

① [英] A. F. 查尔默斯. 鲁旭东译. 科学究竟是什么. 第三版. 商务印书馆, 2007 年: 110

在图 2-3-1 的范围 A 内"可以否证'凡天鹅皆白'"。

现在可以理解卡尔·波普尔提出的观点：判断一个理论是否能够称为科学理论的标准"不是可证实性而是可证伪性"[①]。应在图 2-3-1 的范围 A 内理解卡尔·波普尔所讲的"可证伪性"，就像"凡天鹅皆白"在图 2-3-1 的范围 A 内被证伪一样。

一个理论是可以证伪的，这里"是可以证伪的"有两层意思：其一是在图 2-3-1 的范围 B 内是可证伪的；其二是在图 2-3-1 的范围 A 内也是可证伪的。既然科学理论不是可证实而是可证伪的，卡尔·波普尔提出"可以作为划界标准的不是可证实性而是可证伪性"[②]，现在换一个思路，按卡尔·波普尔的提法，是否可以用证伪的方法，即在可证伪的"理论"中（这里"可证伪"显然是指在图 2-3-1 的范围 B 内可证伪），把能够被证伪的理论都排除掉（这里"被证伪"显然是在图 2-3-1 的范围 A 内被证伪），那么对于不能被排除掉的理论，不就等于用否定的方法证明了它们可能是科学理论了吗？也就是说，能否以证伪作为一个理论是否是科学理论的判断标准呢？

四、证伪不能作为科学理论的划界标准

现在来讨论证伪是否能够作为科学理论的划界标准。

（一）卡尔·波普尔的观点

英国哲学家卡尔·波普尔提出："可以作为划界标准的不是可证实性而是可证伪性。换句话说，我并不要求科学系统能在肯定的意义上被一劳永逸地挑选出来；我要求它具有这样的逻辑形式；它能在否定的意义上借助经验检验的方法被挑选出来。"[③]

可以用一个简单的例子来说明卡尔·波普尔的观点："不管我们已经观察到多少只白天鹅，也不能证明这样的结论：所有天鹅都是白的"[④]；但是"'所有天鹅都是白的'可以由于发现一只黑天鹅而被证伪"[⑤]。

按卡尔·波普尔的观点，通过证伪可以推断有些理论是错误的。再举一个简

---

① ［英］卡尔·波普尔. 查汝强, 邱仁宗译. 科学发现的逻辑. 科学出版社, 1986 年: 15

② ［英］卡尔·波普尔. 查汝强, 邱仁宗译. 科学发现的逻辑. 科学出版社, 1986 年: 15

③ ［英］卡尔·波普尔. 查汝强, 邱仁宗译. 科学发现的逻辑. 科学出版社, 1986 年: 15

④ ［英］卡尔·波普尔. 查汝强, 邱仁宗译. 科学发现的逻辑. 科学出版社, 1986 年: 1

⑤ ［英］伊·拉卡托斯. 兰征译. 科学研究纲领方法论. 导言. 上海译文出版社, 1986 年: 5

单的例子予以说明。也许有人提出一个理论：蝙蝠能够利用它们眼睛的功能在飞行时避开障碍物；但有人观察发现：给实验用的蝙蝠带上眼罩，蝙蝠仍像以前一样有效地避开了碰撞。理论与观察不一致，而且观察被证实，则理论被证伪，表明该理论是错误的。即通过证伪可以推断有些理论是错误的。

而且，卡尔·波普尔还提出了能够被证伪的条件："因为我们知道，不能复制的个别偶发事例对于科学是没有意义的。因此少数偶然的与理论矛盾的基础陈述不会促使我们把理论作为已被证伪而摈弃。只有当我们发现一个反驳理论的可复制的效应时，我们才认为它已被证伪。"①

卡尔·波普尔提出的证伪方法看起来像是完善的，但是有两个问题还需要探讨：一个问题是证伪方法的可靠性，即证伪方法是否能够对可以成为科学理论的理论做出正确的判断？另一个问题是证伪方法的有效性，即证伪方法是否能够对所有不能成为科学理论的理论全都做出正确的判断？

只有解决了这两个问题，才能够断定证伪是否可以作为科学理论的划界标准。

（二）证伪方法的可靠性问题

通过证伪方法来判断理论是错误的逻辑推理依据是：理论与观察命题不一致，而观察命题被证实，则理论被证伪。

如果这个逻辑推理成立，必须有一个前提：观察命题一定为"真"；在此前提下，当理论与观察命题不一致时，而观察命题被证实，理论才能被证伪。

前面已经论证，科学理论不可能完全得到证明或证实；同样，也不可能完全证明或证实观察命题一定为"真"。如果没有任何依据可以确保观察命题一定为"真"，当理论与观察命题不一致时，"单凭逻辑无法告诉我们究竟哪一个是假的"②。如果观察命题一定为"真"这个前提不存在，那么，观察命题被证实并不表明它是无误的；当理论与观察命题不一致时，观察命题被证实与理论被证伪，二者之间就不存在必然的逻辑关系。"当观察和实验提供的证据与某个定律的或理论的预见相冲突时，也许，有误的是这个证据而并非该定律或理论。"③例如：

理论：由于万有引力，物体在空中由高处落向地面；

观察命题：有人观察到一个皮球由地面弹向空中高处。

可见，理论与观察命题不一致，而且观察命题被证实，但并不能因此就认为

---

① ［英］卡尔·波普尔. 查汝强, 邱仁宗译. 科学发现的逻辑. 科学出版社, 1986 年: 57

② ［英］A. F. 查尔默斯. 鲁旭东译. 科学究竟是什么. 第三版. 商务印书馆, 2007 年:110-111

③ ［英］A. F. 查尔默斯. 鲁旭东译. 科学究竟是什么. 第三版. 商务印书馆, 2007 年: 111

万有引力理论被证伪，因为是被证实的观察命题有误。

证伪方法是一个逻辑推理，"逻辑在这种联系中所能提供的只不过是，即如果前提为真并且论证有效，那么结论必定为真。但前提是否为真并不是一个凭借逻辑可以解决的问题。一个论证即使包含一个错误的前提，也可以是一个完全有效的演绎推理"①。

既然单凭逻辑无法推断理论与观察命题究竟哪一个是假的，那么观察命题被证实与理论被证伪二者之间并没有必然的逻辑关系，这表明，通过证伪方法可以推断有些理论是错误的逻辑推理的依据不足。因此，也就不能保证通过证伪方法推断有些理论是错误的结论一定与事实相符。也就是说，证伪方法的可靠性存在问题。

科学发展史也表明，证伪方法的可靠性存在问题。"一个令否证主义者窘迫的历史事实是，如果科学家们严格遵循他们的方法论，那么，那些被普遍认为是科学理论的最好榜样的理论永远也不能得以发展，因为它们在其初期可能被拒绝。……在其问世之初，牛顿的万有引力理论曾遭到有关月球轨道的观察结果的否证。使这种否证转向牛顿理论以外的原因，花费了近50年的时间。在其后的生涯中，众所周知这个理论又与水星轨道的细节不相符，然而科学家们没有因此而放弃这个理论。事实证明，永远也不能以某种方式把否证解释为保护了牛顿理论。"②

（三）证伪方法的有效性问题

前面提及，卡尔·波普尔在阐述"科学理论不可能完全得到证明或证实"的理由时讲："自然科学的理论，特别是所谓自然定律，具有严格全称陈述的逻辑形式"③，"我们不能去搜索整个世界来确定某个事物不存在，过去从未存在过，将来也不会存在。正由于同一个理由，严格全称陈述不是可证实的"④。即"科学理论不可能完全得到证明或证实"。卡尔·波普尔提出科学理论不可能完全得到证明或证实的原因，是不可能找到证明或证实科学理论成立的充分条件。

证伪与证明或证实是相对应的，如果不能找到证明或证实科学理论成立的充分条件，同样也不能找到把所有不能成为科学理论的理论全部证伪的充分条件。卡尔·波普尔又说："正由于同一个理由，严格全称陈述不是可证实的。同样，我

---

① ［英］A. F. 查尔默斯. 鲁旭东译. 科学究竟是什么. 第三版. 商务印书馆，2007 年：59
② ［英］A. F. 查尔默斯. 鲁旭东译. 科学究竟是什么. 第三版. 商务印书馆，2007 年：115
③ ［英］卡尔·波普尔. 查汝强，邱仁宗译. 科学发现的逻辑. 科学出版社，1986 年：40
④ ［英］卡尔·波普尔. 查汝强，邱仁宗译. 科学发现的逻辑. 科学出版社，1986 年：42

们不能去搜索整个世界来确定定律所禁止的事物不存在。"①这表明，也不可能找到将一个理论证伪的充分条件，恰好说明证伪方法的有效性存在问题。这等于卡尔·波普尔用自己的阐述否定了自己提出的证伪方法，证伪方法并不能对所有不能成为科学理论的理论全部都做出正确的判断。

由上述对两个问题的论述可以得出结论：证伪不能作为科学理论的划界标准。

五、存在判断一个理论是否是科学理论的可能性

前面已经论述，科学理论不可能完全得到证明或证实，证伪也不能作为科学理论的划界标准，即不能用证明或证伪的方法来断定一个理论是否是科学理论。所以，美国科学哲学家托马斯·库恩（Thomas Samuel Kuhn，1922—1996）讲："几乎没有科学哲学家仍在寻求证实科学理论的绝对标准。"②

（一）拉卡托斯提出的问题

英籍匈牙利人、科学哲学家伊姆雷·拉卡托斯（Imre Lakatos，1922—1974）提出了一个尖锐的问题："如果所有科学理论都是同样不可证明的，那么科学知识与无知、科学与伪科学的区别是什么呢？"③

对于伊姆雷·拉卡托斯提出的问题，首先会有这样的回答："科学理论不可能完全得到证明或证实，然而它们是可检验的"④，而且"两种严格的陈述，即严格存在陈述和严格全称陈述，原则上都是可用经验判定的"⑤。即科学理论原则上都是可用经验判定的。

出生于德国的美国哲学家卡尔纳普（鲁道夫·卡尔纳普 Rudolf Carnap，1891—1970）也有类似的见解："在科学中，最为重要的两类规律的区别就是可以称之为经验规律和理论规律之间的区别（对于它们没有普遍被接受的术语）。经验规律是可以由经验观察直接确证的规律。"⑥卡尔纳普所讲的"确证"，应当是确实证实

① ［英］卡尔·波普尔. 查汝强，邱仁宗译. 科学发现的逻辑. 科学出版社，1986 年：42
② ［美］托马斯·库恩. 金吾伦，胡新和译. 科学革命的结构. 北京大学出版社，2003 年：131
③ ［英］伊·拉卡托斯. 兰征译. 科学研究纲领方法论. 导言. 上海译文出版社，1986 年：3
④ ［英］卡尔·波普尔. 查汝强，邱仁宗译. 科学发现的逻辑. 科学出版社，1986 年：18
⑤ ［英］卡尔·波普尔. 查汝强，邱仁宗译. 科学发现的逻辑. 科学出版社，1986 年：42
⑥ ［美］R. 卡尔纳普. 张华夏等译. 科学哲学导论. 中山大学出版社，1987 年：220

的意思，依然是证实。证实是"在实践的基础上用经验方法和逻辑方法对某个理论或命题的真理性的判定"①，即证实是对科学理论的真理性的判定。

卡尔纳普讲"经验规律是可以由经验观察直接确证的"，但是他并没有阐述如何由经验观察来对规律进行确证。同样，卡尔·波普尔讲：科学理论"它们是可检验的"，"原则上都是可用经验判定的"，但是也没有阐述如何对科学进行检验，如何用经验来判定。那么能不能通过卡尔纳普提出的"经验观察"和卡尔·波普尔提出的"检验"，运用卡尔·波普尔讲的经验判定，对理论进行推理判断，以判定它们是否是科学理论呢？英国哲学家伯特兰·罗素在《我的哲学的发展》中的一段阐述，为回答这个问题提供了线索。

（二）用罗素的推理原理进行判断

罗素讲："用分析才能得到从官觉过渡到科学所需要的推理原理。所要做的分析乃是把事实上没有人怀疑的那些种类的推理来加以分析。举例来说，如果你看见你的猫是在炉边的地毯上，过了一会儿你又看见它是在门口，那是他走过了这两个地点之间的一些中间地点，虽然你并没有看见它这样走。"②通过"经验观察"和"检验"可以确认，猫在炉边的地毯上是事实，猫在门口也是事实；运用推理来进行分析就可以断定：猫走过了这两个地点之间的一些中间地点，虽然你并没有看见它这样走。

现在将罗素的推理原理运用到伽利略阐述惯性定律的理想实验。

伽利略在《关于两门新科学的对话》中讲："我们可以注意到任何速度一旦被赋予一个运动的物体，将严格地保持下去，只要去掉加速或减速的外部原因，这是仅在水平面的情况下碰到的一个条件，因为在向下倾斜的平面的情况存在加速的原因，而在向上倾斜的平面的情况存在减速的原因，因此得出沿着一个水平面的运动是永恒的；因为，如果速度是均匀的，它就不能被减少、减慢，更不能消失。"③

伽利略讲"在向下倾斜的平面的情况存在加速的原因"，犹如"猫在炉边的地毯上"，可以通过"经验观察"和"检验"证实这是事实；"而在向上倾斜的平面的情况存在减速的原因"，犹如"猫在门口"，也可以通过"经验观察"和"检验"证实这是事实。那么"在向下倾斜的平面的情况"与"在向上倾斜的平面的情况"之间的"水平面的情况"，一定存在"加速"和"减速"的"中间地点"，既不"加

---

① 金炳华等. 哲学大词典. 修订本. 上海辞书出版社, 2001 年: 1953

② ［英］伯特兰·罗素. 温锡增译. 我的哲学的发展. 商务印书馆, 1985 年: 189-190

③ ［意］伽利略. 武际可译. 关于两门新科学的对话. 第三天. 北京大学出版社, 2006 年: 199-200

速"也不"减速"。通过经验观察进行推理分析就可以断定："沿着一个水平面的运动是永恒的"，虽然"这个实验实际上是永远无法做到的"。即惯性定律不能直接从实验得出，不能被直接实验所证实，不能被证明，但是通过"经验观察"和"检验"，运用罗素提出的"用分析才能得到从官觉过渡到科学所需要的推理原理"进行推理分析，可以判断惯性定律是科学的。

这表明，科学理论不可能完全得到证明或证实，但科学理论是可检验的，原则上是可用经验判定的。以通过"经验观察"和"检验"证实的事实为前提，运用罗素提出的"用分析才能得到从官觉过渡到科学所需要的推理原理"进行推理分析，可以判断一个理论是否是科学理论。也就是说，以通过"经验观察"和"检验"证实的事实为前提，可以进行推理分析，故而存在着判断一个理论是否是科学理论的可能性。

（三）罗素推理原理的前提条件

运用推理分析方法进行判断是有条件的，首先要有事实为前提条件。正如伊姆雷·拉卡托斯所讲："在科学推理中，理论要面对事实；科学推理的主要条件之一就是理论必须得到事实的支持。"①

无论是罗素讲的"你看见你的猫是在炉边的地毯上，过了一会儿你又看见它是在门口"，还是伽利略讲的"在向下倾斜的平面的情况存在加速的原因，而在向上倾斜的平面的情况存在减速的原因"，都是通过"经验观察"和"检验"可以证实的事实，是"推理来加以分析"的前提。

其次，是"把事实上没有人怀疑的那些种类的推理来加以分析"，而不是任何情况都可以应用推理分析方法进行判断的。

应用推理分析方法进行判断的前提条件，不仅是"必须得到事实的支持"，而且是必须存在两个已经发生的或者能够再现的、可以通过"经验观察"和"检验"证实的事实，对"事实上没有人怀疑的那些种类的推理"加以分析。如果其发生与时间相关，那么一个事实是在被判断事件之前发生，另一个事实是在被判断事件之后已经发生，才能应用推理分析方法进行判断。

对于涉及未来的理论，依据应用推理分析方法的前提，必须有一个比未来的理论还要未来的可证实的事实，才能进行推理分析。对于现实而言，并不存在"未来的可证实的事实"，而且"知识学不允许直接假设某种东西为事实，而是必须进

---

① ［英］伊·拉卡托斯. 兰征译. 科学研究纲领方法论. 导言. 上海译文出版社, 1986 年: 2

行论证"①，未来的事情不可以假设为事实，未来的事情也是不可证实的，因为未来的事情不能用"已证实"的结论的力量被确定为"真的"。就像英国哲学家卡尔·波普尔所讲："我从不认为理论能借'已证实'的结论的力量被确定为'真的。'"②即对于涉及未来的理论而言，不具备应用推理分析方法的前提，"一个名副其实的科学家是不容许猜测的：他必须由事实来证明他所说的每一句话。这就是科学诚实性的标准"③，所以应用伯特兰·罗素所讲的推理分析方法还难以判断涉及未来的理论。

这说明，不是任何情况都可以应用推理分析方法进行判断，只能说存在判断一个理论是否是科学理论的可能性。

（四）并不存在判断科学理论的绝对标准

现在再来回顾一下伊姆雷·拉卡托斯提出的问题："如果所有科学理论都是同样不可证明的，那么科学知识与无知、科学与伪科学的区别是什么呢？"④可以换一个角度来理解拉卡托斯提出的问题：如果不能找到判断科学与伪科学的明确的绝对标准，那么该如何区别科学知识与无知、科学与伪科学？如果要找到判断科学与伪科学的明确的绝对标准，需要有一个前提：只有在科学与伪科学之间确实存在着明确的界限时，才有可能找到判断科学与伪科学的明确的绝对标准，或者说，才有可能找到判断科学与伪科学的明确的绝对判据。然而，客观现实并非如此简单。

如果用"对"来比喻科学，用"错"来比喻伪科学，在客观现实中，往往对与错之间并不存在着明确的界限，对与错只是相对于一定的参照标准而言的。以牛顿力学为例，当物体的运动速度与光速相比可以忽略时，它对物体运动规律的计算是十分精确的，此时可以说，牛顿力学是对的。当物体的运动速度较高，与光速相比不能忽略时，牛顿力学对物体运动规律的计算就会出现一定的误差。如果出现的误差小于所确定的参照标准，那么仍然可以说，牛顿力学的计算结果是对的；如果出现的误差大于所确定的参照标准，那么就只能说，牛顿力学的计算结果是错的。当物体的运动速度接近光速时，就不能再应用牛顿力学进行计算，必须应用相对论力学。

---

① [德] 费希特. 王玖兴译. 全部知识学的基础. 第二部分. 商务印书馆, 1986 年: 139
② [英] 卡尔·波普尔. 查汝强, 邱仁宗译. 科学发现的逻辑. 科学出版社, 1986 年: 7
③ [英] 伊·拉卡托斯. 兰征译. 科学研究纲领方法论. 导言. 上海译文出版社, 1986 年: 3
④ [英] 伊·拉卡托斯. 兰征译. 科学研究纲领方法论. 导言. 上海译文出版社, 1986 年: 3

可见，如果用牛顿力学的计算结果来判断牛顿力学的对与错，那么在对与错之间并不存在着一个明确的界限，而是与所确定的对与错的参照标准有关。

在现实生活中类似的例子也很多。在上个世纪 70 年代，有一位外科主任大夫经历了一个案例：有两个腿部受枪伤的青年人，一个非常可亲，而另一个非常可恶。这位大夫很心疼这个可亲的青年人，于是在手术时只把明显的枪伤坏肉切除掉，所以伤口非常小；在给那个可恶的青年人做手术时，把不怎么明显的枪伤坏肉也切除掉了，所以伤口很大。可是让这位外科主任大夫没有想到的是，这个可亲的青年人的伤口总是不愈合，而那个可恶的青年人的伤口反而愈合得非常快。于是，这位外科主任大夫总结出如何判断枪伤坏肉和如何手术的经验：这说明，受枪伤的坏肉与没有受枪伤的好肉之间并没有一个明确的界限。

正因为对与错、好与坏之间往往没有一个明确的界限，而是与所确定的参照标准有关，所以也就找不出一个明确的绝对标准。同样，并不是在所有的科学与伪科学之间都存在着明确的界限，所以找不出一个明确的绝对标准可以作为判断一个理论是真是伪的判据。这也许就是"几乎没有科学哲学家仍在寻求证实科学理论的绝对标准"①的原因。

科学理论不可能完全得到证明或证实，证伪也不能作为科学理论的划界标准，并不能找到一个绝对的标准来区别科学与伪科学，也就是说，并不存在一个绝对的、明确的判据，可以用来判断一个理论是科学的还是伪科学的，或者说，并不存在判断科学理论的绝对标准。但是，以通过"经验观察"和"检验"证实的事实为前提，可以进行推理分析，存在着判断一个理论是否是科学理论的可能性。所以，对于一个新提出的理论而言，或对于一个尚未被证实的理论而言，最为重要的是判断。

六、小结

（一）事实是科学理论的基础

"科学知识在一定程度上具有一种特殊地位,因为它是建立在一个可靠的基础

---

① [美] 托马斯·库恩. 金吾伦, 胡新和译. 科学革命的结构. 北京大学出版社, 2003 年: 131

之上，而这个基础就是被观察牢固地确定下来的可靠的事实。"①

（二）科学理论不可能完全得到证明或证实

"库尔特·哥德尔定理说：在包含了自然数的任一形式系统中，一定有这样的命题，它是真的，但不能被证明。（当然要假定系统是协调的，否则，任一命题的正面与反面都可以用反证法证明了。）长期以来，数学家和哲学家总觉得，数学的真理总是可以证明的。哥德尔定理表明，'真'与'可证'是两回事。"②

卡尔·波普尔揭示了"科学理论不可能完全得到证明或证实"的理由，即不具有证明或证实所需要的充分条件；伽利略对惯性定律的发现和哥德尔定理表明，"真"与"可证"是两回事；因而科学理论不可能完全得到证明或证实。

（三）科学理论是可以证伪的

任何科学理论的成立都是在一定的范围内，受到一定的制约，要有"明确的主张"。这是科学理论所具有的特性。在科学理论成立的范围之外，科学理论是可以证伪的。如果一个理论是不可证伪的，也就是说这个理论的适用范围无限大，那么这个理论就违背了上述科学理论所具有的特性，所以，这个理论也就不可能是科学理论。"一个适当的科学定律或理论，恰恰由于它提出了关于世界的明确的主张因而是可否证的。"③ 这就意味着，如果一个理论是不可证伪的，那么这个理论就是不能成立的，也就不可能是科学理论。

（四）证伪不能作为科学理论的划界标准

证伪方法是一个逻辑推理，"逻辑在这种联系中所能提供的只不过是，即如果前提为真并且论证有效，那么结论必定为真。但前提是否为真并不是一个凭借逻辑可以解决的问题。一个论证即使包含一个错误的前提，也可以是一个完全有效的演绎推理"④。

既然单凭逻辑无法推断理论与观察命题究竟哪一个是假的，则观察命题被证实与理论被证伪二者之间没有必然的逻辑关系。这表明，通过证伪方法来判断有些理论是错误的这一逻辑推理的依据是不足的。因此，也就不能保证通过证伪方法判断有些理论是错误的结论一定与事实相符，而且科学理论不可能用证伪的方法完全被证伪，故证伪不能作为科学理论的划界标准。

---

① ［英］A. F. 查尔默斯. 鲁旭东译. 科学究竟是什么. 第三版. 商务印书馆, 2007 年: 31
② 张景中. 数学与哲学. 中国少年儿童出版社, 1989 年: 79
③ ［英］A. F. 查尔默斯. 鲁旭东译. 科学究竟是什么. 第三版. 商务印书馆, 2007 年: 84
④ ［英］A. F. 查尔默斯. 鲁旭东译. 科学究竟是什么. 第三版. 商务印书馆, 2007 年: 59

（五）存在判断一个理论是否是科学理论的可能性

科学理论不可能完全得到证明或证实，但是科学理论是可检验的，原则上是可用经验判定的。以通过"经验观察"和"检验"证实的事实为前提，运用罗素提出的"用分析才能得到从官觉过渡到科学所需要的推理原理"进行推理分析，可以判断一个理论是否是科学理论。也就是说，以通过"经验观察"和"检验"证实的事实为前提，对"事实上没有人怀疑的那些种类的推理加以分析"，可以进行推理，存在着判断一个理论是否是科学理论的可能性。

（六）应用推理分析方法进行判断需要满足一定的前提条件

应用推理分析方法进行判断需要满足的前提条件是，必须存在两个已经发生的或者能够再现的、可以通过"经验观察"和"检验"证实的事实，并且是对"事实上没有人怀疑的那些种类的推理"加以分析。如果被判断事件与时间相关，那么一个事实是在被判断事件之前发生，另一个事实是在被判断事件之后已经发生，才能应用推理分析方法进行判断。

（七）科学理论不可能完全得到证明或证实，证伪也不能作为科学理论的划界标准，并不能找到一个绝对的标准来区别科学与伪科学，或者说，并不存在判断科学理论的绝对标准。

但是，如前文所述，以通过"经验观察"和"检验"证实的事实为前提，可以进行推理分析，存在着判断一个理论是否是科学理论的可能性。所以，对于一个新提出的理论而言，或对于一个尚未被证实的理论而言，最为重要的是判断。

第四章　判断的重要性

"学者究竟怎样才能够和应当怎样传播自己的知识呢？……当然,仅仅有真理感还不够,它还必须予以阐明、检验和澄清,而这正是学者的任务。"①

理论的真伪或是否与事实相符,是对理论进行判断的结论。判断的重要性不仅表现在鉴别理论真伪方面,知识积累和传授的过程同样非常需要判断。应当考察历史的发展,吸取历史的教训,基于事实来深刻认识判断的重要性。

一、在知识积累的过程中需要判断

人类对大自然规律的认识,有一个积累和传授的过程。对于主体而言,首先是积累,然后才是传授和发现。知识的积累,是认识大自然规律的基础。牛顿是著名的数学家、天文学家和物理学家,"牛顿在《原理》中首先列举的运动定律,是在前人积累的丰富的动力学知识的基础上,再加牛顿本人大量的观察、实验、计算等辛勤劳动才总结出来的"②。牛顿有一个非常有名的比喻,强调了知识积累的作用,他"在 1676 年 2 月 5 日给胡克的信中写道:……'如果说,我曾经比一般人看得远一些,那是因为站在巨人的肩上的缘故'"③。虽然有人认为牛顿所讲的巨人就是"哥白尼、伽利略和开普勒,惠更斯和笛卡尔、费尔马和波义耳,以及他尊敬的老师和朋友伊萨克·巴罗"④,实际上,牛顿所讲的巨人应当是指人类对知识的积累。

---

① [德] 费希特. 梁志学, 沈真译. 论学者的使命 人的使命. 论学者的使命. 商务印书馆, 1984 年: 43
② 中外科学家发明家丛书——牛顿. 电子图书学校专集. 第五章
③ 中外名人传记百部——牛顿传. 北京圣碟科贸有限公司制作: 32-33
④ [德] H. 武辛. 伯幼, 任荣译. 牛顿传. 科学普及出版社, 1979 年: 102

　　人类对知识的积累，并不是一成不变的接受过程，而是一个基于判断、逐步完善的发展过程。

　　知识是通过主体对客体表述的记载积累下来，"新规律或新发现以一个条目的形式被记录在笔记本或日记上、信件中、卡片中、报告中，或写在将对其进行完整说明的初步勾划中，并最终可能作为一篇文章或一本书出版"①。英国哲学家卡尔·波普尔指出，应当"承认一切知识都是人的知识；承认知识同我们的错误、偏见、梦想和希望混在一起，我们所能做的一切就是探索真理"②。也就是说，主体对客体的表述往往既有正确的部分，同时又难免存在错误的地方，所以需要判断，逐步完善。这个发展过程，是人类积累知识的过程，也是探索真理的过程。

　　科学发展史展现了人类积累知识的过程。可以以人类认识地球和宇宙的漫长经历为例，来考察这一过程。

　　人类为了生存和繁衍，就要探究周围的大自然。"事实上，原始人就必然曾对他们所居住的环境感到好奇和兴趣，而且在不断扩大他们的活动范围，探究着他们目力所达的地方以外到底是个什么样子。"③"原始人企图对一些更为复杂的自然现象、社会现象作出解释……但是他们都不可能作出科学的解释，只能用想象、幻想来弥补自己知识的不足。"④"关于天和地的解释，神话传说和早期自然哲学家的解释也很相似。荷马⑤在《伊里亚特》⑥中记载，天穹是钵形的固态半球，它覆盖着圆盘状的大地。"⑦"当时人们设想大地是个漂浮在水上的圆盘，那么为了解释太阳的东升西落，就要假定太阳夜里会钻行在水底下，这是很费解的。因此阿那克西曼德⑧设想，在大地的边缘一定有很高的山脉，太阳是从山的后面返回到东方的；山脉的影子所遮蔽的地方就成为黑夜。"⑨

　　在公元前4世纪，古希腊哲学家、科学家亚里士多德在他的著作《论天》中

---

① [美]科恩. 杨爱华等译. 科学革命史. 第一编. 军事科学出版社, 1992年: 28
② [英]卡尔·波普尔. 傅季重, 纪树立, 周昌忠, 蒋戈为译. 猜想与反驳. 导论. 上海译文出版社, 1986年: 42
③ 申先甲, 王士平. 世界古代中期科学史. 中国国际广播出版社, 1996年: 104
④ 李辑. 世界古代前期哲学思想史. 中国国际广播出版社, 1996年: 第二章第四节
⑤ 注：Homeros（公元前873—？），古希腊盲诗人，堪称西方文学的始祖
⑥ 注：全诗共二十四卷，是描写特洛亚战争的英雄史诗，史诗的故事发生在公元前12世纪，主要叙述战争中的传奇情节
⑦ 李辑. 世界古代前期哲学思想史. 中国国际广播出版社, 1996年: 第七章第一节
⑧ 注：Anaximander（约公元前611—公元前546），古希腊科学创始人泰勒斯的学生
⑨ 申先甲, 王士平. 世界古代中期科学史. 中国国际广播出版社, 1996年: 107

提出："地球必定是圆球形"[①]，这在当时是人类认识大自然的一大进步。可以说，"亚里士多德是古希腊最伟大的学者"[②]。但同时，亚里士多德提出："大地的中心在宇宙的中心之中"[③]，即地球是宇宙中心的"地心说"。

"地心说"影响人类思想近两千年。直到公元 16 世纪，波兰天文学家尼古拉·哥白尼看出了亚里士多德的错误，在著名的《天体运行论》中写道："诚然，权威们普遍承认地球在宇宙中心静止不动。他们认为与此相反的观点是不可思议的，或者简直是可笑的。但是，如果我们比较仔细地思考一下这件事情，就会发现这个问题尚未解决，因此决不能置之不理。"[④]"如果这从一种太阳运动转换为一种地球运动，而认为太阳静止不动，则黄道各宫和恒星都会以相同方式在早晨和晚上显现出东升西落。……通过行星所表现出来的地球运动。最后，我们认识到太阳位于宇宙的中心。"[⑤]哥白尼提出"日心说"的名著《天体运行论》于1543年出版，"这本书是人类思想史上划时代的作品。作为天才的纪念碑，这本书是可以和托勒密的《至大论》，牛顿的《原理》与达尔文的《物种起源》相媲美的"[⑥]。哥白尼用一种新的思维方法纠正了影响人类思想近两千年的对地球的错误认识。

出生于意大利那不勒斯附近诺拉镇的乔丹诺·布鲁诺"得见哥白尼的伟大著作——《论天体运行》，是他一生中最重大的一个事件之一。他对这光辉的学说的开创者钦佩之至。……哥白尼的学说对许多问题都没有作出回答，布鲁诺敬佩他的科学业绩，同时也有一种不满足的感觉。……布鲁诺没有在哥白尼停下的地方止步。……乔丹诺极其仔细地研究了深信宇宙有限的哲学家们的论据。对他们的每一个论点，都反复推敲，甚至他一眼就认定的错误，也认真地再三检验"[⑦]。"1584年，布鲁诺写成了《论无限、宇宙和世界》、《论原因、本原和统一》等重要的自然哲学著作。在这些著作中，布鲁诺以他的宇宙论发展了哥白尼的日心说。"[⑧]布鲁诺"坚持、补充并发展了哥白尼学说，在肯定地球是太阳系的一颗行星的同时进一步指出太阳系并非整个宇宙，因此，不仅地球不是宇宙中心，而且太阳也不

---

① 苗力田主编. 徐开来译. 亚里士多德全集. 第二卷. 论天. 中国人民大学出版社, 1997 年: 351
② 台湾中华书局编译. 简明大英百科全书. 中文版. 台湾中华书局, 1988 年: 271
③ 苗力田主编. 徐开来译. 亚里士多德全集. 第二卷. 中国人民大学出版社, 1997 年: 347-348
④〔波兰〕哥白尼. 叶式辉译. 天体运行论. 第一卷. 陕西人民出版社, 武汉出版社, 2001 年: 18
⑤〔波兰〕哥白尼. 叶式辉译. 天体运行论. 第一卷. 陕西人民出版社, 武汉出版社, 2001 年: 28-29
⑥ 中外科学家发明家丛书——哥白尼. 电子图书学校专集. 第四章
⑦ 张桂岩. 中外科学家发明家丛书——布鲁诺. 电子图书学校专集. 第四章
⑧ 中外科学家发明家丛书——哥白尼. 电子图书学校专集. 第五章

是宇宙中心。太阳仅仅是宇宙中的一颗恒星，以它为中心形成的太阳系，只是整个宇宙非常渺小的一部分。……哥白尼的功绩在于把地球从宇宙中心天体降为太阳系的一颗行星，……布鲁诺则把太阳从宇宙中心天体降为一颗普通的恒星，使人们对宇宙的科学认识又前进了一大步"①。

人类关于地球和宇宙的知识的积累，经历了几个阶段。起初人类并不认为自己所居住的地球是球形的，他们目力所及的地方是大地。古希腊的"阿那克西曼德（Anaximandrod，约前 611—前 546）……认为大地处于宇宙的中心，它静止不动"②，阿那克西曼德做出"大地是个漂浮在水上的圆盘"③的解释的时候，是公元前 6 世纪。古希腊的亚里士多德提出"地球必定是圆球形"是在公元前 4 世纪，这在当时是人类认识大自然的一大进步，但亚里士多德同时提出了"大地的中心在宇宙的中心之中"的地心说。波兰的哥白尼提出"太阳位于宇宙的中心"的日心说，则是将近两千年后的事情，在公元 16 世纪的 1543 年。意大利的布鲁诺补充并发展了哥白尼学说，指出太阳不是宇宙中心，以它为中心形成的太阳系只是整个宇宙非常渺小的一部分，这是在公元 16 世纪的 1584 年。布鲁诺表述的知识对于现在的人们而言好像是很肤浅，但人类为获得这些知识却经历了数以千年计的努力和奋斗。人类能够获得这些知识，很重要的一点就是对已有知识进行判断。人类对已有知识进行判断，使之逐步完善，这就是积累知识的过程，也是探索真理的过程。

二、传授新知识需要判断

人类对大自然规律的认识，有一个积累和传授的过程。对于主体而言，知识的积累需要判断，对新知识的传授也需要判断。德国哲学家约翰·戈特利布·费希特讲："如果建立起来的事实属于普通意识的范围之外，人们就必须确切知道他是怎么能够确信它们都是现成存在着的事实。并且人们就必须能够把他达到这个确信的过程告诉别人，而把他的确信告诉别人，实际上就是对这些事实之为事实的论证。"④费希特的这段话包含几层意思：其一，他讲的客体是"建立起来的事

---

① 张桂岩. 中外科学家发明家丛书——布鲁诺. 电子图书学校专集. 第四章
② 金炳华等. 哲学大词典. 修订本. 上海辞书出版社, 2001 年: 12
③ 申先甲, 王士平. 世界古代中期科学史. 中国国际广播出版社, 1996 年: 107
④ [德] 费希特. 王玖兴译. 全部知识学的基础. 第二部分. 商务印书馆, 1986 年: 140

实属于普通意识的范围之外"的新知识、新理论；其二，要对新知识、新理论进行判断，"能够确信它们都是现成存在着的事实"；其三，在传授新知识、新理论时，必须把判断的过程表达出来，即把"确信的过程告诉别人"；其四，必须传授能够论证具有科学性的新知识、新理论，所以主体对客体的传授，应当是主体对客体具有科学性的论证和断定，即"实际上就是对这些事实之为事实的论证"。

费希特又在《论学者的使命》中讲："学者究竟怎样才能够和应当怎样传播自己的知识呢？……当然，仅仅有真理感还不够，它还必须予以阐明、检验和澄清，而这正是学者的任务。"[1]他真诚地讲："我作为一个学者应当同初当学者的人们谈谈学者的使命，我应当深入地研究这个题目，并且尽我的所能去解决它；我应当毫无差错地阐明真理。"[2]这是因为有人对主体的阐述会不加判断地予以接受，如德国哲学家、数学家、自然科学家莱布尼茨（Gottfriend Wilhelm Leibniz, 1646—1716）所讲："拿一个有正常理智但深信这样一条公则的人来看，这条公则就是说：一个人应该相信他的同道中人们所相信的。"[3]这意味着"一个有正常理智"的人，也会不加判断地"相信他的同道中人们"对新知识、新理论的传授。所以，主体在传授新知识、新理论时，必须进行判断，"应当毫无差错地阐明真理"。

新知识、新理论的传授关系到科学的发展，而科学的发展关系到整个人类的发展。判断对于新知识、新理论的传授而言是十分重要的，既不能把伪科学理论判断为真，也不能把科学理论判断为伪，因为这都会阻碍科学的发展。"人类的整个发展直接取决于科学的发展，谁阻碍科学的发展，谁就是阻碍了人类的发展。"[4]掌握判断新知识、新理论的生杀大权，就等于掌握了决定科学能否发展的大权。这关系到人类的发展，所以回顾一下历史的教训是有益的。

三、错误判断阻碍人类发展的历史教训

中世纪欧洲的宗教裁判所就掌握着对新知识、新理论进行判断的生杀大权。"1233 年教皇格利哥里九世发布通谕，赋予多米尼克修会以审判异端的全权，标

---

① [德] 费希特. 梁志学, 沈真译. 论学者的使命 人的使命. 论学者的使命. 第四讲. 商务印书馆, 1984 年: 43
② [德] 费希特. 梁志学, 沈真译. 论学者的使命 人的使命. 论学者的使命. 第四讲. 商务印书馆, 1984 年: 36
③ [德] 莱布尼茨. 陈修斋译. 人类理智新论. 第四卷. 商务印书馆, 1982 年: 623
④ [德] 费希特. 梁志学, 沈真译. 论学者的使命 人的使命. 论学者的使命. 第四讲. 商务印书馆, 1984 年: 40

志着宗教裁判所的正式产生。"①

"16 世纪中叶，教皇在罗马建立了最高异端裁判所。"② "1542 年 7 月 21 日，教皇保罗三世发出题为《自古信奉》的训谕，宣布设立有权'在整个基督教世界……'活动并'受罗马教皇管辖的''罗马和全教宗教裁判所神圣委员会，它的神圣法庭'。"③这个神圣法庭"持续存在到现在，直到 1965 年才由教皇保罗六世改组为信理部"④。

"宗教裁判所又名异端法庭，或异端审判所，顾名思义，它是以镇压异端为职责的。什么叫异端？……凡否认教会制度的信仰者，即为异端。"⑤ "宗教裁判所所迫害的所谓'异端'包括'巫士'（主要是'女巫'）、犹太人、持不同宗教见解者和具有新思想的科学先驱（如布鲁诺、伽利略等人），对'异端'的认定权完全操在宗教裁判所手中，任何言论、情绪和任何人都可能被指责为'异端'。"⑥

"1600 年 2 月 8 日，罗马宗教裁判所以'异端'罪判处布鲁诺火刑，2 月 17 日执行。……年仅 52 岁的布鲁诺为真理和正义贡献了自己的生命。……布鲁诺殉难 289 年以后，在社会舆论的压力下，罗马宗教法庭不得不为意大利这位杰出的思想家平反"⑦，"1889 年 6 月 19 日，在鲜花广场处决布鲁诺的刑场建立了一座至今仍然耸立在那里的纪念碑，但是布鲁诺的全部著作却一直被列入禁书目录，直到 1948 年"⑧。

"公元 1616 年 3 月 5 日，负责禁书事务的圣主教会议对哥白尼的著作作了结论，说：'主教会议获悉，尼古拉·哥白尼在《天体运行论》中提出的关于地球运动和太阳休息的、违背圣经的、毕达哥拉斯信徒式的伪学说已经传播开来，并且已被许多人所接受……为此，主教会议认为，为了不使这种学说进一步蔓延，危害天主教真理，有必要对其加以禁止……直到它得到修正为止。'"⑨

"1633 年 6 月 16 日，乌尔班八世在宗教裁判所委员会秘密会议上下令在刑罚

---

① 赵林. 西方文化概论. 高等教育出版社, 2004 年: 164
② 赵林. 西方文化概论. 高等教育出版社, 2004 年: 164
③ 董进泉. 西方文化与宗教裁判所. 上海社会科学院出版社, 2004 年: 231
④ 董进泉. 西方文化与宗教裁判所. 上海社会科学院出版社, 2004 年: 231
⑤ 董进泉. 西方文化与宗教裁判所. 上海社会科学院出版社, 2004 年: 17
⑥ 赵林. 西方文化概论. 高等教育出版社, 2004 年: 165
⑦ 张桂岩. 中外科学家发明家丛书——布鲁诺. 电子图书学校专集. 第十章
⑧ 董进泉. 西方文化与宗教裁判所. 上海社会科学院出版社, 2004 年: 249
⑨ 中外名人传记百部——哥白尼. 北京圣碟科贸有限公司制作: 144-145

威胁下审问伽利略。6 月 20 日，伽利略再次受到审问，……6 月 21 日，这位学者受到了'严厉的'又是最后一次审问。……就在同一天，'神圣法庭'作出了谴责伽利略的判决。……'我们确定、判断并宣布你，伽利略……说什么太阳是大地轨道的中心……因此在这样情况下你应受由神圣的宗教法规和其他共同的、个别的法典规定的一切惩戒和处罚。……我们宣布，用公开的命令禁止伽利略的《对话》一书；判处暂时把你正式关入监狱内'。……宗教裁判所'不仅宣布地动说为异端邪说，而且还说它荒诞不经'。……1637 年，伽利略双目失明，1642 年 1 月 8 日伽利略与世长辞。几百年来，教会始终禁止伽利略的著作，直到 1835 年①，他的著作才同哥白尼，刻卜勒②及其他天文学的最初发现者的著作从禁书目录中删去。"③

宗教裁判所"确定、判断并宣布""禁止伽利略的《对话》一书"，等于"确定、判断并宣布"停止意大利科学的发展。正如英国哲学家罗素所讲："异端审判所如愿以偿结束了意大利的科学，科学在意大利经几个世纪未复活。"④ "意大利哲学家安东尼奥·班菲更加沉痛地说：'谴责伽利略对意大利的有害后果之一，是使科学研究丧失了效能，因此，我国文化长期遭受灾难，并且继续遭受着灾难，尤其是在哲学科学领域内。'"⑤

"应当指出的是，布鲁诺和伽利略并不是'神圣法庭'仅有的牺牲品。1619年，卓越的意大利无神论者居里奥·瓦尼尼，被指控为犯了无神论罪，亵渎行为，悖逆神灵以及其一些罪行，被宗教裁判所判处火刑。"⑥ "宗教裁判所带来了怎样的灾难，美国科学家和哲学家约翰·威廉·德雷珀⑦曾经愤慨地揭露说：'一般来说，宗教裁判所底使命即在于借恐怖主义以灭绝宗教上的反叛……真理的标准于是遂操于法庭之手……宗教裁判所如是野蛮地迅捷达到它保护宗教利益之目的，所以 1481 年至 1808 年之间，它处罚了 34 万人，其中被火刑焚死者约 3 万 2 千人。……有思想的人无论注视何种方向，天空都充满了恐怖的阴影……'"⑧

---

① 注：应当是 1822 年。"1822 年 9 月 25 日，教皇七世批准颁布了一个教令，明确说：'那些讨论地球运转和太阳静止不动的著作，根据目前天文学家们的一致意见，准予印行。'"见《中外名人传记百部——哥白尼传》第五章第 145 页，北京圣碟科贸有限公司制作

② 注：即约翰尼斯·开普勒（Johannes Kepler）

③ 董进泉. 西方文化与宗教裁判所. 上海社会科学院出版社, 2004 年: 261-263

④ [英] 罗素. 马元德译. 西方哲学史. 下册. 卷三. 第一篇. 商务印书馆, 1982 年: 54

⑤ 董进泉. 西方文化与宗教裁判所. 上海社会科学院出版社, 2004 年: 264

⑥ 董进泉. 西方文化与宗教裁判所. 上海社会科学院出版社, 2004 年: 264

⑦ 注：John William Draper (1811—1882)

⑧ 董进泉. 西方文化与宗教裁判所. 上海社会科学院出版社, 2004 年: 94 年

伊姆雷·拉卡托斯认为，对科学与伪科学的判断，已经不是简单的哲学意义上所讲的"人们通过对思维对象的性质、关系等等的肯定或否定来反映对象情况的或真或假的思想"①，而是涉及伦理和政治："科学与伪科学的分界问题对批判的制度化也具有重大的意义。哥白尼理论在1616年被天主教教会所禁止，因为据说它是伪科学。1820年②天主教教会从禁书录中解放了哥白尼理论，因为这时教会认为事实已证明了哥白尼理论，因而它成了科学的。1949年③苏联共产党中央委员会宣布孟德尔④遗传学是伪科学，并在集中营中处死了孟德尔遗传学的拥护者，如瓦维洛夫院士⑤；处死瓦维洛夫之后，孟德尔遗传学被恢复了名誉。但党仍然持有决定什么是科学，可以发表，什么是伪科学，应该惩处的权利。西方的新自由派势力集团同样对它所认为的伪科学行使否定言论自由的权利，就像我们在关于种族和智力的辩论中所看到的那样。所有这些判定都不可避免地取决于某种分界标准。这就是为什么科学与伪科学的分界问题不是一个书斋哲学家的伪问题的原因：它有着重大的伦理意义和政治意义。"⑥几个世纪的历史事实表明，对科学的错误判断阻碍了人类的发展，这是人类应当吸取的沉痛的历史教训。

四、小结

（一）在知识积累的过程中需要判断

人类关于地球和宇宙的知识的积累，经历了几个阶段。起初人类并不认为自己所居住的地球是球形的，他们目力所及的地方是大地。古希腊的阿那克西曼德

---

① 哲学大词典. 修订本. 上海辞书出版社. 2001 年: 1081

② 注：应当是 1822 年。"1822 年 9 月 25 日，教皇七世批准颁布了一个教令，明确说：'那些讨论地球运转和太阳静止不动的著作，根据目前天文学家们的一致意见，准予印行。'"见《中外名人传记百部——哥白尼传》第五章第 145 页，北京圣碟科贸有限公司制作

③ 注：应当是在 1943 年以前。"1937 年春，斯大林在中央执行委员会三月全会上发表了《论党的工作缺点和肃清托派及其它两面派的措施》的著名演说。由此，对遗传学的舆论清剿正式升级为一场政治清洗运动。"见：笑蜀（真名陈敏）. 悲情圣殿——科学王国里的红色恐怖. 第四章. http://www.cqzg.cn/viewthread-295940.html

④ 注：孟德尔（Gregor Johann Mendel，1822—1884）生于奥地利西里西亚，是遗传学的奠基人，被誉为现代遗传学之父

⑤ 注：尼·瓦维洛夫（1887—1943）

⑥ [英] 伊·拉卡托斯. 兰征译. 科学研究纲领方法论. 导言. 上海译文出版社，1986 年: 8-9

认为"大地处于宇宙的中心，它静止不动"①，并解释说"大地是个漂浮在水上的圆盘"，这是在公元前 6 世纪。亚里士多德提出"地球必定是圆球形"，是在公元前 4 世纪，这在当时来说是人类认识大自然的一大进步，但他又提出了"大地的中心在宇宙的中心之中"的地心说。波兰的哥白尼提出"太阳位于宇宙的中心"的日心说，是在公元 16 世纪的 1543 年，纠正了影响人类思想近两千年的对地球的错误认识。意大利的布鲁诺补充并发展了哥白尼学说，指出太阳不是宇宙中心，以它为中心形成的太阳系只是整个宇宙非常渺小的一部分，是在公元 16 世纪的 1584 年。尽管布鲁诺表述的知识对于现在的人们而言好像是很肤浅，但人类为获得这些知识却经历了数以千年计的努力和奋斗。人类能够获得这些知识，很重要的一点就是对已有知识进行判断。人类对已有知识进行判断，使之逐步完善，这就是积累知识过程，也是探索真理的过程。

（二）传授新知识需要判断

新知识、新理论的传授关系到科学的发展，而科学的发展又关系到整个人类的发展。判断，对于新知识、新理论的传授是十分重要的。德国哲学家费希特讲："学者究竟怎样才能够和应当怎样传播自己的知识呢？……当然，仅仅有真理感还不够，它还必须予以阐明、检验和澄清，而这正是学者的任务。"②他真诚地讲："我作为一个学者应当同初当学者的人们谈谈学者的使命，我应当深入地研究这个题目，并且尽我的所能去解决它；我应当毫无差错地阐明真理。"③既不能把伪科学理论判断为真，也不能把科学理论判断为伪，因为这都会阻碍科学的发展。

（三）错误判断阻碍人类的发展

掌握判断新知识、新理论的生杀大权，就等于掌握了决定科学能否发展的大权，这关系到人类的发展。几个世纪的历史事实表明，对科学的错误判断阻碍了人类的发展，正如英国哲学家罗素所讲："异端审判所如愿以偿结束了意大利的科学，科学在意大利经几个世纪未复活。"④"意大利哲学家安东尼奥·班菲更加沉痛地说：'谴责伽利略对意大利的有害后果之一，是使科学研究丧失了效能，因此，我国文化长期遭受灾难，并且继续遭受着灾难，尤其是在哲学科学领域内。'"⑤。这是人类应当吸取的沉痛的历史教训。

---

① 金炳华等. 哲学大词典. 修订本. 上海辞书出版社，2001 年：12
② [德] 费希特. 梁志学，沈真译. 论学者的使命 人的使命. 论学者的使命. 商务印书馆，1984年：43
③ [德] 费希特. 梁志学，沈真译. 论学者的使命 人的使命. 论学者的使命. 商务印书馆，1984 年：36
④ [英] 罗素. 马元德译. 西方哲学史. 下册. 卷三. 商务印书馆，1982 年：54
⑤ 董进泉. 西方文化与宗教裁判所. 上海社会科学院出版社，2004 年：264

第五章　判断失误的原因

"世界上最大的概然性对于要使一个贪心的人和使一个有野心的人看到他的不正确也将毫无用处；而一个情人将十分容易让自己受他情妇的欺骗，的的确确是我们很容易地相信了我们所愿信的。"[①]

科学的发展关系到整个人类的发展，对于新知识、新理论的判断关系到科学的发展，既不能把伪科学理论判断为真，也不能把科学理论判断为伪，因为这都会阻碍科学的发展。错误判断阻碍人类发展的历史教训是沉痛的，所以应当探讨判断失误的原因。

一、判断的失误源于具体判断的人

对科学理论的错误判断，会阻碍人类的发展。几个世纪的历史教训是沉痛的，但仅仅认识到判断的复杂性和重要性是不够的。为了尽量避免对科学理论判断的失误，应当对可能造成判断失误的带有普遍性的原因进行深入探讨。

讨论对科学理论的判断，首先需要明确几点：

其一，判断的对象，是主体对客体的描述。客体是大自然的规律，即判断的对象是对大自然规律的描述，是属于理论规律或原理性理论的新知识、新理论。

其二，判断是指对主体描述的内容进行判断，即对描述的大自然规律进行判断。判断描述的内容是否是客观的、与事实相符的，即是否与客体的客观存在相符合。

---

① [德] 莱布尼茨. 陈修斋译. 人类理智新论. 第四卷. 商务印书馆, 1982 年: 626

其三，判断是由具体的人来完成的。

现已明确判断的对象是对大自然规律的描述。德国哲学家、物理学家莫里茨·石里克（Moritz Schlick，1882—1936）讲："对自然加以说明意味着用定律来描述自然。定律的功用（定律的意义）是描述而不是规定。它们讲的是实际发生的东西，而不是应当发生的东西。我们说自然律具有必然性只是意味着它们是普遍有效的，并不是说它们实行约束。"①英国哲学家卡尔·波普尔讲："只有认定我们面前有一种不会改变的规则性时，我们才谈得到'自然规律'；如果我们发现它变了，我们就不会再叫它是'自然规律'了。"②

把石里克和波普尔的观点综合起来，可以将在一定条件下探索得出的自然规律的特点概述如下：自然规律是实际发生的、普遍有效的，而且是不会改变的。这和《哲学大词典》的定义——自然规律是"自然现象固有的、本质的联系。表现为某种条件下的不变性"③是一致的。也就是说，客体是大自然的规律，它是实际发生的、普遍有效的，而且是不会改变的。

客体是实际发生的、普遍有效的，而且是不会改变的自然规律。判断的对象是主体对客体的描述。主体对客体的描述也是已经发生的，即判断的对象也是已经发生的。

判断就是对判断的对象是否与客体的客观存在相符的断定，也就是断定对客体的描述是否与实际发生的、普遍有效的、且不会改变的客体的客观存在相符。如果对客体的描述是客观的、全面的、与事实相符的，即与客体的客观存在相符，则断定为真；否则断定为伪。

然而判断是由具体的人来完成的。判断的对象是已经发生的对客体的描述，在判断时是不会改变的；而被描述的客体是自然规律，更是不会改变的。如果判断出现了问题，比如当对客体的描述与客体的客观存在相符时，被断定为伪；或者对客体的描述与客体的客观存在不相符时，反而被断定为真；那么一定不是判断的对象出现了问题，因为它是已经发生的，在判断时是不会改变的；更不会是客体出现了问题，因为客体是实际发生的，且不会改变的自然规律；所以问题一定出在进行判断的具体人的身上。

这样一来，就不得不分析一下，进行判断的具体的人，其判断可能出现失误

---

① ［德］莫里茨·石里克. 陈维杭译. 自然哲学. 商务印书馆，1997年：19

② ［英］卡尔·波普尔. 傅季重，纪树立，周昌忠，蒋戈为译. 猜想与反驳. 猜想. 上海译文出版社，1986年：80

③ 金炳华等. 哲学大词典. 修订本. 上海辞书出版社，2001年：2057

的原因是什么。概括地说，具体的人在判断时之所以可能出现失误，大致有三个原因：受到判断能力和实验条件的制约，忽视了考察的重要性，以及思维方法存在问题。

二、受到判断能力和实验条件的制约

前文曾论述，科学理论不可能完全得到证明或证实；科学理论也不能用证伪的方法完全被证伪；通过经验观察和检验进行推理分析，也存在着判断是否科学的各种可能，同时受到各种制约。

（一）科学理论的发展是无止境的

判断的对象是对自然规律的描述，或者说，是对新知识、新理论的描述。判断这个描述是真是伪，是否是科学的，是在不具有充分条件的情况下进行的。"科学不是一个确定的或既成的陈述的系统；它也不是一个朝着一个终极状态稳定前进的系统。我们的科学不是绝对的知识，它绝不能自称已达到真理。"[①]

"在19世纪，许多科学家和科学分析家开始把科学设想成一个持续的或永无止境的探索。"[②]"数学上知识的扩大和不断新发明的可能性，它们的前途都是无止境的；同样，通过连续的经验和经验通过理性的统一，我们对自然界的新性质、新力量和法则将不断得到发现，这种前途也是无止境的。"[③]正如爱因斯坦所讲的："科学没有永恒的理论，一个理论所预言的论据常常被实验所推翻。任何一个理论都有它的逐渐发展和成功的时期，经过这个时期以后，它就很快地衰落。……差不多科学上的重大进步都是由于旧理论遇到了危机，通过尽力寻找解决困难的方法而产生的。我们必须检查旧的观念和旧的理论，虽然它们是过时了，然而只有先检查它们，才能了解新观念和新理论的重要性，也才能了解新观念和新理论的正确程度。"[④]科学理论的发展是无止境的，对科学理论的判断，实际上有一个对其进行检查、了解和探索的过程。

① ［英］卡尔·波普尔. 查汝强, 邱仁宗译. 科学发现的逻辑. 科学出版社, 1986年: 242
② ［美］科恩. 杨爱华等译. 科学革命史. 第五编. 军事科学出版社, 1992年: 278
③ ［德］康德. 庞景仁译. 任何一种能够作为科学出现的未来形而上学导论. 第三编. 商务印书馆, 1982年: 141-142
④ ［美］爱因斯坦, 利·英费尔德. 周肇威译. 物理学的进化. 上海科学技术出版社, 1962年: 53

（二）具体的人的智力是有限度的

一方面，科学理论的发展是无止境的；另一方面，判断是由具体的人来完成的，而具体的人的智力是有限度的。出生在摩泽尔河畔库萨村的德国哲学家库萨的尼古拉（Nicholas Cusanus，1401—1464）认为："一个有限的智力不可能靠比较的方法而获致事物的绝对真理……由于我们的智力并不是真理，它不可能把真理掌握得精确到不能以无限更精确的程度加以理解了。"[①]"因此，即使一个陈述似乎非常'有理'，每一个人都相信它，它也可能是伪科学的；而一个陈述即使是不可信的，没有人相信它，它在科学上也可能是有价值的。一个理论即使没有人理解它，更不用说相信它了，它也可能具有至高的科学价值。"[②]

"19 世纪末期，数学界出现了一件引人注目的事情。一位名叫康托尔（G. Cantor，1845—1918）的德国数学家提出一种令人费解的古怪理论——集合论。它的内容是如此与常识格格不入，以至于一出世就引起了一场轩然大波。……康托尔的研究成果发表之后，马上遭致当时一些赫赫有名的数学家的激烈攻击。德国数学家克隆尼克（L. Kronecker，1823—1891）是这些人中言辞最激烈、攻击时间最长的一个。……除了克隆尼克之外，还有一些著名数学家也对集合论发表了反对意见。……在克隆尼克等人的围攻和反对下，康托尔的精神逐渐崩溃了……1918 年，他在哈勒大学附属精神病院去世。……克隆尼克的攻击实际上打垮了这一理论的创造者。"[③]

这表明，对科学理论是真是伪的判断，在很大程度上受到具体的人的有限智力等因素的制约。即使是权威，对于"与常识格格不入"的理论也有认识上的局限性。一个有代表性的例子是俄罗斯数学家尼古拉斯·伊万诺维奇·罗巴切夫斯基[④]，他是非欧几何的发明者之一。

"1826 年 2 月 23 日，罗巴切夫斯基于喀山大学物理数学系学术会议上宣读了他的第一篇关于非欧几何的论文《几何学原理及平行线定理严格证明的摘要》。这篇首创论文的问世，标志着非欧几何的诞生。然而，这一重大成果刚一公诸于世，就遭到正统数学家的冷漠和反对。"[⑤]"1829 年'喀山通报'第一次登载罗巴切夫

---

① [德] 库萨的尼古拉. 尹大贻, 朱新民译. 论有学识的无知. 卷一. 商务印书馆, 1988 年: 7

② [英] 伊·拉卡托斯. 兰征译. 科学研究纲领方法论. 导言. 上海译文出版社, 1986 年: 1-2

③ 解恩泽主编. 科学蒙难集. 湖南科学技术出版社, 1998 年: 45-49

④ Никола́й Ива́нович Лобаче́вский, 英文 Nicolas Ivanovich Lobachevsky, 1792—1856

⑤ 解恩泽主编. 科学蒙难集. 湖南科学技术出版社, 1998 年: 24-25

斯基的几何学著述——'关于几何学的原理'……1856年旧俄历2月12日，这位伟大的几何学家逝世了。罗巴切夫斯基在世时，他的几何思想没有被人了解和重视，相反地却常常惹起他人的讪笑。"①

在罗巴切夫斯基的"标志着非欧几何的诞生"的"首创论文"问世70年以后，即罗巴切夫斯基去世40年后，罗巴切夫斯基著作对人类的伟大贡献才被认可，为了纪念他，在"1896年9月1日，喀山大学对面，树立起人类最伟大的几何学家、为俄罗斯科学界争取了无上光荣的罗巴切夫斯基的纪念碑"②。

（三）受到实验条件的制约

对科学理论是真是伪的判断，不仅在很大程度上受限于具体的人的有限智力因素，实验条件的制约也可能致使得不到正确的判断。

"人的认识，从根本上说，是来源于人的实践，由人的实践决定的。一个学说、一种思想、一条结论，在它提出之际，不能及时为人们所接受、不能得到公认，有的就是因当时实验条件所限制。1677年，列文虎克③用他自制的显微镜第一个观察到了微生物，并已接触到了细胞，但由于他的仪器不精确，错过了发现的机会，致使细胞的发现拖延了二百多年。"④

人类探索自然界的新性质、新规律，面对不断被发现的科学新知识、新理论，是处在持续的或永无止境的探索中。对于智力有限的具体的人而言，在不具有充分条件的情况下进行判断，显然会受到判断能力和实验条件的制约。因此，会出现判断的错误，"或者是尽管有明显理由而迟迟不下判断，或者是尽管有相反的概然性却下了判断"⑤。但是，应当看到知识有一个理想的极限，而人类的智力正在逐步接近这个极限。人类探索大自然，就好像"我们企图理解实在，多少有些像一个人想知道一个合上了表壳的表的内部机构。他看到表面和正在走动着的针，甚至还可以听到滴答声，但是他无法打开表壳。如果他是机智的，他可以画出一些能解答他所观察到的一切事物的机构图来，但是他却永远不能完全肯定他的图就是唯一可以解释他所观察到的一切事物的图形。他永远不能把这幅图跟实在的机构加以比较，而且他甚至不能想象这种比较的可能性或有何意义。但是他完全

① [苏联] Б.В. 罗巴切夫斯基. 王联芳译. 罗巴切夫斯基几何学. 绪论. 科学普及出版社, 1958年: 15
② [苏联] Б.В. 罗巴切夫斯基. 王联芳译. 罗巴切夫斯基几何学. 绪论. 科学普及出版社, 1958年: 16
③ 注: 列文虎克（Antonie van Leeuwenhoek, 1632—1723），荷兰显微镜学家、微生物学的开拓者
④ 解恩泽主编. 科学蒙难集. 绪论. 湖南科学技术出版社, 1998年: 11-12
⑤ [德] 莱布尼茨. 陈修斋译. 人类理智新论. 第四卷. 商务印书馆, 1982年: 622

相信：随着他的知识的日益增长，他的关于实在图景的描绘也会愈来愈简单，并且它所能解释的感觉印象的范围也会愈来愈广。他也可以相信，知识有一个理想的极限，而人类的智力正在逐步接近这个极限。也就是这样，他可以把这个理想极限叫做客观真理"①。这表明，对于具体的人而言，可能会受到判断能力的制约；但是，人类的智力正在逐步接近知识的理想极限，人类会逐步冲破判断能力和实验条件的制约，对科学理论做出正确的判断。

三、忽视了考察的重要性

英国哲学家卡尔·波普尔认为："科学理论不可能完全得到证明或证实"②，但是"原则上都是可用经验判定的"③。通俗地讲，就是原则上可以依靠经验判断科学理论的真伪。

"经验"一词的含义，在"哲学上指感觉经验。是人们在实践过程中，通过自己的感官直接接触客观外界而获得的对客观事物的表面现象的认识"④。

判断是由具体的人做出的。所以，依靠经验判断，就是依靠具体的人对客观事物的表面现象的认识进行判断。这就必须以具体的人对客观事物的表面现象的认识是客观的、是与事实相符的为前提。否则判断不可能是科学的，也就不能将其称为可以依靠的经验判断。

德国哲学家康德认为："经验的判断，在其有客观有效性时，就是经验判断；但是，那些只有在主观上才有效的判断，我仅仅把它们叫做知觉判断。后者不需要纯粹理智概念，而只需要在一个能思的主体里进行逻辑的知觉连结。然而前者除感性直观的表象之外，还永远要求来源于理智的特殊概念，就是由于这些概念，经验判断才是客观有效的。……因为当一个判断符合一个对象时，关于这同一对象的一切判断也一定彼此互相符合，这样，经验判断的客观有效性就不意味着别的，而只意味着经验判断的必然的普遍有效性。"⑤

---

① [美] 爱因斯坦，利·英费尔德. 周肇威译. 物理学的进化. 上海科学技术出版社, 1962 年: 23
② [英] 卡尔·波普尔. 查汝强，邱仁宗译. 科学发现的逻辑. 科学出版社, 1986 年: 18
③ [英] 卡尔·波普尔. 查汝强，邱仁宗译. 科学发现的逻辑. 科学出版社, 1986 年: 42
④ 夏征农主编. 辞海. 1999 年版普及本. 上海辞书出版社, 2000 年: 3304
⑤ [德] 康德. 庞景仁译. 任何一种能够作为科学出现的未来形而上学导论. 第二编. 商务印书馆, 1982 年: 63-64

可以看出，康德对经验判断的定义有两层含义：其一是客观，其二是有效。"客观"应当是指，具体的人对客观存在的事物表面现象的认识是没有个人偏见的，能够被不同的主体相互检验。"有效"应当是指，具体的人对现象的客观认识与事实相符，对同一对象的一切判断彼此互相符合，或者说，满足第二篇第二章论述的"判断不同主体的客观表述是否等效的相对性原理"。

爱因斯坦讲："科学迫使我们创造新的观念和新的理论，它们的任务是拆除那些常常阻碍科学向前发展的矛盾之墙。所有重要的科学观念都是在现实与我们的理解之间发生剧烈冲突时诞生的，这里又是一个需要有新的原理才能求解的问题。"[①]如果通过卡尔纳普提出的"经验观察"和卡尔·波普尔提出的"检验"来考察对客观事物的表面现象的客观认识是否与事实相符，再把康德讲的"来源于理智的特殊概念"理解为罗素提出的"用分析才能得到从官觉过渡到科学所需要的推理原理"[②]，那么经验判断应当是客观有效的。

如果经验判断是客观有效的，它的前提是对客观事物的表面现象的客观认识与事实相符。那么首先要通过经验观察和检验，来调查客观认识是否与事实相符，也可以说，首先要进行考察，因为考察就是指"调查审察，考查观察"[③]，涵盖了观察、检验和调查、审察；否则难免会出现问题。

英国哲学家约翰·洛克（John Locke，1632—1704）认为："我们先前的判断如果是不正确的，则记忆会产生不良的结果——我自然承认，人们之固执过去的判断，坚信以前的结论，往往是他们所以坚持错误和谬见的原因，不过他们的过失，并不在依靠记忆，唤回先前的良好判断，而在于他们未考察好就来判断。"[④]洛克指出"判断如果是不正确的"其原因有两点：一是思维方法的问题——"固执过去的判断，坚信以前的结论"；二是忽视了考察的重要性——"未考察好就来判断"。

德国数学家、物理学家和哲学家莱布尼茨讲："我们通常是以符合于我们看作无可争议的原则来判断真理的，这就使我们轻视别人的见证，甚至我们感官的见证，要是它们是或显得和这些原则相反的话；但在以如此的确信来加以傲视之前，

---

① [美] 爱因斯坦，利·英费尔德. 周肇威译. 物理学的进化. 上海科学技术出版社，1962 年: 193-194

② [英] 伯特兰·罗素. 温锡增译. 我的哲学的发展. 商务印书馆，1985 年: 189

③ 夏征农主编. 辞海. 1999 年版普及本. 上海辞书出版社，2000 年: 3512

④ [英] 洛克. 关文运译. 人类理解论. 第四卷. 商务印书馆，1983 年: 656

应该以高度的精确性先来对它们加以考察。"①可见，莱布尼茨认为，判断失误是由于"轻视别人的见证"和"傲视"，这是思维方法的问题；而"应该以高度的精确性先来对它们加以考察"，则是说应当高度重视考察的重要性。

洛克和莱布尼茨两位哲学家表述的内容虽然不同，但含义是相近的。他们都认为判断失误的原因，一是思维方法的问题，二是忽视了考察的重要性。英国哲学家、科学家弗兰西斯·培根指出："我清醒地知道，若不首先恰当地考察和找出常见事物的原因，以及那些原因的原因，就不能对罕见的或非凡的事物做出什么判断，更不能揭示出任何新的事物。"②因此，只有高度地重视考察，才能够保证判断所依靠的对客观事物的表面现象的客观认识是与事实相符的，即高度重视考察是进行判断的基础。

瑞士心理学家和哲学家让·皮亚杰讲："客观性是通过逐步接近而困难地达到的……因为主体只是通过自己的活动（不仅仅是通过知觉）来认识现实的，达到客观性要以解除自身中心化为先决条件。"③要做到对客观事物的表面现象的客观认识与事实相符，并不是一件容易的事情，仅仅高度重视考察是不够的，更要解决思维方法的问题。

四、思维方法的问题

科学理论不可能完全得到证明或证实，但是原则上都是可用经验判定的，存在着判断一个理论是否是科学理论的可能性。前面提到，康德指出：经验的判断，在其有客观有效性时，才能称之为经验判断。所以，经验判断首先要求对客观事物的表面现象的客观认识与事实相符；否则，难免会出现判断不正确的问题。因此，不要"未考察好就来判断"，"应该以高度的精确性先来对它们加以考察"，以保证对客观事物的认识是客观的。"达到客观性要以解除自身中心化为先决条件"，即首先要解决思维方法的问题。

可见，科学理论的判断问题一环扣一环，一个问题接着一个问题。面对这样的问题，英国哲学家卡尔·波普尔指出："应当把科学设想为从问题到问题的不断

---

① ［德］莱布尼茨. 陈修斋译. 人类理智新论. 第四卷. 商务印书馆, 1982 年: 622
② ［英］弗·培根. 许宝骙译. 新工具. 第一卷. 第一一九条. 商务印书馆, 1986 年: 93
③ ［瑞士］皮亚杰. 王宪钿等译. 发生认识论原理. 商务印书馆, 1985 年: 92

进步——从问题到愈来愈深刻的问题。……只有通过问题我们才会有意识地坚持一种理论。正是问题才激励我们去学习,去发展我们的知识,去实验,去观察。"①

既然需要做到对客观事物的表面现象的客观认识与事实相符,才能做出判断,才能揭示出新的事物,且这并不是一件容易的事情,因此首先要解决思维方法的问题。那么,通常存在什么样的思维方法问题,使得人们不能客观地、与事实相符地认识事物的表面现象呢?概括地讲,以下带有普遍性的思维方法难以对客观事物做出客观的、实事求是的认识,会导致判断的失误。

(一)不能摆脱传统观念和习惯势力的束缚

科学理论是对自然界的新性质、新规律的发现,可能是用原有理论所无法解释的。人们的思维方法往往受到长期形成的传统观念和习惯势力的影响,看问题容易僵化和绝对,不容易接受新事物。

英国哲学家、科学家培根认为,人们的思维方法受传统观念和习惯势力的影响而难以做到细致考察与深入思考:"人们都不留心注意于熟知习见的事物,只是于过路中把它们接受下来而完全不究问其原因;至于对有关未知事物之求知还不如对既知事物之更常注意。"②不能摆脱传统观念和习惯势力的束缚,就容易忽视对事物的考察,也就难以正确地判断科学理论是否是客观的、与事实相符的。

奥地利物理学家、哲学家恩斯特·马赫讲:"科学思维的进步在于不断地矫正日常思维。"③"哲学作为一种特殊的思维方式……是对人处理和驾驭外部生活世界的认识和实践活动成果进行的反思和总结、概括"④,所以,应当对"外部生活世界的认识和实践活动"进行反思和总结,摆脱传统观念和习惯势力的束缚,这样才能避免思维僵化,而接受新的事物。

(二)缺乏对客观事物的正确认识

事实是科学的基础。"科学知识在一定程度上具有一种特殊地位,因为它是建立在一个可靠的基础之上,而这个基础就是被观察牢固地确定下来的可靠的事实。"⑤

如果主体缺乏对客观事物的正确认识,虽然主体对客体的表述是客观的,但

---

① [英]卡尔·波普尔. 傅季重, 纪树立, 周昌忠, 蒋戈为译. 猜想与反驳. 上海译文出版社,1986 年: 317-318

② [英]弗·培根. 许宝骙译. 新工具. 第一卷. 第一一九条. 商务印书馆,1986 年: 93

③ [奥]恩斯特·马赫. 李醒民译. 认识与谬误. 华夏出版社,2000 年: 8

④ 夏征农主编. 辞海. 1999 年版普及本. 上海辞书出版社,2000 年: 2108

⑤ [英] A. F. 查尔默斯. 鲁旭东译. 科学究竟是什么. 第三版. 商务印书馆. 2007 年:31

由此得出的结论却未必就与客观存在的事实相符，也就是说，客观的表述并不一定就能得出与事实相符的结论；如果主体对客体的表述不是客观的，由此得出的结论肯定与客观存在的事实不符。

要做到客观地认识现实，就必须有正确认识客观事物的思维方法。认识客观事物需要有参照标准，"为了描述一个物体的运动，就需要有另一个为第一个物体所参照的物体"①，这个参照的物体一定是另外一个物体，且一定是独立的，即与客体处于分离状态，这样的参照标准才具有客观性。没有对客观事物的正确认识，就不可能客观地认识客观事物，就像爱因斯坦所讲的"在地球上进行的实验，决不能揭示出地球的任何平移运动"②一样，以"自身中心化为先决条件"的思维方法，难以保证所选择的参照标准是与客体处于分离的状态，所以其表述也就难以与客观事实相符。第二篇第二章已经阐述了如何才能正确地认识客观事物，在此不再重复。

（三）利益既得者不顾客观事实极力维护已得到的利益

导致对科学理论判断失误的，通常是一些学术权威或当权者等利益既得者。他们往往秉持"自身中心化"的思维方法，以维护自身的既得利益为参照标准，对科学理论进行判断，拒斥科学理论的发现。这样的判断不可能与事实相符。因为科学理论的发现是以事实为基础的新事物，本质上是进步的，往往会触犯利益既得者的既得利益。许多哲学家对此做过阐述。

美国科学哲学家托马斯·库恩认为，某些专家为避免对其已经成功完成的许多科学工作重新加以审视，抵制新理论对其特殊职权范围的触犯。"麦克斯韦方程与爱因斯坦方程同样都是革命的，相应地也同样受到抵制。其他新理论的发展，只要这些新理论触犯了某些专家的特殊职权范围，通常也会相应地激起同样的反应。对这些专家们来说，新理论意味着支配常规科学原来实践的许多规则要发生改变。因此新理论必不可免地要对他们已经成功地完成了的许多科学工作加以重新审视。"③

德国哲学家莱布尼茨既风趣又深刻地指出，"自身中心化"的学术权威和当权者会不顾客观事实极力维护已得到的利益："一位有学问的教授，看到他的权威被一个驳斥了他的假说的新手顷刻之间就推翻，这在他是受不了的；他的权威，我

---

① ［美］爱因斯坦. 方在庆等译. 爱因斯坦晚年文集. 什么是相对论. 海南出版社，2000 年：54
② ［美］爱因斯坦. 许良英，范岱年编译. 爱因斯坦文集. 第一卷. 理论物理学的原理. 商务印书馆，1976 年：77
③ ［美］托马斯·库恩. 金吾伦，胡新和译. 科学革命的结构. 北京大学出版社，2003 年：6

说，那是时行了三十或四十年，是熬了许多夜才得来的，是用很多希腊文和拉丁文支撑着的，是受到一种一般的传统和一把可敬的胡子所确证的。人家可以用来说服他说他的假说错了的所有论证，都很少能够在他心中取得优势，就像那北风努力要迫使旅人脱掉他的斗篷一样，那风刮得越厉害，他就把斗篷裹得越紧"[1]，"如果那些有最大权力的人不是有极健全的心灵，则权威或雄辩通常就占上风，尽管它们是联合在一起反对真理的"[2]。

如果学术权威和当权者的思维方法是"自身中心化"的，那么作为利益既得者他们就会不顾客观事实极力维护已得到的利益，而不会对新理论做出客观的、与事实相符的判断，成为科学发展的阻力。

（四）法拉第遭遇的教训

在历史上，学术权威为了维护既得利益而迫害青年科学家的事例并不少见。英国化学家汉弗里·戴维（H. Davy，1778—1829）就很像莱布尼茨描述的那个"有学问的教授"，他的嫉妒以及由此造成的恶果可以说是学术权威阻碍科学发展的一个典型的事例。

英国著名物理学家、化学家迈克尔·法拉第（Michael Faraday，1791—1867）的才能是汉弗里·戴维发现的。戴维将法拉第这个铁匠之子、小书店的装订工招到大研究机关——皇家学院做他的助手。

"法拉第自从 1813 年进入皇家学院，工作和学习都特别勤奋、刻苦，于 1816 年发表第一篇学术论文，到 1821 年已发表 30 余篇。然而，他仍然是个实验助手。……

1820 年，丹麦物理学家奥斯特[3]在实验中发现了电流可以使磁针偏转的事实，于这年 7 月 21 日发表了他的实验报告《电的冲突对磁的作用的一些实验》。……安培[4]、戴维、沃拉斯顿[5]、法拉第等都对此发生了兴趣，并着手进行实验。

法拉第敏锐地看出了奥斯特的发现的重要意义……他认真地分析了奥斯特发现电流致磁针偏转的实验，思索着沃拉斯顿使磁致导线自转试验失败的原因。经过反复试验和思考，他想到……按照作用与反作用原理，导线也必定是试图绕着

---

① [德] 莱布尼茨. 陈修斋译. 人类理智新论. 第四卷. 商务印书馆, 1982 年: 625
② [德] 莱布尼茨. 陈修斋译. 人类理智新论. 第四卷. 商务印书馆, 1982 年: 487
③ 注：汉斯·奥斯特（Hans Christian Oersted, 1777—1851）
④ 注：法国化学家安德烈·玛丽·安培（André-Marie Ampère, 1775—1836）
⑤ 注：英国化学家、物理学家沃拉斯顿（William Hyde Wollaston, 1766—1828）

磁针转，即通电导线绕着磁铁的磁极公转，而不是沃拉斯顿所设想的自转。法拉第就按照这个想法进行了试验。……果然实现了通电导线绕磁铁公转。这个简陋的装置，就是世界上的第一台电动机。这真是一个了不起的成功。

不料，法拉第的成功，不但没有得到赞赏，反而遭到指责。皇家学会的会员议论纷纷，还有人在报上发表文章，指责法拉第'剽窃沃拉斯顿的研究成果'。……

法拉第的'剽窃'实际上是有人'诬陷'。……沃拉斯顿到皇家学院实验室做电磁转动试验时，只有沃拉斯顿、戴维和法拉第三人在场。……从沃拉斯顿对待法拉第的态度看，散布流言蜚语的不会是沃拉斯顿，况且在大家议论纷纷的时候他外出尚未回来。那就只有戴维了。……其实，法拉第的实验与沃拉斯顿的实验是根本不同的，不但方法、技巧、仪器不同，连理论解释也不一样。这一点戴维是最清楚的。……当戴维得知法拉第在他失败的领域取得了成功，虚荣心受到了严重挫伤。他看到，学生超过了老师，区区小实验员超过了堂堂大科学家，因而产生了嫉妒。……嫉妒蒙住了他的眼睛，使他看不见法拉第实验与沃拉斯顿实验的根本区别，看不到法拉第一贯为人诚实、谦虚的事实；他担心学生超过老师的声誉。……

法拉第的朋友们清楚地看到：法拉第做出了许多成绩，引起了欧洲大陆各国科学界的重视，被选为法国科学院通讯院士，可是在皇家学院，依旧只是一个年薪 100 镑的实验助手。……他们决意要为法拉第伸张正义，于是，联络了 29 位皇家学会会员，联名提议法拉第当皇家学会会员候选人，沃拉斯顿教授带头签了名。

戴维听到这个消息勃然大怒。……他忘了自己 24 岁就当选为皇家学会会员，忘了自己没有受过正规的高等教育，而与别人争论说：法拉第资历太浅，没有受过什么教育，不诚实……真是岂有此理！戴维怒冲冲地跑到皇家学院实验室，命令法拉第：'撤回你的皇家学会会员候选人资格证书！'……法拉第冷冷地说：'汉弗里爵士，我既没有提名自己当皇家学会会员候选人，也没有呈交什么证书，我有什么可撤回的呢？''既然你自己不能撤回，法拉第先生，那么我请你转告那些提名你当候选人的皇家学会会员，请他们撤回对你的推荐。'戴维又下了第二道命令。……

戴维暗里散布法拉第是'剽窃'别人的，'不打招呼就闯入了名人的地盘'，这'对法拉第是一次沉重的打击'……戴维对法拉第的嫉妒，使法拉第的才华蒙受了灾难。……妨碍了他首创精神的发挥。……'迫使法拉第不能……继续研究下去'。1829年，沃拉斯顿和戴维这两位电磁学权威相继去世。这似乎为法拉第重新进入电磁学领域扫清了障碍。……直到1831年，他才又回到了最先发生兴趣，并已做出了开创性工作的电磁学领域。……就在这一年的10月17日，他实现了9年前记下的'变磁为电'的理想，发现了具有划时代意义的电磁感应。从此开始撰写他那凝聚着毕生心血的巨著《电学实验研究》。可以想见，如果不是戴维的妒忌，法拉第紧接着他1821年的发现探索下去，电磁感应定律的诞生或许会提早许多年。

戴维是一位伟大的科学家。虽然他仅活了50岁……然而，他获爵士称号以后，开始自觉不自觉地追求和自己身份相符的财产。他与一位富商的女儿、俊俏的小寡妇结了婚。可是，婚后的生活并不美满……他被他那只求虚荣的娇妻推上了虚荣的道路。……在他当了皇家学会会长以后，就更是成了贵族阶层的活跃人物……当他看到他的学生将超过自己的时候，嫉火燃烧，再加上娇妻的煽风点火，便越烧越旺了！"①

戴维作为利益既得者，为了维护既得利益而诬陷法拉第，使法拉第发现的电磁感应定律推迟了十多年才得以诞生，而戴维也走向了自己的反面，成为被人指责的反面教员。

（五）要坚持不懈地以批判的态度探索真理

以"自身中心化"维护既得利益的学术权威和当权者，忘记了古希腊哲学家苏格拉底的质问："你只注意尽力获得金钱，以及名声和荣誉，而不注意或思考真理、理智和灵魂的完善，难道你不感到可耻吗？"②贪心和野心使他们容易主观地相信自己所愿信的："世界上最大的概然性对于要使一个贪心的人和使一个有野心的人看到他的不正确也将毫无用处；而一个情人将十分容易让自己受他情妇的欺骗，的的确确是我们很容易地相信了我们所愿信的。"③

伽利略的思维方法恰恰相反。对伽利略来说，基于观察和实验的事实被当作事实来对待，而与某种先人之见无关，在他看来，重要的事情是接受这些事实，并且建立符合这些事实的理论。所以，美国科学史家 I. B. 科恩（I. Bernard Cohen，1914—2003）认为："伽利略广泛的实验和天文学观察，体现了他的科学哲学的两个革命性特点……第二个涉及伽利略对科学真理的基本态度。……就是：'在决定

---

① 解恩泽主编. 科学蒙难集. 湖南科学技术出版社, 1998 年: 76-84

② 王晓朝译. 柏拉图全集. 第一卷. 申辩篇. 人民出版社, 2002 年: 18

③ [德] 莱布尼茨. 陈修斋译. 人类理智新论. 第四卷. 商务印书馆, 1982 年: 626

任何科学问题时，权威是无用的。'"①

由此看来，要解决思维方法问题，就要像皮亚杰所讲的"达到客观性要以解除自身中心化为先决条件"②。即要冲破主观意识对思维方法的影响，摆脱传统观念和习惯势力的束缚，在观察现实时不能以自身为参考标准，要抛弃贪心和野心。这样才可能有正确的思维方法。

俄国哲学家赫尔岑（Александр Ияанович герцен，1812—1870）谈到个人的体会："只要我的个性跟真理相抗衡，它就限制真理，压抑真理，使真理屈从，听命于它的恣意专横。"③他提出："科学超越了个性，超越了具有偶然性的暂时的个性。"④对于自认为能够客观地认识事物、有成就感而坚持己见的人而言，用科学哲学家伊姆雷·拉卡托斯的观点提醒自己是有益的："实际上，科学行为的标志是甚至对自己最珍爱的理论也持某种怀疑态度。盲目虔信一个理论不是理智的美德，而是理智的罪过。"⑤正如卡尔·波普尔所讲："因为造就科学家的不是他之拥有知识、不可反驳的真理，而是他坚持不懈地以批判的态度探索真理。"⑥只有尊重事实，坚持不懈地以批判的态度进行自我反思，才有可能探索到真理，因为科学的基础是事实。当然，要探索真理还要掌握理论思维方法，这正是下一章所要论述的内容。

五、判断应当有三种可能的结果

（一）康德提出的两种判断

德国哲学家康德讲："如果大家把事物的进程按照它实际是什么样子而不是按照它应该是什么样子来看待的话，那么就有两种判断可下：一种是在研究以前下

---

① [美] 科恩. 杨爱华等译. 科学革命史. 第三编. 军事科学出版社，1992 年：142. 注：I. B. 科恩这部著作的另一个中文译本是：鲁旭东，赵培杰，宋振山译. 科学中的革命. 商务印书馆，1998 年. 在《科学中的革命》中，所引用的内容被翻译为："伽利略大量的实验和天文学观察包含了他的科学的哲学中两个革命的特征……第二个特征与伽利略的探讨工作有关……就是'在裁决任何科学问题时权威不足为据'。"见 [美] 科恩. 鲁旭东等译. 科学中的革命. 第三部. 商务印书馆，1998 年：179-180
② [瑞士] 皮亚杰. 王宪钿等译. 发生认识论原理. 商务印书馆，1985 年：92
③ [俄] 赫尔岑. 李原译. 科学中华而不实的作风. 论文一. 商务印书馆，1981 年：9
④ [俄] 赫尔岑. 李原译. 科学中华而不实的作风. 论文一. 商务印书馆，1981 年：14
⑤ [英] 伊·拉卡托斯. 兰征译. 科学研究纲领方法论. 导言. 上海译文出版社，1986 年：1
⑥ [英] 卡尔·波普尔. 查汝强，邱仁宗译. 科学发现的逻辑. 科学出版社，1986 年：245

的判断……另外一种是在研究以后下的判断。"①

对于第一种判断，即"在研究以前下的判断"，康德认为："如果普通形而上学所提出来的东西都是确定无疑的（就像几何学那样），那么第一种判断方法就是有效的；因为，从某些原则得出来的结论如果同既定的一些真理相反，那么这些原则就是错误的，用不着加以进一步的审查就要把它们抛弃掉。"②

按康德的观点，如果有人提出，能够制造不需要任何燃料和动力而不断做功的机器；那么不用研究就可以判断：那是不可能制造出来的，因为它违反热力学第一定律。同样，如果有人提出，能够制造从一个热源吸热，并将热全部转变为功的热机；那么不用研究就可以判断：那也是不可能的，因为它违反热力学第二定律。用不着加以进一步的审查，就可以把它们抛弃掉。

康德所讲的第一种判断是有条件的，即存在着确定无疑的既定的真理作为判断的标准；否则，第一种判断方法就是要不得的。康德认为："如果形而上学不具有一大批十分靠得住的（综合）命题，甚至如果这些命题里边许多表面上看来是最好的，但在其结果上却是互相抵触的，而且如果找不出什么真正形而上学的（综合）命题的真理标准来，那么第一种判断方法就是要不得的……必须首先研究它的原则，然后才能判断它是否有价值。"③也就是说，对于不具备第一种判断条件的，要采用第二种判断，即"研究以后下的判断"。

（二）用推理分析方法来判断是有前提条件的

前面曾论述，惯性定律不能直接从实验得出，不能被直接实验所证实，不能被证明；然而通过卡尔纳普提出的"经验观察"和卡尔·波普尔提出的"检验"，运用罗素提出的"用分析才能得到从官觉过渡到科学所需要的推理原理"进行推理分析，可以判断惯性定律是科学的。

但是应当指出，并不是所有的不能被直接实验所证实或不能被证明的理论，都可以应用推理分析方法来判断它们是否是科学的。因为应用推理分析方法进行判断是有条件的。应用推理分析方法进行判断的前提条件，不仅是"必须得到事实的支持"，而且是必须存在两个已经发生的或者能够再现的、可以通过"经验观察"和"检验"证实的事实，对"事实上没有人怀疑的那些种类的推理"加以分析。如果其发生与时间相关，那么一个事实是在被判断事件之前发生，另一个事

① ［德］康德. 庞景仁译. 任何一种能够作为科学出现的未来形而上学导论. 附录. 商务印书馆, 1982 年: 169
② ［德］康德. 庞景仁译. 任何一种能够作为科学出现的未来形而上学导论. 附录. 商务印书馆, 1982 年: 169-170
③ ［德］康德. 庞景仁译. 任何一种能够作为科学出现的未来形而上学导论. 附录. 商务印书馆, 1982 年: 170

实是在被判断事件之后已经发生，才能应用推理分析方法进行判断。

正如科学哲学家伊姆雷·拉卡托斯所讲："在科学推理中，理论要面对事实；科学推理的主要条件之一就是理论必须得到事实的支持"①，"一个名副其实的科学家是不容许猜测的：他必须由事实来证明他所说的每一句话。这就是科学诚实性的标准"②。

（三）判断也许需要做多年的实验研究

如前所述，科学理论不能被证明，又存在不能被直接实验所证实的理论，而且并不是所有的不能被直接实验所证实或不能被证明的理论，都可以应用推理分析方法来判断它们是否是科学的。这表明，有些理论既不能被直接实验所证实或证明，也不能应用推理分析方法来判断它们是否是科学的。这种情况显然不适合康德所讲的第一种判断，而只能采用康德所讲的第二种判断，即"在研究以后下的判断"。既然是研究，就需要时间。

爱因斯坦认为，对"理论的原理"的判断，也许需要做多年的实验研究："明确提出的原理所导致的一些结论，是完全或者几乎完全处于我们的经验在目前所及的实在范围之外。在那种情况下，要断定这些理论的原理是否符合实在，也许需要作多年的实验研究。在相对论中就有这样的例子。"③说明对于一些理论需要经过多年的实验研究之后才能做出判断。科学哲学家伊姆雷·拉卡托斯也有类似的看法："我主张典型的描述重大科学成就的单位不是孤立的假说，而是一个研究纲领"④，"科学研究纲领方法论并不提供即时的合理性。必须宽厚地对待年轻的纲领：研究纲领可能需要几十年的时间才开始发展并成为经验上进步的纲领"⑤。

这表明，对于一个新提出的理论也许需要经过多年的实验研究后才能做出判断。

（四）判断应当有三种可能的结果

对科学理论的判断不仅需要时间，还要充分估计它的复杂和困难。具体的人的认识受到自我意识的局限。"每一判断按照经验意识来说都是人类精神的一个行

---

① ［英］伊·拉卡托斯. 兰征译. 科学研究纲领方法论. 导言. 上海译文出版社, 1986 年: 2
② ［英］伊·拉卡托斯. 兰征译. 科学研究纲领方法论. 导言. 上海译文出版社, 1986 年: 3
③ ［美］爱因斯坦. 许良英, 范岱年编译. 爱因斯坦文集. 第一卷. 理论物理学的原理. 商务印书馆, 1976 年: 77
④ ［英］伊·拉卡托斯. 兰征译. 科学研究纲领方法论. 导言. 上海译文出版社, 1986 年: 5
⑤ ［英］伊·拉卡托斯. 兰征译. 科学研究纲领方法论. 导言. 上海译文出版社, 1986 年: 8

动；因为判断的一切行动条件都在经验性的自我意识里。"①判断只是具体人的经验性的自我意识的反映，所以是暂时的，不是绝对的。因为"人不具有用律令确立真理的那种权威；我们应当服从真理；真理超越人的权威"②，所以"应该注意：肯定的判决只能暂时支持这理论，因为随后的否定判决常会推翻它。只要一个理论经受住详细而严格的检验，在科学进步的过程中未被另一个理论取代，我们就可以说它已'证明它的品质'，或说'它已得到验证'"③。"科学史表明，永远不必把具有否定结果的实验看作是判决性的。胡克借助他自己的天平无法证明地球的距离对物体重量的影响，但是用今天极其灵敏的天平容易证明这一点。"④

德国哲学家莫里茨·石里克（Moritz Schlick，1882—1936）认为，不可能有完全精确的观察："无论是粒子概念还是波的概念，它们本身都不能产生出事件的直觉的或图像式的模型。按不同情况，这两种互相排斥的描述有时这种有时那种会显得最切实用。这一事实表现为：在根本上说来不可能有完全精确的观察。"⑤

上述这些因素必然会导致对某些新提出的理论不能立即做出正确的判断。

不难看出，康德所讲的第一种判断会有两种可能的结果，一种可能的结果是真，另一种可能的结果是伪。而康德所讲的第二种判断却有些不同，因为是在研究以后下判断，而研究需要时间，"也许需要作多年的实验研究"，在研究中又"不可能有完全精确的观察"，"必须宽厚地对待"，所以不能立即判断是真是伪。客观地讲，不能立即判断是真是伪也是一种判断结果，可以称之为有待研究。所以说，依靠判断来断定一个新提出的理论的真伪，应当有三种可能的结果：其一是真，其二是伪，其三是有待研究。

①［德］费希特. 王玖兴译. 全部知识学的基础. 第一部分. 商务印书馆, 1986 年: 11
②［英］卡尔·波普尔. 傅季重, 纪树立, 周昌忠, 蒋戈为译. 猜想与反驳. 导论. 上海译文出版社, 1986 年: 42
③［英］卡尔·波普尔. 查汝强, 邱仁宗译. 科学发现的逻辑. 科学出版社, 1986 年: 7
④［奥］恩斯特·马赫. 李醒民译. 认识与谬误. 华夏出版社, 2000 年: 212
⑤［德］莫里茨·石里克. 陈维杭译. 自然哲学. 商务印书馆, 1997 年: 57

六、小结

（一）判断出现失误的原因一定出在做出判断的具体的人身上

判断是由具体的人来做出的。判断的对象是已经发生的对客体的描述，它在判断时是不会改变的；而被描述的客体是大自然规律，是已经实际发生的，更是不会改变的。如果判断出现了问题，比如对客体的描述与客体的客观存在相符时，被断定为伪；或对客体的描述与客体的客观存在不相符时，反而被断定为真；那么一定不是判断的对象出现了问题，也不会是客体出现了问题，因为它们都是实际发生且不会改变的，问题一定出在做出判断的具体的人身上。

（二）判断失误的原因之一是受到判断能力和实验条件的制约

不断发现科学新知识、新理论是一个持续的、永无止境的探索过程，对于智力是有限度的具体的人而言，而且又是在不具有充分条件的情况下进行判断，来自判断能力和实验条件的制约显然是不可不避免的。但是，人类的智力正在逐步接近知识的理想极限，人类会逐步冲破判断能力和实验条件的制约，对一个新提出的理论做出正确的判断。

（三）判断失误的原因之二是忽视了考察的重要性

只有高度地重视考察，才能够保证判断所依靠的对客观事物的表面现象的认识是客观的、与事实相符的。即高度重视考察是进行判断的基础。

（四）判断失误的原因之三是思维方法的问题

概括地讲，以下带有普遍性的思维方法会致使对客观事物的认识难以客观、难以与事实相符，进而导致判断的失误。

其一，不能摆脱传统观念和习惯势力的束缚；

其二，缺乏正确哲学思想的指导；

其三，利益既得者不顾客观事实极力维护已得到的利益。

（五）判断应当有三种可能的结果

康德所讲的第一种判断是有条件的，即存在着确定无疑的既定的真理作为判断的标准。所以第一种判断会有两种可能的结果：一种结果是真，另一种结果是伪。而康德所讲的第二种判断却有些不同，因为是在研究以后下判断，而研究需要时间，"也许需要作多年的实验研究"，在研究中又"不可能有完全精确的观察"，"必须宽厚地对待"，所以可能无法立即判断是真是伪。客观地讲，不能立即判断是真是伪也是一种判断结果，可以称之为有待研究。所以说，依靠判断来断定一个新提出的理论的真伪，应当有三种可能的结果：其一是真，其二是伪，其三是有待研究。

第六章　理论思维方法

"正如人们所已觉察到的那样，为了具有真正的知识，必须在科学上从头开始，而不要让自己给这些久已为人们所广为流传的观点顺利地成为先入之见。"①

"我重申，不存在这样一种关于科学和科学方法的普遍主张，它可以适用于所有的科学和科学发展的所有历史阶段。"②

人类要快速地远行就需要有合适的交通工具，在陆地上需要有合适的"车"，在水面上需要有合适的"船"。探索大自然、对理论做出判断，不仅需要有正确的思维，还需要有正确的方法，"方法，对于探求事物真理是[绝对]必要的"③。

一、科学理论与大自然规律之间存在着差异

科学理论是系统化的科学知识，是人类对大自然规律的表述，并不是客观存在的大自然规律。表述与存在之间会有差异，所以，科学理论与大自然规律之间也就存在着差异。

通过知识的不断积累和探索大自然的工具的不断改进，人类逐步加深了对大自然的认识。但是，人的知识、工具的有限性和大自然的无限性，决定了人的认识的相对性，也决定了人的认识能力的有限性。所以，人类表述大自然规律的科学理论与客观存在的大自然规律之间有着一定的差异。虽然随着探索大自然的工

① [法] 孔狄亚克. 洪洁求译. 人类知识起源论. 第二卷. 第二篇. 商务印书馆, 1997 年: 240-241
② [英] A. F. 查尔默斯. 鲁旭东译. 科学究竟是什么. 第三版. 商务印书馆, 2007 年: 287
③ [法] 笛卡尔. 管震湖译. 探求真理的指导原则. 原则四. 商务印书馆, 1991 年: 13

具的不断改进、人类表述大自然规律的科学理论的不断发展，科学理论与客观存在的大自然规律之间的差异在不断缩小，但是由于具体的人在认识上的有限性及其表述的特点，人类表述大自然规律的科学理论永远不会与客观存在的大自然规律完全吻合。人类对大自然规律的认识是相对的，所以人类表述大自然规律的科学理论也是相对的。

英国数学家、逻辑学家 A. N. 怀特海（Alfred North Whitehead，1861—1947）讲："理论的冲突不是一种灾难而是一种幸运。"[①] 人类探索大自然规律有一个认识的过程，在探索过程中形成的理论，有可能与客观存在的大自然规律基本相符，也可能完全不符，还有可能对同一种大自然规律有两种不同的理论表述，产生理论冲突，却都与客观存在的大自然规律基本相符。

比如对电场的表述，从磁铁参照系来看，一定没有电场；而从导体参照系来看，一定有电场。"爱因斯坦在 1919 年写的一篇文章《相对论发展中的基本思想和方法》"中说："我不能接受这是两种基本不同情形的思想。我深信这两种情形之间的差别不是实质性的差别，宁可说只不过是参考点选择的差别，从磁铁参考系来看，一定没有电场，而从导体参考系来看，一定有电场。因此电场的存在是相对的，依赖于所选用的坐标系统的运动状态。唯一可以接受的客观事实是完全与观察者或坐标系统的相对运动状态无关的联合在一起的电磁场。这个电磁感应现象迫使我假设狭义相对论原理。"[②]

"我还要从现代物理科学中举出一个例子来。自从 17 世纪牛顿和惠根斯的时代以来，关于光的物理性质的问题一直存在着两种说法。牛顿的理论认为：光是由微粒流组成的。当微粒撞击到我们的网膜时，我们就会产生光的感觉。惠根斯则认为：光是由一种无所不在的以太所产生的极细微的振动波构成的，这些波随同光线一道传播。这两个说法是互相矛盾的。在 18 世纪时，人们都相信牛顿的说法，而 19 世纪时人们却相信惠根斯的说法。今天我则发现一大群现象只能用波动说解释，而另一群现象则只能用微粒说解释。科学家们目前只得暂时保持现状，等待将来眼界打开时，再把这两种说法调和起来。"[③]

可以做一个形象的比喻：就如同人们要表述地球的表面形态，一个人从中国上海市出发向东走，在他行进的初期，看到的是无边无际的海洋，于是他开始描

---

① ［英］A. N. 怀特海. 何钦译. 科学与近代世界. 商务印书馆，1989 年：177
② 向义和. 物理学基本概念和基本定律溯源. 高等教育出版社，1994 年：第十一章（四）
③ ［英］A. N. 怀特海. 何钦译. 科学与近代世界. 商务印书馆，1989 年：176

述地球表面主要是由水构成；另一个人从中国上海市出发向西走，在他行进的初期，看到的是无边无际的田野和山脉，于是他开始描述地球表面主要是由陆地构成；两人继续往前行，前者在海洋上看到了陆地，后者在经过陆地后看到了海洋。当两个人都绕地球走了半圈会合时，他们发现原来地球表面既有海洋也有陆地，海洋和陆地是相融合的。在这两个人行进的初期，他们对同一事物的表述完全不同，但他们的表述却都与客观存在的事物基本相符。

科学理论是人类对大自然规律的表述，它并不是客观存在的大自然规律，而是一种相对的描述。就是说，人类表述大自然规律的科学理论与客观存在的大自然规律之间有着一定的差异，而这差异来自表述者认识上的有限性及其表述的特点。所以，应当通过研究人类对大自然规律的认识过程和科学理论的表述特点。来认识科学理论的特征，这样才能够有益于在探索大自然规律的过程中对科学理论进行判断，有益于科学理论的形成。

二、数学和逻辑是认识大自然的两个基石

人类的进化是一个漫长的过程。美国当代著名历史学家 L. S. 斯塔夫里阿诺斯（Leften Stavros Stavrianos，1913—2004）讲："人类祖先在距今约 35000 年时终于完成了自己的整个进化过程，而转变为人类——'能进行思维的人类'。"[①]

（一）人类能够进行思维的根源在于人的大脑的特性

能够进行思维是人类的特征，而其表现形式是语言。"思维与语言有着不可分割的联系。思维活动在语言形式之中进行，语言是思维的工具。"[②]

英国人类学家爱德华·伯内特·泰勒（Edward Burnett Tylor，1832—1917）讲："语言能力是动物和人智力区别最明显的标志"[③]，"很明显，正是由于语言，人的智力才获得了产生和识别高级抽象观念的能力……问题不只在于最高级的类人猿缺乏语言；问题还在于它们没有那种可以使它们能够获得哪怕是语言萌芽的大脑组织。人类运用语言甚至运用手势来作为思想的标志以及作为跟其他人交流

① [美] L. S. 斯塔夫里阿诺斯. 吴象婴，梁赤民译. 全球通史——1500 年以前的世界. 第一篇. 上海社会科学院出版社，1999 年：66

② 金炳华等编. 哲学大辞典. 修订本. 上海辞书出版社，2001 年：1377

③ [英] E. B. 泰勒. 连树声译. 人类学. 上海文艺出版社，1993 年：45

思想的手段，这种才能是最重要的关键之一；通过这一关键，我们以最清楚的方式从一系列低级动物中脱颖而出。"①

人类运用语言的才能是人类能够进行思维的表现。"思维是人脑对现实世界能动的、概括的、间接的反映过程，包括逻辑思维与形象思维"②，所以人类能够进行思维的根源在于人的大脑的特性。美国心理生物学家罗杰·斯佩里博士（Roger Wolcott Sperry，1913—1994）"由于发现大脑左右半球在功能上不同而获1981年诺贝尔生理学和医学奖"③。关于人的大脑，"斯佩里等人得出了新的关于左右半球专门化功能的认识。即左半球功能基本上是分析的、逻辑的、计算的、语言的，右半球功能则是空间的、综合的、音乐的、直觉感觉的"④。

概括地讲，人的左脑主要从事逻辑思维，右脑主要从事形象思维。而"思维的方法是抽象、概括等"⑤。在人类认识大自然的漫长历程中，对数字的抽象是人类思维的巨大进步。

（二）对数字的抽象是人类形象思维抽象的结果

"人类对数字的认识，大概在旧石器时代就已出现，当把猎物分割成小块时会产生多与少的数字、数量概念。"⑥ E. B. 泰勒认为："现在，摆在我们面前的任务，是一般地探求科学的产生及其发展。……我们应当首先研究人如何学会计算……我们自己也在童年时代开始按手指学习算术，就是到了成年时代有时还用手指。……许多由最鲜明的形象证明的语言，对这个问题提供了回答，是用手指脚趾来计算，导致数字名称的确立。"⑦泰勒的叙述证实了英国生物学家、进化论的奠基人达尔文⑧的观点："计数发源于手算，最初用一只手，然后用两只手，最后连脚趾也用上了。"⑨直至今日人们仍然用手指教刚刚学说话的孩子计数。

"我们从牙牙学语的时候，就知道了'1'。但是，1究竟是什么呢？是一个皮球吗？是一把椅子吗？是一只白兔吗？又都不是。如果它是一个皮球，就不能又

① [英] E. B. 泰勒. 连树声译. 人类学. 上海文艺出版社, 1993 年: 46

② 金炳华等编. 哲学大辞典. 修订本. 上海辞书出版社, 2001 年: 1377

③ 金炳华等编. 哲学大辞典. 修订本. 上海辞书出版社, 2001 年: 1390

④ 王延光. 斯佩里对裂脑人的研究及其贡献. 中华医史杂志. 第 28 卷. 1998 年（1）: 59

⑤ 金炳华等编. 哲学大辞典. 修订本. 上海辞书出版社, 2001 年: 1377

⑥ 安家瑗, 安家瑶. 世界古代前期科技史. 中国国际广播出版社, 1996 年: 45

⑦ [英] E. B. 泰勒. 连树声译. 人类学. 上海文艺出版社, 1993 年: 286-287

⑧ 查尔斯·罗伯特·达尔文（Charles Robert Darwin, 1809—1882）

⑨ [英] 达尔文. 人类的由来及性选择. 第一部分. 新华出版社, 1997 年: 171

是一把椅子。但我们使用它的时候，它既可以是一把椅子，又可以是一个皮球，它还可以是一个别的什么东西。可以说，1是高度抽象的结果。你坐着的这把椅子，你看得见，摸得着，是具体的东西。如果说一把椅子，就不具体了。是哪一把呢？是新的还是旧的？反正是一把椅子。这椅子是抽象的，不是具体的。一把椅子，一只白兔，一个皮球，都已经是抽象的概念了，它已丢掉了事物的许多具体特征，椅子的质料，白兔的品种，皮球的颜色，等等。但还不算太抽象。因为它们是从具体事物直接抽象而来的。在这个基础上，再抽象一次，把椅子、白兔、皮球这些东西又舍掉，便剩下了一个赤裸裸的1。"①

对数字的抽象是人类形象思维抽象的结果。"我们今天都很熟悉数的观念，我们习惯于同抽象的三或五打交道，不管手指也好，苹果也好，或日子也好；因此，我们难于认识到当人们第一次看出几组不同事物的本质属性五的时候；这在实用数学和哲学方面是怎样一个巨大的进步。在实用数学方面，这个发现使算术成为可能；在哲学方面，这个发现促使人们相信数是实在世界的基础。"②

有了对数字的抽象，数学才成为可能。"数学概念是抽象的，是从现实世界的数量关系或别的关系、空间形式或别的形式中抽象出来的。……数学家提出的概念不是创造，而是对这种客观存在的描述"③，数学是人类形象思维抽象的结果，体现了右脑的功能。

"今天，数学研究对象是一切抽象结构——所有可能的关系与形式。数学向一切学科渗透。"④现在已经无法想象，如果没有数学，人类将如何生存。人类要认识实实在在的大自然，就不能没有数学。

（三）逻辑是对人类逻辑思维的抽象

人类对大自然的认识是一个信息传递和积累的过程。信息的传递需要语言，"语言，这个我们借以表达科学知识的唯一工具，在其起源及其主要功用方面，基本上是社会性的"⑤。对大自然认识的积累是对语言表述的记载。

语言是思维的工具，正确的思维要遵守形式逻辑的基本规律。"形式逻辑的基本规律虽然只能存在并作用于人们的思维表述过程之中，但同客观事物的规律一

---

① 张景中. 数学与哲学. 中国少年儿童出版社, 2003 年: 60
② [英] W. C. 丹皮尔. 李珩译. 科学史. 上册. 商务印书馆, 1997 年: 51.
③ 张景中. 数学与哲学. 中国少年儿童出版社, 2003 年: 62
④ 张景中. 数学与哲学. 中国少年儿童出版社, 2003 年: 131
⑤ [英] 罗素. 张金言译. 人类的知识. 第一部分. 商务印书馆, 1983 年: 10

样，也是具有不以人的意志为转移的客观必然性或强制性。思维的表述一旦违反了这些规律的要求，正确思维所必须具备的确定性、不矛盾性、明确性就会被破坏，人们对客观事物的认识、交流等等，就会发生混乱，思维也就不可能去正确地反映客观事物及其规律。"[①]

如果语言表述是语无伦次、毫无逻辑的，那么人们之间将无法正常地传递信息。所以，语言表述必须符合逻辑，逻辑"表示思维的规律、规则"[②]。语言表述是逻辑思维，逻辑是对人类逻辑思维的抽象，体现了左脑的功能。

（四）科学理论既不能脱离数学也不能脱离逻辑

人类完成整个进化过程的标志是能够进行思维。人类能够进行思维的根源在于人的大脑的特性。思维是人类大脑对现实世界能动的、概括的、间接的反映过程。人的大脑由左脑和右脑组成，左脑主要从事逻辑思维，右脑主要从事形象思维。人类认识大自然，就要充分发挥人类大脑的全部功能。数学是人类形象思维抽象的结果，是对现实世界的数量关系、空间形式等客观存在的描述，可以充分发挥人类右脑主要从事形象思维的功能。逻辑是人类逻辑思维的抽象，可以充分发挥人类左脑主要从事逻辑思维的功能，以使语言表述和推理具有有效性。

人类通过形象思维的抽象和逻辑思维的抽象来认识大自然。人类认识大自然的重要标志是形成有关系统化科学知识的科学理论。因为通常所说的科学理论是人类对大自然"关于客观事物的本质及其规律性的相对正确认识。是经过逻辑论证和实践检验并由一系列概念、判断和推理表达出来的知识体系。具有系统性、逻辑性、真理性、全面性等基本特征"[③]。

科学理论是人类对大自然规律的表述，大自然规律体现在大自然客观存在的实在物上，所以认识大自然规律就必须对大自然客观存在的实在物给予数量的描述。科学理论离不开数学，"一切实在物皆有形，形可以用数描述。运动与变化伴随着能量的交换与转化，能量可以用数表示。人的知识本质上是信息，信息可以用数记取。万物有质的不同，但质又可以用数刻划。人们对世界的认识愈深入，对数的重要性也愈有深刻体会"[④]。"数学理论不是以揭示我们事物的真正性质为目的；如有这种奢望那就未免不合理了。它唯一的目的，只在整理实验所告诉我

---

① 唐晓嘉，涂德辉编著. 逻辑学导论. 西南师范大学出版社，2004 年: 293

② 金炳华等编. 哲学大辞典. 修订本. 上海辞书出版社，2001 年: 925

③ 夏征农主编. 辞海. 1999 年版普及本. 上海辞书出版社，2000 年: 4959

④ 张景中. 数学与哲学. 中国少年儿童出版社，2003 年: 12

们的物理定律；然而如果不靠数学，则我们连这些定律都将说不出来。"①

而科学理论的形成依赖于人的思维，需要形象思维的抽象和逻辑思维的抽象。数学是人类形象思维的抽象，逻辑是人类逻辑思维的抽象。如瑞士心理学家和哲学家皮亚杰所讲："简言之，物理事实只有经过逻辑—数学构架的中介才能为我们所认识，从事实的验证开始就是这样，在归纳推理过程中就更是这样。"②没有数学和逻辑的基础就无法形成具有系统性、逻辑性、真理性、全面性等基本特征的科学理论。

"数学是研究数量的形式结构的科学,而形式逻辑是研究思维的形式结构的科学，所以数学和逻辑的定义、定理、原理、法则等的正确性都取决于其抽象结构，而不涉及各种事物的具体内容。"③科学理论是对客观事物的本质及其规律性的相对正确的认识，它不能脱离客观事物的具体内容，所以科学理论不同于数学和逻辑。但是，科学理论是对大自然客观事物规律性的表述，具有系统性、逻辑性、真理性、全面性等基本特征，那么这种表述既不能脱离数量的形式结构，也不能脱离思维的形式结构。即科学理论既不能脱离数学，也不能脱离逻辑。所以，数学和逻辑是人类认识大自然的两个基石。

三、归纳和演绎是人类基于数学和逻辑认识世界的两大基本方法

人类认识大自然的目的绝不是满足于对大自然现象的直观描述，而是由已经获得的对大自然现象的了解得出某些更具一般性的结论，形成科学理论。科学理论是对大自然客观事物规律性的表述，它不能脱离客观事物的具体内容。由于数学和逻辑不涉及各种事物的具体内容，所以虽然科学理论的表述离不开数学和逻辑，但是单纯依靠数学和逻辑无法得出体现在大自然客观事物上的某些更具一般性的结论。"方法，对于探求事物真理是[绝对]必要的。"④那么，用什么方法可以从事物的个别现象得出某些更具一般性的结论呢？

① [法] 彭加勒. 叶蕴理译. 科学与假设. 第四部分. 商务印书馆, 1989 年: 146
② [瑞士] 皮亚杰. 王宪钿等译. 发生认识论原理. 商务印书馆, 1985 年: 90
③ 孙名符主编. 数学·逻辑与教育. 高等教育出版社, 1994 年: 66
④ [法] 笛卡尔. 管震湖译. 探求真理的指导原则. 原则四. 商务印书馆, 1991 年: 13

（一）亚里士多德提出归纳法

古希腊哲学家、科学家亚里士多德认为归纳可以从事物的个别现象得出某些更具一般性的结论："归纳则是从个别到一般的过程。……归纳更有说服力也更清楚，更容易为感觉知晓，因而能够被多数人运用。"[①]

英国哲学家、科学家弗兰西斯·培根讲："我对于解释自然的指导含有两个类别的分部：一部是指导人们怎样从经验来抽出和形成原理；另一部是指导人们怎样从原理又来演出和推出新的实验。"[②]培根所讲的前一部分"怎样从经验来抽出和形成原理"就是指归纳法。"我们还必须使用归纳法，真正的和合格的归纳法，这才是解释自然的真正钥匙"[③]，"正是这种归纳法才是我们的主要希望之所寄托"[④]。

（二）什么是归纳法

归纳是"从个别或特殊的经验事实出发推出一般性原理、原则的推理形式、思维进程和思维方法"[⑤]。归纳法是归纳的具体方法，在《辞海》和《哲学大辞典》中都给出了相同的解释："从个别的或特殊的经验事实出发而概括得出一般性原理、原则的思维方法"[⑥]。英国著名经济学家和哲学家、古典归纳逻辑的集大成者约翰·斯图亚特·穆勒（John Stuart Mill，1806—1873）在《逻辑学体系》[⑦]中讲："什么是归纳呢？所谓归纳，就是'发现和证明普遍命题的活动'。"[⑧]

"归纳法有时也指'归纳推理'……归纳推理有时也称'归纳法'。"[⑨]归纳、归纳法、归纳推理，都是从个别或特殊的经验事实出发推出一般性原理、原则的思维方法，所以在下面的阐述中不再对它们严格地加以区分。

先简介一下归纳法。中国全日制普通高中数学教科书就讲授数学归纳法："如果我们设想：先证明当 n 取第一个值 n_0（例如 $n_0=1$）时命题成立，然后假设 $n=k$（$k \in N$，$k \geqslant n_0$）时命题成立，并证明 $n=k+1$ 时命题成立，那么就证明这个

---

① 苗力田主编. 余纪元译. 亚里士多德全集. 第一卷. 论题篇. 中国人民大学出版社, 1997 年: 366

② [英] 弗·培根. 许宝骙译. 新工具. 第二卷. 商务印书馆, 1986 年: 117

③ [英] 弗·培根. 许宝骙译. 新工具. 第二卷. 商务印书馆, 1986 年: 117-118

④ [英] 弗·培根. 许宝骙译. 新工具. 第一卷. 商务印书馆, 1986 年: 82

⑤ 夏征农主编. 辞海. 1999 年版普及本. 上海辞书出版社, 2000 年: 3023

⑥ 夏征农主编. 辞海. 1999 年版普及本. 上海辞书出版社, 2000 年: 3024; 金炳华等编. 哲学大辞典. 修订本. 上海辞书出版社, 2001 年: 482

⑦ 注：*A System of Logic*，1843

⑧ 邓生庆, 任晓明. 归纳逻辑百年历程. 中央编译出版社, 2006 年: 41

⑨ 夏征农主编. 辞海. 1999 年版普及本. 上海辞书出版社, 2000 年: 3024

命题成立。因为证明了这一点，就可以断定这个命题对于 n 取第一个值后面的所有正整数也都成立。这种证明方法叫做数学归纳法。"①

中国著名数学家华罗庚（1910—1985）在《数学归纳法》中讲："五条自然数的性质是由 Peano②抽象出来的，因此通常把它叫做自然数的裴亚诺（Peano）公理。特别的，其中性质（5）是数学归纳法（也称完全归纳法）的根据。"③

华罗庚用非常通俗的语言解释了数学归纳法："以识数为例。小孩子识数，先学会数一个、两个、三个；过些时候，能够数到十了；又过些时候，会数到二十、三十……一百了。但后来却决不是这样一段一段地增长，而是飞跃前进。到了某一个时候，他领悟了，他会说：'我什么数都会数了。'这一飞跃，竟从有限跃到了无穷！怎样会的？首先，他知道从头数；其次，他知道一个一个按次序地数，而且不愁数了一个以后，下一个不会数。也就是他领悟了下一个数的表达方式，可以由上一个数来决定，于是，他也就会数任何一个数了。设想一下，如果这个飞跃现象不出现，那末人们一辈子就只能学数数了，而且人生有限，数目无穷，就是学了一辈子，也决不会学尽呢！解释这个飞跃现象的原理，正就是数学归纳法。数学归纳法大大地帮助我们认识客观事物，由简到繁，由有限到无穷。"④

（三）归纳法在实践中的应用

其实人们在认识大自然的过程中，都在用着归纳法。"我们看到鸡生蛋、鸭生蛋、麻雀生蛋、鸽子生蛋……便形成一种看法。所有的鸟都生蛋。这就是在应用归纳推理的方法。"⑤

"无论我们是带着某些为已有理论所不能完全解答的问题而进行探索，从事观察和实验，还是在观察、实验中发现了新的问题，我们都不会始终停留在直接获得的那些个别的、直观的结果上，我们要由已经获得结果得出某些更具一般性的结论。这些结论被称作假说，它们以科学命题的形式加以表述和记录。假说的断定范围超出了所根据的那些结果，也超出了在得出假说时所依据的科学原理的范围。……他们从直接获得的观察、实验结果得出某一假说，由于假说的断定范围超出了所根据的那些观察、实验结果的断定范围，二者之间实质上便构成了一个

---

① 全日制普通高级中学教科书—数学. 第三册. 选修 II. 人民教育出版社, 2004 年: 62
② 注：裴亚诺（G. Peano, 1858—1932），意大利数学家
③ 华罗庚. 数学归纳法. 上海教育出版社, 1963 年: 55
④ 华罗庚. 数学归纳法. 上海教育出版社, 1963 年: 3
⑤ 张景中. 数学与哲学. 中国少年儿童出版社, 2003 年: 121

归纳推理。"①也就是说，我们实质上是在应用归纳法由已经获得的结果得出某些更具一般性的结论。

英国哲学家、数理逻辑学家伯特兰·罗素在他的著作《哲学问题》的第六章中，给出了由两个部分构成的归纳法原则：

> 归纳法原则，它的两个部分可以表述如下：
>
> （甲）如果发现某一事物甲和另一事物乙是相联系在一起的，而且从未发现它们分开过，那么甲和乙相联系的事例次数越多，则在新事例中（已知其中有一项存在时）它们相联系的或然性也便愈大。
>
> （乙）在同样情况下，相联系的事例其数目如果足够多，便会使一项新联系的或然性几乎接近于必然性，而且会使它无止境地接近于必然性。②

罗素讲："所有基于经验的论证，不论是论证未来的，或者论证过去那尚未经验的部分的、或者现在的，都必须以归纳法原则为前提。"③ 罗素阐述的归纳法原则指出了两点：一是应用归纳法可以基于已知的经验，论证未来的或未知的事物规律，或者说应用归纳法可以由已经获得的结果得出某些未知的更具一般性的结论；二是应用归纳法得出的论证结论具有或然性。

"在人们的认识实践中，科学归纳法是一种非常重要的方法。人们去探求事物的规律、本质，把对事物的感性认识提高到理性的认识，通常都离不开科学归纳法。尤其是在自然的科学研究中，人们通过观察、实验，应用科学归纳法推理所获得的结论，一般经过补充、修改等等，都可以形成较为成熟的假说。"④ "归纳法广泛用于自然科学的研究，特别是物理学的研究。科学家总是从有限次实验与观察中作出关于无穷多对象的判断。结果却常常是对的。"⑤

科学理论不是经验事实的堆积；经验事实不论收集得多么丰富，也不能从经验建立理论，因为"科学理论并不是观察的汇总，而是我们的发明"⑥。爱因斯坦有一段内涵深刻的感慨："我从引力论中还学到了另外一些东西：经验事实不论

---

① 邓生庆, 任晓明. 归纳逻辑百年历程. 前言. 中央编译出版社, 2006 年: 3
② ［英］罗素. 何明译. 哲学问题. 商务印书馆, 1960 年: 45
③ ［英］罗素. 何明译. 哲学问题. 商务印书馆, 1960 年: 47
④ 唐晓嘉. 涂德辉编著. 逻辑学导论. 西南师范大学出版社, 2004 年: 326
⑤ 张景中. 数学与哲学. 中国少年儿童出版社, 2003 年: 128
⑥ ［英］卡尔·波普尔. 傅季重, 纪树立, 周昌忠, 蒋戈为译. 猜想与反驳. 上海译文出版社, 1986 年: 65

收集得多么丰富，仍然不能引导到提出如此复杂的方程。一个理论可以用经验来检验，但是并没有从经验建立理论的道路。象引力场方程这样复杂的方程，只有通过发现逻辑上简单的数学条件才能找到，这种数学条件完全地或者几乎完全地决定着这些方程。但是，人们一旦有了那些足够强有力的形式条件，那末，为了创立理论，就只需要少量关于事实的知识。"[1]

爱因斯坦是在讲，人们一旦有了那些足够强有力的形式条件，那么只需要少量关于事实的知识，就可以创立理论。虽然爱因斯坦在文中所讲的"那些足够强有力的形式条件"是具体指"在引力方程的情况下，这就是四维性和表示空间结构的对称张量"[2]，但是对于一般情况而言，应当把他讲的"那些足够强有力的形式条件"理解为用少量关于事实的知识推出一般性原理、原则的思维方法和对思维方法的形式表述。这种思维方法是与归纳的含义相符的。

（四）演绎是符合逻辑的推理

归纳是从个别或特殊的经验事实出发推出一般性原理、原则的推理形式、思维进程和思维方法。而演绎与归纳相反，演绎是"由一般性知识的前提出发得出个别性或特殊性知识的结论的推理形式、思维进程和思维方法"[3]，"演绎是从一般性的前提推出个别性的（或特殊性的）结论的方法"[4]。

简单地讲，演绎是符合逻辑的推理，而推理是一种论证。亚里士多德讲："推理是一种论证，其中有些被设定为前提，另外的判断则必然地由它们发生。当推理由以出发的前提是真实的和原初的时，或者当我们对于它们的最初知识是来自于某些原初的和真实的前提时，这种推理就是证明的。从普遍接受的意见出发进行的推理是辩证的推理，所谓真实的和原初的，是指那些不因其他而自身就具有可靠性的东西。"[5]

所以，亚里士多德讲："三段论是一种论证，其中只要确定某些论断，某些异于它们的事物便可以必然地从如此确定的论断中推出。所谓'如此确定的论断'，我的意思是指结论通过它们而得出的东西，就是说，不需要其他任何词项就可以得出必然的结论。"[6]

① [美]爱因斯坦. 许良英，范岱年编译. 爱因斯坦文集. 第一卷. 自述. 商务印书馆，1976年：39-40
② [美]爱因斯坦. 许良英，范岱年编译. 爱因斯坦文集. 第一卷. 自述. 商务印书馆，1976年：40
③ 夏征农主编. 辞海. 1999年版普及本. 上海辞书出版社，2000年：3023
④ 金炳华等编. 哲学大辞典. 修订本. 上海辞书出版社，2001年：484
⑤ 苗力田主编. 余纪元译. 亚里士多德全集. 第一卷. 论题篇. 中国人民大学出版社，1997年：353
⑥ 苗力田主编. 余纪元译. 亚里士多德全集. 第一卷. 前分析篇. 中国人民大学出版社，1997年：84-85

"古希腊的亚里士多德在总结和概括当时科学思维方法特别是数学方法的基础上，第一次系统地探讨和制定了以三段论法为主要内容的演绎方法。"①

英国哲学家罗素对亚里士多德的三段论做了概括性的描述：

> 亚里士多德在逻辑学上最重要的工作就是三段论的学说。一个三段论就是一个包括有大前提、小前提和结论三个部分的论证。三段论有许多不同的种类，其中每一种经院学者都给起了一个名字。最为人所熟知的就是称为"Barbara"②的那一种：
>
> 凡人都有死（大前提）。
>
> 苏格拉底是人（小前提）。
>
> 所以：苏格拉底有死（结论）。③

不难看出，演绎的推理思路与归纳不同，演绎的推理结果也与归纳不同。当演绎推理的前提为真时，其演绎推理的结果必然为真。

三段论可以说是演绎方法的经典，由三段论可以看出，演绎是符合逻辑的推理，所以逻辑是演绎的基石，或者说，对于演绎而言，"逻辑是在这一给定的理论之前的唯一理论"④。

（五）演绎法是构造科学理论的逻辑方法

既然演绎是符合逻辑的推理，那么演绎就要遵从逻辑的规则，而遵从逻辑规则的演绎本身也一定存在某种规律。演绎本身所存在的规律称为演绎法定律（或演绎定理），"我们这里有着一条属于演绎科学方法论范围的一般定律，当我们用更精确的方式加以陈述时，这条定律被称作演绎法定律（或演绎定理）⑤"⑥。

波兰裔美国逻辑学家、语言学家和哲学家塔尔斯基（Alfred Tarski，1902—1983）对演绎法定律做了概述：

---

① 金炳华等编. 哲学大辞典. 修订本. 上海辞书出版社, 2001 年: 1760

② 注：是指三段都是全称肯定

③ [英] 罗素. 何兆武, 李约瑟译. 西方哲学史. 卷一. 第三篇. 商务印书馆, 1982 年: 252-253

④ [美] 塔尔斯基. 周礼全, 吴允会, 晏成书译. 逻辑与演绎科学方法论导论. 第一部分. 商务印书馆, 1963 年: 121

⑤ 原注：这条定律，著者原是作为一条一般的方法论公设加以陈述的，后来证明在各种不同的特殊演绎理论中都能成立

⑥ [美] 塔尔斯基. 周礼全, 吴允会, 晏成书译. 逻辑与演绎科学方法论导论. 第一部分. 商务印书馆, 1963 年: 122-123

这一定律的重大的实际意义乃在于这一事实，即我们时常可以不离开演绎科学的范围，而找出某一特殊理论的公理系统的各种模型。……根据演绎法定律，我们可以事先确信，这样得到的语句是新的理论中的确立的命题。这一点我们可以陈述如下：

在一个给定的公理系统的基础之上所证明的一切定理对于这一相同的任一解释都是有效的。

对于这些变换了的定理中的任一个给以证明都是多余的；这是一种纯粹机械性质的工作，只要把公理和定理所经过的变换施加在原来的理论中的相应的论证上就可以了。可以说，一个演绎理论中的每一个证明都包含着无限个类似的证明。

上面所说的事实由节省人类思想的观点说明了演绎法的巨大价值。它们在演绎科学方法论中为不同的论证和研究建立了基础，只就这点来说，也是有很大的理论价值的。特别是演绎法定律，它是一切所谓凭借解释的证明的理论基础。①

前面已经提及，弗兰西斯·培根在《新工具》中讲道："我对于解释自然的指导含有两个类别的分部：一部是指导人们怎样从经验来抽出和形成原理；另一部是指导人们怎样从原理又来演出和推出新的实验。"②其中，前一个类别的分部讲的是归纳的含义；培根所讲的另一个类别的分部"怎样从原理又来演出和推出新的实验"，即怎样由认识一般进而认识个别，所讲的就是演绎的含义。法国哲学家、物理学家和数学家勒奈·笛卡尔讲："我们达到事物真理，是通过双重途径的：一是通过经验，二是通过演绎。"③笛卡尔虽然没有直接讲归纳，而是讲经验和演绎，但是经验是无法演绎的，只有通过经验归纳出原理才能演绎。

"到 19 世纪末、20 世纪初，随着数理逻辑的发展，作为演绎法的数理逻辑方法，特别是公理法，不仅在数学中，而且在一系列非数学的学科，如物理学、生物学、语言学中得到了广泛的运用。演绎法越来越成为构造科学理论、组织科学知识的一种重要逻辑原则和逻辑方法。"④

---

① [美] 塔尔斯基. 周礼全，吴允会，晏成书译. 逻辑与演绎科学方法论导论. 第一部分. 商务印书馆, 1963 年: 123
② [英] 弗·培根. 许宝骙译. 新工具. 第二卷. 商务印书馆, 1986 年: 117
③ [法] 笛卡尔. 管震湖译. 探求真理的指导原则. 原则二. 商务印书馆, 1991 年: 6
④ 金炳华等编. 哲学大辞典. 修订本. 上海辞书出版社, 2001 年: 1760

（六）归纳和演绎是人类认识世界的两大基本方法

虽然演绎与归纳相反，但是"数学的新结果表明：归纳与演绎是对立的统一。认为归纳推理毫无根据是不充分的，因为在初等几何范围内已证明了归纳的有效性。认为演绎推理不能使我们增加新知识也是不确切的。演绎推理揭示出事物的内在联系，使我们看到现象背后的本质，这就是增加了我们的新知识。归纳与演绎，是人类认识世界的两大基本方法，它们相互支持，相互朴充，使我们越来越接近于真理"[①]。

演绎与归纳是互补的关系："归纳是由特殊推到一般，演绎是由一般推到特殊。在认识过程中两者是相互联系、相互补充的。演绎所依据的理由，来自对特殊事物的归纳，演绎离不开归纳；而归纳对特殊现象的研究，又必须以一般原理为指导，归纳也离不开演绎。"[②]

由以上阐述可以看出，归纳与演绎是人类基于数学和逻辑认识世界的两大基本方法。

四、归纳和演绎的弱点

虽然说归纳与演绎是人类基于数学和逻辑认识世界的两大基本方法，然而归纳和演绎都不是十全十美的，它们自身都存在着不可克服的弱点。

（一）归纳存在的弱点

归纳"是以个别的、特殊对象的知识为前提，去推论关于一般的、普遍的对象的知识……归纳推理的前提命题所断定的知识范围，一般来说是小于其结论命题所断定的知识范围的。……由此可见……前提中每一个已知命题的真，仅仅是其结论命题真的必要条件。……因此，当其前提命题都真时，其结论并不必然地真，其结论对其真实的前提来说仅仅是可能的，逻辑上称这样的推理为或然性推理"[③]。在大自然中"不管我们已经观察到多少只白天鹅，也不能证明这样的结论；所有天鹅都是白的"[④]；"'所有天鹅都是白的'可以由于发现一只黑天鹅而

---

① 张景中. 数学与哲学. 中国少年儿童出版社, 2003 年: 130

② 夏征农主编. 辞海. 1999 年版普及本. 上海辞书出版社, 2000 年: 3023

③ 唐晓嘉, 涂德辉编著. 逻辑学导论. 西南师范大学出版社, 2004 年: 316

④ [英] 卡尔·波普尔. 查汝强, 邱仁宗译. 科学发现的逻辑. 科学出版社, 1986 年: 1

被证伪"①。"已经观察到多少只白天鹅"这个前提是真的，但是"所有天鹅都是白的"这个结论"并不必然地真"。

从表面上看，完全归纳推理可以克服或然性推理的不足。完全归纳推理是以某事物类中每一元素都具有或不具有某一属性为前提，推出该事物类全部元素具有或不具有该属性的结论的归纳推理。"完全归纳推理虽然就科学的现实条件来说，是一种极为可靠的推理方式……却不可避免地包含有两个致命的弱点。首先是当被推断的事物类中的元素为无穷数时，显然不具备使用完全归纳推理的条件。退一步说，即令被推断事物类中的元素是有限数，但当这个数较大时，也只能是理论上适用于但实际上不适于完全归纳推理。其次是，即令被推断事物类中的元素有限并且数量不大，但我们对其每一个别元素的观察、实验是带有破坏性时，显然也不适宜使用完全归纳推理。"②也就是说，应用完全归纳推理是不现实的。严格地讲："完全归纳法实质上并非归纳推理，因为它的结论的断定并未超出其前提所断定的范围。"③

（二）休谟问题——归纳推理的有效性问题

既然在归纳推理中，是以个别的、特殊对象的知识为前提，而其推理结论却是关于一般的、普遍的对象的知识；即前提的知识范围小于其结论的知识范围，前提只是其结论的必要条件，并不具备充分条件，所以其结论对其真实的前提而言仅仅是可能的，并不是必然的。那么，归纳推理有效吗？"在有关归纳法的哲学问题中，最重要的是归纳推理的合理性问题。我们从经验到的东西推到未曾经验到的东西，从所考察对象过去、现在如此推到它未来也将如此，究竟有什么根据？"④

"在通常的理解下，归纳推理的有效性问题（简称归纳问题）指的是如何来证明由已经验到的事例推出其断定范围超过这些事例的结论为合理的问题，这个问题也被称作休谟问题。"⑤

休谟在《人性论》中提出："我愿意重新提出我的问题：为什么根据了这种经验，我们就超出我们所经验过的那些过去的例子而推得任何结论呢？……不但我们的理性不能帮助我们发现原因和结果的最终联系，而且即在经验给我们指出它

---

① [英] 伊·拉卡托斯. 兰征译. 科学研究纲领方法论. 导言. 上海译文出版社, 1986 年: 5
② 唐晓嘉, 涂德辉编著. 逻辑学导论. 西南师范大学出版社, 2004 年: 320
③ 邓生庆, 任晓明. 归纳逻辑百年历程. 第 0 章. 绪论. 中央编译出版社, 2006 年: 12
④ 邓生庆, 任晓明. 归纳逻辑百年历程. 第 0 章. 绪论. 中央编译出版社, 2006 年: 9
⑤ 邓生庆, 任晓明. 归纳逻辑百年历程. 第 0 章. 绪论. 中央编译出版社, 2006 年: 24

们的恒常结合以后，我们也不能凭自己的理性使自己相信，我们为什么把那种经验扩大到我们所曾观察过的那些特殊事例之外。我们只是假设，却永不能证明，我们所经验过的那些对象必然类似于我们所未曾发现的那些对象。"[①]休谟认为："理性永不能使我们相信，任何一个对象的存在涵摄另外一个对象的存在；因而当我们由一个对象的印象推移到另一个对象的观念或信念上时，我们不是由理性所决定，而是由习惯或联想原则所决定。"[②]

而由习惯或联想原则所决定的论证有时会导致错误。前面曾讲到，在数学归纳法中，如果当 n 取第一个值 n_0（例如 $n_0 = 1$）时命题成立，然后假设 $n = k$（$k \in N$，$k \geqslant n_0$）时命题成立，并证明 $n = k+1$ 时命题仍然成立，那么当 $n = k+2$ 时命题必然成立。这是数学上的逻辑论证，数学不涉及各种事物的具体内容。而在现实世界中，当 $n = n_0$（例如 $n_0 = 1$）时命题成立，$n = k+1$ 时命题仍然成立，与 $n = k+2$ 时命题成立，这之间并没有必然的逻辑关系。也就是说，当 $n = n_0$（例如 $n_0 = 1$）时命题成立，$n = k+1$ 时命题仍然成立，但是当 $n = k+2$ 时命题就有可能不成立。如果不存在必然的逻辑关系，单从某一逻辑观点出发的论证是无效的。

这个道理"可用伯特兰·罗素（Bertrand Russell）有些可憎的例子来说明。这个例子是关于一只火鸡的，这只火鸡注意到，它第一天来到火鸡场时，是上午 9 点钟喂食。在这样的经历日复一日地重复了几个星期之后，这只火鸡觉得可以有把握地得出这样的结论：'总是在早上 9 点给我喂食。'哎，在圣诞节前一天，有人不但没有给这只火鸡喂食，反而把它的喉咙割开了。这时，这个论证就被毫不含糊地证明是错的。这只火鸡的论证导致它从许多正确的观察结果中得出了错误的结论，这显然表明，这个从某一逻辑观点出发的论证是无效的"[③]。

罗素认为："休谟讨论的是靠非论证性推论从经验的资料所得到的那种不确实的知识。这里面包括有关未来的我们全部知识以及关于过去和现在的未观察部分的全部知识。实际上，一方面除去直接的观察结果，另一方面除去逻辑和数学，它包括其余一切。通过对这种'盖然的'知识进行分析，休谟得出了一些怀疑主义的结论，这些结论既难反驳，同样也难接受。结果成了给哲学家们下的一道战表，依我看来，到现在一直还没有够上对手的应战。"[④]

① ［英］休谟. 关文运译. 人性论. 上册. 第一卷. 商务印书馆, 1996 年: 109
② ［英］休谟. 关文运译. 人性论. 上册. 第一卷. 商务印书馆, 1996 年: 115
③ ［英］A. F. 查尔默斯. 鲁旭东译. 科学究竟是什么. 第三版. 商务印书馆, 2007 年: 61-62
④ ［英］罗素. 马元德译. 西方哲学史. 下卷. 卷三. 第一篇. 商务印书馆, 1982 年: 200

罗素又从另一个角度讲，休谟"的议论所证明的是——我以为这证明无法辩驳——归纳是一个独立的逻辑原理，是从经验或从其它逻辑原理都推论不出来的，没有这个原理，便不会有科学"①。实际上，罗素以评论休谟的口气，对归纳做了深刻的论断：归纳是从经验或从其他逻辑原理都推论不出来的一个独立的逻辑原理。即从经验或其他逻辑原理都不能证明归纳推理的有效性；但是，没有归纳，便不会有科学。

（三）归纳的弱点导致了演绎的弱点

由于不论是从经验还是从其他逻辑原理都不能证明归纳推理的有效性，所以依靠经验或其他逻辑原理不能克服归纳存在的弱点。由于归纳的弱点，也导致了演绎的弱点。

演绎"是以关于一般的、普遍的对象的知识为前提，去推断其中个别的、特殊的对象的知识……其前提命题所断定的知识范围，总是大于结论命题所断定的知识范围。……演绎推理前提命题的真，却总是结论命题真的充分条件……既然演绎推理前提命题的真，是结论命题真的充分条件，因此，当演绎推理的前提命题为真时，其结论命题的真就是必然的了，逻辑上因此称演绎推理为必然性推理"②。

虽然演绎推理是必然性推理，但是，演绎推理结论的可靠性受到演绎前提的制约，只有演绎推理的前提命题为真时，其结论命题才能为真。而演绎推理的前提，即演绎所依据的理由，往往来自对特殊事物的归纳；但演绎前提的正确与否却是在演绎范围内无法解决的。既然归纳推理的有效性不能从经验或其他逻辑原理中得到证明，属于或然性推理，那么归纳推理的结论对其真实的前提而言也仅仅是可能为真，并不是必然为真。当演绎推理以或然性推理的结论为前提时，演绎推理的前提就不一定为真，而在演绎范围内又无法解决演绎推理前提是否为真的问题，那么也就不能确保演绎推理的结论一定是正确的。

由此看来，不论是从经验还是从其他逻辑原理都不能证明归纳推理的有效性，归纳推理的结论对其真实的前提而言仅仅是可能为真；而在演绎范围内无法解决演绎推理前提是否为真的问题。当演绎推理以或然性推理的结论为前提时，其前提就不一定为真，因而也就不能确保演绎推理的结论必然为真。

这表明，归纳和演绎虽然是人类认识世界的两大基本方法，但是归纳和演绎

---

① ［英］罗素. 马元德译. 西方哲学史. 下卷. 卷三. 第一篇. 商务印书馆, 1982 年: 212
② 唐晓嘉, 涂德辉编著. 逻辑学导论. 西南师范大学出版社, 2004 年: 316

存在着不可克服的弱点。

五、选择归纳和演绎并不是没有道理

归纳是从个别或特殊的经验事实出发推出一般性原理、原则的思维方法；它可以从经验到的东西推到未曾经验到的东西，可以从所考察对象的过去、现在推到它的未来；或者说，应用归纳法可以由已经获得的结果得出某些未知的更具一般性的结论；所以，没有归纳，便不会有科学。但是不论从经验还是从其他逻辑原理都不能证明归纳推理的有效性，也就不能证明归纳推理的结论是合理的。这样看来，休谟问题使人们处于两难的境地，既难反驳，也难接受，然而又不能不做出抉择。"我们就必须：或则根据归纳法原则的内在证据来接受归纳法的原则，或则就放弃我们对于未来的预料所做的一切辩解。"[①]也就是说，要么接受归纳，要么放弃对某些未知的更具一般性的结论的探索，严重地讲，就是放弃科学。

事实上，人们还是选择了接受归纳，这种选择并不是没有道理的。

（一）客观规律是可以认识的

人类之所以坚持不懈地探索大自然，研究科学理论，是坚信大自然存在着客观的规律性，而且客观的规律是可以认识的。

人类的生存离不开太阳。人类很早就发现太阳每天清晨从东方升起、傍晚在西方落下，太阳的升起和落下有着不会改变的规则性。人类在探索大自然的过程中已经意识到："只有认定我们面前有一种不会改变的规则性时，我们才谈得到'自然规律'；如果我们发现它变了，我们就不会再叫它是'自然规律'了。当然，我们对自然规律的探索表明，我们希望发现它们，我们相信存在自然规律。"[②]而且人类已经意识到客观规律是可以认识的："客观世界是有规律的，这些规律不论是因果规律、函数规律还是统计规律都是可以认识的。"[③]就如同能够认识到太阳升起落下的规律，人类也能够认识到月亮变圆变缺的规律。

"承认客观世界的规律性、规律的可认识性乃是经验科学最基本的出发点"[④]，

---

① [英] 罗素. 何明译. 哲学问题. 商务印书馆, 1960 年: 47

② [英] 卡尔·波普尔. 傅季重, 纪树立, 周昌忠, 蒋戈为译. 猜想与反驳. 猜想. 上海译文出版社, 1986 年: 80

③ 邓生庆, 任晓明. 归纳逻辑百年历程. 前言. 中央编译出版社, 2006 年: 5

④ 邓生庆, 任晓明. 归纳逻辑百年历程. 第 0 章. 绪论. 中央编译出版社, 2006 年: 10

否则就不会产生表述大自然规律的科学理论。正如爱因斯坦所讲："如果不相信我们的理论结构能够领悟客观实在，如果不相信我们世界的内在和谐性，那就不会有任何科学。这种信念是，并且永远是一切科学创造的根本动机。"①

（二）科学理论不是绝对真理

科学理论是对客观事物的本质及其规律性的相对正确的认识。科学理论不是绝对真理，科学的重要推理具有概然性。

科学理论是人类对大自然规律的表述，并不是大自然规律的客观存在。科学理论与客观存在的大自然规律之间有着一定的差异，即人类表述大自然规律的科学理论是相对的。应当"承认一切知识都是人的知识；承认知识同我们的错误、偏见、梦想和希望混在一起，我们所能做的一切就是探索真理，尽管它是不可企及的"②。"由于我们的智力并不是真理，它不可能把真理掌握得精确到不能以无限更精确的程度加以理解了"③，"科学对定律或理论的接受只是试探性的"④，所以人类表述大自然规律的科学理论不是绝对真理。

科学是人类对大自然规律的探索。在形成科学理论的过程中，人类对大自然规律的认识和表述与客观存在的大自然规律之间有着一定的差异，这是不可避免的。"科学的重要推理与逻辑和数学的推理不同，只具有概然性，这已经是人所共知的了：换句话说，如果前提真并且推理正确，那么结论仅仅可能真。"⑤即科学理论为真是有条件的，而不是绝对的。

（三）结论的"真"与结论的"可证"是两个概念

人类已经认识到，结论的"真"与结论的"可证"是两个概念：可证的一定是真的，但真的不一定可证。

对此，人们在以前只是凭经验给予认可，伽利略的惯性定律就是最好例证。因为伽利略惯性定律"这个结论是从一个理想实验中得来的，而这个实验实际上是永远无法做到的，因为不可能把所有的外界影响都消除掉。……我们已经知道，这个惯性定律不能直接从实验得出"⑥。奥地利物理学家、哲学家恩斯特·马赫也讲："尤其是在惯性定律和运动的相对性——它们作为通过抽象而发现的例

① ［美］爱因斯坦，利·英费尔德. 周肇威译. 物理学的进化. 上海科学技术出版社，1962 年：216-217
② ［英］卡尔·波普尔. 傅季重，纪树立，周昌忠，蒋戈为译. 猜想与反驳. 导论. 上海译文出版社，1986 年：42
③ ［德］库萨的尼古拉. 尹大贻，朱新民译. 论有学识的无知. 卷一. 商务印书馆，1988 年：7
④ ［英］卡尔·波普尔. 傅季重，纪树立，周昌忠，蒋戈为译. 猜想与反驳. 上海译文出版社，1986 年：77
⑤ ［英］罗素. 张金言译. 人类的知识. 引论. 商务印书馆，1983 年：5
⑥ ［美］爱因斯坦，利·英费尔德. 周肇威译. 物理学的进化. 上海科学技术出版社，1962 年：4-5

子"①，"该原理只能被直觉到，而不能被证明：只要人们抽象地把握和理解它，它的真理便直接使人信服"②。

生于捷克的美籍数学家、逻辑学家和哲学家库尔特·哥德尔在1931年提出了不完备性定理，给出了"可证的一定是真的，但真的不一定可证"的理论依据。哥德尔的理论令许多数学家和哲学家都大吃一惊，使数学基础研究发生了划时代的变化，是现代逻辑史上很重要的一座里程碑，被誉为现代逻辑科学在哲学方面的一大成果。哥德尔的"定理说：在包含了自然数的任一形式系统中，一定有这样的命题，它是真的，但不能被证明。（当然要假定系统是协调的，否则，任一命题的正面与反面都可以用反证法证明了。）长期以来，数学家和哲学家总觉得，数学的真理总是可以证明的。哥德尔定理表明，'真'与'可证'是两回事"③。

哥德尔的不完备性定理让人们从理论上认识到，"无矛盾"和"完备"是不能同时被满足的，结论的"真"与结论的"可证"是两个概念，可证的一定是真的，但真的不一定可证。就像英国哲学家卡尔·波普尔所讲："科学理论不可能完全得到证明或证实，然而它们是可检验的。"④

（四）选择归纳和演绎得到了长期实践的验证

虽然无法证明归纳推理的合理性，但是库尔特·哥德尔的不完备性定理让人们确信：可证的一定是真的，但真的不一定可证。所以，"我们没有必要、也不可能寻找出一个什么样的基本假设，由此来证明归纳推理可以得出确定无误的结论"⑤。

既然人类坚信大自然存在着客观的规律性，且客观规律是可以认识的，而归纳可以让人们从个别或特殊的经验事实出发推出一般性原理，以认识大自然的客观的规律性；科学理论为真是有条件的，并不是绝对的，而归纳推理的结论为真也不是绝对的；况且可证的一定是真的，但真的不一定可证，也就没有必要证明归纳推理的合理性；那么还有什么理由不选择归纳呢？选择了归纳，自然也就选择了演绎。

其实选择归纳并没有那么复杂。之所以选择归纳，可以认为"归纳推理的合理性在于：它是一种最好的策略。莱欣巴赫⑥是这种观点的代表"⑦。"归纳推理、

① [奥] 恩斯特·马赫. 李醒民译. 认识与谬误. 华夏出版社, 2000年: 141
② [奥] 恩斯特·马赫. 李醒民译. 认识与谬误. 华夏出版社, 2000年: 142
③ 张景中. 数学与哲学. 中国少年儿童出版社, 2003年: 79
④ [英] 卡尔·波普尔. 查汝强, 邱仁宗译. 科学发现的逻辑. 科学出版社, 1986年: 18
⑤ 邓生庆, 任晓明. 归纳逻辑百年历程. 第0章. 绪论. 中央编译出版社, 2006年: 10
⑥ 注：汉斯·莱欣巴赫（Hans Reichenboch, 1891—1953），德国分析哲学家
⑦ 邓生庆, 任晓明. 归纳逻辑百年历程. 第0章. 绪论. 中央编译出版社, 2006年: 10

归纳法作为人类认识必不可少的推理和方法，与别的逻辑推理和方法一样，是具有客观基础的，其合理性是得到了人类长期实践的验证的。"[1]

六、分析可以弥补归纳的弱点

选择归纳并不等于容忍或默认归纳的弱点。归纳的弱点是，当前提为真时，其结论不一定为真。而科学理论需要的是，不仅前提为真，其结论也为真。那么，用什么方法可以弥补归纳的弱点？在回答这个问题之前，先讲一个十分有趣的黑白帽子问题。

（一）十分有趣的黑白帽子问题

"有一位老师，想辨别出他的三个得意门生中哪一个更聪明一些，他采用了以下的方法，事先准备好 5 顶帽子，其中 3 顶是白的，2 顶是黑的。在试验时，他先把这些帽子让学生们看了一看，然后要他们闭上眼睛；替每个学生戴上一顶白色的帽子，并且把 2 顶黑帽子藏了起来，最后再让他们张开眼睛，请他们说出自己头上戴的帽子，究竟是哪一种颜色。三个学生相互看了一看，犹豫了一会儿，然后他们异口同声地说，自己头上戴的是白色的帽子。

他们是怎样推算出来的呢？他们怎样能够从别人头上戴的帽子的颜色，正确地推断出自己头上戴的帽子的颜色的呢？……

不考虑三个人而仅仅考虑两个人一顶黑帽子的问题．这个问题谁都会解，黑帽子只有一顶，我戴了，他立刻会说：'自己戴的是白帽子'，但是，他为什么要踌躇呢？可见我戴的不是黑帽子而是白帽子。

这就是说，'两个人，一顶黑帽子，不管多少（当然要不少于 2）顶白帽子'的问题，是一个轻而易举的问题。

现在我们来解上面这个较复杂的：'三个人，两顶黑帽子，不管多少（当然要不少于 3）顶白帽子'的问题也就容易了。为什么呢？如果我头上戴的是黑帽子，那末对于他们两人来说，就变成'两个人，一顶黑帽子'的问题，这是他们两人应当立刻解决的问题，是不必踌躇的。现在他们在踌躇，就说明了我头上戴的不

---

① 邓生庆，任晓明. 归纳逻辑百年历程. 前言. 中央编译出版社, 2006 年: 5

是黑帽子而是白帽子。"[①]

解决"三个人，两顶黑帽子"问题的思路是：把"三个人，两顶黑帽子"的问题分解成"两个人，一顶黑帽子"的问题，"两个人，一顶黑帽子"的问题有了答案，"三个人，两顶黑帽子"的问题也就有了答案。按这个思路，可以把"n 个人，$n-1$ 顶黑帽子"的问题分解成"$n-1$ 个人，$n-2$ 顶黑帽子"的问题，还可以把"$n-1$ 个人，$n-2$ 顶黑帽子"的问题分解成"$n-2$ 个人，$n-3$ 顶黑帽子"的问题，直到分解成"两个人，一顶黑帽子"的问题；"两个人，一顶黑帽子"的问题有了答案，"n 个人，$n-1$ 顶黑帽子"的问题也就有了答案。"即使像 'n 个人，$n-1$ 顶黑帽子，若干（不少于 n）顶白帽子' 这样复杂的问题，我们也可以很简单地解决了。"[②]这个有趣的黑白帽子问题说明，一个复杂的问题能够逐步分析成为简单的问题来予以解决。

（二）分析的方法

荷兰哲学家斯宾诺莎（Baruch Spinoza，1632—1677）[③]讲："如果将一个许多部分组成的东西，在思想中分析成为最简单的部分，各个加以研讨，则一切混淆皆可消除。"[④]法国哲学家孔狄亚克（艾蒂安·博诺·德·孔狄亚克 Etienne Bonnot de Condillac，1714—1780）讲："科学的要素只有在人们采取一种截然相反的方法时，才能成为简单而容易的。"[⑤]解决"黑白帽子问题"的思路与斯宾诺莎和孔狄亚克所讲的思路是一样的，与归纳推理的思路好像截然相反；这种解决问题的方法是分析的方法。

分析是把事物的整体或过程分解为各个要素分别加以研究的思维方法和思维过程。"分析是把事物分解为各个部分加以考察的方法。"[⑥]罗素认为："用分析才能得到从官觉过渡到科学所需要的推理原理。所要做的分析乃是把事实上没有人怀疑的那些种类的推理来加以分析。"[⑦]

按归纳推理，"欧洲人观察了成千上万只白天鹅，未发现例外的情形，于是断

---

① 华罗庚. 数学归纳法. 上海教育出版社, 1963 年: 16-18

② 华罗庚. 数学归纳法. 上海教育出版社, 1963 年: 18

③ 后改名为贝内迪特·斯宾诺莎（Benedictus Spinoza）

④ [荷] 斯宾诺莎. 贺麟译. 知性改进论. 商务印书馆, 1986 年: 41

⑤ [法] 孔狄亚克. 洪洁求等译. 人类知识起源论. 第二卷. 第二编. 商务印书馆, 1997 年: 266

⑥ 夏征农主编. 辞海. 1999 年版普及本. 上海辞书出版社, 2000 年: 781

⑦ [英] 伯特兰·罗素. 温锡增译. 我的哲学的发展. 商务印书馆, 1985 年: 189

言所有的天鹅都是白的。可是后来在澳洲发现了黑天鹅，推翻了这一结论"①，这个归纳推理的前提是真的，但结论并不为真，问题"并不在于前提所考察的事例数量不大，恰恰是在于结论并非通过对事例的分析而得来"②。通过分析的方法对归纳推理的结论进行判断，可以弥补归纳的弱点。

七、综合可以弥补演绎的弱点

演绎的弱点来源于归纳的弱点。当演绎推理的前提为真时，其结论必然为真；但是，当演绎推理以或然性推理的结论为前提时，其前提就不一定为真，也就不能确保演绎推理的结论必然为真，而在演绎范围内又无法用演绎来解决演绎推理前提是否为真的问题。那么，用什么方法可以弥补演绎的弱点呢？

演绎有两个特点：其一，演绎是以关于一般的、普遍的对象的知识为前提，去推断其中个别的、特殊的对象的知识，即其前提的知识范围总是大于结论的知识范围；其二，如果演绎推理前提为真，那么演绎推理结论必然为真。

当演绎推理以或然性推理的结论为前提时，其前提不一定为真，演绎推理的结论也就不一定为真，演绎推理的结论被包含在演绎推理前提的知识范围内。如果把演绎推理的结论看成是一部分，将其与结论相关的各个部分联结成整体加以考察，反过来判断演绎推理的前提是否为真，那么就可以断定演绎推理的结论是否为真，用这种方法就可以弥补演绎的弱点。这种方法就是综合的方法。

综合就是把分解开来的各个要素结合起来，组成一个整体的思维方法和思维过程，"综合是把事物的各个部分联结成整体加以考察的方法"③。用综合的方法可以弥补演绎的弱点。

八、分析与综合是辩证逻辑的统一

弥补归纳的弱点也好，弥补演绎的弱点也好，都是通过判断。归纳推理和演

---

① 邓生庆, 任晓明. 归纳逻辑百年历程. 中央编译出版社, 2006 年: 43
② 邓生庆, 任晓明. 归纳逻辑百年历程. 中央编译出版社, 2006 年: 43
③ 夏征农主编. 辞海. 1999 年版普及本. 上海辞书出版社, 2000 年: 781

绎推理都是在一定条件下的推理，其实推理也是一连串的判断。"推理的活动产生于判断的活动。推理只不过是相互关联着的一连串的判断而已。"①所以归纳和演绎都是在一定条件下的一连串的判断。

分析和综合的过程也是一连串的判断。分析是把事物分解为各个部分加以考察的判断过程；综合是把事物的各个部分联结成整体加以考察的判断过程。所以分析和综合不仅可以弥补归纳和演绎的弱点，而且它们与归纳和演绎一样本身就是人类探索大自然的思维方法。"各种判断，无论其来源以及其逻辑形式如何，都按其内容而有所不同。按其内容，它们或者仅仅是解释性的，对知识的内容毫无增加；或者是扩展性的，对已有的知识有所增加。前者可以称之为分析判断，后者可以称之为综合判断。"②

"分析是把事物分解为各个部分加以考察的方法，综合是把事物的各个部分联结成整体加以考察的方法。二者是辩证的统一，互相依存、互相渗透和转化。……分析与综合的统一，是辩证逻辑的基本方法之一。"③在科学研究中不可能不进行分析和综合。对于分析和综合，牛顿本人也做了直白的表述："在研究困难的事物时，总是应当先用分析的方法，然后才用综合的方法。……一般地说，从结果到原因，从特殊原因到普遍原因，一直论证到最普遍的原因为止，这就是分析的方法；而综合的方法则是假定原因已经找到，并且已把它们立为原理，再用这些原理去解释由它们发生的现象，并证明这些解释的正确性。"④

可以简单地把分析解释为分解，把综合解释为组合。法国哲学家孔狄亚克认为："在一切科学里，真理只是通过组合和分解来被发现的，就像算术里一样。"⑤"黑格尔认为哲学的方法应该既是分析的，又是综合的，它不是分析和综合两种方法的'平列使用'或'交替使用'，而是以扬弃的形式将两者包含于自身之中。这是黑格尔的合理思想。"⑥也可以说，在一切科学里，真理是通过综合和分析来被发现的。

① ［法］孔狄亚克. 洪洁求等译. 人类知识起源论. 第一卷. 第二篇. 商务印书馆，1997 年: 57

② ［德］康德. 庞景仁译. 任何一种能够作为科学出现的未来形而上学导论. 前言. 商务印书馆，1982 年: 18

③ 夏征农主编. 辞海. 1999 年版普及本. 上海辞书出版社，2000 年: 781

④ ［英］牛顿著. ［美］H. S. 塞耶编. 王福山等译. 牛顿自然哲学著作选. 第五部分. 上海译文出版社，2001 年: 235

⑤ ［法］孔狄亚克. 洪洁求等译. 人类知识起源论. 第二卷. 第二篇. 商务印书馆，1997 年: 240

⑥ 金炳华等编. 哲学大辞典. 修订本. 上海辞书出版社，2001 年: 369

九、并不存在现成的一成不变的可以获得成功的思维方法

前面论述了人类认识客观事物的思维方法，这好像给人造成了一种印象：如果掌握了这些思维方法，就可以创造科学理论。可以肯定地讲，这种印象是错误的。

前面的论述并不是想给出一种一定有效的思维方法，正像笛卡尔所讲："我并不打算在这里教给大家一种方法，以为人人都必须遵循它才能正确运用自己的理性。"①论述的目的只是想让人们对人类认识客观事物的思维方法有所了解，因为这是判断一个理论和进行科学理论研究的最基本的要求；不了解、不掌握这些思维方法，就难以对一个理论做判断，更难以创造科学理论。但是，了解、掌握了这些思维方法，并不等于一定就能够成功。实际上，并不存在现成的一成不变的可以获得成功的思维方法。艾伦·查尔默斯教授指出："我重申，不存在这样一种关于科学和科学方法的普遍主张，它可以适用于所有的科学和科学发展的所有历史阶段。"②

（一）马谡的惨痛教训

事实表明，并不存在现成的一成不变的可以获得成功的思维方法。脱离实际、照搬书本，不可能取得成功。用兵法书作为例子来说明这种看法，给人的印象可能会更深刻。

通常认为世界有三大兵法书。最早的一部兵法书是公元前 5 世纪中国春秋末年的孙武（公元前 535—公元前 480）所著的《孙子兵法》，另外两部兵法书是在两千年后日本人宫本武藏（1584—1645）所著的《五轮书》和德国军事理论家卡尔·冯·克劳塞维茨（Carl Von Clausewitz，1780—1831）所著的《战争论》。《战争论》阐述了战争理论。"《孙子兵法》侧重于战略和全局，《五轮书》只侧重于个人单打对决的战术。"③

《孙子兵法》是世界上最古老、最杰出的兵法书之一，全书共十三篇。在第三篇谋攻篇中写道："是故百战百胜，非善之善者也；不战而屈人之兵，善之善者也。

---

① [法] 笛卡尔. 王太庆译. 谈谈方法. 第一部分. 商务印书馆，2001 年: 5

② [英] A. F. 查尔默斯. 鲁旭东译. 科学究竟是什么. 第三版. 商务印书馆，2007 年: 287

③ [日] 宫本武藏. 李津译. 五轮书. 上部. 企业管理出版社，2003 年: 13

[译文]百战百胜，不算高明的将帅；不经交战而能使敌人屈服，那才是最高明的将帅。"①美国第40届总统罗纳德·里根（Ronald Wilson Reagan，1911—2004）很赞同这一论述，他讲："二千五百年前，中国的哲学家孙子说：'百战百胜，非善之善者也；不战而屈人之兵，善之善者也。'真正成功的军队是这样一支军队：由于其力量、能力和忠诚，它将不是需要用来打仗的一般军队，因为谁都不敢向他寻衅。"②

《孙子兵法》让法兰西第一帝国皇帝拿破仑（拿破仑·波拿巴 Napoléon Bonaparte，1769—1821）感到惊叹："滑铁卢之战后，拿破仑偶然之中看到一本书。待他如痴如醉地将书看完，这才拍案叫绝。继而扼腕叹息道：'如果二十年前见到此书，历史将会是另外一个结局。'这本书，就是早期由中国翻译到欧洲的《孙子兵法》。"③

可见，各国的统帅是多么重视《孙子兵法》。但是，脱离实际情况，照搬《孙子兵法》未必能够在战场上取得战争的胜利。三国时期的马谡就是这方面的例子。

在《三国演义》中有对马谡的描述：马谡饱读兵书，《孙子兵法》随口而来。马谡与王平奉孔明之命守街亭，"王平曰：'若屯兵当道，筑起城垣，贼兵总有十万，不能偷过；今若弃此要路，屯兵于山上，倘魏兵聚至，四面围定，将何策保之？'马谡大笑曰：'汝真女子之见！兵法云：凭高视下，势如劈竹。……汝莫乱道！孙子云：置之死地而后生。'"④马谡张口即是"兵法云"，只会死背《孙子兵法》的"孙子云：置之死地而后生"；其结果是，马谡拒谏失街亭，孔明挥泪斩马谡："汝自幼饱读兵书，熟谙战法。吾累次丁宁告戒：街亭是吾根本。汝以全家之命，领此重任。汝若早听王平之言，岂有此祸？今败军折将，失地陷城，皆汝之过也！若不明正军律，何以服众？"⑤

街亭失守，诸葛亮立刻撤军，但为时已晚，司马懿的大军已经杀了过来，兵临城下。诸葛亮无奈，不得不用"空城计"。马谡死守兵书、拒谏失街亭，迫使诸葛亮冒险布下"空城计"，教训是惨痛的。

① 纪江红主编. 孙子兵法经典故事. 第三篇. 谋攻篇. 北京出版社，2005 年：80

② 司马哲，岳师伦编著. 孙子兵法与三十六计智谋鉴赏. 古今中外对《孙子兵法》的评论. 中国言实出版社，2006 年：3

③ 司马哲，岳师伦编著. 孙子兵法与三十六计智谋鉴赏. 前言. 中国言实出版社，2006 年：1

④ 罗贯中. 敦皓政，陈文新评注. 三国演义评注本. 第九十五回. 崇文书局，2006 年：392

⑤ 罗贯中. 敦皓政，陈文新评注. 三国演义评注本. 第九十六回. 崇文书局，2006 年：396

（二）太极拳的启示

如果马谡的惨痛教训是一个反面的例子，那么中国的武术可以说是一个很好的正面的例子。

中国的武术有许多门派，以太极拳为例，有杨氏太极拳，有陈氏太极拳。杨氏太极拳又有好多套路，如24式杨氏太极拳、42式杨氏太极拳、85式杨氏太极拳、103式杨氏太极拳等。如果你对杨氏太极拳和陈氏太极拳都不熟悉，更不了解太极拳的各种套路，那么当有人打拳时，你就无法判断这个人是不是真正会打拳，更不可能判断出他打的是什么拳、什么套路。太极拳刚柔并存，既可健身，又可防卫，用于实战。太极拳可以按门派、按套路学，但是在实战中是不会按所学的套路打的，必须根据对方的出手及时变换自己的套路。胜者之所以胜，并不是因为掌握了一成不变的可以制胜的套路，而是因为他已经把各种套路融会贯通，能够根据对方的出手及时变换自己的套路。这就是太极拳给我们的启示。

同理，对大自然的探索并不存在现成的直接照搬就可以轻易获得成功的思维方法。科学探索需要以事实为基础，针对问题做具体的分析判断，要有正确思维方法指导下的独创精神和敢于探索的勇气，要在实践中付出艰辛的劳动，因为"科学不是可以不劳而获的，——诚然；在科学上除了汗流满面是没有其他获致的方法的；热情也罢，幻想也罢，以整个身心去渴求也罢，都不能代替劳动"[①]。付出艰辛的劳动，犹如掌握各种套路并把它们融会贯通；还必须有独创精神和敢于探索的勇气，才能根据实际情况及时变换自己的套路；只有这样才有可能获得成功。黑格尔有句名言："只有经过长时间完成其发展的艰苦工作，并长期埋头沉浸于其中的任务，方可望有所成就。"[②]没有现成的捷径可以取得成功，要想成功必须付出艰辛的劳动，还要有独创精神和敢于探索的勇气，据说曾任英国首相的丘吉尔（温斯顿·伦纳德·斯宾塞·丘吉尔 Winston Leonard Spencer Churchill，1874—1965）[③]有句名言："Success always demands a greater effort"，即"成功总需要更多努力"。

---

① ［俄］赫尔岑. 李原译. 科学中华而不实的作风. 论文一. 商务印书馆, 1981 年: 8-9

② 马铭记主编. 人生警言. 中国言实出版社, 2005 年: 44

③ 丘吉尔曾于 1940～1945 年及 1951～1955 年期间两度任英国首相，被认为是 20 世纪最重要的政治领袖之一，1953 年获诺贝尔文学奖，获奖作品为《不需要的战争》

十、小结

（一）科学理论与大自然规律之间存在着差异

科学理论是系统化的科学知识，是人类对大自然规律的表述，并不是客观存在的大自然规律。表述与存在之间会有差异，所以，科学理论与大自然规律之间也就存在着差异。人类探索大自然规律有一个认识的过程，在探索过程中形成的理论，有可能与客观存在的大自然规律基本相符，也可能完全不符，还有可能对同一种大自然规律有两种不同的理论表述，产生理论冲突，却都与客观存在的大自然规律基本相符。

（二）数学和逻辑是认识大自然的两个基石

"思维是人脑对现实世界能动的、概括的、间接的反映过程，包括逻辑思维和形象思维。"[①]人类能够进行思维的根源在于人的大脑的特性。逻辑是人类逻辑思维的抽象，体现了左脑的功能；数学是人类形象思维抽象的结果，体现了右脑的功能。科学理论是对大自然客观事物规律性的表述，具有系统性、逻辑性、真理性、全面性等基本特征，这种表述既不能脱离数量的形式结构，也不能脱离思维的形式结构，即科学理论既不能脱离数学，也不能脱离逻辑。所以，数学和逻辑是人类认识大自然的两个基石。

（三）归纳和演绎是人类基于数学和逻辑认识世界的两大基本方法

"归纳是由特殊推到一般，演绎是由一般推到特殊。在认识过程中两者是相互联系、相互补充的。演绎所依据的理由，来自对特殊事物的归纳，演绎离不开归纳；而归纳对特殊现象的研究，又必须以一般原理为指导，归纳也离不开演绎。"[②]"归纳与演绎，是人类认识世界的两大基本方法，它们相互支持，相互朴充，使我们越来越接近于真理。"[③]

（四）休谟问题亦称归纳问题，指出了归纳推理的有效性是难以论证的

"在通常的理解下，归纳推理的有效性问题（简称归纳问题）指的是如何来证明由已经验到的事例推出其断定范围超过这些事例的结论为合理的问题，这个问题也被称作休谟问题。"[④]休谟认为："我们只是假设，却永不能证明，我们所经

---

① 金炳华等编. 哲学大辞典. 修订本. 上海辞书出版社, 2001 年: 1377
② 夏征农主编. 辞海. 1999 年版普及本. 上海辞书出版社, 2000 年: 3023
③ 张景中. 数学与哲学. 中国少年儿童出版社, 2003 年: 130
④ 邓生庆, 任晓明. 归纳逻辑百年历程. 第 0 章. 绪论. 中央编译出版社, 2006 年: 24

验过的那些对象必然类似于我们所未曾发现的那些对象"①，"理性永不能使我们相信，任何一个对象的存在涵摄另外一个对象的存在；因而当我们由一个对象的印象推移到另一个对象的观念或信念上时，我们不是由理性所决定，而是由习惯或联想原则所决定。"②

（五）归纳和演绎的弱点

不论是从经验还是其他逻辑原理都不能证明归纳推理的有效性，归纳推理的结论对其真实的前提而言仅仅是可能为真，并不是必然为真；在演绎范围内无法解决演绎推理前提是否为真的问题，当演绎推理以或然性推理的结论为前提时，其前提就不一定为真，也就不能确保演绎推理的结论必然为真。

这表明，归纳和演绎虽然是人类认识世界的两大基本方法，但是归纳和演绎存在着不可克服的弱点，单纯依赖归纳与演绎，并不一定能够获得与客观事实相符的科学理论。

（六）选择归纳和演绎并不是没有道理

虽然无法证明归纳推理的合理性，但是库尔特·哥德尔的不完备性定理让人们确信：可证的一定是真的，但真的不一定可证。所以，"我们没有必要、也不可能寻找出一个什么样的基本假设，由此来证明归纳推理可以得出确定无误的结论"③。

可以认为，"归纳推理的合理性在于：它是一种最好的策略。莱欣巴赫是这种观点的代表"④，"归纳推理、归纳法作为人类认识必不可少的推理和方法，与别的逻辑推理和方法一样，是具有客观基础的，其合理性是得到了人类长期实践的验证的"⑤。

"演绎是从一般性的前提推出个别性的（或特殊性的）结论的方法"⑥，当演绎推理的前提为真时，其推理结果必然为真；演绎所依据的理由，来自对特殊事物的归纳。人类通过长期的实践，验证了归纳推理是一种最好的策略。选择了归纳，也就选择了演绎，选择归纳和演绎并不是没有道理。

① ［英］休谟. 关文运译. 人性论. 上册. 第一卷. 商务印书馆，1996 年：109
② ［英］休谟. 关文运译. 人性论. 上册. 第一卷. 商务印书馆，1996 年：115
③ 邓生庆，任晓明. 归纳逻辑百年历程. 第 0 章. 绪论. 中央编译出版社，2006 年：10
④ 邓生庆，任晓明. 归纳逻辑百年历程. 第 0 章. 绪论. 中央编译出版社，2006 年：10
⑤ 邓生庆，任晓明. 归纳逻辑百年历程. 前言. 中央编译出版社，2006 年：5
⑥ 金炳华等编. 哲学大辞典. 修订本. 上海辞书出版社，2001 年：484

（七）分析和综合可以弥补归纳和演绎的弱点

分析可以弥补归纳的弱点。按归纳推理，"欧洲人观察了成千上万只白天鹅，未发现例外的情形，于是断言所有的天鹅都是白的。可是后来在澳洲发现了黑天鹅，推翻了这一结论"。[①]"天鹅都是白的"这个归纳推理的前提是真的，但结论并不为真，问题"并不在于前提所考察的事例数量不大，恰恰是在于结论并非通过对事例的分析而得来"[②]。通过分析的方法对归纳推理的结论进行判断，可以弥补归纳的弱点。

综合可以弥补演绎的弱点。当演绎推理是以或然性推理的结论为前提时，其前提不一定为真，演绎推理的结论也就不一定为真。演绎推理的结论被包含在演绎推理前提的知识范围内，如果把演绎推理的结论看成是一部分，将其与结论相关的各个部分联结成整体加以考察，反过来判断演绎推理的前提是否为真，那么就可以断定演绎推理的结论是否为真，用这种方法就可以弥补演绎的弱点。这种方法就是综合的方法。

（八）并不存在现成的一成不变的可以获得成功的思维方法

艾伦·查尔默斯教授讲："我重申，不存在这样一种关于科学和科学方法的普遍主张，它可以适用于所有的科学和科学发展的所有历史阶段。"[③]即并不存在现成的一成不变的可以获得成功的思维方法。如果用中国的武术来说明这种看法，也许是更好的例子。中国的武术也不存在一成不变的可以制胜的套路。武术中，胜者之所以胜，并不是因为掌握了一成不变的可以制胜的套路，而是因为他已经把各种套路融会贯通，能够根据对方的出手及时变换自己的套路。三国时期马谡的惨痛教训和太极拳的启示，都是说明不存在一成不变的获得成功的思维方法的最好例证。没有现成的捷径可以取得成功，要想成功必须付出艰辛的劳动，还要有独创精神和敢于探索的勇气。

---

① 邓生庆，任晓明. 归纳逻辑百年历程. 中央编译出版社, 2006 年: 43

② 邓生庆，任晓明. 归纳逻辑百年历程. 中央编译出版社, 2006 年: 43

③ ［英］A. F. 查尔默斯. 鲁旭东译. 科学究竟是什么. 第三版. 商务印书馆, 2007 年: 287

第三篇　财富增长原理

人类"在距今约35000年时终于完成了自己的整个进化过程，而转变为人类——'能进行思维的人类'"①，自此就一直在对大自然进行探索。

人类探索大自然，并不仅仅是为了了解和解释自然现象，更是为了自身的生存和发展。古希腊是西方文明的发源地，也是西方经济思想的源头。古希腊哲学家、科学家亚里士多德认为："人类活动的目的在于幸福，而幸福的全部意义在于正义、健康和最愉快的成功。实现幸福有赖于若干外部的手段，财富就是达到幸福目的的手段的集合。"②物质是基础，没有社会财富的增长，就不会有人类的发展。人类为了生存和发展不仅要探索大自然的各种现象和规律，而且要研究人类生存和发展所需要的财富如何能够增长。

在公元前4世纪，亚里士多德撰写了《物理学》③，探索自然物体的运动。而在公元前6世纪，雅典诗人、商人和政治改革家梭伦（solon，约公元前 630—约公元前560）"在公元前 594 年指导了一场意义重大的制度改

---

① ［美］L. S. 斯塔夫里阿诺斯. 吴象婴, 梁赤民译. 全球通史——1500 年以前的世界. 上海社会科学院出版社, 2000 年: 66

② 晏志杰主编. 西方经济学说史教程. 北京大学出版社, 2002 年: 12

③ 苗力田主编. 徐开来译. 亚里士多德全集. 第二卷. 物理学. 中国人民大学出版社, 1997 年: 1-262

革"①，"确定私有财产继承自由的原则"②，"从而为市场制度奠定了产权基础"③。这已经是对社会财富增长的探索。

几乎与《物理学》在同一时代，古希腊哲学家苏格拉底的学生色诺芬（Xenophone，约公元前 430—公元前 354）提出了更为明确的财富观念："凡是有利的东西都是财富，而有害的东西就不是财富。……一支笛子对于会吹它的人是财富，而对于不会吹它的人，则无异于毫无用处的石头。……一支笛子如果不拿出来卖，就不是财富，因为它是没用的；如果拿出来卖，它就变成了财富。"④这便是人类对经济现象的探索。

经过两千多年的探索，人类认识到，"现代科学，特别是物理科学是通过用数学形式来表述它的最高原理和定律为特征的"⑤。在 1687 年 7 月，英国科学家牛顿出版了他的名著《自然哲学之数学原理》（简称《原理》），用数学形式表述牛顿三定律和万有引力定律，奠定了经典力学体系。

在 1690 年，几乎和《原理》的出版同时，英国古典政治经济学创始人威廉·配第（William Petty，1623—1687）的著作《政治算术》⑥在他去世后的第三年出版，其中写道："用数字、重量和尺度的词汇来表达我自己想说的问题。……用数字、重量和尺度（它们构成我下面立论的基础）来表示的展望和论旨，都是真实的，即使不真实，也不会有明显的错误。"⑦"他⑧为不能像自然现象那样通过实验方法加以证明的社会经济现象，创立了检证的方法"⑨，"配第的方法是对客观事物进行观察、分析和研究并从中找出规律性的方法"⑩。这标志着开始用数学的形式来探索经济的规律。

在1758年末，法国古典政治经济学奠基人之一弗朗斯瓦·魁奈（Francois

---

① 晏志杰主编. 西方经济学说史教程. 北京大学出版社, 2002 年: 6

② 史亚民, 王建吉, 魏立明主编. 世界上下五千年. 古代卷. 改革家梭伦. 红旗出版社, 1995 年: 136

③ 晏志杰主编. 西方经济学说史教程. 北京大学出版社, 2002 年: 6

④ [古希腊] 色诺芬. 张伯健, 陆大年译. 经济论 论雅典的收入. 经济论. 商务印书馆, 1981 年: 3

⑤ [美] I. 伯纳德. 科恩. 杨爱华等译. 科学革命史. 军事科学出版社, 1992 年: 138

⑥ 注: 该书于 1671~1676 年间写成, 1690 年出版. 见晏志杰主编. 西方经济学说史教程. 第二篇. 第四章. 第一节. 北京大学出版社, 2002 年: 69

⑦ [英] 威廉·配第. 陈冬野译. 政治算术. 原序. 商务印书馆, 1978 年: 8-9

⑧ 注: 指威廉·配第

⑨ [英] 威廉·配第. 陈冬野译. 政治算术. 关于威廉·配第的《政治算术》. 商务印书馆, 1978 年: 6

⑩ 晏志杰主编. 西方经济学说史教程. 北京大学出版社, 2002 年: 63

Quesnay，1694—1774）出版了《经济表》①。在《经济表》的说明中，魁奈讲："这里假定再生产的支出平均每年能带来同样的收入。但是由于生产支出和不生产支出彼此间所占的优势程度的不同，每年再生产的收入就可能发生变动，这是根据经济表图解中的变化而容易想象到的。"②

"魁奈的《经济表》就是要通过图解来清楚地说明：一个国家（实际上就是法国）每年的总产品，怎样在这三个阶级之间流通，怎样为每年的再生产服务。"③"魁奈把资本的全部生产过程，表现为再生产过程，把流通过程仅表现为这种再生产过程的形式，货币流通仅表现为资本流通的要素。同时，他又把各阶级收入的来源，资本和所得的交换，再生产消费对最终消费的关系包括在这个再生产过程中，把资本和收入间的流通包括在资本流通中。最后把农业与工业两大部门间的流通表现作为这个再生产过程的要素。所有这些无疑对于科学地分析社会资本的再生产和流通，起了启发性的作用。"④魁奈是在探索社会再生产中存在着的规律性。

1776 年，英国古典政治经济学的主要代表之一亚当·斯密（Adam Smith，1723—1790）出版了巨著《国民财富的性质和原因的研究》（简称《国富论》）。"亚当·斯密在《国富论》中运用了抽象演绎和经验归纳相结合的方法。……从各方面分析影响国民财富增长的原因"⑤，把发现的经济规律描述为"一只无形的手"⑥、"看不见的手"⑦，让人类认识到经济规律是客观存在的。亚当·斯密的《国富论》"第一个创立了比较完备的英国古典政治经济学的理论体系与框架。……历来被视为影响人类历史进程的划时代著作之一"⑧。

1863 年，经济学家、哲学家、政治家卡尔·马克思（卡尔·亨利希·马克思 Karl Heinrich Marx，1818—1883）出版了《资本论》第二卷⑨。卡尔·马克思在《资本论》第二卷用数学形式表述社会再生产的规律："由此得出结论：在简单再生产

---

① 注：在 1758 年末，魁奈的名著《经济表》（*Tableau Economique*）的第一版印刷问世。见吴斐丹，张草纫选译. 魁奈经济著作选集. 译者序言. 商务印书馆，1997 年: 5
② 吴斐丹，张草纫选译. 魁奈经济著作选集. 经济表的说明. 商务印书馆，1997 年: 225
③ [德] 恩格斯. 反杜林论. 第二编. 人民出版社，1993 年: 254
④ 晏志杰主编. 西方经济学说史教程. 北京大学出版社，2002 年: 98
⑤ 晏志杰主编. 西方经济学说史教程. 北京大学出版社，2002 年: 104
⑥ [英] 亚当·斯密. 唐日松译. 国富论. 华夏出版社，2004 年: 327
⑦ [英] 亚当·斯密. 蒋自强，钦北愚，朱钟棣，沈凯璋译. 道德情操论. 第四卷. 商务印书馆，2003 年: 230
⑧ 晏志杰主编. 西方经济学说史教程. 北京大学出版社，2002 年: 100
⑨ [英] 戴维·麦克莱伦（David McLellan）. 王珍译. 卡尔·马克思传. 中国人民大学出版社，2005 年: 439 页

中，第 I 部类的商品资本中的 v+m 价值额（也就是第 I 部类的总商品产品中与此相应的比例部分），必须等于不变资本 IIC，也就是第 II 部类的总商品产品中分出来的与此相应的部分；或者说，I（v+m）=IIc。"[①] "在简单再生产时，二者必须相等，必须互相补偿；因为如果不是这样，正像前面说过的，简单再生产就不可能不受到干扰。"[②]卡尔·马克思客观上把亚当·斯密用"看不见的手"描述的经济规律用数学形式表述为社会财富增长的必要条件。

人类探索经济规律的历史过程表明，经济研究和自然科学研究一样，离不开用数学形式对规律的表述。"社会和经济的规律相当于较为复杂和较不精确的自然科学的规律。[③]经济现象是客观存在的经济规律与人的行为相互作用的表现。经济理论研究，首先要去除经济现象中人的行为作用的影响，运用抽象和概念，通过分析、综合和逻辑推理的思维方法研究客观存在的经济规律；然后再研究客观存在的经济规律与人的行为相互作用的结果，以指导解决实际经济问题。

本篇概述了财富增长理论模型的创建，并依据创建的财富增长模型给出了经济增长合理区间的上下限和均衡增长率等经济规律的数理论证及相应的计算公式，以及应用于解决中国实际经济问题的全过程，再现了笔者参加 1983 年中国国务院发展研究中心承担的中国哲学社会科学"六五"期间国家重点科研项目"2000年的中国"研究的真实情况，及对中国经济波动的研究情况。

由于篇幅所限，有关财富增长理论模型的扩展模型及对经济规律的进一步论证，没有放在本篇中，有兴趣的读者可以阅读笔者的专著《经济：增长与结构》[④]。

研究经济理论的意义，在于所提出的理论能够解决现实的经济问题，更在于所提出的理论能够为未来经济的发展提供有规律性的决策依据。

本篇阐述了创建财富增长模型，以及将其应用于解决中国实际经济问题的全过程之后，依据所创建的财富增长模型，推导出了未来可能出现的经济规律，用数理论证的方法指出：如果能够依靠科学技术的进步和管理水平的提高，提高实体加工制造业的能力和水平，充分合理地利用资源，就有可能实现在消耗相对较少资源的情况下，创造更多的社会财富，进入到《资本论》第二卷所描述的"资

---

① [德] 卡尔·马克思. 资本论. 第二卷. 人民出版社, 2004 年: 446
② [德] 卡尔·马克思. 资本论. 第二卷. 人民出版社, 2004 年: 586
③ [英] 马歇尔. 朱志泰译. 经济学原理. 上卷. 商务印书馆, 1964 年: 50
④ 贾凤和. 经济：增长与结构. 南开大学出版社, 1993 年

本主义生产已经有了显著的发展"①的经济繁荣阶段，从而实现社会财富加速增长。这应当是社会财富增长的合理情况，也是未来经济的发展方向。

---

① ［德］卡尔·马克思. 资本论. 第二卷. 人民出版社, 2004 年: 579

第一章　社会财富增长原理性理论

"自从培根以来，我们已认识到没有一种科学能单独地把其所研究的各种事物探讨到底而必须在这里或那里停下来让姐妹科学作进一步的探讨。所以全面性的解释，只能用各种科学的总和来求得。因此，作者如果不欲仅仅把一堆贫乏的支离破碎的东西置于读者之前，那他除了显然属于专业性的知识以外，至少必须加上一些足以把这种专业知识和人类知识有机整体中的有关的科学联结起来的东西，并指出可以使他所开始的解释可以达到结论的方法。"①

一、经济理论的框架

在阐述对社会财富增长规律的认识之前，先概述一下经济理论的框架。

"我们打算在本书提出一个讨论财富的性质、生产和分配的这门科学的大纲。我们把这门科学定名为政治经济学"②，"人们把财富和财富增长的理论，看作政治经济学的特有的目的"③，"政治经济学是研究具有交换价值的、并为人所必需、有用或喜爱的物品或产品的生产、分配和消费的规律的科学"④。政治经济学属于经济学。"经济学是一门研究财富的学问"⑤，社会财富增长理论属于经济学理论范畴。

"经济理论指的是对经济活动中存在的各种规律性的关系所作的系统的、概括

---

① [奥] 庞巴维克. 陈端译. 资本实证论. 商务印书馆, 1983 年: 44
② [英] 西尼尔. 蔡受百译. 政治经济学大纲. 绪论. 商务印书馆, 1986 年: 9
③ [瑞士] 西斯蒙第. 胡尧步, 李直, 李玉民译. 政治经济学研究. 第一卷. 导言. 商务印书馆, 1989 年: 10
④ [英] 约·雷·麦克库洛赫. 郭家麟译. 政治经济学原理. 商务印书馆, 1982 年: 3
⑤ [英] 马歇尔. 朱志泰译. 经济学原理. 上卷. 商务印书馆, 1964 年: 23

性的表述。"① "经济规律亦称'经济法则'。经济现象间普遍的、必然的内在联系。经济规律是客观的、不以人们意志为转移的"②，如同英国哲学家卡尔·波普尔所讲："只有认定我们面前有一种不会改变的规则性时，我们才谈得到'自然规律'；如果我们发现它变了，我们就不会再叫它是'自然规律'了。"③ "规律的性质：自然科学的各种规律的准确性是不同的。社会和经济的规律相当于较为复杂和较不精确的自然科学的规律。"④

可见，经济规律与自然规律，就其本质而言有共同之处，它们都是客观的、不以人们意志为转移的，有着不会改变的规则性，而且它们"要受到时间、空间以及各种不同的具体情况的限制"⑤。

爱因斯坦讲："我们的交谈显示出经典物理学中一个严重的困难。我们有定律，但是不知它们归属于哪一个框架，因此整个物理学都好像是筑在沙堆上一样。"⑥ 爱因斯坦认为应当把理论归类在一个框架内，并把理论划分为两大类：第一类是构造性理论，第二类是原理性理论。他在《什么是相对论》一文中写道："我们可以把物理学中的理论分成不同种类。其中大多数是构造性的（constructive）。……同这一类最重要的理论一道的，还存在着第二类理论，我把它们叫做'原理理论'（principle-theory）。"⑦

爱因斯坦对构造性理论做了这样的描述："它们企图从比较简单的形式体系（formalscheme）出发，并以此为材料，对比较复杂的现象构造出一幅图像。……当我们说，我们已经成功地了解一群自然过程，我们的意思必然是指：概括这些过程的构造性的理论已经建立起来。"⑧ 按爱因斯坦对构造性理论的描述，牛顿力学属于构造性理论。

"按照所研究的层次不同，经济理论可以分为微观与宏观。……微观理论采用个量分析研究方法。……宏观经济理论采用总量的研究方法。"⑨ 无论是采用个量

---

① 梁小民，睢国余，刘伟，杨云龙主编. 经济学大辞典. 团结出版社，1994年: 455.
② 夏征农主编. 辞海. 1999年版普及本. 上海辞书出版社，2000年: 3308
③ [英] 卡尔·波普尔. 傅季重，纪树立，周昌忠，蒋戈为译. 猜想与反驳. 上海译文出版社，1987年: 80
④ [英] 马歇尔. 朱志泰译. 经济学原理. 上卷. 商务印书馆，1964年: 50
⑤ 梁小民，睢国余，刘伟，杨云龙主编. 经济学大辞典. 团结出版社，1994年: 452.
⑥ [美] 爱因斯坦. 利·英费尔德. 周肇威译. 物理学的进化. 上海科学技术出版社，1962年: 155
⑦ [美] 爱因斯坦. 许良英，范岱年编译. 爱因斯坦文集. 第一卷. 什么是相对论. 商务印书馆，1976年: 109-110
⑧ [美] 爱因斯坦. 许良英，范岱年编译. 爱因斯坦文集. 第一卷. 什么是相对论. 商务印书馆，1976年:109-110
⑨ 梁小民，睢国余，刘伟，杨云龙主编. 经济学大辞典. 团结出版社，1994年:455

分析研究方法还是采用总量的研究方法，都是"对比较复杂的现象构造出一幅图像"，所以，按爱因斯坦对构造性理论的描述，微观经济理论和宏观经济理论都属于构造性理论。

爱因斯坦对原理性理论做了这样的描述："它们是自然过程的普遍特征，即原理"[①]，"这些原理不是从其他理论推导出来，而是成为论证的推理链的公设"[②]，"但实际上，它是对于（可以想象的）自然规律的一个严格的限制"[③]。伽利略相对性原理就属于原理性理论。伽利略相对性原理给牛顿力学限定了一个框架，牛顿力学的所有定律都必须满足它。

"许多经济学著作都直接或间接地认为经济理论必须要以理性原则为基础，离开了理性原则，就不会有经济理论"[④]。那么，什么是经济理论必须以它为基础的"理性原则"呢？

这个"理性原则"首先是经济理论的基础，它应当"不是从其他理论推导出来，而是成为论证的推理链的公设"；其次，它是对经济理论的"一个严格的限制"，如果经济理论超出了"限制"就失去了有效性。这个"理性原则"应当是爱因斯坦所讲的原理性理论。

所以说，经济理论同样存在原理性理论和构造性理论。原理性理论是构造性理论的基础，同时对它又是一个限制。只有明确了理论的框架，才能明确理论的有效范围。

二、劳动创造价值

亚当·斯密在《国富论》中讲："一个人是富有还是贫穷，是根据他所能享受得起的人类生活中的必需品、便利品和娱乐品的品质和层次而定的。但是，一旦分工完全确定以后，一个人自己的劳动只能供应他所享受的上述物品中的很小一部分，其余绝大部分他必须从其他人的劳动中获得。这样，他是富有还是贫穷，

---

① [美] 爱因斯坦. 许良英，范岱年编译. 爱因斯坦文集. 第一卷. 什么是相对论. 商务印书馆，1976 年: 110
② [美] 施塔赫尔（Stachel, J.）主编. 范岱年，许良英译. 改变物理学面貌的五篇论文. 第三篇. 爱因斯坦论相对论. 上海科技教育出版社，2001 年: 84
③ [美] 爱因斯坦. 许良英，范岱年编译. 爱因斯坦文集. 第一卷. 相对论：相对论的本质. 商务印书馆，1976 年: 455
④ 梁小民，睢国余，刘伟，杨云龙主编. 经济学大辞典. 团结出版社，1994 年: 455

必然根据他所能支配或购买得起的他人劳动的数量而定。因此，任何商品的价值，对拥有这些商品但又不想自己使用或消费它而是想用它来交换其他商品的人来说，等于该商品能使他购买或支配的劳动的数量。因此，劳动是一切商品交换价值的真实尺度。"[1]

"在所有的时候和地方，凡是难于找到的，或是要花费许多劳动才能得到的东西，价格就昂贵；凡是容易找到的，或只花很少劳动就能得到的东西，价格就低廉。因此，只有本身价值绝对不变的劳动，才是最终而真实的标准，一切商品的价值在任何时候和地方都可以用它来衡量和比较。劳动是商品的真实价格，货币只是商品的名义价格。"[2]

英国经济学家阿弗里德·马歇尔（Alfred Marshall，1842—1924）认为："一个东西的价值，也就是它的交换价值"[3]，交换价值体现在货币上，"货币的实际价值用劳动来衡量比用商品来衡量较好"[4]。

经济学家们还有类似的论述，都强调用劳动来衡量商品的价值。"劳动是商品的真实价格"，如果没有劳动，即劳动为零，商品的真实价格就是零；"劳动是一切商品交换价值的真实尺度"，如果劳动为零，商品的交换价值也为零；"一个东西的价值，也就是它的交换价值"，交换价值为零，商品的价值也就为零，也就是说，没有劳动就没有价值，或者说，价值是由劳动创造的。因为没有劳动，就没有生产；没有生产，就没有人类所需要的物质。奥地利经济学家庞巴维克（Eugen von Böhm-Bawerk，1851—1914）对此做了阐述：

> 世界上存在着一大堆有用的物质，它们未经人力的加工，而是物质和力在有利条件下结合的产物——这种产物，从人类目的论的观点来看，应认为是偶然的。如江河潮流所冲积而成的丰饶的岛屿；如繁殖在天然牧场和草原上的牧草；如森林中的浆果和树木；如有用的矿藏等等。自然虽然这样"偶然"地给人很多好处，但是还远远地不够。在未经人工的自然界中，我们所有的东西大都是粗糙巨大的，而我们所需要的往往却是精微细小的。就是在一些事情中，如我们要把彩色的岩石碎片拼成

---

① [英] 亚当·斯密. 唐日松译. 国富论. 华夏出版社, 2004 年: 24
② [英] 亚当·斯密. 唐日松译. 国富论. 华夏出版社, 2004 年: 26
③ [英] 马歇尔. 朱志泰译. 经济学原理. 上卷. 商务印书馆, 1964 年: 81
④ [英] 马歇尔. 朱志泰译. 经济学原理. 上卷. 商务印书馆, 1964 年: 82

一个有规则的图案，我们还要做许多事情，我们不能把岩石的碎片放在一个万花筒中坐待"偶然"震动把这些不符合设计的岩石摇成我们心目中的图样。运动着的物质和力可能结合的方法是千变万化的，而在每一种变化中又有无数可能的结果，其中有利于人的却只占少数。在不受干扰的自然发展中，这些有利于人的效果是难得发现的，而人又具有各种各样的需要，怎么能满足这些需要呢？因此，他在自然发展的过程中另外加入了一个因素，他自己的有意识地加以指导的能力——这才开始生产他所需要的财货。

"生产"的意义是什么呢？经济学家常说的财货的创造，并不意味着产生出从未存在过的物质——这不是"创造"这个名词真正所指的那种创造——只不过是把一种不灭的物质改变成为更有益的形态，这些都无需再赘述了。[①]

生产是把不灭的物质改变成为对人类有益的形态，没有劳动就没有生产，"没有人类劳动，任何生产都不能进行，甚至机器人也必须靠人来制造"[②]。劳动是财富的源泉，"劳动在社会中创造了三种永恒的财富的源泉，而这三种财富的源泉又产生了三种收入。……如果没有劳动就决不会有财富"[③]。

英国经济学家麦克库洛赫（约翰·雷姆赛·麦克库洛赫 John Ramsay McCulloch，1789—1864）讲："劳动是财富的唯一来源"[④]，"正是劳动，也只有劳动，人才能获得具有交换价值的东西。劳动是使人从未开化的条件下文明起来的奇效东西，劳动把沙漠和森林改变为耕地，把大地覆盖以城市，使海洋飘浮着船只；劳动给予我们丰盛、舒适和优美，免除我们的贫困、苦难和野蛮"[⑤]。概括地讲，即劳动创造价值。

美国当代著名历史学家 L. S. 斯塔夫里阿诺斯对人类演变和发展的论述展现了劳动的价值："人类对大自然的依附性在人类社会的各个方面都留下了印记。但是，当人类做出划时代的新发现——不仅靠采集食物，而且通过栽培植物也可养

---

① [奥] 庞巴维克. 陈端译. 资本实证论. 商务印书馆, 1983 年: 48-49
② [英] 琼·罗宾逊, 约翰·伊特韦尔. 陈彪如译. 现代经济学导论. 商务印书馆, 1982 年: 78
③ [瑞士] 西斯蒙第. 何钦译. 政治经济学新原理. 商务印书馆, 1983 年: 73
④ [英] 约·雷·麦克库洛赫. 郭家麟译. 政治经济学原理. 商务印书馆, 1983 年: 38
⑤ [英] 约·雷·麦克库洛赫. 郭家麟译. 政治经济学原理. 商务印书馆, 1983 年: 43

活自己时，这一依附性大大减弱了。于是，一个崭新的世界展现在人类面前，使人类的眼界大为开阔；从此，人类告别了旧石器时代，跨入新石器时代。新石器时代的人有两个方面与他们的前辈——旧石器时代的人不同。新石器时代的人不再是用打制法，而是用磨制法制作石头工具；他们的食物来源大半甚至全部是靠栽培植物和畜养动物，而不是靠狩猎或采集"[①]；"人们常常易把新石器时代的村落生活浪漫化；显而易见，这样做将会误入歧途。为了生产食物和若干手工业品，每一个人，包括成年男子、妇女和儿童，都必须工作，而且必须努力地工作"[②]；"约公元前 3500 年时，一些已改进生产技术，正在耕种这片干旱的荒原的农业公社，成功地完成了从新石器时代的部落文化到文明的过渡"[③]。是劳动使人类从新石器时代的部落文化过渡到文明。

这表明，是劳动造就了人类，劳动促进了人类的发展，"如果没有劳动就决不会有财富"[④]，劳动创造了价值。"哲学家们承认并宣布，劳动是人类的恩人。"[⑤]

三、资本获得收益

劳动创造价值，并不等于只要有了劳动就可以生产出人类所需要的物质。"只有劳动才创造价值的命题并不是说一个人可以凭赤手空拳就生产出什么东西来的意思"[⑥]，生产人类所需要的财货或商品，不仅需要劳动，还需要原料和资金，即需要资本。

亚当·斯密在《国富论》中阐述了资本如何获得利润："资本一经在某些人手中积累以后，他们其中的有些人自然会运用该资本来推动勤奋的人们去工作，为他们提供原料和生活资料，以期通过对他们产品的销售或通过他们的劳动，使原

---

① [美] L. S. 斯塔夫里阿诺斯. 吴象婴，梁赤民译. 全球通史——1500 年以前的世界. 上海社会科学院出版社，1999 年：82-83

② [美] L. S. 斯塔夫里阿诺斯. 吴象婴，梁赤民译. 全球通史——1500 年以前的世界. 上海社会科学院出版社，1999 年：93

③ [美] L. S. 斯塔夫里阿诺斯. 吴象婴，梁赤民译. 全球通史——1500 年以前的世界. 上海社会科学院出版社，1999 年：105

④ [瑞士] 西斯蒙第. 何钦文译. 政治经济学新原理. 商务印书馆，1983 年：73

⑤ [瑞士] 西斯蒙第. 胡尧步，李直，李玉民译. 政治经济学研究. 第一卷. 商务印书馆，1989 年：40

⑥ [英] 琼·罗宾逊，约翰·伊特韦尔著. 陈彪如译. 现代经济学导论. 商务印书馆，1982 年：37

料的价值有所增殖而获得利润。在用产成品交换货币、劳动或其他货物时，所得利润除了可以足够支付原料的价格和工人的工资以外，还必须要有将其资本用来经营这个企业的企业家的利润。因此，在这种情况下，工人使原料增加的价值分为两部分：一部分用于支付工人自己的工资；一部分是他们的雇主因提前预支原料和工资的全部资本的利润。"①资本通过劳动获得利润。

瑞士籍法国政治经济学家西斯蒙第（让·沙尔·列奥钠尔·西蒙·德·西斯蒙第 Jean Charles Lnard Simonde de Sismondi，1773—1842）讲："劳动在社会中创造了三种永恒的财富的源泉……用来支付工资的资本是财富的第二种源泉。"②这是说，劳动使资本成为财富的第二种源泉，劳动使资本获得收益。

马歇尔对资本和财富的概念做了概述："在纯粹抽象的，尤其是数学的推理上，资本和财富这两个名词差不多必然是作为同义语用的，除了固有的'土地'为了某些目的可以从资本中略去这一点之外。但是，有这样一种清楚的传统：当我们把东西作为生产要素来考虑的时候，我们应当说是资本；当我们把东西作为生产的结果、消费的对象和产生占有的愉快的源泉来考虑的时候，我们应当说是财富。"③

庞巴维克对资本的概念及资本与财富的关系做了阐述："在政治经济学的各个系统中，资本这个词和资本理论在两个不同的领域里经常出现：其一，在生产领域里，其二，在分配领域里。在前一个场合，资本被当作是生产的要素或工具：作为一种手段，人们用它来从自然界获得一切用单钝的劳动所不能获得的各色各样的财富。在后一种场合，资本似乎是一种收入来源，或是一种租金；……当我们知道了，资本协助生产财富，又知道了，资本协助其所有主获得财富，我们就会得出这样一个结论，就是这两种现象是紧密地和基本上联系在一起的，以及一个现象是另一个现象的直接结果——就是税，资本能使其所有主获得财富，因为资本协助生产财富。"④

法国政治经济学家让·巴蒂斯特·萨伊（Jean Baptiste Say，1767—1832）认为，要是没有资本，生产便不能进步：

> 当我们进而研究劳动过程时，我们就会发现劳动必须得到协助，否

---

① [英] 亚当·斯密. 唐日松译. 国富论. 华夏出版社, 2004 年: 37

② [瑞士] 西斯蒙. 何钦译. 政治经济学新原理. 商务印书馆, 1983 年: 73

③ [英] 马歇尔. 朱志泰译. 经济学原理. 上卷. 商务印书馆, 1964 年: 101

④ [奥] 庞巴维克. 陈端译. 资本实证论. 导论. 商务印书馆, 1983 年: 41

则不能授予各东西以价值。使用在产业上的人类劳动，必须装备有事先已经存在的产物，否则无论怎样机巧，怎样聪明，都无法活动起来。上述事先存在的产物如下：

（1）各种技艺所使用的工具。农民如果没有铲子锄头，织工如果没有织机，水手如果没有船只，都无法施展他们的技能。

（2）劳动者在执行他的部分的生产任务时所必需的生活必需品。不错，他所从事制造的产品或他所收得的这产品的价格，终必补偿这项生活费用，但他必须不断垫付这项费用。

（3）劳动者所使用的原料，他通过劳动把这些原料改变为制成品。不错，这些原料常常是自然赐给人类的无代价礼物，但一般地说，更常是先前劳动的产物，例如农业所提供的谷种，矿工和冶炼者的劳动果实即金属，商人从远道运来的药品等。劳动者必须预先掌握这些东西的价值。否则无能为力。

上述这些东西的价值，构成所谓生产资本……要是没有资本，生产便不能进步。[1]

如果把所拥有的货物等称为财富，那么，用于生活消费和享受的那部分财富可以称为财产；用于创造财富的那部分财富可以称为资产。财产是用于生活消费和享受而不能创造财富的；资产是用于创造财富的，资产也称为资本。

资本又可以区分为流动资本和固定资本。"我们可以遵循穆勒[2]对流动资本与固定资本所作的区别，前者'经过一次使用，就完成了将它用于生产的全部任务'，而后者'以耐久的形态存在，要经过相应的耐久的年限才能还原为资本'。"[3]

亚当·斯密对流动资本和固定资本做了解释：

为投资者产生收入或利润的资本有两种使用方法。

第一，资本可被用来生产、制造或购买产品，然后将产品销售出去，取得利润。上述资本保留在所有者手中或保持原来状态时，不能为投资者产生任何收入或利润。商人的货物在未出售并换回货币前，不能产生

---

① [法] 萨伊. 陈福生，陈振骅译. 政治经济学概论. 商务印书馆, 1997 年: 70

② 约翰·斯图亚特·穆勒（John Stuart Mill, 1806—1873）

③ [英] 马歇尔. 朱志泰译. 经济学原理. 上卷. 商务印书馆, 1964 年: 95

收入或利润；货币在没有再次支付出去并换回商品前也是一样。商人的资本以一种形态不断地从其手中流出，并以另一种形态流入到其手中；而且也只有依靠这种流通，依靠这种持续的交换，商人才有利润可图。因此，这样的资本可称为流动资本。

　　第二，资本可以被用来改良土地，购买生产用的机器或工具，或用来购买不需要改变所有者或不需要再次流通就可以创造利润的东西。这样的资本可称为固定资本。①

西斯蒙第把财富划分为三部分：一是固定资本，二是流动资本，三是消费基金："我们看到各种财富相继产生而又互相区别开来。社会积累的一部分财富，由每个财富占有人拿出一部分，用于使劳动消费得较慢而获利更多的方面，或者用于利用自然力来代替人的劳动的方面；这一部分财富称为固定资本，其中包括开垦、修筑水渠、工厂、工具和各种机器。另一部分财富则为进行再生产而迅速消费掉，它将不断地在价值不变的情况下改变形式；这一部分财富称为流动资本，其中包括种子、加工的原料和工资。最后，第三部分财富和第二部分财富不同；这是制成品的价值超过从事这项工作所预先支付的价值，这称作资本的收入，这种收入是应该用于消费而不是用于再生产的；这种价值在被消费以前终究要和每个人所需要的东西进行一次交换。所有这一切用来满足每人需要的东西——不能再生产的东西，或他用自己的收入购买的东西，通称消费基金。"②

　　概括地讲，资本可以获得收益，由于使用的方法不同，资本又区分为流动资本和固定资本；按资本存在的形态，可以将资本区分为有形资本和无形资本，也称之为有形资产和无形资产；将用于生活消费和享受而不能创造财富的财产通称为消费基金。

四、商品的价值构成

亚当·斯密讲："在所有的社会中，每一种商品的价格最终要分解为这三部分

---

① [英] 亚当·斯密. 唐日松译. 国富论. 华夏出版社, 2004 年: 205
② [瑞士] 西斯蒙第. 何钦译. 政治经济学新原理. 商务印书馆, 1983 年: 69

中的其中一部分或全部；在每一个先进社会中，这三部分，作为价格的组成部分，都或多或少地进入到大部分商品的价格中。例如，在谷物价格中，一部分用来支付地主的地租；一部分用来支付劳动者的工资或维持劳动者的生活赞用和生产中所使用役畜的费用；第三部分就是农场主的利润。看上去，这三部分直接或最终构成谷物的整个价格。……虽然谷物的价格可以支付耕马的维持费和价格，但整个价格仍然直接或最终分解为同样的三部分，即地租、劳动和利润"①。

英国经济学家理查德·琼斯（Richard Jones，1790—1855）讲："如果这片土地是属于别人的，单是这种情况就使得农民立刻对土地所有者负有进贡的义务，于是产品的一部分作为'地租'被分配掉。如果在土地以外还需要其他东西来便利或者帮助他们的工作，那就必须把产品的另一部分归于这些东西的所有者，这就是'利润'的起源。劳动者所得那一份，纯粹个人劳力（不管是什么形式，或者方法，或者时间）的报酬，构成劳动的'工资'。各国土地和劳动每年的产物首先被分为地租、利润和工资这三个部分。一切其他收入都是从这三者衍生出来的。"②

亚当·斯密和理查德·琼斯讲的都是农产品的情况。对于工业品的生产，除去利润和工资以外，就不仅仅是地租了，即便是农产品的生产也不仅仅是地租。

马克思在《资本论》中讲："由生产资料构成的那部分年产品的总价值，分成下面几个部分：第一个价值部分，只是生产这种生产资料时所消费的生产资料的价值，因而只是以更新的形式再现的资本价值。第二个部分，等于投在劳动力上的资本的价值，或者说，等于该生产领域内资本家付出的工资的总额。最后，第三个价值部分，形成这个部类产业资本家的利润（包括地租）的源泉。"③

俄国哲学家、经济学家车尔尼雪夫斯基（Николай Гаврило вич Чернышевский，1828—1889）讲："理论必然应该力求把事实分解为最基本最简单的组成部分。大地测量学必然要把任何地区分为最简单的组成部分即三角形，如果多角形不分成三角形，就无法计算出它的面积。所以，政治经济学也必然要把产品分解为符合生产不同要素的部分：地租、利润和工资。我们看到，把这三部分中的每一部分再按土地、资本和劳动的不同类别分成新的份额，对科学来说，进行这种更深的分析不是没有好处的。"④

---

① ［英］亚当·斯密. 唐日松译. 国富论. 华夏出版社, 2004 年: 39
② ［英］理查德·琼斯. 于树生译. 论财富的分配和赋税的来源. 第一卷. 商务印书馆, 1999 年: 2
③ ［德］卡尔·马克思. 资本论. 第二卷. 人民出版社, 2004 年: 408
④ ［俄］尼·加·车尔尼雪夫斯基. 季陶达, 季云译. 穆勒政治经济学概述. 商务印书馆, 1984 年: 107

这些经济学家的论述为研究商品的价值构成指明了方法。

商品的生产需要原料，消耗掉的原料的价值转移到生产的产品上；商品的生产需要工具、机器，工具和机器磨损对应的价值以折旧的方式也转移到生产的产品上。用于生产商品的土地和生产商品的机器具有相同的性质，商品的生产所需要的原料——工具、机器、土地都属于生产资料。地租也是生产商品所消耗掉的生产资料的一种价值表示。所以，生产商品所消耗掉的生产资料是构成商品的第一个价值部分。可以用 C 表示生产商品所消耗掉的生产资料的价值。

构成商品的第二个价值部分应当是生产商品所消耗的劳动力的价值。"如果没有劳动就决不会有财富"[①]，劳动创造了价值。劳动力的价值也就是生产商品所支付的工资。可以用 V 表示生产商品所消耗的劳动力的价值。

"只有劳动才创造价值的命题并不是说一个人可以凭赤手空拳就生产出什么东西来的意思"[②]，人类生产所需要的商品，不仅需要劳动，还需要原料和资金，即需要资本。资本用于提前预支生产资料和工资，"资本协助生产财富"[③]，"工人使原料增加的价值分为两部分：一部分用于支付工人自己的工资；一部分是他们的雇主因提前预支原料和工资的全部资本的利润"[④]。

所以，构成商品的第三个价值部分应当是资本的利润。如马克思所讲："第三个价值部分，形成这个部类产业资本家的利润（包括地租）的源泉"[⑤]；马克思还讲："剩余价值就是产品价值超过消耗掉的产品形成要素即生产资料和劳动力的价值而形成的余额。"[⑥]所以，也可以把利润用剩余价值来描述。可以用 M 表示生产商品所投入资本的利润，即剩余价值。

用剩余价值代替利润，用劳动力的价值代替工资，与现实情况更加接近一些。所以，概括地讲，商品的价值是由消耗掉的生产资料的价值、劳动力的价值和剩余价值三部分构成的。

如果用 C 表示消耗掉的生产资料的价值，用 V 表示消耗劳动力的价值，用 M 表示剩余价值，用 X 表示商品的价值；那么，可以把商品的价值 X 表示为：

$$X = C + V + M$$

---

① [瑞士] 西斯蒙第. 何钦译. 政治经济学新原理. 商务印书馆, 1983 年: 73

② [英] 琼·罗宾逊, 约翰·伊特韦尔. 陈彪如译. 现代经济学导论. 商务印书馆, 1982 年: 37

③ [奥] 庞巴维克. 陈端译. 资本实证论. 导论. 商务印书馆, 1983 年: 41

④ [英] 亚当·斯密. 唐日松译. 国富论. 华夏出版社, 2004 年: 37

⑤ [德] 卡尔·马克思. 资本论. 第二卷. 人民出版社, 2004 年: 408

⑥ [德] 卡尔·马克思. 资本论. 第一卷. 人民出版社, 2004 年: 242

五、社会的总产品划分为生产资料和消费品

俄国经济学家杜冈-巴拉诺夫斯基（Туган-Бараковский，英文译名 Tugah-Baranowsky，1865—1919）讲："现象的科学描述，可分为两个密切相关的过程：一、阐明被描述的现象具有哪些我们认为是重要的特征和属性；二、根据现象所具有的某一属性，把所描述的现象归入普遍的和个别的类和属的某一逻辑体系。第二个过程就是所谓现象的分类，科学描述也就到此结束。借助于分类，就有可能把潜在的无限多的被研究现象看做是一个整体，而每一个具体的现象在这个整体中都有它应有的位置，因为每一个个别现象在这个体系中都不过是普遍规则的特殊情况而已。"①

美国经济学家克拉克（John Bates Clark，1847—1938）在《财富的分配》一书中讲："在有组织的社会中，生产财富的过程，是包括交换和分配在内的过程。因此，为了研究的方便起见，必须重新整顿经济理论，并按照新的原则来划分各个分部。"②

所以，"为了研究的方便起见"，有必要将商品的用途"认为是重要的特征和属性"，对商品做"所谓现象的分类"。

"商品以离开第一位生产者时的形式被消费掉的极少。通常，同一种原料会用于若干种不同产品的制造，反过来，这些更适宜于直接消费的产品，又都需用若干种不同的材料。"③把"用于若干种不同产品的制造"的原材料称之为生产资料。

"包括辅助材料即那些不能直接构成劳动工具，但却是劳动过程所必需的物件，如燃料、润滑油、照明材料，等等，统称生产资料。"④"在工业中，生产资料是人造的，而不是大自然提供的，旨在用特定技术促进一些特定商品的生产。"⑤所以，生产资料也是商品。

马克思认为：

① ［俄］М. И. 杜冈-巴拉诺夫斯基. 赵维良，桂力生，王涌泉译. 政治经济学原理. 商务印书馆, 1997 年: 29

② ［美］克拉克. 陈福生，陈振骅译. 财富的分配. 商务印书馆, 1981 年: 8

③ ［法］奥古斯丹·古诺. 陈尚霖译. 财富理论的数学原理的研究. 商务印书馆, 1994 年: 95

④ ［俄］М. И. 杜冈-巴拉诺夫斯基. 赵维良，桂力生，王涌泉译. 政治经济学原理. 商务印书馆, 1997 年: 148

⑤ ［英］琼·罗宾逊，约翰·伊特韦尔. 陈彪如译. 现代经济学导论. 商务印书馆, 1982 年: 196

社会的总产品，从而社会的总生产，分成两大部类：

I. 生产资料：具有必须进入或至少能够进入生产消费的形式的商品。

II. 消费资料：具有进入资本家阶级和工人阶级的个人消费的形式的商品。①

现代西方经济学最有影响的经济学家之一凯恩斯（约翰·梅纳德·凯恩斯 John Maynard Keynes，1883—1946）从购买的角度把购买者划分为消费购买者与投资购买者两类："任何划分消费购买者与投资购买者（investor-purchaser）之界线，只要合理，都一样可用，但一经选定，便须始终遵守。我们是否应当把购买汽车作为消费购买，把购买住宅作为投资购买，这类问题常常有人讨论，我也没有多少可补充。这个问题之答案，当然须看我们用何种界线来划分雇主与消费者。"② 既然把购买者划分为消费购买者与投资购买者，那么购买的商品也应当相应地划分为消费商品和投资商品；消费购买者购买消费商品，投资购买者购买投资商品。

投资是为了生产，"没有消费就不可能有生产。为生产目的进行的消费，是生产的。根据我们对生产的理解，凡是有用的消费都应称之为生产的消费"③。投资品是为生产目的进行的消费，也就是生产资料。

所以，按商品的用途可以将社会的总产品划分为两大类：第一类商品是生产资料，是必须进入或至少能够进入生产消费的形式的商品；第二类商品是消费品，是进入个人消费的形式的商品。

虽然将社会的总产品划分为两大类，但它们仍然是商品，商品的价值构成并没有改变。如果用 IC 表示第一类商品消耗掉的生产资料的价值，用 IV 表示第一类商品消耗劳动力的价值，用 IM 表示第一类商品的剩余价值，用 IX 表示第一类商品的价值；那么，可以把第一类商品的价值 IX 表示为：$IX = IC + IV + IM$。

如果用 IIC 表示第二类商品消耗掉的生产资料的价值，用 IIV 表示第二类商品消耗劳动力的价值，用 IIM 表示第二类商品的剩余价值，用 IIX 表示第二类商品的价值；那么，可以把第二类商品的价值 IIX 表示为：$IIX = IIC + IIV + IIM$。

---

① ［德］卡尔·马克思. 资本论. 第二卷. 人民出版社, 2004 年: 438-439
② ［英］凯恩斯. 徐毓坍译. 就业、利息和货币通论. 商务印书馆, 1997 年: 55
③ ［德］威廉·罗雪尔. 朱绍文译. 历史方法的国民经济学讲义大纲. 商务印书馆, 1986 年: 39

六、社会财富的概念

经济学家们从不同的角度对社会财富的概念做了论述。

英国经济学家威廉·汤普逊（William Thompson，1775—1833）讲："财富只限于生活享受的物质手段或者物质资料。物质快乐以外同样还有精神上和知识上的快乐。这些幸福的来源不是我们现在所要讨论的，因为它们并不直接被包含在我们赋予财富这个名词的意义之内。……光线由于它的五颜六色能使眼睛得到享受，水能使味觉得到享受，男女性别能互相使对方得到享受；但这些获得幸福的手段都不能叫做财富，因为它们仅仅是自然所赐与的，没有人类的劳动或技巧给它们加上任何东西。"①威廉·汤普逊认为"财富只限于生活享受的物质手段或者物质资料"，而且"没有人类的劳动或技巧给它们加上任何东西"的都不能叫做财富。

瑞士籍法国经济学家西斯蒙第讲："人类劳动的产物被称作财富，它和生活资料都代表人类要求享受的所有物质财产，而且几乎所有的精神财富，都是借助于物质财富才能得到。人们把财富和财富增长的理论，看作政治经济学的特有的目的。"②他认为"人类劳动的产物被称作财富"。

英国经济学家理查德·琼斯讲："一切财富，不管来源是什么，总要由人类的劳动使它可以为人类的用途服务，甚至大地自发的产物，也必须由人力收集和使用。因此，一切财富一定都是首先从劳动者手里分发出来的。"③查德·琼斯认为"一切财富一定都是首先从劳动者手里分发出来的"。

英国经济学家西尼尔（纳索·威廉·西尼尔 Nassau William Senior，1790—1864）讲：财富"这个词包括所有下列事物，也只包括这些事物：可以转移的，其供给有定限的，可以直接或间接地产生愉快或防止痛苦；或者换个说法，是可以交换的（使用交换这个词时，既指租借，也指绝对的购买）；或者再换个说法，是有价值的"④，"我们为财富下定义时说财富所包括的是一切有价值的事物，也只包括这些事物。……我们是在通俗意义下使用价值这个词的，指的是任何事物

---

① ［英］威廉·汤普逊. 何慕李译. 最能促进人类幸福的财富分配原理的研究. 商务印书馆, 1997 年: 31-32

② ［瑞士］西斯蒙第. 胡堯步, 李直, 李玉民译. 政治经济学研究. 第一卷. 导言. 商务印书馆, 1989 年: 10

③ ［英］理查德·琼斯. 于树生译. 论财富的分配和赋税的来源. 第一卷. 商务印书馆, 1999 年: 1

④ ［英］西尼尔. 蔡受百译. 政治经济学大纲. 商务印书馆, 1986 年: 17

的适宜于在交换中互相授受的那种特质，或者换句话说，是任何事物的适宜于租出或售出、租用或购入的那种特质。……这样定义下的价值，指的是两种物品之间交相存在的一种关系；说得明确些，这种关系就是，在交换中用另一物品的某一数量所能取得的这一物品的数量"①。西尼尔认为财富是可以交换的、有价值的物品。

美国经济学家克拉克讲："一个社会的财富，是由各种各样的物品所组成的。这些物品可以加在一起，这是由于它们都具有一个共同要素，并且这个要素是可以绝对地衡量出来的。"②

概括这些经济学家的论述，可以通俗地讲，社会财富是通过人类劳动生产出的有使用价值和交换价值的物质产品。所以，可以用当年的社会总产品来描述当年社会财富的增长。

七、社会财富增长的必要条件

社会财富是通过人类劳动生产出的有使用价值和交换价值的物质产品。只有增加社会的总产品，社会财富才能增长。社会的总产品划分为两大类：一类是生产资料，是具有必须进入或至少能够进入生产消费的形式的产品；一类是消费品，是具有进入个人消费的形式的产品。

奥地利经济学家庞巴维克讲："一切生产的最终目的，是制造满足我们需要的物品，亦即制造用于直接消费的财货，或消费品。"③

人类最终需要的是消费品，而消费品的生产需要生产资料，没有足够的生产资料就不可能生产出所需要的消费品，而生产资料过剩又不是人类的最终需要。所以，只有当所需要的消费品与为生产消费品所提供的生产资料相匹配时，社会的总产品才能增加，社会财富才能增长。

俄国经济学家杜冈-巴拉诺夫斯基讲："生产资料对我们来说之所以具有价值，只是因为我们借助它可以获得消费品。所以，消费品价值和为取得消费品所必需

---

① ［英］西尼尔. 蔡受百译. 政治经济学大纲. 商务印书馆, 1986 年: 28-29
② ［美］克拉克. 陈福生, 陈振骅译. 财富的分配. 商务印书馆, 1981 年: 282
③ ［奥］庞巴维克. 陈端译. 资本实证论. 商务印书馆, 1983 年: 53

的生产资料的价值，必须严格地相适应。"①那么，消费品和生产资料怎么才能严格地相适应呢？

美国经济学家克拉克讲："生产就是制造商品。除原始社会以外，生产都是经过分工来完成的。现代的生产者都是专业者，他们售出一种物品或一种物品的一部分，并以所获得的售价来购买所需要的物品。只有整个社会才是全能的商品生产者。这就是说，现在社会的生产，是通过交换的方法来完成的。商品的辗转易手，使社会能够生产出各种商品，而'分工'和'交换'这两个名词，只不过是用不同的说法，来表明和孤独的生产方法不相同的、有组织的创造财富的过程而已。……整个社会是唯一的财富生产者。交换是生产社会化的要素，它是整个生产过程中一个突出的部分。"②克拉克指出，"整个社会是唯一的财富生产者"，"交换是生产社会化的要素，它是整个生产过程中一个突出的部分"，这意味着通过交换可以使消费品和生产资料相适应。

英国经济学家威廉·汤普逊讲过："没有交换就不能有生产，也就不能继续生产财富。"③在这里，交换有着亚当·斯密的"看不见的手"的含义。

亚当·斯密讲："每个社会的年收入总是与其产业的全部年产品的交换价值恰好相等，或者说，是一个同那种交换价值恰好等值的东西。由于每一个个人都尽可能地用其资本来维护国内产业，并且努力经营，使其产品的价值达到最高程度，因此，他就必然尽力使社会的年收入尽量增大起来。的确，通常他既不打算促进公共利益，也不知道他自己是在什么程度上促进那种利益。他之所以宁愿投资支持国内产业而不支持国外产业，考虑的只是自己资本的安全；而他管理产业的目的在于使其产品的价值能达到最大程度，所想到的也只是他自己的利益。在此种情况之下，与在其他许多情况之下一样，有一只无形的手在引导着他去尽力达到一个他并不想要达到的目的。"④"一只看不见的手引导他们对生活必需品作出几乎同土地在平均分配给全体居民的情况下所能作出的一样的分配，从而不知不觉地增进了社会利益，并为不断增多的人口提供生活资料。"⑤

经济学家们认识到通过交换使消费品和生产资料相适应对财富增长的重要

① [俄] М. И. 杜冈-巴拉诺夫斯基. 赵维良, 桂力生, 王涌泉译. 政治经济学原理. 商务印书馆, 1997 年: 62
② [美] 克拉克. 陈福生, 陈振骅译. 财富的分配. 商务印书馆, 1981 年: 9
③ [英] 威廉·汤普逊. 何慕李译. 最能促进人类幸福的财富分配原理的研究. 商务印书馆, 1997 年: 58
④ [英] 亚当·斯密. 唐日松译. 国富论. 华夏出版社, 2004 年: 327
⑤ [英] 亚当·斯密. 蒋自强, 钦北愚, 朱钟棣, 沈凯璋译. 道德情操论. 第四卷. 商务印书馆, 2003 年: 230

性，英国经济学家亚当·斯密用"有一只无形的""看不见的手"来描述在财富增长中交换使消费品和生产资料相适应的作用。在本篇第五章将用数理论证的方式证明，确实存在亚当·斯密所讲的"看不见的手"，这只"看不见的手"是不以人们的意志为转移的，是客观存在的。亚当·斯密用"看不见的手"来揭示客观存在的经济规律："经济规律是客观的、不以人们意志为转移的"[①]，这让人们认识到确实存在着经济规律，它与人的主观愿望无关。这是亚当·斯密做出的不可磨灭的贡献。

认识到确实存在着经济规律，并不等于就真正解决了消费品和生产资料如何才能严格地相适应的问题。

法国数学家奥古斯丹·古诺（安东尼·奥古斯丹·古诺 Antoine Augustin Cournot，1801—1877）曾涉足经济学研究，他认为："归根结底，一般称之为非生产性的消费，正是所谓生产性消费的调节器和目的。那么，什么是不可逾越的极限？什么是非生产性和生产性消费的关系呢：理论无法先验地作出决定。"[②]他认为无法从理论上解决"非生产性和生产性消费的关系"问题。

卡尔·马克思比奥古斯丹·古诺小 17 岁，可以说两个人是同一个时代的人。马克思通过分析和论证给出了"非生产性和生产性消费的关系"，解决了消费品和生产资料严格地相适应的问题："由此得出结论：在简单再生产中，第Ⅰ部类的商品资本中的 $V + M$ 价值额（也就是第Ⅰ部类的总商品产品中与此相应的比例部分），必须等于不变资本 IIC，也就是第Ⅱ部类的总商品产品中分出来的与此相应的部分；或者说，$I（V + M）= IIC$"[③]，"在简单再生产时，二者必须相等，必须互相补偿；因为如果不是这样，正像前面说过的，简单再生产就不可能不受到干扰"[④]。

第一类商品是生产资料，按前文中的定义，第一类商品产出的总价值 IX 可以表示为：$IX = IC + IV + IM$。其中价值为 $IV + IM$ 的部分，实物上是生产资料，而所需要的是生产第一类商品的工人的工资和第一类商品产生的剩余价值，工人的工资要购买工人所需要的消费品，剩余价值还要用于资本家的消费等用途。

第二类商品是消费品，按前文中的定义，第二类商品产出的总价值 IIX 可以

---

① 夏征农主编. 辞海.1999 年版普及本. 上海辞书出版社, 2000 年:3308
② ［法］奥古斯丹·古诺. 陈尚霖译. 财富理论的数学原理的研究. 商务印书馆, 1994 年: 131
③ ［德］卡尔·马克思. 资本论. 第二卷. 人民出版社, 2004 年:446
④ ［德］卡尔·马克思. 资本论. 第二卷. 人民出版社, 2004 年: 586

表示为：$IIX = IIC + IIV + IIM$。其中价值为 IIC 的部分，实物上是消费品，而所需要的是对生产第二类商品所消耗的生产资料的补偿。

如果正好 $IV + IM = IIC$，那么通过第一类商品和第二类商品的交换，生产第一类商品的工人和资本家获得了所需要的价值相等的消费品；生产第二类商品的资本家获得了所需要的价值相等的生产资料；他们实现了价值补偿和实物补偿，满足了各自的需要，社会财富简单再生产得以继续进行。

这就是马克思通过分析和论证得出的结论：只有当第一类商品中，生产第一类商品的工人的工资和第一类商品产生的剩余价值，与第二类商品中生产第二类商品所消耗的生产资料的价值相等，社会财富简单再生产才能够得以继续进行。即 $IV + IM = IIC$ 是社会财富简单再生产得以继续进行的必要条件。

"我们只要指出，在说明简单再生产的时候，我们的前提是，第 I 部类和第 II 部类的全部剩余价值是作为收入花掉的。但是，事实上，剩余价值的一部分作为收入花掉，另一部分则转化为资本。只有在这个前提下，才有实际的积累。"[①]

用 $I\dfrac{M}{Y}$ 表示第一类商品剩余价值 IM 中用于对第一类商品生产资料的追加投资；用 $I\dfrac{M}{Z}$ 表示第一类商品剩余价值 IM 中用于对第一类商品劳动力消耗的追加投资；用 $I\dfrac{M}{X}$ 表示第一类商品剩余价值 IM 中用于消费的部分；有：

$$IM = I\frac{M}{Y} + I\frac{M}{Z} + I\frac{M}{X}$$

用 $II\dfrac{M}{Y}$ 表示第二类商品剩余价值 IIM 中用于对第二类商品生产资料的追加投资；那么，简单再生产的必要条件 $IV + IM = IIC$ 就变化为：

$$\left(IV + I\frac{M}{Z}\right) + I\frac{M}{X} = \left(IIC + II\frac{M}{Y}\right)$$

这正是在扩大再生产时社会财富增长的必要条件，简称社会财富增长的必要条件。

社会财富增长的必要条件表明，当存在着追加投资时，只有当各要素之间的

---

① ［德］卡尔·马克思. 资本论. 第二卷. 人民出版社, 2004 年: 566

组合满足社会财富增长的必要条件时，才能实现扩大再生产，即才能实现社会财富的增长。对于第一类商品和第二类商品的生产必须满足这个必要条件，"只是由于第 I 部类的各要素之间（就再生产来说）有了不同的组合，没有这种组合的变化，就根本不可能发生规模扩大的再生产"[①]。

由于在扩大再生产时需要有追加投资，不再是要满足简单再生产时的 $IV + IM = IIC$，而是要满足（$IV + I\dfrac{M}{Z}$）$+ I\dfrac{M}{X} > IIC$，即在扩大再生产时必须满足 $IV + IM > IIC$，才有可能满足社会财富增长的必要条件。

本篇第五章将用数理论证的方法阐明，马克思客观上把亚当·斯密用"看不见的手"描述的经济规律用数学形式表述为社会财富增长的必要条件。马克思解决了法国数学家奥古斯丹·古诺认为不能解决的问题，成为宏观经济定量分析不可违背的原理。

八、社会财富增长的原理性理论

英国哲学家卡尔·波普尔讲："只有认定我们面前有一种不会改变的规则性时，我们才谈得到'自然规律'；如果我们发现它变了，我们就不会再叫它是'自然规律'了。"[②]

英国经济学家马歇尔讲："自然科学的各种规律的准确性是不同的。社会和经济的规律相当于较为复杂和较不精确的自然科学的规律。"[③]

既然经济的规律能够称之为规律，表明经济规律具有与自然科学规律同样的特性，即具有"不会改变的规则性"。之所以"经济的规律相当于较为复杂和较不精确的自然科学的规律"，是因为经济现象与自然现象不同，经济现象是经济规律与社会上的人及社会制度交互作用的结果。

美国经济学家克拉克讲："这些经济学著作，从来没有采用我们在这里所提出的经济学的分部法，没有把经济科学中那些普遍的真理，特别列出一个部分，加以叙述，以便说明这些普遍的真理跟那些依附社会组织的事实和规律是有区别

① ［德］卡尔·马克思. 资本论. 第二卷. 人民出版社, 2004 年: 569

② ［英］卡尔·波普尔. 傅季重, 纪树立, 周昌忠, 蒋戈为译. 猜想与反驳. 上海译文出版社, 1986: 80

③ ［英］马歇尔. 朱志泰译. 经济学原理. 上卷. 商务印书馆, 1964 年: 50

的。"①克拉克的观点有些道理，应当把经济现象中人为因素的干扰和社会制度的影响排除掉，把不以人们意志为转移的、客观存在的"普遍的真理"抽象出来，这才是经济规律。然后再研究经济规律与社会上的人及社会制度的交互作用，才能够与事实相符，解决现实的经济问题。

现在再来分析一下前面的论述，可以概括出五点结论：

1. 劳动创造价值。

2. 资本获得收益。

3. 商品的价值是由消耗掉的生产资料的价值、劳动力的价值和剩余价值三部分构成。

如果用 C 表示消耗掉的生产资料的价值，用 V 表示消耗劳动力的价值，用 M 表示剩余价值，用 X 表示商品的价值；那么，可以把商品的价值 X 表示为：

$$X = C + V + M$$

4. 社会的总产品划分为两大类：第一类商品是生产资料，是具有必须进入或至少能够进入生产消费的形式的商品；第二类商品是消费品，是具有进入个人消费的形式的商品。

虽然将社会的总产品划分为两大类，但它们仍然是商品，商品的价值构成并没有改变。如果用 IC 表示第一类商品消耗掉的生产资料的价值，用 IV 表示第一类商品消耗劳动力的价值，用 IM 表示第一类商品的剩余价值，用 IX 表示第一类商品的价值；那么，可以把第一类商品的价值 IX 表示为：$IX = IC + IV + IM$ 。

如果用 IIC 表示第二类商品消耗掉的生产资料的价值，用 IIV 表示第二类商品消耗劳动力的价值，用 IIM 表示第二类商品的剩余价值，用 IIX 表示第二类商品的价值；那么，可以把第二类商品的价值 IIX 表示为：$IIX = IIC + IIV + IIM$ 。

5. 社会财富增长的必要条件是：在简单再生产时，生产第一类商品的工人的工资和第一类商品产生的剩余价值，与生产第二类商品所消耗的生产资料的价值相等，即 $IV + IM = IIC$ ；在扩大再生产时，社会财富增长的必要条件是：

$$\left(IV + I\frac{M}{Z} \right) + I\frac{M}{X} = \left(IIC + II\frac{M}{Y} \right)$$

虽然这五点结论相互关联，但各结论是独立的，与人们的意志无关，与社会制度无关；如果违背了这五点结论社会财富简单再生产就不能继续进行下去。按

---

① [美] 克拉克. 陈福生, 陈振骅译. 财富的分配. 商务印书馆, 1981 年: 28

爱因斯坦的观点，如果"不是从其他理论推导出来，而是成为论证的推理链的公设"[1]，而且是"对于（可以想象的）自然规律的一个严格的限制"[2]，那么就属于原理性理论。这五点结论"不是从其他理论推导出来"，是社会财富增长的必要条件，是对其他经济理论的"一个严格的限制"，所以，它们属于原理性理论，可以称之为社会财富增长的原理性理论。

---

[1] ［美］施塔赫尔（Stachel, J.）主编. 范岱年译. 改变物理学面貌的五篇论文. 第三篇. 爱因斯坦论相对论. 上海科技教育出版社, 2001 年: 84

[2] ［美］爱因斯坦. 许良英, 范岱年编译. 爱因斯坦文集. 第一卷. 相对论: 相对论的本质. 商务印书馆, 1976 年: 455

第二章　社会财富增长模型的创建

"抽象的财富概念构成了一种完全确定的关系，它就像所有精确的概念一样，可成为理论推演的对象。"[1]

一、社会财富增长构造性理论简介

社会财富增长的原理性理论是社会财富增长必须遵从的限制性理论，正如爱因斯坦在《关于广义引力场》一文中指出的："广义相对性原理对理论的可能性加以极其严格的限制。要是没有这种限制性的原理，实际上任何人都不可能找到引力方程。"[2]

由社会财富增长的原理性理论推导出社会财富增长构造性理论。社会财富增长构造性理论由四个功能不同的社会财富增长模型和依据社会财富增长模型推导出的表述规律性的推论组成。在本篇中，第二章主要阐述前三个社会财富增长模型的创建，第三章阐述依据创建的社会财富增长模型推导出表述规律性的推论，第四章阐述第四个社会财富增长模型，第五章则专门论证确实存在亚当·斯密提出的"看不见的手"。

有了社会财富增长构造性理论后，尚不能立即应用于解决宏观经济实际问题，我们还需要做两项工作：

第一项工作是对创建的社会财富增长模型进行检验。就像要建造一座大桥，在设计完成之后需要先做一个模型进行测试和验证一样，本书将通过对《资本论》

---

① [法] 奥古斯丹·古诺. 陈尚霖译. 财富理论的数学原理的研究. 商务印书馆, 1994 年: 28
② [美] 爱因斯坦. 许良英, 范岱年编译. 爱因斯坦文集. 第一卷. 关于广义引力场. 商务印书馆, 1976 年: 505

第一例的演算来验证所创建的四个社会财富增长模型的有效性，并对社会财富增长关键因素之间关系的论证及具有规律性的推论进行验证。本篇第四章对此做了阐述。

第二项工作是去掉四个社会财富增长模型中对关键因素的理想性假设，使其与现实经济更加接近。本篇第六章给出了这四个社会财富增长模型的实际应用表达式及经济效益提高的判据，为现实经济宏观决策等重大问题的研究提供了有理论依据的定量分析方法。这样，可以将所建立的社会财富增长构造性理论应用于现实宏观经济的决策研究。

1983 年至 1985 年，笔者参加了中国国务院发展研究中心承担的中国哲学社会科学"六五"期间国家重点科研项目"2000 年的中国"的研究。笔者应用所创建的社会财富增长构造性理论研究中国宏观经济的决策，撰写的论文被采纳，圆满完成所承担的科研任务。该研究项目获 1988 年国家科技进步一等奖。本篇第七章转载了笔者在"2000 年的中国"科研项目中完成的研究论文。

本篇第八章、第九章，转载了笔者应用所创建的社会财富增长构造性理论研究中国现实经济问题的较有影响的两篇论文。其中一篇论文是笔者在《南开学报》发表的《社会主义条件下的经济周期波动》，1990 年 8 月 20 日的《人民日报（海外版）》第二版对笔者发表该论文的消息做了报道，1996 年 1 月该论文被选入《中国经济文库》。

英国当代著名经济学家莱昂内尔·罗宾斯（Lionel Robbins, 1898—1984）讲："经济规律描述的是必然的关系。如果它们所假设的条件是给定的，则必然会出现它们所预测的结果。"[①]本篇第十章依据所创建的社会财富增长模型，应用演绎的方法对未来经济繁荣条件下的财富增长加速现象进行了论证，并预测了实现财富加速增长的可能性和方法。

二、基本概念

（一）资本有机构成
马克思提出了资本有机构成的概念："资本的构成要从双重的意义上来理解。

---

① ［英］莱昂内尔·罗宾斯. 朱泱译. 经济科学的性质和意义. 商务印书馆, 2000 年: 100

从价值方面来看，资本的构成是由资本分为不变资本和可变资本的比率，或者说，分为生产资料的价值和劳动力的价值即工资总额的比率来决定的。从在生产过程中发挥作用的物质方面来看，每一个资本都分为生产资料和活的劳动力；这种构成是由所使用的生产资料量和为使用这些生产资料而必需的劳动量之间的比率来决定的。我把前一种构成叫作资本的价值构成，把后一种构成叫作资本的技术构成。二者之间有密切的相互关系。为了表达这种关系，我把由资本技术构成决定并且反映技术构成变化的资本价值构成，叫作资本的有机构成。凡是简单地说资本构成的地方，始终应当理解为资本的有机构成。"[1]

从物质形式来看，在生产过程中用于生产的生产资料数量和使用这些生产资料的劳动力数量的比例关系，叫做资本技术构成。从价值形式来看，资本构成表现为生产资料价值和劳动力价值的比例关系，叫做资本价值构成。资本技术构成和资本价值构成有着密切的联系。后者是由前者决定的，资本价值构成的变化一般都是资本技术构成变化的反映。马克思把这种由资本技术构成所决定并反映资本技术构成变化的资本价值构成，称为资本的有机构成。

社会总产品划分为两类：第一类商品是生产资料，第二类商品是消费品。

如果用 IC 表示第一类商品消耗的生产资料，用 IV 表示第一类商品消耗劳动力的价值，用 P_1 表示第一类商品的资本有机构成，有：

$$P_1 = \frac{IC}{IV}$$

如果用 IIC 表示第二类商品消耗的生产资料，用 IIV 表示第二类商品消耗劳动力的价值，用 P_2 表示第二类商品的资本有机构成，有：

$$P_2 = \frac{IIC}{IIV}$$

（二）剩余价值率

"剩余价值就是产品价值超过消耗掉的产品形成要素即生产资料和劳动力的价值而形成的余额。"[2]

马克思在《资本论》中讲："由生产资料构成的那部分年产品的总价值，分成下面几个部分：第一个价值部分，只是生产这种生产资料时所消费的生产资料的

---

[1] ［德］卡尔·马克思. 资本论. 第一卷. 人民出版社, 2004 年: 707
[2] ［德］卡尔·马克思. 资本论. 第一卷. 人民出版社, 2004 年: 242

价值，因而只是以更新的形式再现的资本价值；第二个部分，等于投在劳动力上的资本的价值，或者说，等于该生产领域内资本家付出的工资的总额。最后，第三个价值部分，形成这个部类产业资本家的利润（包括地租）的源泉。"[①]对于作为生产资料的产品是如此，对于作为消费品的产品也是如此。因此，可以用剩余价值来描述利润。

剩余价值率是："我们把一年内生产的剩余价值总额和预付可变资本的价值额之比，称为年剩余价值率。"[②]

如果把利润用剩余价值来描述；预付可变资本是指预付的工资，即消耗劳动力的价值；那么用通俗的语言讲，剩余价值率是一年内生产的利润和预付的工资之比。为了表达方便，采用《资本论》的词汇，剩余价值率是一年内生产的剩余价值总额和消耗劳动力的价值之比。

如果用 IX 表示第一类商品的价值，用 IC 表示第一类商品消耗的生产资料，用 IV 表示第一类商品消耗劳动力的价值，用 IM 表示第一类商品的剩余价值，有：

$$IM = IX - IC - IV$$

如果用 H_1 表示第一类商品的剩余价值率，有：

$$H_1 = \frac{IM}{IV}$$

如果用 IIX 表示第二类商品的价值，用 IIC 表示第二类商品消耗的生产资料，用 IIV 表示第二类商品消耗劳动力的价值，用 IIM 表示第二类商品的剩余价值，有：

$$IIM = IIX - IIC - IIV$$

如果用 H_2 表示第二类商品的剩余价值率，有：

$$H_2 = \frac{IIM}{IIV}$$

（三）国民收入

现代西方经济学最有影响的经济学家之一凯恩斯给"国民所得"下的定义是："国民所得是一个净概念，必须从本期产品中，减去本期开始时已有的资本设备在本期中所蒙受的耗损，二者之差才是国民所得，才是社会资源之净增量，可以用

---

① ［德］卡尔·马克思. 资本论. 第二卷. 人民出版社, 2004 年: 408
② ［德］卡尔·马克思. 资本论. 第二卷. 人民出版社, 2004 年: 328

之于消费，或留之为资本。"①

国民收入也称为国民所得。产品的价值（用 X 表示）由三部分构成：其一是消耗掉的生产资料的价值（用 C 表示），其二是消耗劳动力的价值（用 V 表示），其三是产生的剩余价值（用 M 表示）；即 $X = C + V + M$。

按凯恩斯对国民收入的定义，国民收入等于产品的价值 X 减去本期开始时已有的资本设备在本期中所蒙受的耗损，即减去消耗掉的生产资料的价值 C，等于社会资源之净增量 $V + M$，如果用 W 表示国民收入，即国民收入 W 等于 $V + M$，有：$W = V + M$。

由于社会总产品划分为两类：第一类商品是生产资料，第二类商品是消费品。

如果用 IW 表示第一类商品的国民收入，用 IV 表示第一类商品消耗劳动力的价值，用 IM 表示第一类商品剩余价值，有：

$$IW = IV + IM$$

如果用 IIW 表示第二类商品的国民收入，用 IIV 表示第二类商品消耗劳动力的价值，用 IIM 表示第二类商品剩余价值，有：

$$IIW = IIV + IIM$$

那么，国民收入 $W = IW + IIW$。即：国民收入 $W = IV + IM + IIV + IIM$。

（四）国民收入增长速度

如果在基年国民收入用 $W = V + M$ 表示；将下一个年度称为来年，来年的国民收入用 $W' = V' + M'$ 表示。由于社会总产品划分为两类：

基年国民收入：$W = V + M = IV + IM + IIV + IIM$

来年国民收入：$W' = V' + M' = IV' + IM' + IIV' + IIM'$

用 μ 表示来年的国民收入增长速度，有：

$$\mu = \frac{W' - W}{W'}$$

$$\mu = \frac{(V' + M') - (V + M)}{V' + M'}$$

① ［英］凯恩斯. 徐毓坍译. 就业、利息和货币通论. 商务印书馆, 1997 年: 36

三、创建非稳定增长模型

现在依据社会财富增长的原理性理论创建社会财富增长模型。

凯恩斯讲："我认为，当我们讨论整个经济体系之行为时，如果我们只用两个单位，即货币与劳力，则我们可以免去许多不必要的麻烦。"[①]

在讨论整个经济体系的行为时，采用两个单位，仍然存在着两个单位的量纲不一致的问题。如果采用一个单位就可以避免单位的量纲不一致的问题。用同一个单位来度量构成商品价值的各个部分，也就是用一个单位来度量社会财富的价值，或者说用一个单位来度量社会总产品的价值，其中已经包括了劳力的价值。

（一）社会财富增长模型已知条件

根据社会财富增长的原理性理论，社会产品的价值是由消耗掉的生产资料的价值、劳动力的价值和剩余价值三部分构成。

如果用 C 表示消耗掉的生产资料的价值，用 V 表示消耗劳动力的价值，用 M 表示剩余价值，用 X 表示商品的价值；那么，可以把商品的价值 X 表示为：

$$X = C + V + M$$

由社会财富增长的原理性理论，社会的总产品划分为两大类：第一类商品是生产资料，是具有必须进入或至少能够进入生产消费的形式的商品；第二类商品是消费品，是具有进入个人消费的形式的商品。

虽然将社会的总产品划分为两大类，但它们仍然是商品，商品的价值构成并没有改变。如果用 IC 表示第一类商品消耗掉的生产资料的价值，用 IV 表示第一类商品消耗劳动力的价值，用 IM 表示第一类商品剩余价值，用 IX 表示第一类商品的价值；那么，可以把第一类商品的价值 IX 表示为： $IX = IC + IV + IM$ 。

如果用 IIC 表示第二类商品消耗掉的生产资料的价值，用 IIV 表示第二类商品消耗劳动力的价值，用 IIM 表示第二类商品剩余价值，用 IIX 表示第二类商品的价值；那么，可以把第二类商品的价值 IIX 表示为： $IIX = IIC + IIV + IIM$ 。

创建社会财富增长模型，首先要知道在基年社会总产品的情况，即要知道：

---

① ［英］凯恩斯. 徐毓坍译. 就业、利息和货币通论. 商务印书馆, 1997 年: 40

在基年第一类商品的价值构成 IC、IV、IM 和基年第二类商品的价值构成 IIC、IIV、IIM；或者说，IC、IV、IM、IIC、IIV、IIM 为已知。

（二）社会财富增长模型假设条件

凯恩斯在讨论整个经济体系时讲："本理论可以归纳为下列几个命题：……设技术、资源与成本三种情况不变，则所得（货币所得与真实所得二者）定于就业量 N。"[①]

如果按凯恩斯所讲"设技术、资源、与成本三种情况不变"，即意味着资本有机构成和剩余价值率不变。

所以，在创建社会财富增长模型时，假设资本有机构成和剩余价值率不变。

用 P_1 表示第一类商品的资本有机构成：$P_1 = \dfrac{IC}{IV}$

用 P_2 表示第二类商品的资本有机构成：$P_2 = \dfrac{IIC}{IIV}$

用 H_1 表示第一类商品的剩余价值率：$H_1 = \dfrac{IM}{IV}$

用 H_2 表示第二类商品的剩余价值率：$H_2 = \dfrac{IIM}{IIV}$

由于 IC、IV、IM、IIC、IIV、IIM 为已知，所以 P_1、P_2、H_1、H_2 为已知。

（三）社会财富增长模型中的六个未知量

凯恩斯讲："国民所得是一个净概念，必须从本期产品中，减去本期开始时已有的资本设备在本期中所蒙受的耗损，二者之差才是国民所得，才是社会资源之净增量，可以用之于消费，或留之为资本。"[②]

国民收入 W 等于 $V + M$，由于社会总产品划分为两类：第一类商品的国民收入 $IW = IV + IM$；第二类商品的国民收入 $IIW = IIV + IIM$。

凯恩斯讲国民收入"可以用之于消费，或留之为资本"。实际上，消耗劳动力的价值 V 用之于消费；剩余价值 M 的一部分留之为资本用于再投资，一部分用之于投资者的消费。

---

① ［英］凯恩斯. 徐毓坍译. 就业、利息和货币通论. 商务印书馆，1997 年: 28
② ［英］凯恩斯. 徐毓坍译. 就业、利息和货币通论. 商务印书馆，1997 年: 36

用 $I\dfrac{M}{Y}$ 表示第一类商品剩余价值中用于对第一类商品生产资料的追加投资，

用 $I\dfrac{M}{Z}$ 表示第一类商品剩余价值中用于对第一类商品劳动力消耗的追加投资，用

$I\dfrac{M}{X}$ 表示第一类商品剩余价值中用于消费的部分，用 $II\dfrac{M}{Y}$ 表示第二类商品剩余

价值中用于对第二类商品生产资料的追加投资，用 $II\dfrac{M}{Z}$ 表示第二类商品剩余价值

中用于对第二类商品劳动力消耗的追加投资，用 $II\dfrac{M}{X}$ 表示第二类商品剩余价值中

用于消费的部分。那么，有：

$$I\frac{M}{Y} + I\frac{M}{Z} + I\frac{M}{X} = IM \tag{3-2-1}$$

$$II\frac{M}{Y} + II\frac{M}{Z} + II\frac{M}{X} = IIM \tag{3-2-2}$$

在社会财富增长模型中，$I\dfrac{M}{Y}$、$I\dfrac{M}{Z}$、$I\dfrac{M}{X}$、$II\dfrac{M}{Y}$、$II\dfrac{M}{Z}$、$II\dfrac{M}{X}$ 均为未

知量。

（四）社会财富增长模型中的准国民收入增长速度

凯恩斯讲："国民所得是一个净概念……经济学家想从这个基础上，建立起一个量的科学。"[1]

国民收入是"一个净概念"，它表示的是某一年度的数值，所以也是一个静止的概念，而社会财富随着追加投资的增加而增长是一个变动的过程；所以用国民收入增长速度"建立起一个量的科学"，能够体现社会财富增长的变动过程。

用 W 表示基年的国民收入，有：

$$W = V + M = IV + IM + IIV + IIM$$

由于 $H_1 = \dfrac{IM}{IV}$，$H_2 = \dfrac{IIM}{IIV}$，或 $H_1 IV = IM$，$H_2 IIV = IIM$，有：

$$W = (1 + H_1) IV + (1 + H_2) IIV$$

---

[1] ［英］凯恩斯. 徐毓枬译. 就业、利息和货币通论. 商务印书馆, 1997 年: 36

由于在基年第一类商品剩余价值中对第一类商品劳动力消耗的追加投资为 $I\dfrac{M}{Z}$，用 IV' 表示来年第一类商品的劳动力消耗，有：

$$IV' = IV + I\frac{M}{Z}$$

用 IM' 表示来年第一类商品的剩余价值，由于剩余价值率不变，有：

$$IM' = H_1\,IV' = H_1\left(IV + I\frac{M}{Z}\right) = IM + H_1\,I\frac{M}{Z}$$

同样，由于在基年第二类商品剩余价值中对第二类商品劳动力消耗的追加投资为 $II\dfrac{M}{Z}$，用 IIV' 表示来年第二类商品的劳动力消耗，有：

$$IIV' = IIV + II\frac{M}{Z}$$

用 IIM' 表示来年第二类商品的剩余价值，由于剩余价值率不变，有：

$$IIM' = H_2\,IIV' = H_2\left(IIV + II\frac{M}{Z}\right) = IIM + H_2\,II\frac{M}{Z}$$

用 W' 表示来年的国民收入，有：

$$W' = IV' + IM' + IIV' + IIM'$$

$$= IV + I\frac{M}{Z} + IM + H_1\,I\frac{M}{Z} + IIV + II\frac{M}{Z} + IIM + H_2\,II\frac{M}{Z}$$

$$= IV + IM + IIV + IIM + (1+H_1)\,I\frac{M}{Z} + (1+H_2)\,II\frac{M}{Z}$$

$$= W + (1+H_1)\,I\frac{M}{Z} + (1+H_2)\,II\frac{M}{Z}$$

用 μ 表示来年的国民收入增长速度，有：

$$\mu = \frac{W' - W}{W'}$$

$$\mu = \frac{(1+H_1)\,I\dfrac{M}{Z} + (1+H_2)\,II\dfrac{M}{Z}}{(1+H_1)\,IV + (1+H_2)\,IIV + (1+H_1)\,I\dfrac{M}{Z} + (1+H_2)\,II\dfrac{M}{Z}}$$

$$\mu = \frac{(1+H_1)\ I\frac{M}{Z}+(1+H_2)\ II\frac{M}{Z}}{\frac{1+H_1}{H_1}IM+\frac{1+H_2}{H_2}IIM+(1+H_1)\ I\frac{M}{Z}+(1+H_2)\ II\frac{M}{Z}}$$

为了表述方便，设 μ_0 为准国民收入增长速度，μ_0 的表达式为：

$$\mu_0 = \frac{(1+H_1)\ I\frac{M}{Z}+(1+H_2)\ II\frac{M}{Z}}{\frac{1+H_1}{H_1}IM+\frac{1+H_2}{H_2}IIM}$$

有：$\mu = \dfrac{W'-W}{W'} = \dfrac{\mu_0}{1+\mu_0}$

或　$\mu_0 = \dfrac{\mu}{1-\mu}$

由 μ_0 的表达式可以得到（3-2-3）式：

$$(1+H_1)\ I\frac{M}{Z}+(1+H_2)\ II\frac{M}{Z}=[\frac{1+H_1}{H_1}\ IM+\frac{1+H_2}{H_2}\ IIM]\mu_0 \quad (3\text{-}2\text{-}3)$$

（五）由资本有机构成和剩余价值率构成的方程

由于资本有机构成不变，在基年第一类商品的资本有机构成为 $P_1 = \dfrac{IC}{IV}$ 或 $P_1\ IV = IC$。

在来年，劳动力消耗由 IV 增加为 $IV + I\dfrac{M}{Z}$，生产资料消耗由 IC 增加为 $IC + I\dfrac{M}{Y}$。

第一类商品的资本有机构成不变，仍然为 P_1。在来年，有：

$$P_1\ (IV + I\frac{M}{Z}) = IC + I\frac{M}{Y}$$

所以，有：$P_1\ I\dfrac{M}{Z} - I\dfrac{M}{Y} = 0$ $\qquad\qquad\qquad\qquad (3\text{-}2\text{-}4)$

同理，有：$P_2\ II\dfrac{M}{Z} - II\dfrac{M}{Y} = 0$ $\qquad\qquad\qquad (3\text{-}2\text{-}5)$

（六）社会财富增长的必要条件方程

由社会财富增长的原理性理论可知，社会财富增长的必要条件是：在简单再生产的情况下，生产第一类商品的工人的工资和第一类商品产生的剩余价值的总和，与生产第二类商品所消耗的生产资料的价值相等，即 $IV + IM = IIC$。

社会财富增长的构造性理论不能违背社会财富增长的原理性理论。也就是说，在财富增长的过程中必须满足社会财富增长的必要条件，所以创建社会财富增长模型必须满足社会财富增长的必要条件。在扩大再生产的情况下，存在对第一类商品劳动力消耗的追加投资和对第二类商品生产资料的追加投资，在这种情况下：

生产第一类商品的工人的工资增加为：$IV + I\dfrac{M}{Z}$；

第一类商品产生的剩余价值用于消费的部分为：$I\dfrac{M}{X}$；

第二类商品所消耗的生产资料的价值增加为：$IIC + II\dfrac{M}{Y}$；

追加投资后的第一类商品劳动力消耗 $IV + I\dfrac{M}{Z}$ 和第一类商品剩余价值用于消费的部分 $I\dfrac{M}{X}$ 的总和，应当与第二类商品所消耗生产资料的价值 $IIC + II\dfrac{M}{Y}$ 相等，即追加投资后必须满足简单再生产情况下的社会财富增长必要条件 $IV + IM = IIC$，于是有：

$$IV + I\frac{M}{Z} + I\frac{M}{X} = IIC + II\frac{M}{Y}$$

这就是扩大再生产情况下社会财富增长的必要条件，简称为社会财富增长的必要条件。由于存在追加投资，已不再是 $IV + IM = IIC$，而是

$$IV + I\frac{M}{Z} + I\frac{M}{X} > IIC$$

即：$IV + IM > IIC$

由于 $IV = \dfrac{1}{H_1}IM$，$IIC = \dfrac{P_2}{H_2}IIM$

所以，可以将社会财富增长的必要条件改写为：

$$I\frac{M}{Z} + I\frac{M}{X} - II\frac{M}{Y} = \frac{P_2}{H_2}IIM - \frac{1}{H_1}IM \tag{3-2-6}$$

（七）非稳定增长模型

对上面依据社会财富增长原理性理论进行的推导进行归纳，将（3-2-1）式、（3-2-2）式、（3-2-3）式、（3-2-4）式、（3-2-5）式、（3-2-6）式放在一起，称为（3-2-7）

式，有：

$$
\left.
\begin{aligned}
& I\frac{M}{Y} + I\frac{M}{Z} + I\frac{M}{X} = IM \\
& II\frac{M}{Y} + II\frac{M}{Z} + II\frac{M}{X} = IIM \\
& P_1 I\frac{M}{Z} - I\frac{M}{Y} = 0 \\
& P_2 II\frac{M}{Z} - II\frac{M}{Y} = 0 \\
& I\frac{M}{Z} + I\frac{M}{X} - II\frac{M}{Y} = \frac{P_2}{H_2}IIM - \frac{1}{H_1}IM \\
& (1+H_1)\,I\frac{M}{Z} + (1+H_2)\,II\frac{M}{Z} = [\frac{1+H_1}{H_1}IM + \frac{1+H_2}{H_2}IIM\,]\mu_0
\end{aligned}
\right\}
\quad (3\text{-}2\text{-}7)
$$

（3-2-7）式即为创建的非稳定增长模型。

（八）非稳定增长模型的解的表达式

非稳定增长模型（3-2-7）式表明，有 6 个未知量 $I\frac{M}{Y}$、$I\frac{M}{Z}$、$I\frac{M}{X}$、$II\frac{M}{Y}$、$II\frac{M}{Z}$、$II\frac{M}{X}$，有 6 个方程，只要给出来年准国民收入增长速度 μ_0 的数值，就可以求出 6 个未知量的数值。即可以求出，在基年如何对第一类商品和第二类商品的剩余价值进行分配，才能使来年的准国民收入增长速度达到 μ_0。

由（3-2-7）式可以求出非稳定增长模型 6 个未知量的解的表达式：

1. $I\frac{M}{Z} = \dfrac{P_2(H_2+1)}{P_1(H_2+1) - P_2(H_1+1)}\left[\dfrac{H_1+1}{H_1}\left(\dfrac{1}{P_2} - \dfrac{\mu_0}{H_2+1}\right)IM - \dfrac{1}{H_2}(1+\mu_0)\,IIM\right]$

2. $I\frac{M}{Y} = P_1 I\frac{M}{Z}$

3. $I\frac{M}{X} = IM - (1+P_1)\,I\frac{M}{Z}$

4. $II\frac{M}{Z} = \dfrac{P_1(H_1+1)}{P_1(H_2+1) - P_2(H_1+1)}\left[\dfrac{1}{H_2}\left(\dfrac{P_2}{P_1} + \dfrac{H_2+1}{H_1+1}\mu_0\right)IIM - \dfrac{1}{H_1}\left(\dfrac{1+H_1}{P_1} - \mu_0\right)IM\right]$

5. $II\dfrac{M}{Y} = P_2\, II\,\dfrac{M}{Z}$

6. $II\dfrac{M}{X} = IIM - (1 + P_2)\, II\,\dfrac{M}{Z}$

四、创建调整型增长模型

（一）非稳定增长模型存在的问题

（3-2-7）式描述的非稳定增长模型由 6 个方程组成，前提条件是已经知道基年第一类商品及第二类商品的价值及它们的构成，即 IC、IV、IM、IIC、IIV、IIM 为已知，因此第一类商品和第二类商品的资本有机构成和剩余价值为已知，即 P_1、H_1、P_2、H_2 为已知；设定一个来年的准国民收入增长速度 μ_0，即给 μ_0 一个数值，则可以计算出在基年如何对第一类商品和第二类商品的剩余价值进行分配，就可以使来年的准国民收入增长速度为 μ_0，即可求出 6 个未知量 $I\dfrac{M}{Y}$、$I\dfrac{M}{Z}$、$I\dfrac{M}{X}$、$II\dfrac{M}{Y}$、$II\dfrac{M}{Z}$、$II\dfrac{M}{X}$ 的解。

在创建（3-2-7）式非稳定增长模型时曾强调，社会财富增长的构造性理论不能违背社会财富增长的原理性理论，在社会财富增长的过程中必须满足社会财富增长的必要条件。现在就出现了一个问题：给定一个来年的准国民收入增长速度 μ_0，对基年的第一类商品和第二类商品的剩余价值进行分配，虽然在基年可以满足社会财富增长的必要条件，但是并不清楚这给定的 μ_0 对来年第一类商品和第二类商品的剩余价值会产生什么样的影响，更不清楚在来年再对第一类商品和第二类商品的剩余价值进行分配是否还能够满足社会财富增长的必要条件。如果给定的 μ_0 导致对来年第一类商品和第二类商品的剩余价值的分配不能满足社会财富增长的必要条件，那么社会财富增长的过程就不能再持续进行下去，所以称（3-2-7）式为非稳定增长模型。

（二）用结构调整来实现给定的增长速度

（3-2-7）式描述的非稳定增长模型，需要事先给定一个准国民收入增长速度

μ_0，如果 μ_0 过高或过低，就有可能导致在来年不能再满足社会财富增长的必要条件，使社会财富的增长不能再持续进行下去。如果并不清楚所给定的准国民收入增长速度 μ_0 是否偏高或偏低，在来年准国民收入增长速度要达到给定的 μ_0 的前提下，还要满足社会财富增长的必要条件，使社会财富的增长能够持续下去，那么就需要对第一类商品和第二类商品的结构进行调整。

假设用 $\triangle I\dfrac{M}{Z}$ 表示第二类商品剩余价值中调整到第一类商品的用于生产资料的追加投资；用 $\triangle I\dfrac{M}{Y}$ 表示第二类商品剩余价值中调整到第一类商品的用于劳动力消耗的追加投资。那么，在基年第一类商品和第二类商品的结构关系如下：

$$\left(IC + I\frac{M}{Y} + \triangle I\frac{M}{Y} \right) + \left(IV + I\frac{M}{Z} + \triangle I\frac{M}{Z} \right) + I\frac{M}{X} = IX$$

$$\left(IIC + II\frac{M}{Y} \right) + \left(IIV + II\frac{M}{Z} \right) + II\frac{M}{X} - \left(\triangle I\frac{M}{Y} + \triangle I\frac{M}{Z} \right) = IIX$$

所以，在结构调整的情况下，社会财富增长的必要条件为：

$$\left(IV + I\frac{M}{Z} + \triangle I\frac{M}{Z} \right) + I\frac{M}{X} = \left(IIC + II\frac{M}{Y} \right)$$

有：$I\dfrac{M}{Z} + \triangle I\dfrac{M}{Z} + I\dfrac{M}{X} - II\dfrac{M}{Y} = IIC - IV$

即：$I\dfrac{M}{Z} + \triangle I\dfrac{M}{Z} + I\dfrac{M}{X} - II\dfrac{M}{Y} = \dfrac{P_2}{H_2}IIM - \dfrac{1}{H_1}IM$ (3-2-8)

（三）结构调整量与资本有机构成的关系

在来年，用 $IC^{\prime}$ 表示第一类商品消耗掉的生产资料的价值：

$$IC^{\prime} = IC + I\frac{M}{Y} + \triangle I\frac{M}{Y}$$

用 $IV^{\prime}$ 表示第一类商品消耗劳动力的价值：

$$IV^{\prime} = IV + I\frac{M}{Z} + \triangle I\frac{M}{Z}$$

第一类商品资本有机构成 $P_1 = \dfrac{IC}{IV}$，即 $P_1 IV = IC$。

在调整之前，资本有机构成保持不变，有：

$$P_1 I \frac{M}{Z} = I \frac{M}{Y}$$

在调整之后，资本有机构成仍保持不变，有：

$$P_1 \left(IV + I \frac{M}{Z} + \triangle I \frac{M}{Z} \right) = IC + I \frac{M}{Y} + \triangle I \frac{M}{Y}$$

所以，有：$P_1 \triangle I \dfrac{M}{Z} = \triangle I \dfrac{M}{Y}$ （3-2-9）

（四）结构调整量与产业结构比的关系

可以用第一类商品剩余价值 IM 与第二类商品剩余价值 IIM 之比 $\dfrac{IM}{IIM}$ 来描述第一类商品和第二类商品之间的产业结构比。在对第一类商品和第二类商品的产业结构进行调整之后，如果让第一类商品和第二类商品之间的产业结构比保持与基年一样，那么就能够让社会财富的增长持续下去。

用 IM' 表示来年第一类商品剩余价值，用 IIM' 表示来年第二类商品剩余价值，即：

$$\frac{IM}{IIM} = \frac{IM'}{IIM'}$$

或 $IM\ IIM' = IIM\ IM'$

在来年：

$$IV' = IV + I \frac{M}{Z} + \triangle I \frac{M}{Z}$$

$$IM' = H_1\ IV' = H_1 \left(IV + I \frac{M}{Z} + \triangle I \frac{M}{Z} \right)$$

$$= IM + H_1\ I \frac{M}{Z} + H_1 \triangle I \frac{M}{Z}$$

$$IIV' = IIV + II \frac{M}{Z}$$

$$IIM' = H_2\ IIV' = H_2 \left(IIV + II \frac{M}{Z} \right) = IIM + H_2\ II \frac{M}{Z}$$

所以 $IM \left(IIM + H_2\ II \dfrac{M}{Z} \right) = IIM \left(IM + H_1\ I \dfrac{M}{Z} + H_1 \triangle I \dfrac{M}{Z} \right)$

即：$\triangle I \dfrac{M}{Z} = \dfrac{IM}{IIM} \dfrac{H_2}{H_1} II \dfrac{M}{Z} - I \dfrac{M}{Z}$ （3-2-10）

（五）结构调整量与准国民收入增长速度的关系

用 W 表示基年的国民收入，$W = IV + IM + IIV + IIM$；用 W' 表示来年的国民收入，$W' = IV' + IM' + IIV' + IIM'$。

由于 $IV' = IV + I\dfrac{M}{Z} + \triangle I\dfrac{M}{Z}$

$IM' = H_1 \, IV' = H_1\left(IV + I\dfrac{M}{Z} + \triangle I\dfrac{M}{Z}\right) = IM + H_1 I\dfrac{M}{Z} + H_1 \triangle I\dfrac{M}{Z}$

$IIV' = IIV + II\dfrac{M}{Z}$

$IIM' = H_2 \, IIV' = H_2\left(IIV + II\dfrac{M}{Z}\right) = IIM + H_2 II\dfrac{M}{Z}$

所以 $W' = IV' + IM' + IIV' + IIM'$

$W' = IV + I\dfrac{M}{Z} + \triangle I\dfrac{M}{Z} + IM + H_1 I\dfrac{M}{Z} + H_1 \triangle I\dfrac{M}{Z}$

$\qquad + IIV + II\dfrac{M}{Z} + IIM + H_2 II\dfrac{M}{Z}$

$W' = IV + IM + IIV + IIM$

$\qquad + (1+H_1) I\dfrac{M}{Z} + (1+H_2) II\dfrac{M}{Z} + (1+H_1) \triangle I\dfrac{M}{Z}$

$W' = W + (1+H_1)\left(I\dfrac{M}{Z} + \triangle I\dfrac{M}{Z}\right) + (1+H_2) II\dfrac{M}{Z}$

用 μ 表示来年的国民收入增长速度，有：

$$\mu = \frac{W' - W}{W'}$$

$W' - W = (1+H_1)\left(I\dfrac{M}{Z} + \triangle I\dfrac{M}{Z}\right) + (1+H_2) II\dfrac{M}{Z}$

用 μ_0 表示来年的准国民收入增长速度，μ_0 与 μ 之间存在下述关系：

$$\mu_0 = \frac{\mu}{1-\mu}$$

所以 $\mu_0 = \dfrac{W' - W}{W}$

$W\mu_0 = W' - W = (1+H_1)\left(I\dfrac{M}{Z} + \triangle I\dfrac{M}{Z}\right) + (1+H_2) II\dfrac{M}{Z}$

因此，有：

$$（1+H_1）（I\frac{M}{Z}+\triangle I\frac{M}{Z}）+（1+H_2）II\frac{M}{Z}=[\frac{1+H_1}{H_1}IM+$$

$$\frac{1+H_2}{H_2}IIM]\mu_0 \qquad\qquad (3-2-11)$$

（六）调整型增长模型

在非稳定增长模型中有 4 个方程在结构调整时是保持不变的,这 4 个方程是:

$$I\frac{M}{Y}+I\frac{M}{Z}+I\frac{M}{X}=IM$$

$$II\frac{M}{Y}+II\frac{M}{Z}+II\frac{M}{X}=IIM$$

$$P_1 I\frac{M}{Z}-I\frac{M}{Y}=0$$

$$P_2 II\frac{M}{Z}-II\frac{M}{Y}=0$$

将（3-2-8）式、（3-2-9）式、（3-2-10）式、（3-2-11）式与上述 4 个方程式合起来,将其称为（3-2-12）式,有:

$$I\frac{M}{Y}+I\frac{M}{Z}+I\frac{M}{X}=IM$$

$$II\frac{M}{Y}+II\frac{M}{Z}+II\frac{M}{X}=IIM$$

$$P_1 I\frac{M}{Z}-I\frac{M}{Y}=0$$

$$P_2 II\frac{M}{Z}-II\frac{M}{Y}=0$$

$$I\frac{M}{Z}+\triangle I\frac{M}{Z}+I\frac{M}{X}-II\frac{M}{Y}=\frac{P_2}{H_2}IIM-\frac{1}{H_1}IM$$

$$P_1 \triangle I\frac{M}{Z}=\triangle I\frac{M}{Y}$$

$$\triangle I\frac{M}{Z}=\frac{IM}{IIM}\frac{H_2}{H_1}II\frac{M}{Z}-I\frac{M}{Z}$$

$$（1+H_1）（I\frac{M}{Z}+\triangle I\frac{M}{Z}）+（1+H_2）II\frac{M}{Z}$$

$$=[\frac{1+H_1}{H_1}IM+\frac{1+H_2}{H_2}IIM]\mu_0$$

$$\qquad\qquad (3-2-12)$$

（3-2-12）式是所创建的调整型增长模型。通过对第一类商品和第二类商品的产业结构进行调整，既可以在来年实现准国民收入增长速度为 μ_0，又可以满足社会财富增长的必要条件，使社会财富的增长能够持续下去。

（七）调整型增长模型的解的表达式

调整型增长模型（3-2-12）式的 8 个方程中，第一类商品和第二类商品的剩余价值 IM、IIM，第一类商品和第二类商品的资本有机构成 P_1、P_2，第一类商品和第二类商品的剩余价值率 H_1、H_2，均为已知量；有 8 个未知量 $I\dfrac{M}{Y}$、$I\dfrac{M}{Z}$、$I\dfrac{M}{X}$、$II\dfrac{M}{Y}$、$II\dfrac{M}{Z}$、$II\dfrac{M}{X}$ 和 $\triangle I\dfrac{M}{Y}$、$\triangle I\dfrac{M}{Z}$；由（3-2-12）式可以求出这 8 个未知量的解的表达式：

1. $I\dfrac{M}{X} = (\dfrac{P_2}{H_2}IIM - \dfrac{1}{H_1}IM)(1+\mu_0)$

2. $I\dfrac{M}{Z} = \dfrac{1}{1+P_1}IM - \dfrac{1}{1+P_1}(\dfrac{P_2}{H_2}IIM - \dfrac{1}{H_1}IM)(1+\mu_0)$

3. $I\dfrac{M}{Y} = P_1 I\dfrac{M}{Z} = \dfrac{P_1}{1+P_1}IM - \dfrac{P_1}{1+P_1}(\dfrac{P_2}{H_2}IIM - \dfrac{1}{H_1}IM)(1+\mu_0)$

4. $II\dfrac{M}{Z} = \dfrac{1}{H_2}IIM\ \mu_0$

5. $II\dfrac{M}{Y} = P_2\dfrac{1}{H_2}IIM\ \mu_0$

6. $II\dfrac{M}{X} = [1-(P_2+1)\dfrac{1}{H_2}\mu_0]IIM$

7. $\triangle I\dfrac{M}{Y} = (\dfrac{P_1}{H_1}\mu_0 - \dfrac{P_1}{1+P_1})IM + \dfrac{P_1}{1+P_1}(\dfrac{P_2}{H_2}IIM - \dfrac{1}{H_1}IM)(1+\mu_0)$

8. $\triangle I\dfrac{M}{Z} = (\dfrac{1}{H_1}\mu_0 - \dfrac{1}{1+P_1})IM + \dfrac{1}{1+P_1}(\dfrac{P_2}{H_2}IIM - \dfrac{1}{H_1}IM)(1+\mu_0)$

如果 $\triangle I\dfrac{M}{Y}$、$\triangle I\dfrac{M}{Z}$ 的解为正，则表明是由第二类商品向第一类商品调节；

如果 $\triangle I\dfrac{M}{Y}$、$\triangle I\dfrac{M}{Z}$ 的解为负，则表明是由第一类商品向第二类商品调节。

五、创建稳定增长模型

（一）产业结构比与稳定增长速度的关系

在非稳定增长模型（3-2-7）式中，需要事先给定一个准国民收入增长速度 μ_0，如果 μ_0 过高或过低，就有可能导致在来年不能再满足社会财富增长的必要条件，而使社会财富的增长不能持续进行下去。那么，能否不要人为事先给定一个准国民收入增长速度 μ_0，而是在对基年的第一类商品和第二类商品的剩余价值进行分配的同时求出一个准国民收入增长速度，称其为稳定准国民收入增长速度，用 μ_0' 表示，不仅可以满足社会财富增长的必要条件，而且可以按这个增长速度保持社会财富持续稳定的增长。

为了回答这个问题，先考察一下准国民收入增长速度 μ_0 的表达式：

$$\mu_0 = \frac{(1+H_1)\,I\dfrac{M}{Z}+(1+H_2)\,II\dfrac{M}{Z}}{\dfrac{1+H_1}{H_1}IM+\dfrac{1+H_2}{H_2}IIM} \tag{3-2-13}$$

由（3-2-13）式知，准国民收入增长速度 μ_0 不仅与第一类商品和第二类商品的剩余价值中用于对劳动力消耗的追加投资 $I\dfrac{M}{Z}$、$II\dfrac{M}{Z}$ 有关，而且与第一类商品和第二类商品的剩余价值 IM、IIM 有关。可以用第一类商品剩余价值 IM 与第二类商品剩余价值 IIM 之比 $\dfrac{IM}{IIM}$ 来描述第一类商品和第二类商品之间的产业结构比。

如果存在一个稳定准国民收入增长速度 μ_0'，不仅可以满足社会财富增长的必要条件，而且可以按这个增长速度保持社会财富持续稳定的增长，那么这个稳定准国民收入增长速度 μ_0' 一定能够使第一类商品和第二类商品之间的产业结构比（即 $\dfrac{IM}{IIM}$）保持不变。反过来，如果让第一类商品和第二类商品之间的产业结构比 $\dfrac{IM}{IIM}$ 保持不变，就可以求得这个稳定准国民收入增长速度 μ_0'。

在基年，第一类商品和第二类商品之间的产业结构比为：

$$\frac{IM}{IIM} = \frac{H_1 IV}{H_2 IIV}$$

在来年：

$$IV' = IV + I\frac{M}{Z}$$

$$IM' = H_1 \, IV' = H_1 \left(IV + I\frac{M}{Z}\right) = IM + H_1 \, I \, \frac{M}{Z}$$

$$IIV' = IIV + II\frac{M}{Z}$$

$$IIM' = H_2 \, IIV' = H_2 \left(IIV + II\frac{M}{Z}\right) = IIM + H_2 \, II \, \frac{M}{Z}$$

$$\frac{IM'}{IIM'} = \frac{H_1\left(IV + I\frac{M}{Z}\right)}{H_2\left(IIV + II\frac{M}{Z}\right)} = \frac{IM + H_1 I\frac{M}{Z}}{IIM + H_2 II\frac{M}{Z}}$$

如果第一类商品和第二类商品之间的产业结构比保持不变，即：

$$\frac{IM}{IIM} = \frac{IM'}{IIM'}$$

有：

$$\frac{IM}{IIM} = \frac{IM + H_1 I\frac{M}{Z}}{IIM + H_2 II\frac{M}{Z}}$$

则：

$$I\frac{M}{Z} = \frac{H_2}{H_1}\frac{IM}{IIM} II\frac{M}{Z} \tag{3-2-14}$$

（二）稳定增长模型

由上述推导可知，只要满足（3-2-14）式，那么来年社会财富就会以一个稳定的国民收入增长速度增长。如果不再认为非稳定增长模型（3-2-7）式中的准国民收入增长速度 μ_0 是一个给定的量，而把它看做一个未知的稳定准国民收入增长速度，将（3-2-14）式合并到（3-2-7）式，得到（3-2-15）式：

$$I\frac{M}{Y} + I\frac{M}{Z} + I\frac{M}{X} = IM$$

$$II\frac{M}{Y} + II\frac{M}{Z} + II\frac{M}{X} = IIM$$

$$P_1 I\frac{M}{Z} - I\frac{M}{Y} = 0$$

$$P_2 II\frac{M}{Z} - II\frac{M}{Y} = 0 \qquad\qquad\qquad\qquad (3\text{-}2\text{-}15)$$

$$I\frac{M}{Z} + I\frac{M}{X} - II\frac{M}{Y} = \frac{P_2}{H_2}IIM - \frac{1}{H_1}IM$$

$$(1+H_1)I\frac{M}{Z} + (1+H_2)II\frac{M}{Z} = [\frac{1+H_1}{H_1}IM + \frac{1+H_2}{H_2}IIM]\mu_0'$$

$$I\frac{M}{Z} = \frac{H_2}{H_1}\frac{IM}{IIM}II\frac{M}{Z}$$

（3-2-15）式是所创建的稳定增长模型。

（三）稳定增长模型的解的表达式

在稳定增长模型（3-2-15）式的 7 个方程中，第一类商品和第二类商品的剩余价值 IM、IIM，第一类商品和第二类商品的资本有机构成 P_1、P_2，第一类商品和第二类商品的剩余价值率 H_1、H_2，均为已知量；有 7 个未知量 $I\frac{M}{Y}$、$I\frac{M}{Z}$、$I\frac{M}{X}$、$II\frac{M}{Y}$、$II\frac{M}{Z}$、$II\frac{M}{X}$ 和 μ_0'，不仅可以求出在基年如何对第一类商品和第二类商品的剩余价值进行分配，而且可以同时求出稳定准国民收入增长速度 μ_0，让社会财富能够按这个增长速度保持持续稳定的增长。所以，（3-2-15）式所描述的是稳定增长模型。

由稳定增长模型（3-2-15）式，可以求出 7 个未知量的表达式：

1. $\mu_0' = \dfrac{\dfrac{1+H_1}{H_1}\dfrac{IM}{IIM} - \dfrac{P_2}{H_2}}{\dfrac{P_1}{H_1}\dfrac{IM}{IIM} + \dfrac{P_2}{H_2}}$

2. $I\dfrac{M}{Z} = \dfrac{IM}{H_1}\mu_0'$

3. $I\dfrac{M}{Y} = \dfrac{P_1}{H_1}IM\mu_0'$

4. $I\dfrac{M}{X} = \left(1 - \dfrac{1+P_1}{H_1}\mu_0'\right)IM$

5. $II\dfrac{M}{Z} = \dfrac{IIM}{H_2}\mu_0'$

6. $II\dfrac{M}{Y} = \dfrac{P_2}{H_2}IIM\mu_0'$

7. $II\dfrac{M}{X} = \left(1 - \dfrac{1+P_2}{H_2}\mu_0'\right)IIM$ [1]

① 注：本章所述三个模型的推导过程参见笔者撰写的论文《一论扩大再生产的进行》（发表在《南开经济研究所季刊》杂志 1984 年增刊）和《扩大再生产模型》（发表在《南开经济研究所年刊 1986》，天津大学出版社，1987年）

第三章　产业结构对社会财富增长的制约

"经济规律描述的是必然的关系。如果它们所假设的条件是给定的，则必然会出现它们所预测的结果。从这个意义上说，经济规律与其他科学规律享有同等的地位，同样不能'束之高阁'。"[①]

一、基本概念

（一）社会财富稳定增长速度

"稳定与不稳定，是物质系统在时间进程中维持和改变某种状态的特性，稳定指系统在受到来自外部或内部的干扰以后能够自动回到原来状态；不稳定指不能回复到原来状态。"[②]

对于社会财富增长而言，如果社会财富的增长能够持续进行下去，则称社会财富的增长是稳定的，其国民收入增长速度称为国民收入稳定增长速度；如果社会财富的增长不能持续进行下去，则称社会财富的增长是不稳定的，其国民收入增长速度也不再是国民收入稳定增长速度。

依据社会财富增长原理性理论创建的非稳定增长模型，如（3-2-7）式所示：

---

① ［英］莱昂内尔·罗宾斯. 朱泱译. 经济科学的性质和意义. 商务印书馆, 2000 年: 100
② 金炳华等编. 哲学大辞典. 修订本. 上海辞书出版社, 2001 年: 1543

$$I\frac{M}{\dot{Y}} + I\frac{M}{Z} + I\frac{M}{X} = IM$$

$$II\frac{M}{Y} + II\frac{M}{Z} + II\frac{M}{X} = IIM$$

$$P_1 I\frac{M}{Z} - I\frac{M}{Y} = 0 \qquad\qquad\qquad\qquad\qquad (3\text{-}2\text{-}7)$$

$$P_2 II\frac{M}{Z} - II\frac{M}{Y} = 0$$

$$I\frac{M}{Z} + I\frac{M}{X} - II\frac{M}{Y} = \frac{P_2}{H_2}IIM - \frac{1}{H_1}IM$$

$$(1+H_1)\,I\frac{M}{Z} + (1+H_2)\,II\frac{M}{Z} = [\frac{1+H_1}{H_1}IM + \frac{1+H_2}{H_2}IIM]\mu_0$$

(3-2-7)式有 6 个方程，有 6 个未知量 $I\frac{M}{Y}$、$I\frac{M}{Z}$、$I\frac{M}{X}$、$II\frac{M}{Y}$、$II\frac{M}{Z}$、$II\frac{M}{X}$，只要给出来年准国民收入增长速度 μ_0 的数值，就可以求出 6 个未知量的数值。即可以求出，在基年如何对第一类商品和第二类商品的剩余价值进行分配，才能使来年的准国民收入增长速度达到 μ_0。

如果给定一个准国民收入增长速度 μ_0，所求出的 6 个未知量的数值均大于零，则表明所给定的准国民收入增长速度 μ_0 能够满足社会财富增长原理性理论，可以按给定的准国民收入增长速度 μ_0 对第一类商品和第二类商品的剩余价值进行分配，使来年社会财富的增长可以持续下去，此时可以称所给定的准国民收入增长速度 μ_0 为准国民收入稳定增长速度。

由于准国民收入增长速度 μ_0 与国民收入增长速度 μ 存在下述关系：

$$\mu_0 = \frac{\mu}{1-\mu}$$

则 μ 为国民收入稳定增长速度，也可以称为社会财富稳定增长速度。可见，准国民收入增长速度与国民收入增长速度之间存在着确定的关系，两者是等价的。由于在所创建的财富增长模型中采用准国民收入增长速度比较方便，所以在论述和推导中均采用准国民收入增长速度。

如果给定一个准国民收入增长速度 μ_0，所求出的 6 个未知量的数值并不是都大于零，则表明所给定的准国民收入增长速度 μ_0 不能满足社会财富增长原理性理论。如果按给定的准国民收入增长速度 μ_0 对第一类商品和第二类商品的剩余价值进行分配，在来年将导致社会财富的增长不能持续下去，此时所给定的准国民收入增长速度 μ_0 就不再是准国民收入稳定增长速度，相应的 μ 也不再是社会财富稳定增长速度。

（二）社会财富稳定增长速度的下限和上限

由依据社会财富增长原理性理论创建的非稳定增长模型可知，并不是所给定的准国民收入增长速度 μ_0 就一定能够满足社会财富增长原理性理论，或者说，并不是所给定的准国民收入增长速度 μ_0 就一定是社会财富稳定增长速度。

"任何事物的稳定性都是相对的。即相对于一定方面，存在于一定的范围中。"[1] 如果存在一个准国民收入增长速度，当给定的准国民收入增长速度 μ_0 大于它时，就能够满足社会财富增长原理性理论；而小于它时，就不能满足社会财富增长原理性理论，那么就称这个准国民收入增长速度为准国民收入增长速度的下限，用 μ_{F} 来表示。

如果存在一个准国民收入增长速度，当给定的准国民收入增长速度 μ_0 小于它时，就能够满足社会财富增长原理性理论；而大于它时，就不能满足社会财富增长原理性理论，那么就称这个准国民收入增长速度为准国民收入增长速度的上限，用 $\mu_{\text{上}}$ 来表示。

（三）社会财富均衡增长速度

在依据社会财富增长原理性理论创建稳定增长模型时，由第一类商品和第二类商品的产业结构比保持不变而推导出（3-2-14）式：

$$I\frac{M}{Z} = \frac{H_2}{H_1}\frac{IM}{IIM}II\frac{M}{Z} \qquad\qquad (3\text{-}2\text{-}14)$$

依据社会财富增长原理性理论创建的稳定增长模型，是在非稳定增长模型的基础上，又增加了一个方程式（3-2-14），同时又将非稳定增长模型中需要事先给定的准国民收入增长速度 μ_0 变为未知量 μ_0'。

这样一来，（3-2-15）式描述的稳定增长模型不仅可以满足社会财富增长原理性理论，而且还满足第一类商品和第二类商品的产业结构比保持不变，并且在对基年第一类商品和第二类商品的剩余价值进行分配的同时求出来年的准国民收入增长速度 μ_0'。由（3-2-15）式描述的稳定增长模型，得到准国民收入均衡增长速

---

[1] 金炳华等编. 哲学大辞典. 修订本. 上海辞书出版社，2001 年: 1543

度 $\mu_0{}'$ 的解的表达式：

$$\mu_0{}' = \frac{\dfrac{1+H_1}{H_1}\dfrac{IM}{IIM} - \dfrac{P_2}{H_2}}{\dfrac{P_1}{H_1}\dfrac{IM}{IIM} + \dfrac{P_2}{H_2}} \tag{3-3-1}$$

在（3-2-7）式描述的非稳定增长模型中，由给定的来年准国民收入增长速度 μ_0 来对基年第一类商品和第二类商品的剩余价值进行分配，并不能保证来年第一类商品和第二类商品的产业结构比保持不变。而在（3-2-15）式描述的稳定增长模型中所求出的来年准国民收入增长速度 $\mu_0{}'$，却可以保证来年第一类商品和第二类商品的产业结构比保持不变；那么依此类推，在以后的年份，（3-2-15）式描述的稳定增长模型仍然可以保持下一个年份的准国民收入增长速度 $\mu_0{}'$ 不变，仍然保持下一个年份的第一类商品和第二类商品的产业结构比不变，即能够一直保持第一类商品和第二类商品的产业结构的平衡。

"平衡亦称'均衡'。指矛盾暂时的相对的统一或协调。事物发展稳定性和有序性的标志之一。"[1] "均衡亦称'平衡'。……指事物之间对等、对称、照应、平衡的组合关系。"[2] 因此，将由（3-2-15）式描述的稳定增长模型求出的来年准国民收入增长速度 $\mu_0{}'$ 称为准国民收入均衡增长速度。

准国民收入均衡增长速度 $\mu_0{}'$ 与国民收入均衡增长速度 μ' 存在下述关系：

$$\mu' = \frac{\mu_0{}'}{1+\mu_0{}'}$$

由准国民收入均衡增长速度 $\mu_0{}'$，即可以得到国民收入均衡增长速度 μ'，亦可以称之为社会财富均衡增长速度。

二、社会财富稳定增长速度被限制在一个区间内

（一）概述

（3-2-7）式是依据社会财富增长原理性理论创建的非稳定增长模型，有 6 个

---

① 夏征农主编. 辞海. 1999 年版普及本. 上海辞书出版社, 2000 年: 119
② 金炳华等编. 哲学大辞典. 修订本. 上海辞书出版社, 2001 年: 699

未知量 $I\dfrac{M}{Y}$、$I\dfrac{M}{Z}$、$I\dfrac{M}{X}$、$II\dfrac{M}{Y}$、$II\dfrac{M}{Z}$、$II\dfrac{M}{X}$，有 6 个方程，只要给出来年准国民收入增长速度 μ_0 的数值，就可以求出 6 个未知量的数值，即可以求出，在基年如何对第一类商品和第二类商品的剩余价值进行分配。

在（3-2-7）式描述的非稳定增长模型中，需要事先给定来年准国民收入增长速度 μ_0 的数值。在推导非稳定增长模型的过程中，要求 6 个方程在形式上满足社会财富增长原理性理论。但是这 6 个方程是否满足社会财富增长原理性理论，取决于所给定的来年准国民收入增长速度 μ_0 的数值。只有当所给定的来年准国民收入增长速度 μ_0 的数值使 6 个方程的 6 个未知量的解均大于零时，非稳定增长模型才满足社会财富增长原理性理论。如果给定的来年准国民收入增长速度 μ_0 满足社会财富增长原理性理论，可以使社会财富增长持续进行，那么称此时的准国民收入增长速度 μ_0 为准国民收入稳定增长速度。可以论证，准国民收入稳定增长速度被限制在一个区间内。

在做推导之前，先考察一下实际情况。现实的经济情况是第一类商品的资本有机构成 P_1 大于第二类商品的资本有机构成 P_2。例如，由中国国务院经济技术社会发展研究中心主编的《中国经济的发展与模型》[①]第七章第 203 页所提供的数据可以计算出，在 1981 年中国第一类商品的资本有机构成 P_1 为 2.773，第二类商品的资本有机构成 P_2 为 2.263；第七章第 215 页给出，在 1981 年中国第一类商品的剩余价值率 H_1 为 1.0865，第二类商品的剩余价值率 H_2 为 0.7748，有 P_1（H_2+1）=4.85，P_2（H_1+1）=4.72，P_1（H_2+1）> P_2（H_1+1）成立。

用 σ_1 来表示第一类商品的资本收益率，有：

$$\sigma_1 = \frac{IV+IM}{IC} = \frac{1+\dfrac{IM}{IV}}{\dfrac{IC}{IV}} = \frac{1+H_1}{P_1}$$

用 σ_2 来表示第二类商品的资本收益率，有：

$$\sigma_2 = \frac{IIV+IIM}{IIC} = \frac{1+\dfrac{IIM}{IIV}}{\dfrac{IIC}{IIV}} = \frac{1+H_2}{P_2}$$

---

① 国务院经济技术社会发展研究中心编. 中国经济的发展与模型. 中国财政经济出版社, 1990 年

如果 $\dfrac{1+H_2}{P_2} > \dfrac{1+H_1}{P_1}$

有：$P_1（H_2+1）> P_2（H_1+1）$

也就是 $\sigma_2 > \sigma_1$

即 $P_1（H_2+1）> P_2（H_1+1）$ 表示第二类商品资本收益率 σ_2 大于第一类商品资本收益率 σ_1，这与目前的经济现实相符。

《资本论》第二卷所举的第一例（B）[①]是 $P_1=4$，$P_2=2$，$H_1=H_2=1$，亦有 $P_1（H_2+1）> P_2（H_1+1）$ 成立，所以先考虑 $P_1（H_2+1）> P_2（H_1+1）$ 的情况。

（二）社会财富增长速度合理区间上下限的推导

由于非稳定增长模型的 6 个未知量的解的表达式为：

1. $I\dfrac{M}{Z} = \dfrac{P_2(H_2+1)}{P_1(H_2+1) - P_2(H_1+1)} \left[\dfrac{H_1+1}{H_1} \left(\dfrac{1}{P_2} - \dfrac{\mu_0}{H_2+1} \right) IM - \dfrac{1}{H_2}（1+\mu_0）IIM \right]$

2. $I\dfrac{M}{Y} = P_1 I\dfrac{M}{Z}$

3. $I\dfrac{M}{X} = IM -（1+P_1）I\dfrac{M}{Z}$

4. $II\dfrac{M}{Z} = \dfrac{P_1(H_1+1)}{P_1(H_2+1) - P_2(H_1+1)} \left[\dfrac{1}{H_2} \left(\dfrac{P_2}{P_1} + \dfrac{H_2+1}{H_1+1}\mu_0 \right) IIM - \dfrac{1}{H_1} \left(\dfrac{1+H_1}{P_1} - \mu_0 \right) IM \right]$

5. $II\dfrac{M}{Y} = P_2 II\dfrac{M}{Z}$

6. $II\dfrac{M}{X} = IIM -（1+P_2）II\dfrac{M}{Z}$

如果 $I\dfrac{M}{Z} > 0$，当 $P_1（H_2+1）> P_2（H_1+1）$ 时，有：

$$\dfrac{H_1+1}{H_1} \left(\dfrac{1}{P_2} - \dfrac{\mu_0}{H_2+1} \right) IM - \dfrac{1}{H_2}（1+\mu_0）IIM > 0$$

---

① [德] 卡尔·马克思. 资本论. 第二卷. 人民出版社, 2004 年: 574

即　$\mu_0 < \dfrac{\dfrac{1+H_1}{H_1}\dfrac{1}{P_2}\dfrac{IM}{IIM}-\dfrac{1}{H_2}}{\dfrac{1}{H_1}\dfrac{1+H_1}{1+H_2}\dfrac{IM}{IIM}+\dfrac{1}{H_2}}$

如果 $II\dfrac{M}{Z}>0$，当 $P_1\,(H_2+1)>P_2\,(H_1+1)$ 时，有：

$$\frac{1}{H_2}\left(\frac{P_2}{P_1}+\frac{H_2+1}{H_1+1}\mu_0\right)IIM-\frac{1}{H_1}\left(\frac{1+H_1}{P_1}-\mu_0\right)IM>0$$

即　$\mu_0 > \dfrac{\dfrac{1+H_1}{H_1}\dfrac{1}{P_1}\dfrac{IM}{IIM}-\dfrac{1}{H_2}\dfrac{P_2}{P_1}}{\dfrac{1}{H_1}\dfrac{IM}{IIM}+\dfrac{1}{H_2}\dfrac{1+H_2}{1+H_1}}$

如果 $I\dfrac{M}{Z}>0$，有 $I\dfrac{M}{Y}>0$

如果 $II\dfrac{M}{Z}>0$，有 $II\dfrac{M}{Y}>0$

如果 $I\dfrac{M}{X}>0$，当 $P_1\,(H_2+1)>P_2\,(H_1+1)$ 时，有：

$$I\frac{M}{X}=IM-(1+P_1)\,I\frac{M}{Z}>0$$

即　$IM-(1+P_1)\dfrac{1}{\dfrac{P_1}{P_2}-\dfrac{H_1+1}{H_2+1}}\left[\dfrac{H_1+1}{H_1}\left(\dfrac{1}{P_2}-\dfrac{\mu_0}{H_2+1}\right)IM-\right.$

$\left.\dfrac{1}{H_2}(1+\mu_0)\,IIM\right]>0$

故　$\mu_0 > \dfrac{\left[\dfrac{1+H_1}{H_1}\dfrac{1}{P_2}-\dfrac{1}{1+P_1}\left(\dfrac{P_1}{P_2}-\dfrac{1+H_1}{1+H_2}\right)\right]\dfrac{IM}{IIM}-\dfrac{1}{H_2}}{\dfrac{1}{H_1}\dfrac{1+H_1}{1+H_2}\dfrac{IM}{IIM}+\dfrac{1}{H_2}}$

如果 $II\dfrac{M}{X}>0$，当 $P_1\,(H_2+1)>P_2\,(H_1+1)$ 时，有：

$$II\frac{M}{X}=IIM-(1+P_2)\,II\frac{M}{Z}>0$$

即　$IIM - (1 + P_2) \dfrac{1}{\dfrac{P_2}{P_1} - \dfrac{H_2 + 1}{H_1 + 1}} [\dfrac{1}{H_1} (\dfrac{1 + H_1}{P_1} - \mu_0) IM -$

$\dfrac{1}{H_2} (\dfrac{P_2}{P_1} + \dfrac{H_2 + 1}{H_1 + 1} \mu_0) IIM] > 0$

故　$\mu_0 < \dfrac{\dfrac{1 + H_1}{H_1} \dfrac{1}{P_1} \dfrac{IM}{IIM} + \dfrac{1}{1 + P_2} (\dfrac{1 + H_2}{1 + H_1} - \dfrac{P_2}{P_1}) - \dfrac{1}{H_2} \dfrac{P_2}{P_1}}{\dfrac{1}{H_1} \dfrac{IM}{IIM} + \dfrac{1}{H_2} \dfrac{1 + H_2}{1 + H_1}}$

所以，若要保证 6 个变量 $I\dfrac{M}{Y}$、$I\dfrac{M}{Z}$、$I\dfrac{M}{X}$、$II\dfrac{M}{Y}$、$II\dfrac{M}{Z}$、$II\dfrac{M}{X}$ 都大于零，那么扩大再生产增长速度既不能过低，也不能过高，必须在一定的区间之内。如果用准增长速度 μ_0 来描述扩大再生产的增长，可以得到扩大再生产准增长速度 μ_0 应当满足的上下限，总结出准增长速度 μ_0 上下限的表达式。

由上述推导可知，准国民收入稳定增长速度 μ_0 是被限定在一个区间内的。

如果用 $\mu_上$ 表示准国民收入稳定增长速度 μ_0 所在区间的上限，用 $\mu_下$ 表示准国民收入稳定增长速度 μ_0 所在区间的下限，当 $P_1 (H_2 + 1) > P_2 (H_1 + 1)$ 时，有：

$$\mu_上 < \min \left(\dfrac{\dfrac{1 + H_1}{H_1} \dfrac{1}{P_2} \dfrac{IM}{IIM} - \dfrac{1}{H_2}}{\dfrac{1}{H_1} \dfrac{1 + H_1}{1 + H_2} \dfrac{IM}{IIM} + \dfrac{1}{H_2}}, \dfrac{\dfrac{1 + H_1}{H_1} \dfrac{1}{P_1} \dfrac{IM}{IIM} + \dfrac{1}{1 + P_2} (\dfrac{1 + H_2}{1 + H_1} - \dfrac{P_2}{P_1}) - \dfrac{1}{H_2} \dfrac{P_2}{P_1}}{\dfrac{1}{H_1} \dfrac{IM}{IIM} + \dfrac{1}{H_2} \dfrac{1 + H_2}{1 + H_1}} \right)$$

$$\mu_下 > \max \left(\dfrac{\dfrac{1 + H_1}{H_1} \dfrac{1}{P_1} \dfrac{IM}{IIM} - \dfrac{1}{H_2} \dfrac{P_2}{P_1}}{\dfrac{1}{H_1} \dfrac{IM}{IIM} + \dfrac{1}{H_2} \dfrac{1 + H_2}{1 + H_1}}, \dfrac{[\dfrac{1 + H_1}{H_1} \dfrac{1}{P_2} - \dfrac{1}{1 + P_1} (\dfrac{P_1}{P_2} - \dfrac{1 + H_1}{1 + H_2})] \dfrac{IM}{IIM} - \dfrac{1}{H_2}}{\dfrac{1}{H_1} \dfrac{1 + H_1}{1 + H_2} \dfrac{IM}{IIM} + \dfrac{1}{H_2}} \right)$$

如果准国民收入增长速度在这个区间之内，那么社会财富的增长能够满足社会财富增长的必要条件，也就是说，社会财富的增长可以正常地继续进行。所以，可以说，这个准国民收入增长速度被限定的区间是准国民收入增长速度的合理区间。

当 $P_1 (H_2 + 1) < P_2 (H_1 + 1)$ 时，则上下限正相反。

即，当 P_1（H_2+1）< P_2（H_1+1）时，准增长速度 μ_0 上下限的表达式为：

$$\mu_{上} < \min\left(\frac{\dfrac{1+H_1}{H_1}\dfrac{1}{P_1}\dfrac{IM}{IIM}-\dfrac{1}{H_2}\dfrac{P_2}{P_1}}{\dfrac{1}{H_1}\dfrac{IM}{IIM}+\dfrac{1}{H_2}\dfrac{1+H_2}{1+H_1}},\quad \frac{[\dfrac{1+H_1}{H_1}\dfrac{1}{P_2}-\dfrac{1}{1+P_1}(\dfrac{P_1}{P_2}-\dfrac{1+H_1}{1+H_2})]\dfrac{IM}{IIM}-\dfrac{1}{H_2}}{\dfrac{1}{H_1}\dfrac{1+H_1}{1+H_2}\dfrac{IM}{IIM}+\dfrac{1}{H_2}}\right)$$

$$\mu_{下} > \max\left(\frac{\dfrac{1+H_1}{H_1}\dfrac{1}{P_2}\dfrac{IM}{IIM}-\dfrac{1}{H_2}}{\dfrac{1}{H_1}\dfrac{1+H_1}{1+H_2}\dfrac{IM}{IIM}+\dfrac{1}{H_2}},\quad \frac{\dfrac{1+H_1}{H_1}\dfrac{1}{P_1}\dfrac{IM}{IIM}+\dfrac{1}{1+P_2}(\dfrac{1+H_2}{1+H_1}-\dfrac{P_2}{P_1})-\dfrac{1}{H_2}\dfrac{P_2}{P_1}}{\dfrac{1}{H_1}\dfrac{IM}{IIM}+\dfrac{1}{H_2}\dfrac{1+H_2}{1+H_1}}\right)$$

（三）社会财富增长速度合理区间上下限的近似表达式

在现实经济中存在着这种情况，当非稳定增长模型的计算结果是对第一类商品的追加投资 $I\dfrac{M}{Y}$、$I\dfrac{M}{Z}$ 和对第二类商品的追加投资 $II\dfrac{M}{Y}$、$II\dfrac{M}{Z}$ 均为正时，来年的社会财富增长就可以进行，而不必考虑第一类商品和第二类商品的消费 $I\dfrac{M}{X}$、$II\dfrac{M}{X}$ 是否为正。如果出现消费为负的情况，则表明为了达到来年的准国民收入增长速度 μ_0，需要用以前的积累（或储蓄）对消费进行补充。此时，准增长速度 μ_0 上下限的表达式为：

当 P_1（H_2+1）> P_2（H_1+1）时，有：

$$\mu_{上} = \frac{\dfrac{1+H_1}{H_1}\dfrac{1}{P_2}\dfrac{IM}{IIM}-\dfrac{1}{H_2}}{\dfrac{1}{H_1}\dfrac{1+H_1}{1+H_2}\dfrac{IM}{IIM}+\dfrac{1}{H_2}} \tag{3-3-2}$$

$$\mu_{下} = \frac{\dfrac{1+H_1}{H_1}\dfrac{1}{P_1}\dfrac{IM}{IIM}-\dfrac{1}{H_2}\dfrac{P_2}{P_1}}{\dfrac{1}{H_1}\dfrac{IM}{IIM}+\dfrac{1}{H_2}\dfrac{1+H_2}{1+H_1}} \tag{3-3-3}$$

（3-3-2）式与（3-3-3）式实际上是社会财富增长速度合理区间上下限的近似表达式，虽然在计算社会财富增长速度合理区间上下限时可能存在一些误差，但并没有超出现实经济对社会财富增长速度合理区间上下限的要求。所以，可以应用（3-3-2）式与（3-3-3）式所描述的社会财富增长速度合理区间的上下限来进行计算，或做进一步的论证。

当 $P_1(H_2+1) < P_2(H_1+1)$ 时，由前面的论证可知，社会财富增长速度合理区间的上下限为：

$$\mu_{\pm} = \frac{\dfrac{1+H_1}{H_1}\dfrac{1}{P_1}\dfrac{IM}{IIM} - \dfrac{1}{H_2}\dfrac{P_2}{P_1}}{\dfrac{1}{H_1}\dfrac{IM}{IIM} + \dfrac{1}{H_2}\dfrac{1+H_2}{1+H_1}}$$

$$\mu_{\mp} = \frac{\dfrac{1+H_1}{H_1}\dfrac{1}{P_2}\dfrac{IM}{IIM} - \dfrac{1}{H_2}}{\dfrac{1}{H_1}\dfrac{1+H_1}{1+H_2}\dfrac{IM}{IIM} + \dfrac{1}{H_2}}$$

三、社会财富均衡增长速度在被限定的区间之内

由（3-2-15）式描述的稳定增长模型，得到准国民收入均衡增长速度 $\mu_0{}'$ 的解的表达式为：

$$\mu_0{}' = \frac{\dfrac{1+H_1}{H_1}\dfrac{IM}{IIM} - \dfrac{P_2}{H_2}}{\dfrac{P_1}{H_1}\dfrac{IM}{IIM} + \dfrac{P_2}{H_2}} \tag{3-3-1}$$

现在考虑 $P_1(H_2+1) > P_2(H_1+1)$ 的情况。

如果 $P_1(H_2+1) > P_2(H_1+1)$，有：

$$P_1 > P_2\frac{1+H_1}{1+H_2}$$

将不等式两边同乘以 $\dfrac{1}{H_1}\dfrac{IM}{IIM}$，有：

$$\frac{P_1}{H_1}\frac{IM}{IIM} > \frac{P_2}{H_1}\frac{1+H_1}{1+H_2}\frac{IM}{IIM}$$

将不等式两边同加 $\dfrac{P_2}{H_2}$，有：

$$\frac{P_1}{H_1}\frac{IM}{IIM}+\frac{P_2}{H_2} \;>\; \frac{P_2}{H_1}\frac{1+H_1}{1+H_2}\frac{IM}{IIM}+\frac{P_2}{H_2}$$

将不等式两边分别做分母，而让 $\dfrac{1+H_1}{H_1}\dfrac{IM}{IIM}-\dfrac{P_2}{H_2}$ 做分子，有：

$$\frac{\dfrac{1+H_1}{H_1}\dfrac{IM}{IIM}-\dfrac{P_2}{H_2}}{\dfrac{P_1}{H_1}\dfrac{IM}{IIM}+\dfrac{P_2}{H_2}}<\frac{\dfrac{1+H_1}{H_1}\dfrac{IM}{IIM}-\dfrac{P_2}{H_2}}{\dfrac{P_2}{H_1}\dfrac{1+H_1}{1+H_2}\dfrac{IM}{IIM}+\dfrac{P_2}{H_2}}$$

将不等式右边的分子、分母同乘以 $\dfrac{1}{P_2}$，有：

$$\frac{\dfrac{1+H_1}{H_1}\dfrac{IM}{IIM}-\dfrac{P_2}{H_2}}{\dfrac{P_1}{H_1}\dfrac{IM}{IIM}+\dfrac{P_2}{H_2}}<\frac{\dfrac{1+H_1}{H_1}\dfrac{1}{P_2}\dfrac{IM}{IIM}-\dfrac{1}{H_2}}{\dfrac{1}{H_1}\dfrac{1+H_1}{1+H_2}\dfrac{IM}{IIM}+\dfrac{1}{H_2}}$$

而不等式左边等于准国民收入均衡增长速度 $\mu_0{}'$：

$$\mu_0{}'=\frac{\dfrac{1+H_1}{H_1}\dfrac{IM}{IIM}-\dfrac{P_2}{H_2}}{\dfrac{P_1}{H_1}\dfrac{IM}{IIM}+\dfrac{P_2}{H_2}}$$

不等式右边等于准国民收入稳定增长速度 μ_0 被限定的区间上限：

$$\mu_{\pm}=\frac{\dfrac{1+H_1}{H_1}\dfrac{1}{P_2}\dfrac{IM}{IIM}-\dfrac{1}{H_2}}{\dfrac{1}{H_1}\dfrac{1+H_1}{1+H_2}\dfrac{IM}{IIM}+\dfrac{1}{H_2}}$$

所以，有：$\mu_0{}'<\mu_{\pm}$

同理，如果 $P_1\,(H_2+1)>P_2\,(H_1+1)$，有：

$$P_2<P_1\frac{1+H_2}{1+H_1}$$

将不等式两边同乘以 $\dfrac{1}{H_2}$，有：

$$\frac{P_2}{H_2} < \frac{P_1}{H_2}\frac{1+H_2}{1+H_1}$$

将不等式两边同加 $\dfrac{P_1}{H_1}\dfrac{IM}{IIM}$，有：

$$\frac{P_1}{H_1}\frac{IM}{IIM} + \frac{P_2}{H_2} < \frac{P_1}{H_1}\frac{IM}{IIM} + \frac{P_1}{H_2}\frac{1+H_2}{1+H_1}$$

将不等式两边分别做分母，而让 $\dfrac{1+H_1}{H_1}\dfrac{IM}{IIM} - \dfrac{P_2}{H_2}$ 做分子，有：

$$\frac{\dfrac{1+H_1}{H_1}\dfrac{IM}{IIM} - \dfrac{P_2}{H_2}}{\dfrac{P_1}{H_1}\dfrac{IM}{IIM} + \dfrac{P_2}{H_2}} > \frac{\dfrac{1+H_1}{H_1}\dfrac{IM}{IIM} - \dfrac{P_2}{H_2}}{\dfrac{P_1}{H_1}\dfrac{IM}{IIM} + \dfrac{P_1}{H_2}\dfrac{1+H_2}{1+H_1}}$$

将不等式右边的分子、分母同乘以 $\dfrac{1}{P_1}$，有：

$$\frac{\dfrac{1+H_1}{H_1}\dfrac{IM}{IIM} - \dfrac{P_2}{H_2}}{\dfrac{P_1}{H_1}\dfrac{IM}{IIM} + \dfrac{P_2}{H_2}} > \frac{\dfrac{1+H_1}{H_1}\dfrac{1}{P_1}\dfrac{IM}{IIM} - \dfrac{1}{H_2}\dfrac{P_2}{P_1}}{\dfrac{1}{H_1}\dfrac{IM}{IIM} + \dfrac{1}{H_2}\dfrac{1+H_2}{1+H_1}}$$

而不等式左边等于准国民收入均衡增长速度 $\mu_0{}'$：

$$\mu_0{}' = \frac{\dfrac{1+H_1}{H_1}\dfrac{IM}{IIM} - \dfrac{P_2}{H_2}}{\dfrac{P_1}{H_1}\dfrac{IM}{IIM} + \dfrac{P_2}{H_2}}$$

不等式右边等于准国民收入稳定增长速度 μ_0 被限定的区间下限：

$$\mu_{\text{下}} = \frac{\dfrac{1+H_1}{H_1}\dfrac{1}{P_1}\dfrac{IM}{IIM} - \dfrac{1}{H_2}\dfrac{P_2}{P_1}}{\dfrac{1}{H_1}\dfrac{IM}{IIM} + \dfrac{1}{H_2}\dfrac{1+H_2}{1+H_1}}$$

所以，有：$\mu_0{}' > \mu_{\text{下}}$

即，$\mu_{\text{下}} < \mu_0{}' < \mu_{\text{上}}$　　　　　　　　　　　　　　　　　（3-3-4）

这表明，$\mu_{\text{下}}$ 为准国民收入均衡增长速度 $\mu_0{}'$ 的下限，$\mu_{\text{上}}$ 为准国民收入均衡增长速度 $\mu_0{}'$ 的上限，准国民收入均衡增长速度 $\mu_0{}'$ 被限定在一个合理的区间之内，因此，国民收入均衡增长速度 μ' 被限定在一个合理的区间之内，也就是说，社会财富均衡增长速度被限定在一个合理的区间之内。

如果 $P_1（H_2+1）< P_2（H_1+1）$，则与 $P_1（H_2+1）> P_2（H_1+1）$ 时的情况恰好相反。当 $P_1（H_2+1）< P_2（H_1+1）$ 时，有：

$$\mu_{\text{上}} = \frac{\dfrac{1+H_1}{H_1}\dfrac{1}{P_1}\dfrac{IM}{IIM} - \dfrac{1}{H_2}\dfrac{P_2}{P_1}}{\dfrac{1}{H_1}\dfrac{IM}{IIM} + \dfrac{1}{H_2}\dfrac{1+H_2}{1+H_1}} \qquad (3\text{-}3\text{-}5)$$

$$\mu_{\text{下}} = \frac{\dfrac{1+H_1}{H_1}\dfrac{1}{P_2}\dfrac{IM}{IIM} - \dfrac{1}{H_2}}{\dfrac{1}{H_1}\dfrac{1+H_1}{1+H_2}\dfrac{IM}{IIM} + \dfrac{1}{H_2}} \qquad (3\text{-}3\text{-}6)$$

四、社会财富均衡增长速度取决于产业结构比

前面已经讲过，用第一类商品和第二类商品的剩余价值之比来描述第一类商品和第二类商品的产业结构比，即第一类商品和第二类商品的产业结构比为 $\dfrac{IM}{IIM}$。

准国民收入均衡增长速度 $\mu_0{}'$ 的表达式如（3-3-1）所示：

$$\mu_0{}' = \frac{\dfrac{1+H_1}{H_1}\dfrac{IM}{IIM} - \dfrac{P_2}{H_2}}{\dfrac{P_1}{H_1}\dfrac{IM}{IIM} + \dfrac{P_2}{H_2}} \qquad (3\text{-}3\text{-}1)$$

由（3-3-1）式可知，在第一类商品和第二类商品的资本有机构成与剩余价值率均不变的情况下，准国民收入均衡增长速度 μ_0' 与产业结构比 $\dfrac{IM}{IIM}$ 有关。现将产业结构比 $\dfrac{IM}{IIM}$ 看做一个变量，求准国民收入均衡增长速度 μ_0' 对这个变量的导数 $(\mu_0')'$，有：

$$(\mu_0')' = \frac{\dfrac{1+H_1}{H_1}(\dfrac{P_1}{H_1}\dfrac{IM}{IIM}+\dfrac{P_2}{H_2})-\dfrac{P_1}{H_1}(\dfrac{1+H_1}{H_1}\dfrac{IM}{IIM}-\dfrac{P_2}{H_2})}{(\dfrac{P_1}{H_1}\dfrac{IM}{IIM}+\dfrac{P_2}{H_2})^2}$$

将上式分子化简，有：

$$(\mu_0')' = \frac{(\dfrac{1+H_1}{H_1}+\dfrac{P_1}{H_1})\dfrac{P_2}{H_2}}{(\dfrac{P_1}{H_1}\dfrac{IM}{IIM}+\dfrac{P_2}{H_2})^2} > 0 \tag{3-3-7}$$

（3-3-7）式表明，在第一类商品和第二类商品的资本有机构成与剩余价值率均不变的情况下，社会财富均衡增长速度取决于产业结构比 $\dfrac{IM}{IIM}$。由于国民收入均衡增长速度 μ_0' 对产业结构比 $\dfrac{IM}{IIM}$ 的导数 $(\mu_0')'$ 大于零，所以，国民收入均衡增长速度将随着产业结构比 $\dfrac{IM}{IIM}$ 的提高而上升，随着产业结构比 $\dfrac{IM}{IIM}$ 的降低而下降。也就是说，社会财富均衡增长速度将随着产业结构比 $\dfrac{IM}{IIM}$ 的提高而增长，随着产业结构比 $\dfrac{IM}{IIM}$ 的降低而下降。

五、社会财富稳定增长速度的上下限取决于产业结构比

由前面的推导可知，当 $P_1(H_2+1) > P_2(H_1+1)$ 时，准国民收入稳定增

长速度 μ_0 的上限 $\mu_\pm$ 如（3-3-2）式所示：

$$\mu_\pm = \frac{\dfrac{1+H_1}{H_1}\dfrac{1}{P_2}\dfrac{IM}{IIM} - \dfrac{1}{H_2}}{\dfrac{1}{H_1}\dfrac{1+H_1}{1+H_2}\dfrac{IM}{IIM} + \dfrac{1}{H_2}} \tag{3-3-2}$$

准国民收入稳定增长速度 μ_0 的下限 $\mu_\mathsf{下}$ 如（3-3-3）式所示：

$$\mu_\mathsf{下} = \frac{\dfrac{1+H_1}{H_1}\dfrac{1}{P_1}\dfrac{IM}{IIM} - \dfrac{1}{H_2}\dfrac{P_2}{P_1}}{\dfrac{1}{H_1}\dfrac{IM}{IIM} + \dfrac{1}{H_2}\dfrac{1+H_2}{1+H_1}} \tag{3-3-3}$$

在第一类商品和第二类商品的资本有机构成与剩余价值率均不变的情况下，准国民收入稳定增长速度 μ_0 的上限 $\mu_\pm$ 和下限 $\mu_\mathsf{下}$ 取决于产业结构比 $\dfrac{IM}{IIM}$。现求准国民收入稳定增长速度 μ_0 的上限 $\mu_\pm$ 对产业结构比 $\dfrac{IM}{IIM}$ 的导数 $(\mu_\pm)'$，有：

$$(\mu_\pm)' = \frac{\dfrac{1+H_1}{H_1}\dfrac{1}{P_2}\left(\dfrac{1}{H_1}\dfrac{1+H_1}{1+H_2}\dfrac{IM}{IIM} + \dfrac{1}{H_2}\right) - \left(\dfrac{1+H_1}{H_1}\dfrac{1}{P_2}\dfrac{IM}{IIM} - \dfrac{1}{H_2}\right)\dfrac{1}{H_1}\dfrac{1+H_1}{1+H_2}}{\left(\dfrac{1}{H_1}\dfrac{1+H_1}{1+H_2}\dfrac{IM}{IIM} + \dfrac{1}{H_2}\right)^2}$$

将上式分子化简，有：

$$(\mu_\pm)' = \frac{\dfrac{1+H_1}{H_1}\dfrac{1}{H_2}\left(\dfrac{1}{P_2} + \dfrac{1}{1+H_2}\right)}{\left(\dfrac{1}{H_1}\dfrac{1+H_1}{1+H_2}\dfrac{IM}{IIM} + \dfrac{1}{H_2}\right)^2} > 0 \tag{3-3-8}$$

现求准国民收入稳定增长速度 μ_0 的下限 $\mu_\mathsf{下}$ 对产业结构比 $\dfrac{IM}{IIM}$ 的导数 $(\mu_\mathsf{下})'$，有：

$$(\mu_{\text{下}})' = \frac{\dfrac{1+H_1}{H_1}\dfrac{1}{P_1}(\dfrac{1}{H_1}\dfrac{IM}{IIM}+\dfrac{1}{H_2}\dfrac{1+H_2}{1+H_1})-(\dfrac{1+H_1}{H_1}\dfrac{1}{P_1}\dfrac{IM}{IIM}-\dfrac{1}{H_2}\dfrac{P_2}{P_1})\dfrac{1}{H_1}}{(\dfrac{1}{H_1}\dfrac{IM}{IIM}+\dfrac{1}{H_2}\dfrac{1+H_2}{1+H_1})^2}$$

将上式分子化简，有：

$$(\mu_{\text{下}})' = \frac{\dfrac{1}{H_1}\dfrac{1}{H_2}\dfrac{1}{P_1}(1+H_2+P_2)}{(\dfrac{1}{H_1}\dfrac{IM}{IIM}+\dfrac{1}{H_2}\dfrac{1+H_2}{1+H_1})^2} > 0 \tag{3-3-9}$$

准国民收入稳定增长速度 μ_0 的上限 $\mu_{\text{上}}$ 对产业结构比 $\dfrac{IM}{IIM}$ 的导数 $(\mu_{\text{上}})'$ 和下

限 $\mu_{\text{下}}$ 对产业结构比 $\dfrac{IM}{IIM}$ 的导数 $(\mu_{\text{下}})'$ 均大于零，这表明准国民收入稳定增长速度

μ_0 的上限 $\mu_{\text{上}}$ 和下限 $\mu_{\text{下}}$ 取决于产业结构比 $\dfrac{IM}{IIM}$，随着产业结构比 $\dfrac{IM}{IIM}$ 的提高而

上移，随着产业结构比 $\dfrac{IM}{IIM}$ 的降低而下移。即社会财富增长速度合理区间的上下

限取决于产业结构比。

六、实际增长速度低于均衡增长速度将导致产业结构比 提高

前文依据社会财富增长原理性理论构造了（3-2-7）式描述的非稳定增长模型。应用非稳定增长模型需要先给定一个来年的准国民收入增长速度，可以把这个给定的准国民收入增长速度看做来年准国民收入实际增长速度，用 $\mu_{0\text{实}}$ 来表示。

由（3-2-15）式描述的稳定增长模型，可以得到准国民收入均衡增长速度 μ_0'，如（3-3-1）式所示：

$$\mu_0' = \frac{\dfrac{1+H_1}{H_1}\dfrac{IM}{IIM} - \dfrac{P_2}{H_2}}{\dfrac{P_1}{H_1}\dfrac{IM}{IIM} + \dfrac{P_2}{H_2}} \tag{3-3-1}$$

现在分析：如果准国民收入实际增长速度 $\mu_{0实}$ 低于准国民收入均衡增长速度 μ_0'，会对第一类商品和第二类商品的产业结构比 $\dfrac{IM}{IIM}$ 产生什么样的影响？

在基年，第一类商品和第二类商品的产业结构比为 $\dfrac{IM}{IIM}$；在来年，用 $\left(\dfrac{IM}{IIM}\right)_*$ 表示第一类商品和第二类商品的产业结构比。

在来年，第一类商品的劳动力消耗为 $IV + I\dfrac{M}{Z}$，$I\dfrac{M}{Z}$ 为来年对第一类商品劳动力消耗的追加投资；第一类商品的剩余价值为 $H_1\left(IV + I\dfrac{M}{Z}\right)$，$H_1$ 为第一类商品剩余价值率。

在来年，第二类商品的劳动力消耗为 $IIV + II\dfrac{M}{Z}$，$II\dfrac{M}{Z}$ 为来年对第二类商品劳动力消耗的追加投资；第二类商品的剩余价值为 $H_2\left(IIV + II\dfrac{M}{Z}\right)$，$H_2$ 为第二类商品剩余价值率。

所以，有：

$$\left(\frac{IM}{IIM}\right)_* = \frac{H_1\left(IV + I\dfrac{M}{Z}\right)}{H_2\left(IIV + II\dfrac{M}{Z}\right)} \tag{3-3-10}$$

如果来年准国民收入实际增长速度 $\mu_{0实}$ 低于来年准国民收入均衡增长速度 μ_0'，即：

$$\mu_{0实} < \mu_0' \tag{3-3-11}$$

将 μ_0' 的表达式（3-3-1）式代入（3-3-11）不等式，有：

$$\mu_{0\text{实}} < \frac{\dfrac{1+H_1}{H_1}\dfrac{IM}{IIM} - \dfrac{P_2}{H_2}}{\dfrac{P_1}{H_1}\dfrac{IM}{IIM} + \dfrac{P_2}{H_2}}$$

由于表达式 $\dfrac{P_1}{H_1}\dfrac{IM}{IIM} + \dfrac{P_2}{H_2}$ 大于零，可以把准国民收入实际增长速度 $\mu_{0\text{实}}$ 与准

国民收入均衡增长速度 $\mu_0{}'$ 之间的不等式改写成：

$$\left(\frac{H_1+1}{H_1}\frac{IM}{IIM} - \frac{P_2}{H_2}\right) > \left(\frac{P_2}{H_2} + \frac{P_1}{H_1}\frac{IM}{IIM}\right)\mu_{0\text{实}}$$

将不等式两边乘以大于零的表达式 $\left(\dfrac{1+H_2}{H_2} + \dfrac{1+H_1}{H_1}\dfrac{IM}{IIM}\right)H_2$，得到：

$$\left(\frac{1+H_2}{H_2} + \frac{1+H_1}{H_1}\frac{IM}{IIM}\right)\left(\frac{H_1+1}{H_1}H_2\frac{IM}{IIM} - P_2\right) > \left(\frac{1+H_2}{H_2} + \right.$$

$$\left.\frac{1+H_1}{H_1}\frac{IM}{IIM}\right)\left(P_2 + P_1\frac{H_2}{H_1}\frac{IM}{IIM}\right)\mu_{0\text{实}}$$

把不等式两边各项都展开，得到：

$$\frac{H_1+1}{H_1}(1+H_2)\frac{IM}{IIM} - \frac{1+H_2}{H_2}P_2 - \frac{1+H_2}{H_2}\frac{H_1+1}{H_2+1}P_2\frac{H_2}{H_1}\frac{IM}{IIM}$$

$$+ \frac{1+H_1}{H_1}\frac{H_2}{H_1}\frac{IM}{IIM}\frac{IM}{IIM}(1+H_1) > \left[\frac{H_1+1}{H_1}P_2\mu_{0\text{实}}\frac{IM}{IIM}\right.$$

$$+ \frac{1+H_1}{H_1}P_1\mu_{0\text{实}}\frac{H_2}{H_1}\frac{IM}{IIM}\frac{IM}{IIM} + \frac{1+H_2}{H_2}P_2\mu_{0\text{实}} + \frac{1+H_2}{H_2}P_1\mu_{0\text{实}}\frac{H_2}{H_1}\frac{IM}{IIM}\right]$$

把不等式左边的第三、四两项移到不等式右边，将不等式右边的第一、三两项移到左边，并且在不等式两边都乘以 IIM，得到：

$$\frac{H_1+1}{H_1}(1+H_2)IM - \frac{H_1+1}{H_1}P_2\mu_{0\text{实}}IM - \frac{1+H_2}{H_2}P_2IIM$$

$$-\frac{1+H_2}{H_2} P_2 \mu_{0\text{实}} IIM > [-\frac{1+H_1}{H_1} \frac{H_2}{H_1} \frac{IM}{IIM} (1+H_1)$$

$$+\frac{1+H_1}{H_1} P_1 \mu_{0\text{实}} \frac{H_2}{H_1} \frac{IM}{IIM} + \frac{1+H_2}{H_2} \frac{H_1+1}{H_2+1} P_2 \frac{H_2}{H_1} + \frac{1+H_2}{H_2} P_1 \mu_{0\text{实}} \frac{H_2}{H_1}]IM$$

在不等式右边将表达式 $\frac{H_2}{H_1} \frac{1}{IIM}$ 提到方括号的外面，得到：

$$[\frac{H_1+1}{H_1} (1+H_2) IM - \frac{H_1+1}{H_1} P_2 \mu_{0\text{实}} IM - \frac{1+H_2}{H_2} P_2 IIM$$

$$-\frac{1+H_2}{H_2} P_2 \mu_{0\text{实}} IIM] > \frac{H_2}{H_1} \frac{IM}{IIM} [-\frac{1+H_1}{H_1} (1+H_1) IM$$

$$+\frac{1+H_1}{H_1} P_1 \mu_{0\text{实}} IM + \frac{1+H_2}{H_2} \frac{H_1+1}{H_2+1} P_2 IIM + \frac{1+H_2}{H_2} P_1 \mu_{0\text{实}} IIM]$$

将不等式两边都乘以表达式 $\frac{1}{P_1(H_2+1) - P_2(H_1+1)}$，当 $P_1 (1+H_2) > P_2 (1 + H_1)$ 时，得到：

$$\frac{1}{P_1(H_2+1) - P_2(H_1+1)}[\frac{H_1+1}{H_1} (1+H_2) IM - \frac{H_1+1}{H_1} P_2 \mu_{0\text{实}} IM$$

$$-\frac{1+H_2}{H_2} P_2 IIM - \frac{1+H_2}{H_2} P_2 \mu_{0\text{实}} IIM] > \frac{H_2}{H_1} \frac{IM}{IIM} \frac{1}{P_1(H_2+1) - P_2(H_1+1)}$$

$$[-\frac{1+H_1}{H_1} (1+H_1) IM + \frac{1+H_1}{H_1} P_1 \mu_{0\text{实}} IM + \frac{1+H_2}{H_2} \frac{H_1+1}{H_2+1} P_2 IIM$$

$$+\frac{1+H_2}{H_2} P_1 \mu_{0\text{实}} IIM]$$

在不等式左边将表达式 P_2 提到方括号的外面，在不等式右边将表达式 P_1 提到方括号的外面，得到（3-3-12）式：

$$\frac{P_2}{P_1(H_2+1) - P_2(H_1+1)}[\frac{H_1+1}{H_1} (\frac{1+H_2}{P_2} - \mu_{0\text{实}}) IM$$

$$-\frac{1+H_2}{H_2}\ (1+\mu_{0\text{实}})\ IIM\ ]>\frac{H_2}{H_1}\frac{IM}{IIM}\frac{P_1}{P_2(H_1+1)-P_1(H_2+1)}[\frac{1+H_1}{H_1}$$

$$(\frac{1+H_1}{P_1}-\mu_{0\text{实}})\ IM-\frac{1+H_2}{H_2}\ (\frac{H_1+1}{H_2+1}\frac{P_2}{P_1}+\mu_{0\text{实}})\ IIM\ ]\qquad(3\text{-}3\text{-}12)$$

由（3-2-7）式表述的非稳定增长模型得到 $I\dfrac{M}{Z}$ 和 $II\dfrac{M}{Z}$ 的解的表达式为：

$$I\frac{M}{Z}=\frac{P_2}{P_1(H_2+1)-P_2(H_1+1)}[\frac{H_1+1}{H_1}\ (\frac{1+H_2}{P_2}-\mu_0)\ IM$$

$$-\frac{1+H_2}{H_2}\ (1+\mu_0)\ IIM\ ]$$

$$II\frac{M}{Z}=\frac{P_1(H_1+1)}{P_1(H_2+1)-P_2(H_1+1)}\ [\frac{1}{H_2}\ (\frac{P_2}{P_1}+\frac{H_2+1}{H_1+1}\mu_0)\ IIM$$

$$-\frac{1}{H_1}\ (\frac{1+H_1}{P_1}-\mu_0)\ IM\ ]$$

（3-3-12）不等式的左边恰好等于 $I\dfrac{M}{Z}$，右边等于 $\dfrac{H_2}{H_1}\dfrac{IM}{IIM}II\dfrac{M}{Z}$，所以，有：

$$I\frac{M}{Z}>\frac{H_2}{H_1}\frac{IM}{IIM}II\frac{M}{Z}$$

将不等式改写成：

$$H_1\ I\frac{M}{Z}>H_2\ \frac{IM}{IIM}\ II\frac{M}{Z}$$

将不等式两边加 IM，有：

$$IM+H_1\ I\frac{M}{Z}>H_2\ \frac{IM}{IIM}\ II\frac{M}{Z}+IM$$

可以将不等式改写成：

$$IM+H_1\ I\frac{M}{Z}>（H_2\ II\frac{M}{Z}+IIM）\ \frac{IM}{IIM}$$

将不等式两边都除以大于零的表达式（$H_2 II \dfrac{M}{Z} + IIM$），有：

$$\frac{IM + H_1 I \dfrac{M}{Z}}{IIM + H_2 II \dfrac{M}{Z}} > \frac{IM}{IIM}$$

可以将不等式改写成：

$$\frac{H_1 (IV + I \dfrac{M}{Z})}{H_2 (IIV + II \dfrac{M}{Z})} > \frac{IM}{IIM}$$

由（3-3-10）式可知，不等式左边恰好等于（$\dfrac{IM}{IIM}$）$_*$，所以，有：

$$\left(\frac{IM}{IIM}\right)_* > \frac{IM}{IIM} \tag{3-3-13}$$

上述论证表明，当 $P_1 (1 + H_2) > P_2 (1 + H_1)$ 时，如果实际增长速度低于均衡增长速度，将导致产业结构比的提高。

七、实际增长速度高于均衡增长速度将导致产业结构比下降

在基年，第一类商品和第二类商品的产业结构比为 $\dfrac{IM}{IIM}$；在来年，用（$\dfrac{IM}{IIM}$）$_*$ 表示第一类商品和第二类商品的产业结构比，有：

$$\left(\frac{IM}{IIM}\right)_* = \frac{H_1 (IV + I \dfrac{M}{Z})}{H_2 (IIV + II \dfrac{M}{Z})} \tag{3-3-10}$$

如果来年准国民收入实际增长速度 $\mu_{0\text{实}}$ 高于来年准国民收入均衡增长速度 μ_0'，即：

$$\mu_{0\text{实}} > \mu_0' \tag{3-3-14}$$

将 μ_0' 的表达式（3-3-1）式代入（3-3-14）不等式，有：

$$\mu_{0\text{实}} > \frac{\dfrac{1+H_1}{H_1}\dfrac{IM}{IIM} - \dfrac{P_2}{H_2}}{\dfrac{P_1}{H_1}\dfrac{IM}{IIM} + \dfrac{P_2}{H_2}}$$

应用前面的论证方法可以得到：

$$\left(\frac{IM}{IIM}\right)_* < \frac{IM}{IIM} \tag{3-3-15}$$

即，当 $P_1(1+H_2) > P_2(1+H_1)$ 时，如果实际增长速度高于均衡增长速度，将导致产业结构比下降。

八、实际增长速度低于均衡增长速度将导致以后的均衡增长速度上升

由（3-2-15）式描述的稳定增长模型，可以得到准国民收入均衡增长速度 μ_0' 的表达式，如（3-3-1）式所示：

$$\mu_0' = \frac{\dfrac{1+H_1}{H_1}\dfrac{IM}{IIM} - \dfrac{P_2}{H_2}}{\dfrac{P_1}{H_1}\dfrac{IM}{IIM} + \dfrac{P_2}{H_2}} \tag{3-3-1}$$

准国民收入均衡增长速度 μ_0' 是产业结构比 $\dfrac{IM}{IIM}$ 的函数，求准国民收入均衡增长速度 μ_0' 对产业结构比 $\dfrac{IM}{IIM}$ 的导数 $(\mu_0')'$，如（3-3-7）式所示：

$$(\mu_0')' = \frac{\left(\dfrac{1+H_1}{H_1} + \dfrac{P_1}{H_1}\right)\dfrac{P_2}{H_2}}{\left(\dfrac{P_1}{H_1}\dfrac{IM}{IIM} + \dfrac{P_2}{H_2}\right)^2} > 0 \tag{3-3-7}$$

μ_0' 对 $\dfrac{IM}{IIM}$ 的导数大于零，表示准国民收入均衡增长速度 μ_0' 将随着产业结构

比 $\dfrac{IM}{IIM}$ 的提高而增长。

由前面的推导可知，当 $P_1(1+H_2)>P_2(1+H_1)$ 时，如果实际增长速度低于均衡增长速度将导致产业结构比提高，如（3-3-13）式所示：

$$\left(\frac{IM}{IIM}\right)_* > \frac{IM}{IIM} \tag{3-3-13}$$

实际增长速度低于均衡增长速度将导致产业结构比提高，而产业结构比的提高将导致准国民收入均衡增长速度 $\mu_0{'}$ 上升，因此，实际增长速度低于均衡增长速度将导致以后的均衡增长速度上升。

九、实际增长速度高于均衡增长速度将导致以后的均衡增长速度下降

由前面的推导可知，当 $P_1(1+H_2)>P_2(1+H_1)$ 时，如果实际增长速度高于均衡增长速度，将导致产业结构比下降，如（3-3-15）式所示：

$$\left(\frac{IM}{IIM}\right)_* < \frac{IM}{IIM} \tag{3-3-15}$$

由于准国民收入均衡增长速度 $\mu_0{'}$ 是产业结构比 $\dfrac{IM}{IIM}$ 的函数，$\mu_0{'}$ 对 $\dfrac{IM}{IIM}$ 的导数 $(\mu_0{'})^{'}$ 如（3-3-7）式所示：

$$(\mu_0{'})^{'} = \frac{\left(\dfrac{1+H_1}{H_1}+\dfrac{P_1}{H_1}\dfrac{P_2}{H_2}\right)}{\left(\dfrac{P_1}{H_1}\dfrac{IM}{IIM}+\dfrac{P_2}{H_2}\right)^2} > 0 \tag{3-3-7}$$

$\mu_0{'}$ 对 $\dfrac{IM}{IIM}$ 的导数大于零，表示准国民收入均衡增长速度 $\mu_0{'}$ 将随着产业结构比 $\dfrac{IM}{IIM}$ 的降低而下降。

实际增长速度高于均衡增长速度将导致产业结构比降低，而产业结构比的降

低将导致准国民收入均衡增长速度 $\mu_0{}'$ 下降，因此，实际增长速度高于均衡增长速度将导致以后的均衡增长速度下降。

十、实际增长速度低于均衡增长速度将导致以后增长速度的限定区间上移

由前面的推导可知，社会财富稳定增长速度被限定在一个区间内。

当 P_1（H_2+1）$>P_2$（H_1+1）时，这个区间的上限为 $\mu_{\text{上}}$，下限为 $\mu_{\text{下}}$：

$$\mu_{\text{上}} = \frac{\dfrac{1+H_1}{H_1}\dfrac{1}{P_2}\dfrac{IM}{IIM}-\dfrac{1}{H_2}}{\dfrac{1}{H_1}\dfrac{1+H_1}{1+H_2}\dfrac{IM}{IIM}+\dfrac{1}{H_2}} \tag{3-3-2}$$

$$\mu_{\text{下}} = \frac{\dfrac{1+H_1}{H_1}\dfrac{1}{P_1}\dfrac{IM}{IIM}-\dfrac{1}{H_2}\dfrac{P_2}{P_1}}{\dfrac{1}{H_1}\dfrac{IM}{IIM}+\dfrac{1}{H_2}\dfrac{1+H_2}{1+H_1}} \tag{3-3-3}$$

这个区间的上限和下限均是产业结构比 $\dfrac{IM}{IIM}$ 的函数。区间上限 $\mu_{\text{上}}$ 对 $\dfrac{IM}{IIM}$ 的

导数 $(\mu_{\text{上}})'$ 如（3-3-8）式所示：

$$(\mu_{\text{上}})' = \frac{\dfrac{1+H_1}{H_1}\dfrac{1}{H_2}(\dfrac{1}{P_2}+\dfrac{1}{1+H_2})}{(\dfrac{1}{H_1}\dfrac{1+H_1}{1+H_2}\dfrac{IM}{IIM}+\dfrac{1}{H_2})^2} > 0 \tag{3-3-8}$$

区间下限 $\mu_{\text{下}}$ 对 $\dfrac{IM}{IIM}$ 的导数 $(\mu_{\text{下}})'$ 如（3-3-9）式所示：

$$(\mu_{\text{下}})' = \frac{\dfrac{1}{H_1}\dfrac{1}{H_2}\dfrac{1}{P_1}(1+H_2+P_2)}{(\dfrac{1}{H_1}\dfrac{IM}{IIM}+\dfrac{1}{H_2}\dfrac{1+H_2}{1+H_1})^2} > 0 \qquad\qquad (3\text{-}3\text{-}9)$$

由（3-3-8）式和（3-3-9）式可知，增长速度限定区间的上限 $\mu_{\text{上}}$ 和下限 $\mu_{\text{下}}$ 对 $\dfrac{IM}{IIM}$ 的导数 $(\mu_{\text{上}})'$ 和 $(\mu_{\text{下}})'$ 均大于零，也就是说，增长速度限定区间的上限 $\mu_{\text{上}}$ 和下限 $\mu_{\text{下}}$ 均随着产业结构比的提高而上移。

由前面的推导可知，当 $P_1(1+H_2) > P_2(1+H_1)$ 时，如果实际增长速度低于均衡增长速度，将导致产业结构比提高，如（3-3-13）式所示：

$$(\frac{IM}{IIM})_* > \frac{IM}{IIM} \qquad\qquad (3\text{-}3\text{-}13)$$

实际增长速度低于均衡增长速度将导致产业结构比提高，而产业结构比的提高将导致增长速度限定区间上限 $\mu_{\text{上}}$ 和下限 $\mu_{\text{下}}$ 上移。因此，实际增长速度低于均衡增长速度将导致增长速度限定区间的上限 $\mu_{\text{上}}$ 和下限 $\mu_{\text{下}}$ 上移。

十一、实际增长速度高于均衡增长速度将导致以后增长速度的限定区间下移

由前面的推导可知，当 $P_1(1+H_2) > P_2(1+H_1)$ 时，如果实际增长速度高于均衡增长速度将导致产业结构比下降，如（3-3-15）式所示：

$$(\frac{IM}{IIM})_* < \frac{IM}{IIM} \qquad\qquad (3\text{-}3\text{-}15)$$

由（3-3-8）式和（3-3-9）式可知，增长速度限定区间的上限 $\mu_{\text{上}}$ 和下限 $\mu_{\text{下}}$ 对 $\dfrac{IM}{IIM}$ 的导数 $(\mu_{\text{上}})'$ 和 $(\mu_{\text{下}})'$ 均大于零，也就是说，增长速度限定区间的上限 $\mu_{\text{上}}$ 和下限 $\mu_{\text{下}}$ 均随着产业结构比的降低而下移。

实际增长速度高于均衡增长速度将导致产业结构比降低，而产业结构比的下降将导致增长速度限定区间上限 $\mu_{\text{上}}$ 和下限 $\mu_{\text{下}}$ 下移。因此，实际增长速度高于均衡增长速度将导致增长速度限定区间的上限 $\mu_{\text{上}}$ 和下限 $\mu_{\text{下}}$ 下移。

十二、产业结构比被限定在一个合理的区间之内

前面已经论证，社会财富均衡增长速度取决于产业结构比，社会财富稳定增长速度的上下限也取决于产业结构比。那么，在社会财富增长能够正常持续进行的情况下，产业结构比是否也受到一定的制约？答案是肯定的。产业结构比被限定在一个合理的区间之内，社会财富的增长才能够正常持续地进行。

由社会财富增长原理性理论可知，在扩大再生产时必须满足 $IV + IM > IIC$，才有可能满足社会财富增长的必要条件。

因此，产业结构比 $\dfrac{IM}{IIM}$ 必须满足 $IV + IM > IIC$。

由于 $IV = \dfrac{1}{H_1} IM$，$IIC = \dfrac{P_2}{H_2} IIM$

可以将 $IV + IM > IIC$ 改写为：

$$\frac{1}{H_1} IM + IM > \frac{P_2}{H_2} IIM$$

所以，产业结构比 $\dfrac{IM}{IIM}$ 必须满足下式：

$$\frac{IM}{IIM} > \frac{P_2}{H_2} \frac{H_1}{1+H_1} \qquad (3\text{-}3\text{-}16)$$

由稳定增长模型（3-2-15）式，可以求出在稳定均衡增长时 7 个未知量的表达式：

1. $\mu_0' = \dfrac{\dfrac{1+H_1}{H_1} \dfrac{IM}{IIM} - \dfrac{P_2}{H_2}}{\dfrac{P_1}{H_1} \dfrac{IM}{IIM} + \dfrac{P_2}{H_2}}$

2. $I\dfrac{M}{Z} = \dfrac{IM}{H_1} \mu_0'$

3. $I\dfrac{M}{Y} = \dfrac{P_1}{H_1} IM \, \mu_0'$

4. $I \dfrac{M}{X} = (1 - \dfrac{1+P_1}{H_1} \mu_0{}') IM$

5. $II \dfrac{M}{Z} = \dfrac{IIM}{H_2} \mu_0{}'$

6. $II \dfrac{M}{Y} = \dfrac{P_2}{H_2} IIM \mu_0{}'$

7. $II \dfrac{M}{X} = (1 - \dfrac{1+P_2}{H_2} \mu_0{}') IIM$

可见，当准国民收入均衡增长速度 $\mu_0{}' > 0$ 时，有 $I \dfrac{M}{Z} > 0$，$I \dfrac{M}{Y} > 0$，$II \dfrac{M}{Z} > 0$，

$II \dfrac{M}{Y} > 0$；但是，并不能保证 $I \dfrac{M}{X} > 0$ 和 $II \dfrac{M}{X} > 0$。如果有：

$$1 - \dfrac{1+P_1}{H_1} \mu_0{}' > 0$$

即　$\mu_0{}' < \dfrac{H_1}{1+P_1}$

则有 $I \dfrac{M}{X} > 0$。如果有：

$$1 - \dfrac{1+P_2}{H_2} \mu_0{}' > 0$$

即　$\mu_0{}' < \dfrac{H_2}{1+P_2}$

则有 $II \dfrac{M}{X} > 0$。由此可以推导出产业结构比 $\dfrac{IM}{IIM}$ 必须满足下式[①]：

$$\dfrac{IM}{IIM} < \min\left(\dfrac{P_2}{P_1} \dfrac{H_1}{H_2} \dfrac{1 + \dfrac{H_1}{1+P_1}}{\dfrac{1+H_1}{P_1} - \dfrac{H_1}{1+P_1}}, \dfrac{P_2}{P_1} \dfrac{H_1}{H_2} \dfrac{1 + \dfrac{H_2}{1+P_2}}{\dfrac{1+H_1}{P_1} - \dfrac{H_2}{1+P_2}} \right) \qquad (3\text{-}3\text{-}17)$$

---

① 推导过程见笔者所著《经济：增长与结构》的第二章第二节（南开大学出版社，1993 年：36-40）

（3-3-16）式和（3-3-17）式表明，只有当产业结构比 $\dfrac{IM}{IIM}$ 满足这两个条件时，

社会财富的增长才能正常地进行下去，由此可以得出产业结构比的限定区间为：

$$\frac{P_2}{H_2}\frac{H_1}{1+H_1}<\frac{IM}{IIM}<\min\left(\frac{P_2}{P_1}\frac{H_1}{H_2}\frac{1+\dfrac{H_1}{1+P_1}}{\dfrac{1+H_1}{P_1}-\dfrac{H_1}{1+P_1}},\frac{P_2}{P_1}\frac{H_1}{H_2}\frac{1+\dfrac{H_2}{1+P_2}}{\dfrac{1+H_1}{P_1}-\dfrac{H_2}{1+P_2}}\right) \quad (3\text{-}3\text{-}18)$$

用 σ_1 来表示第一类商品的资本收益率，有：

$$\sigma_1=\frac{IV+IM}{IC}=\frac{1+\dfrac{IM}{IV}}{\dfrac{IC}{IV}}=\frac{1+H_1}{P_1}$$

有： $\dfrac{P_2}{H_2}\dfrac{H_1}{1+H_1}=\dfrac{P_2}{P_1}\dfrac{H_1}{H_2}\dfrac{P_1}{1+H_1}=\dfrac{P_2}{P_1}\dfrac{H_1}{H_2}\dfrac{1}{\sigma_1}$

可以将（3-3-18）式改写为：

$$\frac{P_2}{P_1}\frac{H_1}{H_2}\frac{1}{\sigma_1}<\frac{IM}{IIM}<\min\left(\frac{P_2}{P_1}\frac{H_1}{H_2}\frac{1+\dfrac{H_1}{1+P_1}}{\sigma_1-\dfrac{H_1}{1+P_1}},\frac{P_2}{P_1}\frac{H_1}{H_2}\frac{1+\dfrac{H_2}{1+P_2}}{\sigma_1-\dfrac{H_2}{1+P_2}}\right) \quad (3\text{-}3\text{-}19)$$

上述论证表明，产业结构比 $\dfrac{IM}{IIM}$ 被限定在一个合理的区间之内，社会财富的

增长才能正常地进行下去，产业结构比的限定区间取决于第一类商品和第二类商品的资本有机构成 P_1、P_2，第一类商品和第二类商品的剩余价值率 H_1、H_2，以及第一类商品的资本收益率 σ_1。

第四章　《资本论》对社会财富增长理论的验证

"经济科学无法凭空预测某一时刻的条件组合，无法预测估价的变化。但是，给定某种情况下的条件，它便可以就这些条件的含义得出必然的结论。如果条件保持不变，这些含义定会实现。之所以必然如此，是因为它们已隐含在最初的条件之中。"[①]

一、投资比增长模型

（一）《资本论》第二卷第一例的开端公式

德国经济学家、哲学家、政治家卡尔·马克思在《资本论》第二卷用举例的方式表述了社会财富的增长过程。现对《资本论》第二卷所举第一例的表述进行归纳，推导出《资本论》第二卷所举第一例的计算公式。

卡尔·马克思在《资本论》第二卷第一例中给出：

（B）规模扩大的再生产的开端公式

$\text{I}. 4\ 000c + 1\ 000v + 1\ 000m = 6\ 000$

$\text{II}. 1\ 500c + 750v + 750m = 3\ 000$[②]

由《资本论》第二卷第一例（B）可以知道以下信息：

在第一年，第一类商品的价值 $IX = 6000$，其中：第一类商品消耗的生产资料

[①] [英] 莱昂内尔·罗宾斯. 朱泱译. 经济科学的性质和意义. 商务印书馆, 2000 年: 101
[②] [德] 卡尔·马克思. 资本论. 第二卷. 人民出版社, 2004 年: 574

IC =4000；第一类商品消耗劳动力的价值 IV =1000；第一类商品的剩余价值 IM =1000。

第二类商品的价值 IIX = 3000，其中：第二类商品消耗的生产资料 IIC =1500；第二类商品消耗劳动力的价值 IIV =750；第二类商品的剩余价值 IIM =750。

由上述信息可以得出资本有机构成和剩余价值率的数值：

第一类商品的资本有机构成 $P_1 = \dfrac{IC}{IV} = 4$

第一类商品的剩余价值率 $H_1 = \dfrac{IM}{IV} = 1$

第二类商品的资本有机构成 $P_2 = \dfrac{IIC}{IIV} = 2$

第二类商品的剩余价值率 $H_2 = \dfrac{IIM}{IIV} = 1$

所以，对于《资本论》第二卷第一例（B）而言，第一类商品和第二类商品的剩余价值 IM、IIM，第一类商品和第二类商品的资本有机构成 P_1、P_2，以及第一类商品和第二类商品的剩余价值率 H_1、H_2，均为已知的条件。

（二）《资本论》给出投资比例的假设

马克思在《资本论》第二卷第一例（B）中，对追加投资的比例给出了一个假设："假定在公式（B）中，第 I 部类的剩余价值的一半即 500 被积累。"[1]

为了描述的方便，给出 6 个变量及追加投资比例的表示方式：

用 $I\dfrac{M}{Y}$ 表示第一类商品剩余价值中用于对第一类商品生产资料的追加投资；

用 $I\dfrac{M}{Z}$ 表示第一类商品剩余价值中用于对第一类商品劳动力消耗的追加投资；

用 $I\dfrac{M}{X}$ 表示第一类商品剩余价值中用于消费的部分；

用 $II\dfrac{M}{Y}$ 表示第二类商品剩余价值中用于对第二类商品生产资料的追加投资；

---

① ［德］卡尔·马克思. 资本论. 第二卷. 人民出版社, 2004 年: 574

用 $II\dfrac{M}{Z}$ 表示第二类商品剩余价值中用于对第二类商品劳动力消耗的追加投资；

用 $II\dfrac{M}{X}$ 表示第二类商品剩余价值中用于消费的部分；

用 R 表示第一类商品的剩余价值用于追加投资的比例。

马克思假设"第 I 部类的剩余价值的一半即 500 被积累"，也就是 IM 的一半用于 $I\dfrac{M}{Y}$ 和 $I\dfrac{M}{Z}$，而这"一半"是假设追加投资的比例 $R=\dfrac{1}{2}$。如果用公式来表示，即：

$$I\dfrac{M}{Y}+I\dfrac{M}{Z}=R\,IM \qquad\qquad (3\text{-}4\text{-}1)$$

对于《资本论》第二卷第一例（B），有：

$$I\dfrac{M}{Y}+I\dfrac{M}{Z}=\dfrac{1}{2}IM$$

由于 $I\dfrac{M}{X}=IM-\left(I\dfrac{M}{Y}+I\dfrac{M}{Z}\right)$

所以 $I\dfrac{M}{X}=IM-\dfrac{1}{2}\,IM=500$ \qquad\qquad (3\text{-}4\text{-}2)

（三）《资本论》给出第一类商品追加不变资本与追加可变资本之间的关系

对于《资本论》第二卷第一例（B），"我们假定，500 Im 中有 400 要转化为不变资本，100 要转化为可变资本"[1]。

由此可知：$I\dfrac{M}{Y}=400$，$I\dfrac{M}{Z}=100$

由于 $IM=1000$，且 $I\dfrac{M}{X}=500$，所以有：

$$I\dfrac{M}{Y}+I\dfrac{M}{Z}+I\dfrac{M}{X}=IM \qquad\qquad (3\text{-}4\text{-}3)$$

① ［德］卡尔·马克思. 资本论. 第二卷. 人民出版社, 2004 年: 575

（四）《资本论》给出第二类商品投资和消费的情况

"第Ⅱ部类方面为了积累的目的，要向第Ⅰ部类购买100 Ⅰm（以生产资料的形式存在），于是这100 Ⅰm 形成第Ⅱ部类的追加不变资本。"[①]

由此可知：$II\dfrac{M}{Y}=100$

"第Ⅱ部类的不变资本现在是1 600c；第Ⅱ部类要运用这个资本，就必须再投入50v 的货币来购买新的劳动力，从而使他的可变资本由750增加到800。第Ⅱ部类这样增加的不变资本和可变资本，共计150，要由该部类的剩余价值来偿付，因此，在750 Ⅱm 中，只剩下600m 作为第Ⅱ部类资本家的消费基金。"[②]

由此可知：$II\dfrac{M}{Z}=50$，$II\dfrac{M}{X}=600$

由于 $IIM=750$，所以有：

$$II\frac{M}{Y}+II\frac{M}{Z}+II\frac{M}{X}=IIM \tag{3-4-4}$$

（五）《资本论》给出第一类商品与第二类商品相互补偿的关系

"首先，（1 000v＋500m）Ⅰ 或 1 500 Ⅰ（v＋m）要由 1 500 Ⅱc 补偿。"[③]

由此可知：$IV=1000$，$I\dfrac{M}{X}=500$，$IIC=1500$

"（1 000v＋500m）Ⅰ 由 1 500 Ⅱc 来补偿，是简单再生产的一个过程。"[④]

这表明，第一类商品与第二类商品之间的相互补偿有满足社会财富增长的必要条件。在简单再生产的情况下，有：

$$IV+I\frac{M}{X}=IIC \tag{3-4-5}$$

"第Ⅱ部类方面为了积累的目的，要向第Ⅰ部类购买 100 Ⅰm（以生产资料的形式存在），于是这 100 Ⅰm 形成第Ⅱ部类的追加不变资本"[⑤]，即 $II\dfrac{M}{Y}=100$。

① ［德］卡尔·马克思. 资本论. 第二卷. 人民出版社, 2004 年: 575
② ［德］卡尔·马克思. 资本论. 第二卷. 人民出版社, 2004 年: 575
③ ［德］卡尔·马克思. 资本论. 第二卷. 人民出版社, 2004 年: 574-575
④ ［德］卡尔·马克思. 资本论. 第二卷. 人民出版社, 2004 年: 575
⑤ ［德］卡尔·马克思. 资本论. 第二卷. 人民出版社, 2004 年: 575

"第Ⅱ部类的不变资本现在是1 600c"[①]，这表明，在存在追加投资的情况下，（3-4-5）式的右边追加了对第二类商品生产资料的投资，有 $II\dfrac{M}{Y}=100$，所以，有：

$$IIC + II\frac{M}{Y}=1600 \tag{3-4-6}$$

"第Ⅱ部类的不变资本现在是1 600c；第Ⅱ部类要运用这个资本，就必须再投入50v的货币来购买新的劳动力"[②]，即 $II\dfrac{M}{Z}=50$。

对第二类商品生产资料的投资和对第二类商品劳动力消耗的投资之和为150：

$$II\frac{M}{Y} + II\frac{M}{Z}=150$$

"在消费资料上生产的150m，在这里已经转化为（100c+50v）Ⅱ。它将以它的实物形式，全部进入工人的消费：如上所述，100 为第Ⅰ部类的工人（100 Ⅰv）所消费，50 为第Ⅱ部类的工人（50 Ⅱv）所消费。事实上，因为第Ⅱ部类的总产品要以积累所必需的形式制造出来，所以增大了 100 的剩余价值部分要以必要消费资料的形式再生产出来。"[③]

这表明，存在追加投资的情况下，在消费资料上生产的150m，其中100为第Ⅰ部类的工人（100 Ⅰv）以它的实物形式所消费，即 $I\dfrac{M}{Z}=100$，而且应增加在（3-4-5）式的左边，所以，有：

$$IV + I\frac{M}{Z} + I\frac{M}{X}=1600 \tag{3-4-7}$$

在存在追加投资的情况下，（3-4-6）式和（3-4-7）式相等，由此（3-4-5）式转换成（3-4-8）式：

$$IV + I\frac{M}{Z} + I\frac{M}{X} = IIC + II\frac{M}{Y} \tag{3-4-8}$$

（3-4-8）式即是社会财富增长的必要条件。

---

① ［德］卡尔·马克思. 资本论. 第二卷. 人民出版社, 2004 年: 575
② ［德］卡尔·马克思. 资本论. 第二卷. 人民出版社, 2004 年: 575
③ ［德］卡尔·马克思. 资本论. 第二卷. 人民出版社, 2004 年: 575

将（3-4-8）式可以改写成：

$$I\frac{M}{Z} + I\frac{M}{X} - II\frac{M}{Y} = IIC - IV$$

即：$I\frac{M}{Z} + I\frac{M}{X} - II\frac{M}{Y} = \frac{P_2}{H_2}IIM - \frac{1}{H_1}IM$ \hfill （3-4-9）

（六）《资本论》默认资本有机构成保持不变

《资本论》第二卷第一例（B）：

> 在第二年结束时，我们就得出：
>
> Ⅰ. 4 400c + 1 100v + 1 100m = 6 600
>
> Ⅱ. 1 600c + 8 00v + 800m = 3 200[①]

由此可知，在第二年，第一类商品的生产资料消耗由 IC 增加为 $IC + I\frac{M}{Y}$，

有：$IC + I\frac{M}{Y} = 4000 + 400 = 4400$

第一类商品的劳动力消耗由 IV 增加为 $IV + I\frac{M}{Z}$，有：

$$IV + I\frac{M}{Z} = 1000 + 100 = 1100$$

即，第一类商品的资本有机构成仍然为 $P_1 = 4$，与第一年时的资本有机构成相同。实际上，《资本论》第二卷第一例（B）默认第一类商品资本有机构成保持不变，故有：

$$P_1 I\frac{M}{Z} = I\frac{M}{Y}$$

即：$P_1 I\frac{M}{Z} - I\frac{M}{Y} = 0$ \hfill （3-4-10）

在第二年，第二类商品的生产资料消耗由 IIC 增加为 $IIC + II\frac{M}{Y}$，有：

$$IIC + II\frac{M}{Y} = 1500 + 100 = 1600$$

---

① [德] 卡尔·马克思. 资本论. 第二卷. 人民出版社, 2004 年: 576

第二类商品的劳动力消耗由 IV 增加为 $IIV + II\dfrac{M}{Z}$，有：

$$IIV + II\frac{M}{Z} = 750 + 50 = 800$$

即，第二类商品的资本有机构成仍然为 $P_2 = 2$，与第一年时的资本有机构成相同。实际上，《资本论》第二卷第一例（B）默认第二类商品资本有机构成保持不变，故有：

$$P_2\, II\frac{M}{Z} = II\frac{M}{Y}$$

即：$P_2\, II\dfrac{M}{Z} - II\dfrac{M}{Y} = 0$ $\hfill$ （3-4-11）

（七）投资比增长模型

对以上的阐述进行归纳，将（3-4-1）、（3-4-3）、（3-4-4）、（3-4-9）、（3-4-10）和（3-4-11）这 6 个方程式汇总起来用（3-4-12）式表示，其中 R 是第一类商品的剩余价值用于追加投资的比例：

$$\left.\begin{array}{l} I\dfrac{M}{Y} + I\dfrac{M}{Z} = R\,IM \\[2mm] I\dfrac{M}{Y} + I\dfrac{M}{Z} + I\dfrac{M}{X} = IM \\[2mm] II\dfrac{M}{Y} + II\dfrac{M}{Z} + II\dfrac{M}{X} = IIM \\[2mm] I\dfrac{M}{Z} + I\dfrac{M}{X} - II\dfrac{M}{Y} = \dfrac{P_2}{H_2}IIM - \dfrac{1}{H_1}IM \\[2mm] P_1\, I\dfrac{M}{Z} - I\dfrac{M}{Y} = 0 \\[2mm] P_2\, II\dfrac{M}{Z} - II\dfrac{M}{Y} = 0 \end{array}\right\} \quad （3\text{-}4\text{-}12）$$

（3-4-12）式是通过对《资本论》第二卷所举第一例（B）的表述进行归纳，推导出来的计算公式。由于需要先确定第一类商品的剩余价值用于追加投资的比例，所以称（3-4-12）式为投资比增长模型。

（八）投资比增长模型的解的表达式

投资比增长模型由 6 个方程式组成，其中（3-4-9）式描述的是社会财富增长的必要条件，这 6 个方程式均满足社会财富增长的原理性理论。由（3-4-12）式可以求出 6 个变量的解的表达式，如（3-4-13）式所示：

$$1.\ I\frac{M}{Y} = R\frac{P_1}{1+P_1}IM$$

$$2.\ I\frac{M}{Z} = \frac{R}{1+P_1}IM$$

$$3.\ I\frac{M}{X} = （1-R）IM$$

$$4.\ II\frac{M}{Y} = （\frac{1}{H_1}+\frac{R}{1+P_1}+（1-R））IM-\frac{P_2}{H_2}IIM$$

$$5.\ II\frac{M}{Z} = \frac{1}{P_2}[（\frac{1}{H_1}+\frac{R}{1+P_1}+（1-R））IM-\frac{P_2}{H_2}IIM]$$

$$6.\ II\frac{M}{X} = IIM-\frac{1+P_2}{P_2}[（\frac{1}{H_1}+\frac{R}{1+P_1}+（1-R））IM-\frac{P_2}{H_2}IIM]$$

（3-4-13）

其中，R 表示第一类商品的剩余价值用于追加投资的比例，是一个给定的量。

二、用投资比增长模型描述《资本论》第二卷第二例

（一）《资本论》第二卷第二例的相关信息

马克思在《资本论》第二卷给出第二例时写道：

现在假定有年产品9 000，这个年产品完全是处在产业资本家阶级手中的商品资本，其中可变资本和不变资本的一般平均比例是1:5。这种情况的前提是：资本主义生产已经有了显著的发展；与此相应，社会劳动的生产力也已经有了显著的发展；生产规模在此以前已经有了显著的扩大；最后，在工人阶级中造成相对人口过剩的所有条件也已经有了发展；这时，把分数去掉，年产品就会划分如下：

$$\left.\begin{array}{l} \text{I}.\ 5\ 000c+1000v+1000m=7\ 000 \\ \text{II}.\ 1\ 430c+285v+285m=2\ 000 \end{array}\right\}=9\ 000$$

现在假定，第 I 部类的资本家阶级只消费剩余价值的一半 =500，而把其余一半积累起来。这样，（1 000v + 500 m）I=1 500 要转化为 1 500 II c。但是因为在这里 II c 只 =1 430，所以要从剩余价值那里补进 70。285 II m 减去这个数额，还留下 215 II m。[①]

由《资本论》第二卷第二例，可以知道：在第一年，第一类商品的价值 IX =7000，其中：第一类商品消耗的生产资料 IC =5000，第一类商品消耗劳动力的价值 IV =1000，第一类商品的剩余价值 IM =1000；第二类商品的价值 IIX = 2000，其中：第二类商品消耗的生产资料 IIC =1430，第二类商品消耗劳动力的价值 IIV =285，第二类商品的剩余价值 IIM =285。

由上述信息可以得出资本有机构成和剩余价值率的数值：

第一类商品的资本有机构成 $P_1 = \dfrac{IC}{IV} = 5$，

第一类商品的剩余价值率 $H_1 = \dfrac{IM}{IV} = 1$；

第二类商品的资本有机构成 $P_2 = \dfrac{IIC}{IIV} = 5.0175$，

第二类商品的剩余价值率 $H_2 = \dfrac{IIM}{IIV} = 1$。

由"第 I 部类的资本家阶级只消费剩余价值的一半 =500，而把其余一半积累起来"可知，第一类商品的剩余价值用于追加投资的比例 $R = \dfrac{1}{2}$。

（二）投资比增长模型描述《资本论》第二卷第二例的表达式

将《资本论》第二卷第二例的相关信息，代入投资比增长模型的 6 个变量的解的表达式（3-4-13）式，得到投资比增长模型描述《资本论》第二例的 6 个变量的解的表达式，如（3-4-14）所示：

---

① ［德］卡尔·马克思. 资本论. 第二卷. 人民出版社, 2004 年: 579

$$1. \quad I\frac{M}{Y} = \frac{5}{12}IM$$

$$2. \quad I\frac{M}{Z} = \frac{1}{12}IM$$

$$3. \quad I\frac{M}{X} = \frac{1}{2}IM$$

$$4. \quad II\frac{M}{Y} = \frac{19}{12}IM - 5.0175\,IIM$$

$$5. \quad II\frac{M}{Z} = \frac{1}{5.0175}\frac{19}{12}IM - IIM$$

$$6. \quad II\frac{M}{X} = 7.0175\,IIM - \frac{6.0175}{5.0175}\frac{19}{12}IM$$

（3-4-14）

（三）用投资比增长模型描述《资本论》第二卷第二例

在《资本论》第二卷第二例的第一年：第一类商品的剩余价值 $IM =1000$，第二类商品的剩余价值 $IIM =285$。

将第一年的 IM 和 IIM 代入投资比增长模型描述《资本论》第二卷第二例的表达式，即（3-4-14）式，得到：

$$I\frac{M}{Y} = 416.67$$

$$I\frac{M}{Z} = 83.33$$

$$I\frac{M}{X} = 500$$

$$II\frac{M}{Y} = 153.34$$

$$II\frac{M}{Z} = 30.56$$

$$II\frac{M}{X} = 101.09$$

由投资比增长模型的计算结果可以得到《资本论》第二卷第二例第二年的情况：

第一类商品消耗的生产资料 $IC = 500 + I\dfrac{M}{Y} = 5416.667$

第一类商品消耗劳动力的价值 $IV = 1000 + I\dfrac{M}{Z} = 1083.333$

第一类商品的剩余价值 $IM = H_1\left(1000 + I\dfrac{M}{Z}\right) = 1083.333$

第二类商品消耗的生产资料 $IIC = 1430 + II\dfrac{M}{Y} = 1583.346$

第二类商品消耗劳动力的价值 $IIV = 285 + II\dfrac{M}{Z} = 315.56$

第二类商品的剩余价值 $IIM = H_2\left(285 + II\dfrac{M}{X}\right) = 315.56$

将应用投资比增长模型的计算结果与《资本论》第二卷第二例给出的结果进行比较。《资本论》第二卷第二例给出的结果是：

第 Ⅰ 部类中要资本化的 500m，分成 $\dfrac{5}{6} = 417c + \dfrac{1}{6} = 83v$。这个 83v 会从 Ⅱm 中取出一个同等数额，用来购买不变资本的要素，并且加到Ⅱc 中去。

Ⅱc 增加 83，就要求Ⅱv 也增加 83 的 $\dfrac{1}{5} = 17$。因此，在交换之后我们得出：

$$\text{Ⅰ.}（5\,000c + 417m）c + （1\,000v + 83m）v = 5\,417c + 1\,083v$$
$$= 6\,500$$
$$\text{Ⅱ.}（1\,430c + 153m）c + （299v + 17m）v = 1\,583c + 316v$$
$$= 1\,899^{①}$$

可见，由投资比增长模型计算得出的结果和《资本论》第二例给出的结果是相同的。这表明，由《资本论》第二卷第一例（B）归纳推导出的投资比增长模型也可以描述《资本论》第二例。

---

① ［德］卡尔·马克思. 资本论. 第二卷. 人民出版社, 2004 年: 585. 注：原文是"Ⅱ(1 500c＋83m)c + (299v + 17m)v＝1 583c + 316v＝1 899"，其中"1 500c＋83m"应为"1 430c＋153m"

三、投资比增长模型与社会财富增长模型的关系

（一）社会财富增长模型之间的关系

爱因斯坦为了能够更清晰地描述自然运动规律，将理论划分为两大类：一类是构造性理论，一类是原理性理论。构造性理论是用比较简单的形式体系，对比较复杂的现象进行描述；原理性理论"是对于（可以想象的）自然规律的一个严格的限制"[①]，或者说，是对构造性理论的一个严格的限制。

牛顿力学是构造性理论，伽利略相对性原理是原理性理论。牛顿力学要受到伽利略相对性原理的限制。在伽利略相对性原理范畴内，用笛卡尔坐标描述牛顿力学都是有效的，而且不同的描述可以通过伽利略坐标变换进行互相转换。

社会财富增长原理性理论与社会财富增长构造性理论之间的关系，很像伽利略相对性原理与牛顿力学之间的关系。社会财富增长原理性理论阐述的是对一个经济体而言宏观经济发展所必须遵从的原则，社会财富增长构造性理论必须遵从社会财富增长原理性理论，而且在社会财富增长构造性理论中的不同描述都是同样有效的，只要找到不同描述之间的内在联系，就可以互相转换。

（3-2-7）式描述的非稳定增长模型、（3-2-12）式描述的调整型增长模型和（3-2-15）式描述的稳定增长模型，都是社会财富增长构造性理论，它们都遵从社会财富增长原理性理论，而且是从不同的角度描述社会财富的增长。

（3-2-7）式描述的非稳定增长模型从表面上看有 6 个方程、有 6 个变量 $I\dfrac{M}{Y}$、

$I\dfrac{M}{Z}$、$I\dfrac{M}{X}$、$II\dfrac{M}{Y}$、$II\dfrac{M}{Z}$、$II\dfrac{M}{X}$；其实，非稳定增长模型还存在一个量 μ_0，

即来年的准国民收入增长速度，它并不是一个已知的量，只好人为地给出一个数值使它成为已知的量。

如果承认来年的准国民收入增长速度是一个未知的量，而且希望国民收入是

---

① [美]爱因斯坦. 许良英, 范岱年编译. 爱因斯坦文集. 第一卷. 相对性：相对论的本质. 商务印书馆, 1976 年: 455

均衡地增长，那么这时的来年准国民收入均衡增长速度 $\mu_0{}'$ 就成为未知的、待求的量。在这种情况下，出现了 7 个变量，而原来只有 6 个方程，就需要增加一个能够保证来年国民收入是均衡增长的方程，即有 7 个方程和有 7 个变量，这就构成了（3-2-15）式所描述的稳定增长模型。换句话讲，只要将稳定增长模型中去掉能够保证来年国民收入是均衡增长的方程，并不再把来年准国民收入增长速度看做一个未知的量，那么，（3-2-15）式所描述的稳定增长模型就转换为（3-2-7）式所描述的非稳定增长模型。

同样，（3-2-12）式所描述的调整型增长模型有 8 个方程、有 8 个变量 $I\dfrac{M}{Y}$、

$I\dfrac{M}{Z}$、$I\dfrac{M}{X}$、$II\dfrac{M}{Y}$、$II\dfrac{M}{Z}$、$II\dfrac{M}{X}$ 及 $\triangle I\dfrac{M}{Y}$ 和 $\triangle I\dfrac{M}{Z}$，如果去掉对两个变量 $\triangle I\dfrac{M}{Y}$、

$\triangle I\dfrac{M}{Z}$ 限制的两个方程，并令 $\triangle I\dfrac{M}{Y}$ 和 $\triangle I\dfrac{M}{Z}$ 均为零，则（3-2-12）式所描述的调整型增长模型就转换为（3-2-7）式所描述的非稳定增长模型。

所以，（3-2-7）式描述的非稳定增长模型、（3-2-12）式描述的调整型增长模型和（3-2-15）式描述的稳定增长模型，从不同角度对社会财富增长的表述都是同样有效的，它们都是社会财富增长的构造性理论。

（二）投资比增长模型与社会财富增长模型的关系

现在分析投资比增长模型与非稳定增长模型之间的关系。

投资比增长模型由 6 个方程式组成，与（3-2-7）式描述的非稳定增长模型具

有相同的 6 个变量 $I\dfrac{M}{Y}$、$I\dfrac{M}{Z}$、$I\dfrac{M}{X}$、$II\dfrac{M}{Y}$、$II\dfrac{M}{Z}$、$II\dfrac{M}{X}$。在投资比增长模

型中，（3-4-9）式描述的是社会财富增长的必要条件，这 6 个方程式均满足社会财富增长的原理性理论。

投资比增长模型与非稳定增长模型的不同之处在于，投资比增长模型限定了第一类商品的追加投资必须按一定的比例 R，也就是说，应用投资比增长模型需要先确定第一类商品剩余价值中用于追加投资的比例 R。

（3-2-7）式描述的非稳定增长模型不需要先确定第一类商品剩余价值中用于追加投资的比例 R，但是需要先确定来年准国民收入增长速度 μ_0。非稳定增长模型与投资比增长模型有 5 个方程都是一样的。如果把限定第一类商品的追加投资的方程改为假定来年准国民收入增长速度 μ_0 为已知的方程，那么投资比增长模型

就转换成非稳定增长模型。

应用投资比增长模型计算《资本论》第二卷第一例，可以得到第一例各年的准国民收入增长速度。如果应用（3-2-7）式描述的非稳定增长模型计算《资本论》第二卷第一例，并且将应用投资比增长模型计算《资本论》第二卷第一例所得到的各年准国民收入增长速度代入（3-2-7）式，那么得到的计算结果与应用投资比增长模型计算《资本论》第二卷第一例的结果是相同的。

（3-2-12）式描述的调整型增长模型也需要先确定来年准国民收入增长速度 μ_0，而且还要保持这个准国民收入增长速度 μ_0 不变。（3-2-12）式描述的调整型增长模型虽然有 8 个方程，但是与（3-2-7）式描述的非稳定增长模型和投资比增长模型有 5 个方程是一样的。

（3-2-15）式描述的稳定增长模型又有所不同，它既不需要像投资比增长模型那样先确定第一类商品剩余价值中用于追加投资的比例 R，也不需要像（3-2-7）式描述的非稳定增长模型那样先确定来年准国民收入增长速度 μ_0，它虽然也是保持准国民收入增长速度不变，但是这个增长速度与（3-2-12）式描述的调整型增长模型所保持的增长速度不同，调整型增长模型所保持的增长速度是事先确定的，而稳定增长模型所保持的增长速度是由模型求出来的均衡增长速度。虽然稳定增长模型有 7 个方程，但有 5 个方程与投资比增长模型及其他两个模型都是一样的。

这说明，投资比增长模型与（3-2-7）式描述的非稳定增长模型、（3-2-12）式描述的调整型增长模型和（3-2-15）式描述的稳定增长模型一样，都遵从社会财富增长原理性理论，而且它们从不同的角度对社会财富增长的表述都是同样有效的。所以，投资比增长模型也是社会财富增长的构造性理论。

四、应用投资比增长模型演算《资本论》第二卷第一例

（一）投资比增长模型演算《资本论》第二卷第一例的解的表达式

通过对《资本论》第二卷所举第一例的表述进行归纳得到投资比增长模型，现在应用所归纳出的投资比增长模型对《资本论》第二卷第一例进行演算。

马克思在《资本论》第二卷给出第一例：

（B）规模扩大的再生产的开端公式

$$\text{I}.\ 4\ 000c+1\ 000v+1\ 000m= 6\ 000$$
$$\text{II}.\ 1\ 500c+750v+750m=3\ 000$$
$$\left.\right\}\ \text{总额}=9\ 000^{①}$$

由《资本论》第二卷第一例（B）的开端公式知：第一类商品的资本有机构成 $P_1=4$，第一类商品的剩余价值率 $H_1=1$；第二类商品的资本有机构成 $P_2=2$，第二类商品的剩余价值率 $H_2=1$。

将这些数值代入投资比增长模型的 6 个变量的解的表达式（3-4-13）式，得到投资比增长模型演算《资本论》第二卷第一例（B）的 6 个变量解的表达式，如（3-4-15）所示：

$$1.\ I\frac{M}{Y}=\frac{4}{5}RIM$$

$$2.\ I\frac{M}{Z}=\frac{1}{5}RIM$$

$$3.\ I\frac{M}{X}=(1-R)IM$$

$$4.\ II\frac{M}{Y}=\left(2-\frac{4}{5}R\right)IM-2\,IIM$$

$$5.\ II\frac{M}{Z}=\left(1-\frac{2}{5}R\right)IM-IIM$$

$$6.\ II\frac{M}{X}=4\,IIM-3\left(1-\frac{2}{5}R\right)IM$$

$$\left.\right\}\ (3\text{-}4\text{-}15)$$

在（3-4-15）式中 R 是第一类商品的剩余价值用于追加投资的比例，在《资本论》第二卷第一例（B）中 $R=\frac{1}{2}$。

（二）《资本论》第二卷第一例第二年结束时的计算结果

由《资本论》第二卷第一例（B）的开端公式可知，在第一年，第一类商品的剩余价值 $IM=1000$，第二类商品的剩余价值 $IIM=750$。将第一年的 IM 和 IIM 代入（3-4-15）式，得到：

---

① ［德］卡尔·马克思. 资本论. 第二卷. 人民出版社, 2004 年: 574

$$I\frac{M}{Y}=400$$

$$I\frac{M}{Z}=100$$

$$I\frac{M}{X}=500$$

$$II\frac{M}{Y}=100$$

$$II\frac{M}{Z}=50$$

$$II\frac{M}{X}=600$$

由这个计算结果可知《资本论》第二卷第一例（B）在第二年结束时的情况：

第一类商品消耗的生产资料 $IC=4000+I\dfrac{M}{Y}=4400$

第一类商品消耗劳动力的价值 $IV=1000+I\dfrac{M}{Z}=1100$

第一类商品的剩余价值 $IM=H_1\left(1000+I\dfrac{M}{Z}\right)=1100$

第二类商品消耗的生产资料 $IIC=1500+II\dfrac{M}{Y}=1600$

第二类商品消耗劳动力的价值 $IIV=750+II\dfrac{M}{Z}=800$

第二类商品的剩余价值 $IIM=H_2\left(750+II\dfrac{M}{X}\right)=800$

《资本论》第二卷第一例（B）给出的结果：

在第二年结束时，我们就得出：
I . 4 400c + 1 100v +1 100m=6 600
II . 1 600c + 800v +800m = 3 200 $\Big\}$ =9 800[①]

将应用（3-4-15）式投资比增长模型演算《资本论》第二卷第一例（B）的计

---

① [德] 卡尔·马克思. 资本论. 第二卷. 人民出版社, 2004 年: 576

算结果与《资本论》第二卷给出的第一例（B）的结果进行比较，可知在第二年结束时二者是相同的。

（三）《资本论》第二卷第一例第三年结束时的计算结果

将《资本论》第二卷第一例（B）第二年的 $IM=1100$ 和 $IIM=800$ 代入(3-4-14)式，得到：

$$I\frac{M}{Y}=440$$

$$I\frac{M}{Z}=110$$

$$I\frac{M}{X}=550$$

$$II\frac{M}{Y}=160$$

$$II\frac{M}{Z}=80$$

$$II\frac{M}{X}=560$$

由这个计算结果可知《资本论》第二卷第一例（B）在第三年结束时的情况：

第一类商品消耗的生产资料 $IC=4400+I\dfrac{M}{Y}=4840$

第一类商品消耗劳动力的价值 $IV=1100+I\dfrac{M}{Z}=1210$

第一类商品的剩余价值 $IM=H_1\left(1100+I\dfrac{M}{Z}\right)=1210$

第二类商品消耗的生产资料 $IIC=1600+II\dfrac{M}{Y}=1760$

第二类商品消耗劳动力的价值 $IIV=800+II\dfrac{M}{Z}=880$

第二类商品的剩余价值 $IIM=H_2\left(800+II\dfrac{M}{X}\right)=880$

《资本论》第二卷第一例（B）给出的结果：

在下一年结束时，我们就得出：

$$\left.\begin{array}{l} \text{I}.\ 4\ 840c + 1\ 210v + 1\ 210m = 7\ 260 \\ \text{II}.\ 1\ 760c + 880v + 880m = 3\ 520 \end{array}\right\} = 10\ 780^{①}$$

在第三年结束时，应用（3-4-15）式投资比增长模型演算《资本论》第二卷第一例（B）的计算结果与《资本论》第二卷给出的第一例（B）的结果是相同的。

（四）《资本论》第二卷第一例第四年结束时的计算结果

将《资本论》第二卷第一例（B）第三年的 $IM = 1210$ 和 $IIM = 880$ 代入（3-4-15）式，得到：

$$I\frac{M}{Y} = 484$$

$$I\frac{M}{Z} = 121$$

$$I\frac{M}{X} = 605$$

$$II\frac{M}{Y} = 176$$

$$II\frac{M}{Z} = 88$$

$$II\frac{M}{X} = 616$$

由这个计算结果可知《资本论》第二卷第一例（B）在第四年结束时的情况：

第一类商品消耗的生产资料 $IC = 4840 + I\dfrac{M}{Y} = 5324$

第一类商品消耗劳动力的价值 $IV = 1210 + I\dfrac{M}{Z} = 1331$

第一类商品的剩余价值 $IM = H_1\left(1210 + I\dfrac{M}{Z}\right) = 1331$

---

① [德] 卡尔·马克思. 资本论. 第二卷. 人民出版社, 2004 年: 577

第二类商品消耗的生产资料 $IIC = 1760 + II\dfrac{M}{Y} = 1936$

第二类商品消耗劳动力的价值 $IIV = 880 + II\dfrac{M}{Z} = 968$

第二类商品的剩余价值 $IIM = H_2\left(880 + II\dfrac{M}{X}\right) = 968$

《资本论》第二卷第一例（B）给出的结果是：

> 年终时的产品是：
>
> $$\left.\begin{array}{l} I.\ 5\ 324c + 1\ 331v + 1\ 331m = 7\ 986 \\ II.\ 1\ 936c + 968v + 968m = 3\ 872 \end{array}\right\} = 11\ 858^{①}$$

在第四年结束时，投资比增长模型的计算结果与《资本论》给出的结果是相同的。

（五）《资本论》第二卷第一例第五年结束时的计算结果

将《资本论》第二卷第一例（B）第四年的 $IM = 1331$ 和 $IIM = 968$ 代入(3-4-15)式，得到：

$$I\dfrac{M}{Y} = 532.4$$

$$I\dfrac{M}{Z} = 133.1$$

$$I\dfrac{M}{X} = 665.5$$

$$II\dfrac{M}{Y} = 193.6$$

$$II\dfrac{M}{Z} = 96.8$$

$$II\dfrac{M}{X} = 677.6$$

---

① [德] 卡尔·马克思. 资本论. 第二卷. 人民出版社, 2004 年: 578

由这个计算结果可知《资本论》第二卷第一例（B）在第五年结束时的情况：

第一类商品消耗的生产资料 $IC = 5324 + I\dfrac{M}{Y} = 5856.4$

第一类商品消耗劳动力的价值 $IV = 1331 + I\dfrac{M}{Z} = 1464.1$

第一类商品的剩余价值 $IM = H_1\left(1331 + I\dfrac{M}{Z}\right) = 1464.1$

第二类商品消耗的生产资料 $IIC = 1936 + II\dfrac{M}{Y} = 2129.6$

第二类商品消耗劳动力的价值 $IIV = 968 + II\dfrac{M}{Z} = 1064.8$

第二类商品的剩余价值 $IIM = H_2\left(968 + II\dfrac{M}{X}\right) = 1064.8$

《资本论》第二卷第一例（B）给出的结果是：

> 我们重复这种计算，把分数去掉，就得出下一年结束时的产品：
>
> $\left.\begin{array}{l} \text{I}.\ 5\,856c + 1\,464v + 1\,464m = 8\,784 \\ \text{II}.\ 2\,129c + 1\,065v + 1\,065m = 4\,259 \end{array}\right\} = 13\,043^{①}$

在第五年结束时，投资比增长模型的计算结果与《资本论》给出的结果是相同的。

这里只计算到第五年结束时，再计算下去仍然会得到一样的答案，应用投资比增长模型演算《资本论》第二卷第一例（B）所得到的计算结果与《资本论》第二卷第一例（B）给出的结果是完全相同的。

（六）《资本论》第二卷第一例的增长速度及其上下限

在第三篇第二章构造非稳定增长模型的过程中，曾经给出来年准国民收入增长速度 μ_0 的表达式：

---

① ［德］卡尔·马克思. 资本论. 第二卷. 人民出版社, 2004 年: 578

$$\mu_0 = \frac{(1+H_1)\ I\dfrac{M}{Z} + (1+H_2)\ II\dfrac{M}{Z}}{\dfrac{1+H_1}{H_1}IM + \dfrac{1+H_2}{H_2}IIM}$$

对于《资本论》第二卷第一例（B）而言：

$$\mu_0 = \frac{I\dfrac{M}{Z} + II\dfrac{M}{Z}}{IM + IIM} \tag{3-4-16}$$

依据（3-4-16）式可以计算出《资本论》第二卷第一例（B）各年的准国民收入增长速度。

在第三篇第二章构造稳定增长模型的过程中，给出了准国民收入均衡增长速度 $\mu_0{}'$ 的表达式：

$$\mu_0{}' = \frac{\dfrac{1+H_1}{H_1}\dfrac{IM}{IIM} - \dfrac{P_2}{H_2}}{\dfrac{P_1}{H_1}\dfrac{IM}{IIM} + \dfrac{P_2}{H_2}}$$

对于《资本论》第二卷第一例（B）而言：

$$\mu_0{}' = \frac{\dfrac{IM}{IIM} - 1}{2\dfrac{IM}{IIM} + 1} \tag{3-4-17}$$

计算出《资本论》第二卷第一例（B）的产业结构比，将其代入（3-4-17）式，就可以计算出《资本论》第二卷第一例（B）各年的准国民收入均衡增长速度。

在第三篇第三章曾论证社会财富稳定增长速度被限定在一个区间内，这个区间的上限用 $\mu_上$ 表示，下限用 $\mu_下$ 表示，当 $P_1\ (H_2+1) > P_2\ (H_1+1)$ 时，有：

$$\mu_上 = \frac{\dfrac{1+H_1}{H_1}\dfrac{1}{P_2}\dfrac{IM}{IIM} - \dfrac{1}{H_2}}{\dfrac{1}{H_1}\dfrac{1+H_1}{1+H_2}\dfrac{IM}{IIM} + \dfrac{1}{H_2}} \tag{3-3-2}$$

$$\mu_{下}=\cfrac{\cfrac{1+H_1}{H_1}\cfrac{1}{P_1}\cfrac{IM}{IIM}-\cfrac{1}{H_2}\cfrac{P_2}{P_1}}{\cfrac{1}{H_1}\cfrac{IM}{IIM}+\cfrac{1}{H_2}\cfrac{1+H_2}{1+H_1}} \qquad (3\text{-}3\text{-}3)$$

对于《资本论》第二卷第一例（B）而言：

$$\mu_{上}=\cfrac{\cfrac{IM}{IIM}-1}{\cfrac{IM}{IIM}+1} \qquad (3\text{-}4\text{-}18)$$

$$\mu_{下}=\cfrac{\cfrac{1}{2}\cfrac{IM}{IIM}-\cfrac{1}{2}}{\cfrac{IM}{IIM}+1} \qquad (3\text{-}4\text{-}19)$$

将《资本论》第二卷第一例（B）的产业结构比代入（3-4-18）式、（3-4-19）式，可以求出《资本论》第一例各年稳定增长速度限定区间的上限$\mu_{上}$和下限$\mu_{下}$。将应用投资比增长模型演算《资本论》第二卷第一例（B）的计算结果列于表3-4-1。

表3-4-1　应用投资比增长模型演算《资本论》第二卷第一例（B）的计算结果

	IC	IV	IM	IIC	IIV	IIM	$\dfrac{IM}{IIM}$	$\mu_{下}$	$\mu_{上}$
第一年	4000	1000	1000	1500	750	750	1.333	7.14%	14.29%
	$I\dfrac{M}{Y}$	$I\dfrac{M}{Z}$	$I\dfrac{M}{X}$	$II\dfrac{M}{Y}$	$II\dfrac{M}{Z}$	$II\dfrac{M}{X}$	来年实际 μ_0	来年均衡 μ_0'	
	400	100	500	100	50	600	8.57%	9.09%	
第二年	IC	IV	IM	IIC	IIV	IIM	$\dfrac{IM}{IIM}$	$\mu_{下}$	$\mu_{上}$
	4400	1100	1100	1600	800	800	1.375	7.9%	15.79%
	$I\dfrac{M}{Y}$	$I\dfrac{M}{Z}$	$I\dfrac{M}{X}$	$II\dfrac{M}{Y}$	$II\dfrac{M}{Z}$	$II\dfrac{M}{X}$	来年实际 μ_0	来年均衡 μ_0'	
	440	110	550	160	80	560	10%	10%	
第三年	IC	IV	IM	IIC	IIV	IIM	$\dfrac{IM}{IIM}$	$\mu_{下}$	$\mu_{上}$
	4840	1210	1210	1760	880	880	1.375	7.9%	15.79%
	$I\dfrac{M}{Y}$	$I\dfrac{M}{Z}$	$I\dfrac{M}{X}$	$II\dfrac{M}{Y}$	$II\dfrac{M}{Z}$	$II\dfrac{M}{X}$	来年实际 μ_0	来年均衡 μ_0'	
	484	121	605	176	88	616	10%	10%	

续表

	IC	IV	IM	IIC	IIV	IIM	$\dfrac{IM}{IIM}$	$\mu_下$	$\mu_上$
第四年	5324	1331	1331	1936	968	968	1.375	7.9%	15.79%
	$I\dfrac{M}{Y}$	$I\dfrac{M}{Z}$	$I\dfrac{M}{X}$	$II\dfrac{M}{Y}$	$II\dfrac{M}{Z}$	$II\dfrac{M}{X}$	来年实际 μ_0	来年均衡 μ_0'	
	532.4	133.1	665.5	193.6	96.8	677.6	10%	10%	

五、应用非稳定增长模型演算《资本论》第二卷第一例

（一）非稳定增长模型演算《资本论》第二卷第一例的解的表达式

在第三篇第二章，由（3-2-7）式描述的非稳定增长模型 6 个变量的解的表达式是：

1. $I\dfrac{M}{Z} = \dfrac{P_2(H_2+1)}{P_1(H_2+1) - P_2(H_1+1)}\left[\dfrac{H_1+1}{H_1}\left(\dfrac{1}{P_2} - \dfrac{\mu_0}{H_2+1}\right)IM - \dfrac{1}{H_2}(1+\mu_0)IIM\right]$

2. $I\dfrac{M}{Y} = P_1 I\dfrac{M}{Z}$

3. $I\dfrac{M}{X} = IM - (1+P_1) I\dfrac{M}{Z}$

4. $II\dfrac{M}{Z} = \dfrac{P_1(H_1+1)}{P_1(H_2+1) - P_2(H_1+1)}\left[\dfrac{1}{H_2}\left(\dfrac{P_2}{P_1} + \dfrac{H_2+1}{H_1+1}\mu_0\right)IIM - \dfrac{1}{H_1}\left(\dfrac{1+H_1}{P_1} - \mu_0\right)IM\right]$

5. $II\dfrac{M}{Y} = P_2 II\dfrac{M}{Z}$

6. $II\dfrac{M}{X} = IIM - (1+P_2) II\dfrac{M}{Z}$

在《资本论》第二卷第一例（B）中，$P_1=4$，$P_2=2$，$H_1=H_2=1$，将这些值代入 6 个变量的解的表达式，得到非稳定增长模型计算《资本论》第二卷第一例时 6 个变量的解的表达式：

1. $I\dfrac{M}{Z}=(1-\mu_0)\,IM-(1+\mu_0)\,IIM$

2. $I\dfrac{M}{Y}=4I\dfrac{M}{Z}$

3. $I\dfrac{M}{X}=IM-5I\dfrac{M}{Z}$

4. $II\dfrac{M}{Z}=(1+2\mu_0)\,IIM-(1-2\mu_0)\,IM$

5. $II\dfrac{M}{Y}=2II\dfrac{M}{Z}$

6. $II\dfrac{M}{X}=IIM-3II\dfrac{M}{Z}$

$\left.\right\}$ (3-4-20)

（二）应用非稳定增长模型演算《资本论》第二卷第一例

在《资本论》第二卷第一例（B）的第一年，第一类商品的剩余价值 $IM=1000$，第二类商品的剩余价值 $IIM=750$；由应用投资比模型演算《资本论》第二卷第一例（B）的计算结果表 3-4-1 可知，来年实际准国民收入增长速度 $\mu_0=8.5776\%$。将第一年的 IM、IIM 和 μ_0 的数值代入（3-4-20）式，并将小数点后面的计算误差忽略，得到：

$$I\frac{M}{Y}=400$$

$$I\frac{M}{Z}=100$$

$$I\frac{M}{X}=500$$

$$II\frac{M}{Y}=100$$

$$II\frac{M}{Z}=50$$

$$II\frac{M}{X}=600$$

该计算结果与《资本论》第二卷第一例（B）给出的结果相同。

在《资本论》第二卷第一例（B）的第二年：

第一类商品消耗的生产资料 $IC = 4000 + I\dfrac{M}{Y} = 4400$

第一类商品消耗劳动力的价值 $IV = 1000 + I\dfrac{M}{Z} = 1100$

第一类商品的剩余价值 $IM = H_1\left(1000 + I\dfrac{M}{Z}\right) = 1100$

第二类商品消耗的生产资料 $IIC = 1500 + II\dfrac{M}{Y} = 1600$

第二类商品消耗劳动力的价值 $IIV = 750 + II\dfrac{M}{Z} = 800$

第二类商品的剩余价值 $IIM = H_2\left(750 + II\dfrac{M}{X}\right) = 800$

由表 3-4-1 可知，下一年实际准国民收入增长速度 $\mu_0 = 10\%$。将《资本论》第二卷第一例（B）第二年的 $IM = 1100$ 和 $IIM = 800$ 及 $\mu_0 = 10\%$ 代入（3-4-20）式，得到：

$$I\frac{M}{Y} = 440$$

$$I\frac{M}{Z} = 110$$

$$I\frac{M}{X} = 550$$

$$II\frac{M}{Y} = 160$$

$$II\frac{M}{Z} = 80$$

$$II\frac{M}{X} = 560$$

该计算结果与《资本论》第二卷第一例（B）给出的结果相同。

如果再计算下去仍然会得到一样的答案，应用非稳定增长模型演算《资本论》第二卷第一例（B）所得到的计算结果与《资本论》第二卷给出的第一例（B）的结果是完全相同的。这说明，非稳定增长模型与投资比增长模型对于表述社会财富的增长具有同样的效果。

（三）用非稳定增长模型演算《资本论》第二卷第一例的特殊情况

在《资本论》第二卷第一例（B）的第一年，第一类商品的剩余价值 $IM=1000$，第二类商品的剩余价值 $IIM=750$；由表 3-4-1 可知准国民收入均衡增长速度 $\mu_0'=9.09\%$。

现在演算《资本论》第二卷第一例（B）的特殊情况，不再采用《资本论》第二卷第一例（B）给出的准国民收入增长速度 $\mu_0=8.5776\%$，而是给出第二年准国民收入增长速度 $\mu_0=10\%$，高于准国民收入均衡增长速度 $\mu_0'=9.09\%$，在第三年给出准国民收入增长速度 $\mu_0=12\%$，超出稳定增长速度的上限，导致社会财富的增长无法再持续进行下去。计算结果列于表 3-4-2。

表 3-4-2 应用非稳定增长模型演算《资本论》第二卷第一例（B）特殊情况的计算结果

	IC	IV	IM	IIC	IIV	IIM	$\dfrac{IM}{IIM}$	$\mu_下$	$\mu_上$
第一年	4000	1000	1000	1500	750	750	1.333	7.14%	14.29%
	$I\dfrac{M}{Y}$	$I\dfrac{M}{Z}$	$I\dfrac{M}{X}$	$II\dfrac{M}{Y}$	$II\dfrac{M}{Z}$	$II\dfrac{M}{X}$	来年实际 μ_0	来年均衡 μ_0'	
	300	75	625	200	100	450	10%	9.09%	
第二年	IC	IV	IM	IIC	IIV	IIM	$\dfrac{IM}{IIM}$	$\mu_下$	$\mu_上$
	4300	1075	1075	1700	850	850	1.2647	5.84%	11.69%
	$I\dfrac{M}{Y}$	$I\dfrac{M}{Z}$	$I\dfrac{M}{X}$	$II\dfrac{M}{Y}$	$II\dfrac{M}{Z}$	$II\dfrac{M}{X}$	来年实际 μ_0	来年均衡 μ_0'	
	130	32.5	912.5	320	160	370	12%	7.5%	
第三年	IC	IV	IM	IIC	IIV	IIM	$\dfrac{IM}{IIM}$	$\mu_下$	$\mu_上$
	4430	1107.5	1107.5	2020	1010	1010	1.0965	2.3%	4.6%
	$I\dfrac{M}{Y}$	$I\dfrac{M}{Z}$	$I\dfrac{M}{X}$	$II\dfrac{M}{Y}$	$II\dfrac{M}{Z}$	$II\dfrac{M}{X}$	来年实际 μ_0	来年均衡 μ_0'	
	-626.4	-156.6	1890.5	821.4	410.7	-222.1		3.02%	

应用非稳定增长模型需要给出来年的准国民收入增长速度。由表 3-4-2 的计算结果可知，如果给出的来年准国民收入增长速度 μ_0 高于由产业结构比决定的准

国民收入均衡增长速度 $\mu_0{}'$，将导致产业结构比下降，由此而导致准国民收入均衡增长速度的下降和限定区间上下限的下移。当给出的来年准国民收入增长速度超出限定区间的上下限时，将导致社会财富的增长无法持续下去。

六、应用调整型增长模型演算《资本论》第二卷第一例

（一）调整型增长模型演算《资本论》第二卷第一例解的表达式

分析一下应用投资比增长模型演算《资本论》第二卷第一例（B）的数据，由表 3-4-1 可知，第一年的产业结构比 $\dfrac{IM}{IIM}=1.333$ 决定了它的准国民收入均衡增长速度 $\mu_0{}'=9.09\%$，由于应用投资比增长模型演算《资本论》第二卷第一例（B）是限定第一类商品的剩余价值用于追加投资的比例 $R=\dfrac{1}{2}$，导致第二年的准国民收入实际增长速度 $\mu_0=8.5776\%$。在第二年，由于实际增长速度 μ_0 低于均衡增长速度 $\mu_0{}'$，导致产业结构比提高为 $\dfrac{IM}{IIM}=1.375$。由于产业结构比的提高，又导致下一年准国民收入均衡增长速度提高为 $\mu_0{}'=10\%$。在第三年仍限定第一类商品的剩余价值用于追加投资的比例 $R=\dfrac{1}{2}$，导致第二年的准国民收入实际增长速度为 $\mu_0=10\%$。

对于《资本论》第二卷第一例（B），如果要求各年的准国民收入实际增长速度保持 $\mu_0=8.5776\%$ 不变，又不限定第一类商品的追加投资比例必须是 $R=\dfrac{1}{2}$，那么只有应用调整型增长模型来进行演算。

在第三篇第二章，（3-2-12）式所描述的是调整型增长模型，它的 8 个未知量的解的表达式如下：

1. $\quad I\dfrac{M}{X}=\left(\dfrac{P_2}{H_2}IIM-\dfrac{1}{H_1}IM\right)(1+\mu_0)$

2. $\quad I\dfrac{M}{Z}=\dfrac{1}{1+P_1}IM-\dfrac{1}{1+P_1}\left(\dfrac{P_2}{H_2}IIM-\dfrac{1}{H_1}IM\right)(1+\mu_0)$

3. $I\dfrac{M}{Y}=P_1 I\dfrac{M}{Z}=\dfrac{P_1}{1+P_1}IM-\dfrac{P_1}{1+P_1}\left(\dfrac{P_2}{H_2}IIM-\dfrac{1}{H_1}IM\right)(1+\mu_0)$

4. $II\dfrac{M}{Z}=\dfrac{1}{H_2}IIM\,\mu_0$

5. $II\dfrac{M}{Y}=P_2\dfrac{1}{H_2}IIM\,\mu_0$

6. $II\dfrac{M}{X}=[1-(P_2+1)\dfrac{1}{H_2}\mu_0]IIM$

7. $\triangle I\dfrac{M}{Y}=\left(\dfrac{P_1}{H_1}\mu_0-\dfrac{P_1}{1+P_1}\right)IM+\dfrac{P_1}{1+P_1}\left(\dfrac{P_2}{H_2}IIM-\dfrac{1}{H_1}IM\right)(1+\mu_0)$

8. $\triangle I\dfrac{M}{Z}=\left(\dfrac{1}{H_1}\mu_0-\dfrac{1}{1+P_1}\right)IM+\dfrac{1}{1+P_1}\left(\dfrac{P_2}{H_2}IIM-\dfrac{1}{H_1}IM\right)(1+\mu_0)$

在《资本论》第二卷第一例（B）中，$P_1=4$，$P_2=2$，$H_1=H_2=1$，而且准国民收入实际增长速度保持 $\mu_0=8.5776\%$，将这些值代入调整型增长模型 8 个变量的解的表达式，得到调整型增长模型计算《资本论》第二卷第一例（B）时 8 个变量的解的表达式：

1. $I\dfrac{M}{X}=(2\,IIM-IM)(1+\mu_0)$

2. $I\dfrac{M}{Z}=\dfrac{1}{5}IM-\dfrac{1}{5}(2\,IIM-IM)(1+\mu_0)$

3. $I\dfrac{M}{Y}=4\,I\dfrac{M}{Z}$

4. $II\dfrac{M}{Z}=IIM\,\mu_0$

5. $II\dfrac{M}{Y}=2\,IIM\,\mu_0$

6. $II\dfrac{M}{X}=[1-3\,\mu_0]IIM$

7. $\triangle I\dfrac{M}{Y}=\left(4\,\mu_0-\dfrac{4}{5}\right)IM+\dfrac{4}{5}(2\,IIM-IM)(1+\mu_0)$

8. $\triangle I\dfrac{M}{Z}=\left(\mu_0-\dfrac{1}{5}\right)IM+\dfrac{1}{5}(2\,IIM-IM)(1+\mu_0)$

（3-4-21）

如果 $\triangle I \dfrac{M}{Y}$、$\triangle I \dfrac{M}{Z}$ 的解为正，则表明是由第二类商品向第一类商品调节，

如果 $\triangle I \dfrac{M}{Y}$、$\triangle I \dfrac{M}{Z}$ 的解为负，则表明是由第一类商品向第二类商品调节。

（二）调整型增长模型演算《资本论》第二卷第一例（B）的计算结果

在《资本论》第二卷第一例（B）的第一年，$IM = 1000$，$IIM = 750$，$\mu_0 = 8.5776\%$，将这些数据代入（3-4-21）式，可以得到调整型增长模型8个变量的解，重复计算就可以得到各年的解，列于表3-4-3。

表 3-4-3　应用调整型增长模型演算《资本论》第二卷第一例（B）的计算结果

第一年	IC	IV	IM	IIC	IIV	IIM	$\dfrac{IM}{IIM}$	$\mu_下$	$\mu_上$
	4000	1000	1000	1500	750	750	1.333	7.14%	14.29%
	$I\dfrac{M}{Y}$	$I\dfrac{M}{Z}$	$I\dfrac{M}{X}$	$II\dfrac{M}{Y}$	$II\dfrac{M}{Z}$	$II\dfrac{M}{X}$	$\triangle I\dfrac{M}{Y}$	$\triangle I\dfrac{M}{Z}$	均衡μ_0'
	365.69	91.4	542.89	128.66	64.33	557	-22.59	-5.65	9.09%
第二年	IC	IV	IM	IIC	IIV	IIM	$\dfrac{IM}{IIM}$	$\mu_下$	$\mu_上$
	4343.1	1085.8	1085.8	1628.7	814.3	814.3	1.333	7.14%	14.29%
	$I\dfrac{M}{Y}$	$I\dfrac{M}{Z}$	$I\dfrac{M}{X}$	$II\dfrac{M}{Y}$	$II\dfrac{M}{Z}$	$II\dfrac{M}{X}$	$\triangle I\dfrac{M}{Y}$	$\triangle I\dfrac{M}{Z}$	均衡μ_0'
	397	99.3	589.5	139.7	69.85	649	-24.5	-6.13	9.09%
第三年	IC	IV	IM	IIC	IIV	IIM	$\dfrac{IM}{IIM}$	$\mu_下$	$\mu_上$
	4715.6	1178.9	1178.9	1768.3	884.1	884.1	1.333	7.14%	14.29%
	$I\dfrac{M}{Y}$	$I\dfrac{M}{Z}$	$I\dfrac{M}{X}$	$II\dfrac{M}{Y}$	$II\dfrac{M}{Z}$	$II\dfrac{M}{X}$	$\triangle I\dfrac{M}{Y}$	$\triangle I\dfrac{M}{Z}$	均衡μ_0'
	431.1	107.8	640	151.7	75.8	656.7	-26.6	-6.66	9.09%
第四年	IC	IV	IM	IIC	IIV	IIM	$\dfrac{IM}{IIM}$	$\mu_下$	$\mu_上$
	5120.1	1280	1280	1920	960	960	1.333	7.14%	14.29%
	$I\dfrac{M}{Y}$	$I\dfrac{M}{Z}$	$I\dfrac{M}{X}$	$II\dfrac{M}{Y}$	$II\dfrac{M}{Z}$	$II\dfrac{M}{X}$	$\triangle I\dfrac{M}{Y}$	$\triangle I\dfrac{M}{Z}$	均衡μ_0'
	468	117	694.9	164.7	82.3	713	-28.9	-7.23	9.09%

由表3-4-3可以看出，由于准国民收入实际增长速度 $\mu_0 = 8.5776\%$，低于由产业结构比 $\dfrac{IM}{IIM} = 1.333$ 所决定的准国民收入均衡增长速度 $\mu_0' = 9.09\%$，这将导致产

业结构比的提高和准国民收入均衡增长速度的上升。可现在要求准国民收入实际增长速度 $\mu_0 = 8.5776\%$ 保持不变，致使每年都不得不从第一类商品的追加投资中调整一部分到第二类商品用于消费，这样才能使准国民收入实际增长速度 $\mu_0 = 8.5776\%$ 保持不变。所以，表 3-4-3 中的调整量 $\triangle I\dfrac{M}{Y}$ 和 $\triangle I\dfrac{M}{Z}$ 均为负值。

七、应用稳定增长模型演算《资本论》第二卷第一例

（一）稳定增长模型演算《资本论》第二卷第一例的解的表达式

应用投资比增长模型演算《资本论》第二卷第一例（B）时，必须限定第一类商品的追加投资是第一类商品剩余价值的一半。应用非稳定增长模型演算《资本论》第二卷第一例（B），虽然对第一类商品的追加投资没有任何限制，但是要假定来年准国民收入增长速度 μ_0 为已知的量。应用调整型增长模型演算《资本论》第二卷第一例（B），不仅要假定来年准国民收入增长速度 μ_0 为已知的量，而且还要年年保持它不变，所以不得不对第一类商品与第二类商品之间的投资进行调整。

如果既不像投资比增长模型那样对第一类商品的追加投资加以限定，也不像非稳定增长模型那样假定来年准国民收入增长速度 μ_0 为已知的量，更不像调整型增长模型那样对第一类商品与第二类商品之间的投资进行调整，又希望每年都能按一个均衡的增长速度来增长，就可以应用（3-2-15）式描述的稳定增长模型来实现。

现应用（3-2-15）式描述的稳定增长模型演算《资本论》第二卷第一例（B）。

在第三篇第二章，（3-2-15）式描述的稳定增长模型 7 个变量的解的表达式是：

1. $\mu_0' = \dfrac{\dfrac{1+H_1}{H_1}\dfrac{IM}{IIM} - \dfrac{P_2}{H_2}}{\dfrac{P_1}{H_1}\dfrac{IM}{IIM} + \dfrac{P_2}{H_2}}$

2. $I\dfrac{M}{Z} = \dfrac{IM}{H_1}\mu_0'$

3. $I\dfrac{M}{Y}=\dfrac{P_1}{H_1}IM\mu_0^{\prime}$

4. $I\dfrac{M}{X}=(1-\dfrac{1+P_1}{H_1}\mu_0^{\prime})IM$

5. $II\dfrac{M}{Z}=\dfrac{IIM}{H_2}\mu_0^{\prime}$

6. $II\dfrac{M}{Y}=\dfrac{P_2}{H_2}IIM\mu_0^{\prime}$

7. $II\dfrac{M}{X}=(1-\dfrac{1+P_2}{H_2}\mu_0^{\prime})IIM$

在《资本论》第二卷第一例（B）中，$P_1=4$，$P_2=2$，$H_1=H_2=1$，将这些值代入稳定增长模型 7 个变量的解的表达式，得到稳定增长模型计算《资本论》第二卷第一例（B）时 7 个变量的解的表达式：

$$\left.\begin{aligned}
&1.\ \mu_0^{\prime}=\dfrac{\dfrac{IM}{IIM}-1}{2\dfrac{IM}{IIM}+1}\\[4mm]
&2.\ I\dfrac{M}{Z}=IM\mu_0^{\prime}\\[2mm]
&3.\ I\dfrac{M}{Y}=4IM\mu_0^{\prime}\\[2mm]
&4.\ I\dfrac{M}{X}=(1-5\mu_0^{\prime})IM\\[2mm]
&5.\ II\dfrac{M}{Z}=IIM\mu_0^{\prime}\\[2mm]
&6.\ II\dfrac{M}{Y}=2IIM\mu_0^{\prime}\\[2mm]
&7.\ II\dfrac{M}{X}=(1-3\mu_0^{\prime})IIM
\end{aligned}\right\}\quad(3\text{-}4\text{-}22)$$

（二）稳定增长模型演算《资本论》第二卷第一例（B）的计算结果

将应用稳定增长模型（3-4-22）式演算《资本论》第二卷第一例（B）的计算

结果列于表 3-4-4。

表 3-4-4　应用稳定增长模型演算《资本论》第二卷第一例（B）的计算结果

	IC	IV	IM	IIC	IIV	IIM	$\dfrac{IM}{IIM}$	$\mu_下$	$\mu_上$
第一年	4000	1000	1000	1500	750	750	1.333	7.14%	14.29%
	$I\dfrac{M}{Y}$	$I\dfrac{M}{Z}$	$I\dfrac{M}{X}$	$II\dfrac{M}{Y}$	$II\dfrac{M}{Z}$	$II\dfrac{M}{X}$	来年实际 μ_0	来年均衡 μ_0'	
	363.64	90.91	545.45	136.36	68.18	545.46	9.09%	9.09%	
第二年	IC	IV	IM	IIC	IIV	IIM	$\dfrac{IM}{IIM}$	$\mu_下$	$\mu_上$
	4760	1190	1190	1785	892.6	892.6	1.333	7.14%	14.29%
	$I\dfrac{M}{Y}$	$I\dfrac{M}{Z}$	$I\dfrac{M}{X}$	$II\dfrac{M}{Y}$	$II\dfrac{M}{Z}$	$II\dfrac{M}{X}$	来年实际 μ_0	来年均衡 μ_0'	
	432.8	108.2	649	162.3	81	649	9.09%	9.09%	
第三年	IC	IV	IM	IIC	IIV	IIM	$\dfrac{IM}{IIM}$	$\mu_下$	$\mu_上$
	5193	1298.2	1298.2	1947.4	973.7	973.7	1.333	7.14%	14.29%
	$I\dfrac{M}{Y}$	$I\dfrac{M}{Z}$	$I\dfrac{M}{X}$	$II\dfrac{M}{Y}$	$II\dfrac{M}{Z}$	$II\dfrac{M}{X}$	来年实际 μ_0	来年均衡 μ_0'	
	472	118	708	177	88.5	708	9.09%	9.09%	
第四年	IC	IV	IM	IIC	IIV	IIM	$\dfrac{IM}{IIM}$	$\mu_下$	$\mu_上$
	5665.2	1416.3	1416.3	2124.4	1062.2	1062.2	1.333	7.14%	14.29%
	$I\dfrac{M}{Y}$	$I\dfrac{M}{Z}$	$I\dfrac{M}{X}$	$II\dfrac{M}{Y}$	$II\dfrac{M}{Z}$	$II\dfrac{M}{X}$	来年实际 μ_0	来年均衡 μ_0'	
	515	128.7	772.5	193.1	96.5	772.5	9.09%	9.09%	

由表 3-4-4 的计算结果可以看出，应用稳定增长模型进行计算，只需要知道第一年第一类商品和第二类商品的基本情况就可以，既不需要对第一类商品的追加投资加以限定，也不需要给出来年准国民收入增长速度，更不用对第一类商品和第二类商品之间的投资加以调整，而且还可以求出均衡增长速度，并保证以这个均衡增长速度使社会财富持续地增长下去。因此，由表 3-4-3 可知，社会财富以这种模式增长将一直保持产业结构比不变、均衡增长速度不变、稳定增长速度的上下限不变。

八、《资本论》第二卷第一例（B）对社会财富增长理论的验证

依据社会财富增长原理性理论推导社会财富增长模型，并由社会财富增长模型推导出表述规律性的推论，建立了社会财富增长构造性理论，目的是为了解决实际经济问题。但是，在应用社会财富增长构造性理论解决实际问题之前，还需要对社会财富增长模型和由社会财富增长模型推导出的表述规律性的推论进行检验，就像要建造一座大桥，在设计完成之后需要先做一个模型进行测试和验证一样。

上文，用四种方法——投资比增长模型、非稳定增长模型、调整型增长模型和稳定增长模型，对《资本论》第二卷第一例（B）进行了演算，这不仅验证了这四种方法是从不同的角度描述了社会财富的增长，而且验证了第三篇第三章的有关的论证。现概述如下：

（一）社会财富稳定增长速度被限定在一个区间内

由表 3-4-1 知，在第二年，准国民收入增长速度 $\mu_0' = 8.5776\%$，而限定区间的上限为 $\mu_上 = 14.29\%$，下限为 $\mu_下 = 7.14\%$。

在第三年，准国民收入增长速度 $\mu_0' = 10\%$，而限定区间的上限为 $\mu_上 = 15.79\%$，下限为 $\mu_下 = 7.9\%$。以后几年亦如此，即：

$$\mu_下 < \mu_0' < \mu_上 \tag{3-3-4}$$

由准国民收入增长速度可以换算出国民收入增长速度，（3-3-4）式表明社会财富稳定增长速度被限定在一个区间内。

由表 3-4-2 可知，如果给出的来年准国民收入增长速度超出限定区间的上下限，将导致社会财富的增长无法进行下去。

（二）社会财富均衡增长速度在限定区间之内

由表 3-4-1 可知，在第一年，准国民收入均衡增长速度 $\mu_0' = 9.09\%$，而限定区间的上限为 $\mu_上 = 14.29\%$，下限为 $\mu_下 = 7.14\%$。

在第二年，准国民收入均衡增长速度 $\mu_0' = 10\%$，而限定区间的上限为 $\mu_上 = 15.79\%$，下限为 $\mu_下 = 7.9\%$。以后几年亦如此，即：

$$\mu_{\text{下}} < \mu_0' < \mu_{\text{上}} \tag{3-3-4}$$

由准国民收入均衡增长速度可以换算出国民收入均衡增长速度，（3-3-4）式表明社会财富均衡增长速度被限定在一个区间内。

（三）社会财富均衡增长速度取决于产业结构比

由表 3-4-1 可知，在第一年，产业结构比 $\dfrac{IM}{IIM} = 1.333$，准国民收入均衡增长速度 $\mu_0' = 9.09\%$；在第二年，产业结构比提高为 $\dfrac{IM}{IIM} = 1.375$，准国民收入均衡增长速度也上升为 $\mu_0' = 10\%$；以后几年产业结构比保持不变，准国民收入均衡增长速度亦保持不变。这验证了社会财富均衡增长速度取决于产业结构比。

（四）社会财富稳定增长速度的上下限取决于产业结构比

由表 3-4-1 可知，在第一年，产业结构比 $\dfrac{IM}{IIM} = 1.333$，而限定区间的上限为 $\mu_{\text{上}} = 14.29\%$，下限为 $\mu_{\text{下}} = 7.14\%$。

在第二年，产业结构比提高为 $\dfrac{IM}{IIM} = 1.375$，而限定区间的上限为 $\mu_{\text{上}} = 15.79\%$，下限为 $\mu_{\text{下}} = 7.9\%$。限定区间的上下限是随着产业结构比的提高而上移的。

由表 3-4-2 可知，在第二年，产业结构比下降为 $\dfrac{IM}{IIM} = 1.2647$，而限定区间的上限为 $\mu_{\text{上}} = 11.69\%$，下限为 $\mu_{\text{下}} = 5.84\%$。限定区间的上下限是随着产业结构比的下降而下移的。

由表 3-4-3 和表 3-4-4 可知，产业结构比 $\dfrac{IM}{IIM} = 1.333$ 保持不变，而限定区间的上限为 $\mu_{\text{上}} = 14.29\%$，下限为 $\mu_{\text{下}} = 7.14\%$，亦保持不变。这验证了社会财富稳定增长速度的上下限取决于产业结构比。

（五）实际增长速度低于均衡增长速度将导致产业结构比的提高

由表 3-4-1 可知，在第一年，产业结构比 $\dfrac{IM}{IIM} = 1.333$，准国民收入均衡增长速度 $\mu_0' = 9.09\%$；在第二年，准国民收入实际增长速度 $\mu_0 = 8.5776\%$，实际增长速度低于均衡增长速度，导致产业结构比提高为 $\dfrac{IM}{IIM} = 1.375$。

在以后几年，准国民收入实际增长速度 $\mu_0 = 10\%$，准国民收入均衡增长速度

亦为 $\mu_0{}' = 10\%$，即实际增长速度等于均衡增长速度，产业结构比亦不变，为 $\dfrac{IM}{IIM}$ $= 1.375$，表 3-4-4 也说明了这一点。这验证了实际增长速度低于均衡增长速度将导致产业结构比的提高。

（六）实际增长速度高于均衡增长速度将导致产业结构比的下降

由表 3-4-2 可知，在第一年，产业结构比 $\dfrac{IM}{IIM} = 1.333$，准国民收入均衡增长速度 $\mu_0{}' = 9.09\%$；在第二年，准国民收入实际增长速度 $\mu_0 = 10\%$，实际增长速度高于均衡增长速度，导致产业结构比下降为 $\dfrac{IM}{IIM} = 1.2647$；在第三年，准国民收入实际增长速度 $\mu_0 = 12\%$，导致产业结构比进一步下降为 $\dfrac{IM}{IIM} = 1.0965$。这验证了实际增长速度高于均衡增长速度将导致产业结构比的下降。

（七）实际增长速度低于均衡增长速度将导致以后均衡增长速度的上升

由表 3-4-1 可知，在第一年，产业结构比 $\dfrac{IM}{IIM} = 1.333$，准国民收入均衡增长速度 $\mu_0{}' = 9.09\%$；在第二年，准国民收入实际增长速度 $\mu_0 = 8.5776\%$，实际增长速度低于均衡增长速度，导致准国民收入均衡增长速度上升为 $\mu_0{}' = 10\%$。这验证了实际增长速度低于均衡增长速度将导致以后均衡增长速度的上升。

（八）实际增长速度高于均衡增长速度将导致以后均衡增长速度的下降

由表 3-4-2 可知，在第一年，产业结构比 $\dfrac{IM}{IIM} = 1.333$，准国民收入均衡增长速度 $\mu_0{}' = 9.09\%$；在第二年，准国民收入实际增长速度 $\mu_0 = 10\%$，实际增长速度高于均衡增长速度，导致准国民收入均衡增长速度下降为 $\mu_0{}' = 7.5\%$；在第三年，准国民收入实际增长速度为 $\mu_0 = 12\%$，导致准国民收入均衡增长速度进一步下降为 $\mu_0{}' = 3.02\%$。这验证了实际增长速度高于均衡增长速度将导致以后均衡增长速度的下降。

（九）实际增长速度低于均衡增长速度将导致以后增长速度限定区间的上移

由表 3-4-1 可知，在第一年，准国民收入均衡增长速度 $\mu_0{}' = 9.09\%$，而限定区间的上限为 $\mu_{上} = 14.29\%$，下限为 $\mu_{下} = 7.14\%$；在第二年，准国民收入实际增长速度 $\mu_0 = 8.5776\%$，实际增长速度低于均衡增长速度，导致限定区间的上限上移为 $\mu_{上} = 15.79\%$，下限上移为 $\mu_{下} = 7.9\%$。这验证了实际增长速度低于均衡增长速度将导致以后增长速度限定区间的上移。

（十）实际增长速度高于均衡增长速度将导致以后增长速度限定区间的下移

由表 3-4-2 可知，在第一年，准国民收入均衡增长速度 $\mu_0{}' = 9.09\%$，限定区间的上限为 $\mu_{\pm} = 14.29\%$，下限为 $\mu_{\mp} = 7.14\%$；在第二年，准国民收入实际增长速度 $\mu_0 = 10\%$，实际增长速度高于均衡增长速度，导致限定区间的上限下移为 $\mu_{\pm} = 11.69\%$，下限下移为 $\mu_{\mp} = 5.84\%$；在第三年，准国民收入实际增长速度 $\mu_0 = 12\%$，导致限定区间的上限进一步下移为 $\mu_{\pm} = 4.6\%$，下限进一步下移为 $\mu_{\mp} = 2.3\%$。这验证了实际增长速度高于均衡增长速度将导致以后增长速度限定区间的下移。

（十一）产业结构比被限定在一个合理的区间之内

在《资本论》第二卷第一例（B）中，有：第一类商品的资本有机构成 $P_1 = 4$；第一类商品的剩余价值率 $H_1 = 1$；第二类商品的资本有机构成 $P_2 = 2$；第二类商品的剩余价值率 $H_2 = 1$。

由此可以计算出：

$$\frac{P_2}{H_2}\frac{H_1}{1+H_1} = 1$$

$$\frac{P_2}{P_1}\frac{H_1}{H_2}\frac{1+\dfrac{H_1}{1+P_1}}{\dfrac{1+H_1}{P_1}-\dfrac{H_1}{1+P_1}} = 2$$

$$\frac{P_2}{P_1}\frac{H_1}{H_2}\frac{1+\dfrac{H_2}{1+P_2}}{\dfrac{1+H_1}{P_1}-\dfrac{H_2}{1+P_2}} = 4$$

$$\min\left(\frac{P_2}{P_1}\frac{H_1}{H_2}\frac{1+\dfrac{H_1}{1+P_1}}{\dfrac{1+H_1}{P_1}-\dfrac{H_1}{1+P_1}}, \frac{P_2}{P_1}\frac{H_1}{H_2}\frac{1+\dfrac{H_2}{1+P_2}}{\dfrac{1+H_1}{P_1}-\dfrac{H_2}{1+P_2}}\right) = 2$$

在第三篇第三章中已论证，产业结构比被限定在一个合理的区间内：

$$\frac{P_2}{H_2}\frac{H_1}{1+H_1} < \frac{IM}{IIM} < \min\left(\frac{P_2}{P_1}\frac{H_1}{H_2}\frac{1+\dfrac{H_1}{1+P_1}}{\dfrac{1+H_1}{P_1}-\dfrac{H_1}{1+P_1}}, \frac{P_2}{P_1}\frac{H_1}{H_2}\frac{1+\dfrac{H_2}{1+P_2}}{\dfrac{1+H_1}{P_1}-\dfrac{H_2}{1+P_2}}\right)$$

即，在《资本论》第二卷第一例（B）中，产业结构比 $\dfrac{IM}{IIM}$ 的限定区间为：

$$1<\frac{IM}{IIM}<2$$

在应用投资比增长模型演算《资本论》第二卷第一例（B）的表 3-4-1 中，产业结构比 $\dfrac{IM}{IIM}$ 的数值为 1.333 和 1.375。

在应用非稳定增长模型演算《资本论》第二卷第一例（B）的表 3-4-2 中，产业结构比 $\dfrac{IM}{IIM}$ 的数值在 1.333 和 1.0965 之间。

在应用调整型增长模型演算《资本论》第二卷第一例（B）的表 3-4-3 中，产业结构比 $\dfrac{IM}{IIM}$ 的数值为 1.333。

在应用稳定增长模型演算《资本论》第二卷第一例（B）的表 3-4-4 中，产业结构比 $\dfrac{IM}{IIM}$ 的数值为 1.333。

对《资本论》第二卷第一例（B）的演算表明，产业结构比 $\dfrac{IM}{IIM}$ 一直被限定在下限为 1、上限为 2 的区间之内。这验证了产业结构比被限定在一个合理的区间之内的推论。

第五章 对亚当·斯密"看不见的手"的论证

"一只看不见的手引导他们对生活必需品作出几乎同土地在平均分配给全体居民的情况下所能作出的一样的分配,从而不知不觉地增进了社会利益,并为不断增多的人口提供生活资料。"①

"有一只无形的手在引导着他去尽力达到一个他并不想要达到的目的。"②

亚当·斯密用"看不见的手"来形容客观存在的经济规律。

一、对亚当·斯密"看不见的手"的概述

18世纪英国经济学家亚当·斯密提出了"看不见的手":"一只看不见的手引导他们对生活必需品作出几乎同土地在平均分配给全体居民的情况下所能作出的一样的分配,从而不知不觉地增进了社会利益,并为不断增多的人口提供生活资料"③;"每个社会的年收入总是与其产业的全部年产品的交换价值恰好相等,或者说,是一个同那种交换价值恰好等值的东西。由于每一个个人都尽可能地用其资本来维护国内产业,并且努力经营,使其产品的价值达到最高程度,因此,他就必然尽力使社会的年收入尽量增大起来。的确,通常他既不打算促进公共利益,也不知道他自己是在什么程度上促进那种利益。他之所以宁愿投资支持国内产业而不支持国外产业,考虑的只是自己资本的安全;而他管理产业的目的在于使其

---

① [英] 亚当·斯密. 蒋自强, 钦北愚, 朱钟棣, 沈凯璋译. 道德情操论. 第四卷. 商务印书馆, 2003年: 230
② [英] 亚当·斯密. 唐日松译. 国富论. 华夏出版社, 2005年: 327
③ [英] 亚当·斯密. 蒋自强, 钦北愚, 朱钟棣, 沈凯璋译. 道德情操论. 第四卷. 商务印书馆, 2003年: 230

产品的价值能达到最大程度，所想到的也只是他自己的利益。在此种情况之下，与在其他许多情况之下一样，有一只无形的手在引导着他去尽力达到一个他并不想要达到的目的。而并非出于本意的目的也不一定就对社会有害。他追求自己的利益，往往使他能比在真正出于本意的情况下更有效地促进社会的利益"①。

亚当·斯密的阐述有着深刻的含义，可以用社会财富增长理论加以解释：

其一，"每个社会的年收入总是与其产业的全部年产品的交换价值恰好相等"，这意味着已经实现了"全部年产品的交换价值"，或者说，"每个社会的年收入总是与其产业的全部年产品的交换价值恰好相等"是以满足第一类商品与第二类商品的交换为前提的。因为只有满足了两大类商品的交换，才能够实现"全部年产品的交换价值"。这里既包括满足两大类商品内部的交换，也包括满足两大类商品之间的交换，特别是满足两大类商品之间的交换。否则，社会财富的增长就不可能持续下去。

其二，"由于每一个个人都尽可能地用其资本来维护国内产业，并且努力经营，使其产品的价值达到最高程度，因此，他就必然尽力使社会的年收入尽量增大起来"，这表明，在每一个个人生产物达到价值最高的同时，也使社会的年收入尽量增大。要实现每一个个人都能够"使其产品的价值达到最高程度"，同时"使社会的年收入尽量增大起来"，必然有一个前提，就是社会财富的增长能够顺利地进行。这就需要满足两大类商品的交换，特别是满足两大类商品之间的交换。

其三，让社会财富的增长能够顺利地进行，即满足两大类商品的交换，特别是满足两大类商品之间的交换，并不是"每一个个人"的"本意"。因为，个人通常"既不打算促进公共利益，也不知道他自己是在什么程度上促进那种利益"，"他管理产业的目的在于使其产品的价值能达到最大程度，所想到的也只是他自己的利益"。但是，满足两大类商品的交换，特别是满足两大类商品之间的交换，可以"使其产品的价值达到最高程度"，可以保证实现"自己资本的安全"和"自己的利益"，而对社会造成的影响则是让社会财富的增长能够顺利地进行。满足两大类商品的交换，特别是满足两大类商品之间的交换，就像"一只看不见的手"，与"每一个个人"的"本意"无关却客观地存在着。正如亚当·斯密所讲："有一只无形的手在引导着他去尽力达到一个他并不想要达到的目的"，让社会财富的增长顺利地进行下去。亚当·斯密是用"看不见的手"来形容与"每一个个人"的"本意"

---

① [英] 亚当·斯密. 唐日松译. 国富论. 华夏出版社, 2005 年: 327

无关却客观存在的经济规律。

然而，这只是用社会财富增长理论对"看不见的手"加以解释，并不能证明"看不见的手"的存在，更不能证明"谁"是"看不见的手"。

二、在《资本论》第二卷的例子中寻找"看不见的手"

只是用社会财富增长理论对"看不见的手"加以解释显然是不够的。首先需要从一些现象中寻找到这只"看不见的手"，然后再加以证明。

（一）《资本论》第二卷第一例与第二例之间存在着很大的差异

现在，分析一下《资本论》第二卷给出的两个例子。为了表述的方便，将《资本论》第二卷第一例（B）简称为第一例，将《资本论》第二卷第二例简称为第二例。

首先分析一下第一例社会财富增长的情况。由第三篇第四章的表3-4-1可知，在第一例的第一年，两类商品的产业结构比 $\dfrac{IM}{IIM}$ 是1.333，第二年的准国民收入实际增长速度 μ_0 是8.57%，准国民收入均衡增长速度 $\mu_0{}'$ 是9.09%；而在第二年以后，两类商品的产业结构比 $\dfrac{IM}{IIM}$ 均是1.375，在第三年以后，准国民收入实际增长速度 μ_0 和均衡增长速度 $\mu_0{}'$ 均是10%。如表3-5-1所示。

表3-5-1　第一例准国民收入实际增长速度和准国民收入均衡增长速度对应表

年份	$\dfrac{IM}{IIM}$	实际准增长速度 μ_0	均衡准增长速度 $\mu_0{}'$
第一年	1.333		
第二年	1.375	8.57%	9.09%
第三年	1.375	10%	10%
第四年	1.375	10%	10%

再来分析一下第二例社会财富增长的情况。

由（3-4-12）式描述的投资比增长模型可以计算出第二例各年社会财富增长情况，并可以计算出准国民收入实际增长速度 μ_0 和两类商品的产业结构比 $\dfrac{IM}{IIM}$，及准国民收入均衡增长速度 $\mu_0{'}$。如表 3-5-2 所示。

表 3-5-2　第二例社会财富增长情况

	IC	IV	IM	IIC	IIV	IIM	$\dfrac{IM}{IIM}$	$\mu_下$	$\mu_上$
第一年	5 000	1000	1000	1 430	285	285	3.50877	8.84%	8.87%
	$I\dfrac{M}{Y}$	$I\dfrac{M}{Z}$	$I\dfrac{M}{X}$	$II\dfrac{M}{Y}$	$II\dfrac{M}{Z}$	$II\dfrac{M}{X}$	来年实际 μ_0	来年均衡 $\mu_0{'}$	
	416.67	83.33	500	153.34	30.56	101.09	8.8635%	8.8649%	
第二年	IC	IV	IM	IIC	IIV	IIM	$\dfrac{IM}{IIM}$	$\mu_下$	$\mu_上$
	5416.67	1083.33	1083.33	1583.34	315.56	315.56	3.433	8.31%	8.34%
	$I\dfrac{M}{Y}$	$I\dfrac{M}{Z}$	$I\dfrac{M}{X}$	$II\dfrac{M}{Y}$	$II\dfrac{M}{Z}$	$II\dfrac{M}{X}$	来年实际 μ_0	来年均衡 $\mu_0{'}$	
	451.39	90.28	541.67	131.94	26.30	157.32	8.333%	8.333%	
第三年	IC	IV	IM	IIC	IIV	IIM	$\dfrac{IM}{IIM}$	$\mu_下$	$\mu_上$
	5868.06	1173.61	1173.61	1715.29	341.86	341.86	3.433	8.31%	8.34%
	$I\dfrac{M}{Y}$	$I\dfrac{M}{Z}$	$I\dfrac{M}{X}$	$II\dfrac{M}{Y}$	$II\dfrac{M}{Z}$	$II\dfrac{M}{X}$	来年实际 μ_0	来年均衡 $\mu_0{'}$	
	489	97.8	586.8	142.94	28.49	170.43	8.333%	8.333%	
第四年	IC	IV	IM	IIC	IIV	IIM	$\dfrac{IM}{IIM}$	$\mu_下$	$\mu_上$
	6357.06	1271.41	1271.41	1858.23	370.347	370.347	3.433	8.31%	8.34%
	$I\dfrac{M}{Y}$	$I\dfrac{M}{Z}$	$I\dfrac{M}{X}$	$II\dfrac{M}{Y}$	$II\dfrac{M}{Z}$	$II\dfrac{M}{X}$	来年实际 μ_0	来年均衡 $\mu_0{'}$	
	532.4	133.1	665.5	193.6	96.8	677.6	8.333%	8.333%	

由表 3-5-2 可以得出第二例准国民收入实际增长速度 μ_0 和准国民收入均衡增长速度 $\mu_0{'}$ 对应表。如表 3-5-3 所示。

表 3-5-3 第二例准国民收入实际增长速度和准国民收入均衡增长速度对应表

年份	$\dfrac{IM}{IIM}$	实际准增长速度 μ_0	均衡准增长速度 $\mu_0{}'$
第一年	3.509		
第二年	3.433	8.863%	8.865%
第三年	3.433	8.333%	8.333%
第四年	3.433	8.333%	8.333%

第一例与第二例相比，情况存在着很大的差异：

1. 第一例与第二例的产业结构比不一样

在第一例的第一年，第一类商品的产品总价值是 6000，第二类商品的产品总价值是 3000，两类商品的产业结构比是 1.333；而在第二例的第一年，第一类商品的产品总价值是 7000，第二类商品的产品总价值是 2000，两类商品的产业结构比是 3.509。第一例与第二例的产业结构比存在着很大的差异。

2. 第一例与第二例的资本有机构成不一样

在第一例，第一类商品的资本有机构成是 4，第二类商品的资本有机构成是 2，第一类商品的资本有机构成大于第二类商品的资本有机构成，两者的数值相差一倍；而在第二例，第一类商品的资本有机构成是 5，第二类商品的资本有机构成是 5.017，第一类商品的资本有机构成小于第二类商品的资本有机构成，且数值很接近。第一例与第二例的资本有机构成存在着很大的差异。

3. 第一例与第二例的资本收益率不一样

在第一例，第一类商品的资本有机构成 $P_1 = 4$，剩余价值率 $H_1 = 1$，所以第一类商品的资本收益率 $\sigma_1 = \dfrac{1+H_1}{P_1} = 0.5$；第二类商品的资本有机构成 $P_2 = 2$，剩余价值率 $H_2 = 1$，所以第二类商品的资本收益率 $\sigma_2 = \dfrac{1+H_2}{P_2} = 1$；有 $\sigma_2 > \sigma_1$，即第二类商品的资本收益率 σ_2 大于第一类商品的资本收益率 σ_1。

在第二例，第一类商品的资本有机构成 $P_1 = 5$，剩余价值率 $H_1 = 1$，所以第一类商品的资本收益率 $\sigma_1 = \dfrac{1+H_1}{P_1} = 0.4$；第二类商品的资本有机构成 $P_2 = 5.017$，剩余价值率 $H_2 = 1$，所以第二类商品的资本收益率 $\sigma_2 = \dfrac{1+H_2}{P_2} = 0.3984$；有 $\sigma_2 < \sigma_1$，

即第二类商品的资本收益率 σ_2 小于第一类商品的资本收益率 σ_1。

在第一例，是 $\sigma_2 > \sigma_1$；而在第二例，是 $\sigma_2 < \sigma_1$。

4. 第一例与第二例的产业结构比、实际增长速度和均衡增长速度都不相同

由表 3-5-1 可知，第一例在第一年的产业结构比 $\dfrac{IM}{IIM}$ 为 1.333，在第二年准国民收入实际增长速度 μ_0 为 8.57%，在第二年准国民收入均衡增长速度 $\mu_0{}'$ 为 9.09%。

由表 3-5-3 可知，第二例在第一年的产业结构比 $\dfrac{IM}{IIM}$ 为 3.509，在第二年准国民收入实际增长速度 μ_0 为 8.863%，在第二年准国民收入均衡增长速度 $\mu_0{}'$ 为 8.865%。

（二）第一例与第二例的增长过程存在着惊人的相同之处

虽然第一例与第二例之间存在着如此大的差异，但是将它们的增长过程做一比较，就会发现二者存在着惊人的相同之处。

1. 第一例与第二例的产业结构比都变为一个保持不变的稳定值

由表 3-5-1 可知，第一例在第一年的产业结构比 $\dfrac{IM}{IIM}$ 为 1.333，第二年以后，产业结构比 $\dfrac{IM}{IIM}$ 为 1.375，一直保持不变。

由表 3-5-3 可知，第二例在第一年的产业结构比 $\dfrac{IM}{IIM}$ 为 3.509，第二年以后，产业结构比 $\dfrac{IM}{IIM}$ 为 3.433，一直保持不变。

2. 第一例与第二例的实际增长速度都变为一个保持不变的稳定值

由表 3-5-1 可知，第一例在第二年的准国民收入实际增长速度 μ_0 为 8.57%，第三年以后，准国民收入实际增长速度 μ_0 为 10%，一直保持不变。

由表 3-5-3 可知，第二例在第二年的准国民收入实际增长速度 μ_0 为 8.863%，第三年以后，准国民收入实际增长速度 μ_0 为 8.333%，一直保持不变。

3. 第一例与第二例的均衡增长速度都变为一个保持不变的稳定值

由表 3-5-1 可知，第一例在第二年的准国民收入均衡增长速度 μ_0' 为 9.09%，第三年以后，准国民收入均衡增长速度 μ_0' 为 10%，一直保持不变。

由表 3-5-3 可知，第二例在第二年的准国民收入均衡增长速度 μ_0' 为 8.865%，第三年以后，准国民收入均衡增长速度 μ_0' 为 8.333%，一直保持不变。

4. 第一例与第二例在第三年以后的实际增长速度都等于均衡增长速度

由表 3-5-1 可知，第一例在第二年的准国民收入实际增长速度 μ_0 为 8.57%，准国民收入均衡增长速度 μ_0' 为 9.09%，第三年以后，准国民收入实际增长速度 μ_0 等于准国民收入均衡增长速度 μ_0'，均为 10%。

由表 3-5-3 可知，第二例在第二年的准国民收入实际增长速度 μ_0 为 8.863%，准国民收入均衡增长速度 μ_0' 为 8.865%，第三年以后，准国民收入实际增长速度 μ_0 等于准国民收入均衡增长速度 μ_0'，均为 8.333%。

可见，虽然初始情况有很大的差别，但经过第二年的调整，在第三年以后，无论是第一例还是第二例，实际增长速度都与均衡增长速度相等，一直保持以均衡增长速度增长。好像存在着一种无形的力量，就像亚当·斯密讲的"看不见的手"、"一只无形的手"，不管第一年的开始式是如何的不相同，都会把实际增长速度"调整"成为均衡增长速度，使社会财富一直保持均衡增长。这说明确实存在着与"每一个个人"的"本意"无关的"看不见的手"。

那么，"谁"是这种无形的力量，又是通过什么手段使社会财富能够保持均衡的增长？这正是需要探讨的问题。

三、投资比是"看不见的手"吗？

再回忆一下对第一例和第二例的演算过程，它们都有一个共同点，就是首先假定第一类商品剩余价值的一半用于积累，而且在演算过程中一直假定第一类商品剩余价值的一半用于积累。但是，第一类商品剩余价值的积累，未必一定等于第一类商品剩余价值的一半。是否是因为一直假定第一类商品剩余价值的一半用于积累，而导致社会财富的增长速度都趋向于均衡增长速度呢？

（一）改变第一例投资比例的情况

为回答这个问题，可以改变一下第一类商品剩余价值用于追加投资的比例。

原来第一类商品剩余价值的一半用于追加投资；现在假设，在第一例，第一类商品剩余价值的四分之一用于追加投资。第一例第一类商品剩余价值的四分之一用于追加投资时社会财富增长情况如表 3-5-4 所示。

表 3-5-4　第一例投资比为四分之一时社会财富增长情况

	IC	IV	IM	IIC	IIV	IIM	$\dfrac{IM}{IIM}$	$\mu_\text{下}$	$\mu_\text{上}$
第一年	4 000	1000	1000	1500	750	750	1.3333	7.1428%	14.285%
	$I\dfrac{M}{Y}$	$I\dfrac{M}{Z}$	$I\dfrac{M}{X}$	$II\dfrac{M}{Y}$	$II\dfrac{M}{Z}$	$II\dfrac{M}{X}$	来年实际 μ_0	来年均衡 $\mu_0{}'$	
	200	50	750	300	150	300	11.428%	9.09%	
第二年	IC	IV	IM	IIC	IIV	IIM	$\dfrac{IM}{IIM}$	$\mu_\text{下}$	$\mu_\text{上}$
	4200	1050	1050	1800	900	900	1.16666	3.846%	7.692%
	$I\dfrac{M}{Y}$	$I\dfrac{M}{Z}$	$I\dfrac{M}{X}$	$II\dfrac{M}{Y}$	$II\dfrac{M}{Z}$	$II\dfrac{M}{X}$	来年实际 μ_0	来年均衡 $\mu_0{}'$	
	210	5205	787.5	90	45	765	5%	5%	
第三年	IC	IV	IM	IIC	IIV	IIM	$\dfrac{IM}{IIM}$	$\mu_\text{下}$	$\mu_\text{上}$
	4410	1102.5	1102.5	1890	945	945	1.1666	3.846%	7.692%
	$I\dfrac{M}{Y}$	$I\dfrac{M}{Z}$	$I\dfrac{M}{X}$	$II\dfrac{M}{Y}$	$II\dfrac{M}{Z}$	$II\dfrac{M}{X}$	来年实际 μ_0	来年均衡 $\mu_0{}'$	
	220.5	55.125	826.875	94.5	47.25	803.25	5%	5%	
第四年	IC	IV	IM	IIC	IIV	IIM	$\dfrac{IM}{IIM}$	$\mu_\text{下}$	$\mu_\text{上}$
	4630.5	1157.6	1157.6	1984.5	992.25	992.25	1.1666	3.846%	7.692%
	$I\dfrac{M}{Y}$	$I\dfrac{M}{Z}$	$I\dfrac{M}{X}$	$II\dfrac{M}{Y}$	$II\dfrac{M}{Z}$	$II\dfrac{M}{X}$	来年实际 μ_0	来年均衡 $\mu_0{}'$	
	231.5	57.88	868.2	99.25	49.6	843.4	5%	5%	

表 3-5-4 已计算出投资比为四分之一时第一例的产业结构比、准国民收入实

际增长速度 μ_0 和准国民收入均衡增长速度 μ_0'，现将其列于表 3-5-5。

表 3-5-5　第一例投资比为四分之一时增长速度对应表

年份	$\dfrac{IM}{IIM}$	实际准增长速度 μ_0	均衡准增长速度 μ_0'
第一年	1.333		
第二年	1.167	11.43%	9.09%
第三年	1.167	5%	5%
第四年	1.167	5%	5%

为了便于比较，将表 3-5-5 和表 3-5-1 放在一起，如表 3-5-6 所示：

表 3-5-6　第一例投资比为四分之一与投资比为二分之一时增长速度对应表

年份	投资比为四分之一			投资比为二分之一		
	$\dfrac{IM}{IIM}$	实际准增长速度 μ_0	均衡准增长速度 μ_0'	$\dfrac{IM}{IIM}$	实际准增长速度 μ_0	均衡准增长速度 μ_0'
第一年	1.333			1.333		
第二年	1.167	11.43%	9.09%	1.375	8.57%	9.09%
第三年	1.167	5%	5%	1.375	10%	10%
第四年	1.167	5%	5%	1.375	10%	10%

由表 3-5-6 可以看出，对于第一例，当投资比为四分之一时，在第二年，准国民收入实际增长速度 μ_0 =11.43%高于准国民收入均衡增长速度 μ_0' =9.09%，导致产业结构比 $\dfrac{IM}{IIM}$ 下降，并导致在第三年准国民收入实际增长速度与准国民收入均衡增长速度进一步下降；而投资比为为二分之一时，在第二年，准国民收入实际增长速度 μ_0 =8.57%低于准国民收入均衡增长速度 μ_0' =9.09%，导致产业结构比 $\dfrac{IM}{IIM}$ 上升，并导致在第三年准国民收入实际增长速度与准国民收入均衡增长速度进一步上升。

（二）改变第二例投资比例的情况

现在改变一下第二例第一类商品剩余价值用于追加投资的比例。

第二例第一类商品剩余价值用于追加投资的比例原来是二分之一；现假设在第二例第一类商品剩余价值的十分之六用于追加投资。第二例第一类商品剩余价值的十分之六用于追加投资时社会财富增长情况如表 3-5-7 所示。

表 3-5-7　第二例投资比为十分之六时社会财富增长情况

	IC	IV	IM	IIC	IIV	IIM	$\dfrac{IM}{IIM}$	$\mu_{下}$	$\mu_{上}$
第一年	5 000	1000	1000	1 430	285	285	3.50877	8.84%	8.87%
	$I\dfrac{M}{Y}$	$I\dfrac{M}{Z}$	$I\dfrac{M}{X}$	$II\dfrac{M}{Y}$	$II\dfrac{M}{Z}$	$II\dfrac{M}{X}$	来年实际 μ_0	来年均衡 μ_0'	
	500	100	400	70.01	13.95	201.03	8.8679%	8.865%	
	IC	IV	IM	IIC	IIV	IIM	$\dfrac{IM}{IIM}$	$\mu_{下}$	$\mu_{上}$
第二年	5500	1100	1100	1500.01	298.95	298.95	3.6795	9.97%	10.007%
	$I\dfrac{M}{Y}$	$I\dfrac{M}{Z}$	$I\dfrac{M}{X}$	$II\dfrac{M}{Y}$	$II\dfrac{M}{Z}$	$II\dfrac{M}{X}$	来年实际 μ_0	来年均衡 μ_0'	
	550	110	440	150	30	119.06	9.999%	9.999%	
	IC	IV	IM	IIC	IIV	IIM	$\dfrac{IM}{IIM}$	$\mu_{下}$	$\mu_{上}$
第三年	6050	1210	1210	1650.01	328.85	328.85	3.6795	9.97%	10.007%
	$I\dfrac{M}{Y}$	$I\dfrac{M}{Z}$	$I\dfrac{M}{X}$	$II\dfrac{M}{Y}$	$II\dfrac{M}{Z}$	$II\dfrac{M}{X}$	来年实际 μ_0	来年均衡 μ_0'	
	605	121	484	165	32.88	130.96	9.999%	9.999%	
	IC	IV	IM	IIC	IIV	IIM	$\dfrac{IM}{IIM}$	$\mu_{下}$	$\mu_{上}$
第四年	6357.06	1271.41	1271.41	1858.23	370.347	370.347	3.6795	9.97%	10.007%
	$I\dfrac{M}{Y}$	$I\dfrac{M}{Z}$	$I\dfrac{M}{X}$	$II\dfrac{M}{Y}$	$II\dfrac{M}{Z}$	$II\dfrac{M}{X}$	来年实际 μ_0	来年均衡 μ_0'	
	532.4	133.1	665.5	193.6	96.8	677.6	9.999%	9.999%	

表 3-5-7 已计算出投资比为十分之六时第二例的产业结构比、准国民收入实际增长速度 μ_0 和准国民收入均衡增长速度 μ_0'。现将其列于表 3-5-8。

表 3-5-8　第二例投资比为十分之六时增长速度对应表

年份	$\dfrac{IM}{IIM}$	实际准增长速度 μ_0	均衡准增长速度 μ_0'
第一年	3.509		
第二年	3.679	8.8679%	8.865%
第三年	3.679	9.999%	9.999%
第四年	3.679	9.999%	9.999%

为了便于比较，将表 3-5-8 和表 3-5-3 放在一起，如表 3-5-9 所示。

如表 3-5-9　第二例投资比为十分之六与投资比为二分之一时增长速度对应表

年份	投资比为十分之六			投资比为二分之一		
	$\dfrac{IM}{IIM}$	实际准增长速度 μ_0	均衡准增长速度 μ_0'	$\dfrac{IM}{IIM}$	实际准增长速度 μ_0	均衡准增长速度 μ_0'
第一年	3.509			3.509		
第二年	3.679	8.8679%	8.865%	3.433	8.863%	8.865%
第三年	3.679	9.999%	9.999%	3.433	8.333%	8.333%
第四年	3.679	9.999%	9.999%	3.433	8.333%	8.333%

由表 3-5-9 可以看出，对于第二例，当投资比为十分之六时，在第二年，准国民收入实际增长速度 μ_0=8.8679%高于准国民收入均衡增长速度 μ_0'=8.865%，导致产业结构比 $\dfrac{IM}{IIM}$ 上升，并导致在第三年准国民收入实际增长速度与准国民收入均衡增长速度进一步上升；而投资比为二分之一时，在第二年，准国民收入实际增长速度 μ_0=8.863%低于准国民收入均衡增长速度 μ_0'=8.865%，导致产业结构比 $\dfrac{IM}{IIM}$ 下降，并导致在第三年准国民收入实际增长速度与准国民收入均衡增长速度进一步下降。[1]

---

[1] 注：上述原因将在第三篇第十章中论证

（三）投资比不是"看不见的手"

由表 3-5-6 可以看出，对于第一例，无论投资比为四分之一时准国民收入实际增长速度高于准国民收入均衡增长速度，还是投资比为二分之一时准国民收入实际增长速度低于准国民收入均衡增长速度，都存在着一种无形的力量，经过第二年的"调整"，从第三年开始，使社会财富的增长都按均衡增长速度一直保持均衡增长，而与投资比无关。

由表 3-5-9 可以看出，对于第二例，同样，无论投资比为十分之六时准国民收入实际增长速度高于准国民收入均衡增长速度，还是投资比为二分之一时准国民收入实际增长速度低于准国民收入均衡增长速度，都存在着一种无形的力量，经过第二年的"调整"，从第三年开始，使社会财富的增长都按均衡增长速度一直保持均衡增长，而与投资比无关。

由上述论证可知，确实存在着一种无形的力量，就像亚当·斯密讲的"看不见的手"，不管第一年的开始式是如何的不相同，都把准国民收入实际增长速度"调整"成为均衡增长速度；经过第二年的"调整"，从第三年开始，使社会财富的增长按均衡增长速度一直保持均衡增长。然而这种无形的力量却与第一类商品剩余价值用于追加投资的比例无关，也就是说，投资比并不是"看不见的手"。

四、产业结构是"看不见的手"吗？

再分析一下表 3-5-6 "第一例投资比为四分之一与投资比为二分之一时增长速度对应表"和表 3-5-9 "第二例投资比为十分之六与投资比为二分之一时增长速度对应表"，会发现表 3-5-6 与表 3-5-9 有着共同之处：从第二年开始，产业结构比 $\dfrac{IM}{IIM}$ 均保持不变。在第三篇第三章曾论证：社会财富均衡增长速度取决于产业结构比。如果产业结构比保持不变，则社会财富均衡增长速度保持不变。由表 3-5-6 与表 3-5-9 可知，从第三年开始，无论是第一例还是第二例，也无论它们的投资比如何改变，从第三年开始，准国民收入均衡增长速度 μ_0' 与准国民收入实际增长速度 μ_0 均保持一致。那么，产业结构比 $\dfrac{IM}{IIM}$ 是否是这无形的力量呢？

在第三篇第四章曾论证，当 P_1（H_2+1）＞P_2（H_1+1）时，即第一例的情况，如果准国民收入实际增长速度低于均衡增长速度将导致产业结构比的提高及以后均衡增长速度的上升，这与表 3-5-1 的情况相符；如果实际增长速度高于均衡增长速度将导致产业结构比的降低及以后均衡增长速度的下降，这与表 3-5-5 的情况相符。

同样可以论证[①]，当 $P_1(H_2+1) < P_2(H_1+1)$ 时，即第二例的情况，如果准国民收入实际增长速度低于均衡增长速度将导致产业结构比的降低及以后均衡增长速度的下降，这与表 3-5-3 的情况相符；如果实际增长速度高于均衡增长速度将导致产业结构比的提高及以后均衡增长速度的上升，这与表 3-5-8 的情况相符。

这表明，产业结构比随着实际增长速度与均衡增长速度之间的偏离而变动，或者说，是实际增长速度与均衡增长速度之间的偏离导致了产业结构比的变动。而且产业结构比随实际增长速度与均衡增长速度之间的偏离而变动，是有一定规律的。这个规律在 $P_1(H_2+1) > P_2(H_1+1)$ 时与在 $P_1(H_2+1) < P_2(H_1+1)$ 时是不同的，即对于第一例和第二例而言是不相同的。这说明，实际增长速度与均衡增长速度之间偏离的缩小不是由产业结构比导致的，也就是说，使社会财富趋向于按均衡速度增长的原因，并非来自产业结构比；这种无形的力量不是产业结构比。所以，产业结构比也不是"看不见的手"。

五、两大类商品之间的平衡交换是"看不见的手"

前面的分析虽然指出，产业结构比随着实际增长速度与均衡增长速度之间的偏离而变动，并不是使社会财富趋向于按均衡速度增长的原因；但是有一点是不可否认的：当产业结构比保持不变时，社会财富将按均衡增长速度一直保持均衡增长。因此可以推断，导致产业结构比保持不变的原因，就是"看不见的手"。

现在分析一下两类商品的产业结构比 $\dfrac{IM}{IIM}$。

如果用 IC 表示第一类商品消耗的生产资料，用 IV 表示第一类商品消耗劳动力的价值，用 P_1 表示第一类商品的资本有机构成，有：$P_1 = \dfrac{IC}{IV}$。

---

① 注：见第三篇第十章中的论证

如果用 IIC 表示第二类商品消耗的生产资料，用 IIV 表示第二类商品消耗劳动力的价值，用 P_2 表示第二类商品的资本有机构成，有：$P_2 = \dfrac{IIC}{IIV}$

如果用 IM 表示第一类商品的剩余价值，用 IV 表示第一类商品消耗劳动力的价值；用 H_1 表示第一类商品的剩余价值率，有：$H_1 = \dfrac{IM}{IV}$

如果用 IIM 表示第二类商品的剩余价值，用 IIV 表示第二类商品消耗劳动力的价值，用 H_2 表示第二类商品的剩余价值率，有：$H_2 = \dfrac{IIM}{IIV}$

用 $I\dfrac{M}{Y}$ 表示第一类商品剩余价值中用于对第一类商品生产资料的追加投资，用 $I\dfrac{M}{Z}$ 表示第一类商品剩余价值中用于对第一类商品劳动力消耗的追加投资，用 $I\dfrac{M}{X}$ 表示第一类商品剩余价值中用于消费的部分；用 $II\dfrac{M}{Y}$ 表示第二类商品剩余价值中用于对第二类商品生产资料的追加投资，用 $II\dfrac{M}{Z}$ 表示第二类商品剩余价值中用于对第二类商品劳动力消耗的追加投资，用 $II\dfrac{M}{X}$ 表示第二类商品剩余价值中用于消费的部分。在第一年，两类商品的产业结构比为 $\dfrac{IM}{IIM}$；由于已经对两类商品的剩余价值进行分配，在第二年年终，有：

第一类商品消耗劳动力的价值为 $IV + I\dfrac{M}{Z}$

第二类商品消耗劳动力的价值为 $IIV + II\dfrac{M}{Z}$

第一类商品的剩余价值为 $H_1(IV + I\dfrac{M}{Z})$

第二类商品的剩余价值为 $H_2(IIV + II\dfrac{M}{Z})$

即，在第二年年终，存在追加投资的情况下，两类商品的产业结构比为：

$$\frac{IM}{IIM} = \frac{(IV + I\dfrac{M}{Z}) \times H_1}{(IIV + II\dfrac{M}{Z}) \times H_2} \tag{3-5-1}$$

由第三篇第二章可知，社会财富增长必须满足（3-2-6）式所示的社会财富增长的必要条件。这一必要条件描述的是第一类商品与第二类商品之间交换的平衡：

$$I\frac{M}{Z} + I\frac{M}{X} - II\frac{M}{Y} = \frac{P_2}{H_2}IIM - \frac{1}{H_1}IM \tag{3-2-6}$$

由（3-2-6）式，有：

$$\frac{P_2}{H_2}IIM + II\frac{M}{Y} = I\frac{M}{Z} + I\frac{M}{X} + \frac{1}{H_1}IM \tag{3-5-2}$$

由于 $\frac{P_2}{H_2}IIM = IIC$，$IIC = P_2\,IIV$

而且 $II\frac{M}{Y} = P_2\,II\frac{M}{Z}$

所以，（3-5-2）式的左边可以表示为：

$$IIC + II\frac{M}{Y} = P_2\left(IIV + II\frac{M}{Z}\right) \tag{3-5-3}$$

由（3-5-3）式的右边应当等于（3-5-2）的右边，有：

$$P_2\left(IIV + II\frac{M}{Z}\right) = I\frac{M}{Z} + I\frac{M}{X} + \frac{1}{H_1}IM$$

所以 $IIV + II\frac{M}{Z} = \frac{1}{P_2}\left(\frac{1}{H_1}IM + I\frac{M}{Z} + I\frac{M}{X}\right)$ (3-5-4)

（3-5-4）式是由（3-2-6）式所描述的社会财富增长的必要条件变换而来，是描述第一类商品与第二类商品之间交换的平衡的另一种形式的表达式。

将（3-5-4）式代入两类商品产业结构比的表达式（3-5-1）式，有：

$$\frac{IM}{IIM} = P_2\frac{H_1}{H_2}\frac{\left(\frac{1}{H_1}IM + I\frac{M}{Z}\right)}{\left(\frac{1}{H_1}IM + I\frac{M}{Z} + I\frac{M}{X}\right)} \tag{3-5-5}$$

由第三篇第四章（3-4-13）式所示的投资比增长模型的 6 个变量的解的表达式可知：

$$I\frac{M}{Z} = \frac{R}{1+P_1}IM \tag{3-5-6}$$

$$I\frac{M}{X} = (1-R)IM \tag{3-5-7}$$

其中 R 是投资比，即第一类商品剩余价值中追加投资占剩余价值的百分比。

将（3-5-6）式和（3-5-7）式代入（3-5-5）式，得到：

$$\frac{IM}{IIM} = P_2 \frac{H_1}{H_2} \frac{\dfrac{1}{H_1}IM + \dfrac{R}{1+P_1}IM}{\dfrac{1}{H_1}IM + \dfrac{R}{1+P_1}IM + (1-R)\ IM}$$

$$\frac{IM}{IIM} = P_2 \frac{H_1}{H_2} \frac{1+P_1+H_1R}{1+P_1+H_1R+H_1(1-R)\ (1+P_1)} \tag{3-5-8}$$

由于在社会财富增长的过程中，P_1、P_2、H_1、H_2、R 均为常数，所以（3-5-8）式所描述的两类商品的产业结构比 $\dfrac{IM}{IIM}$ 为常数。

现用（3-5-8）式计算第一例和第二例。

对于第一例，已经知道 $P_1 = 4$，$P_2 = 2$，$H_1 = 1$，$H_2 = 1$；当投资比为二分之一时，即 $R = \dfrac{1}{2}$，将这些数据代入（3-5-8）式，得到产业结构比 $\dfrac{IM}{IIM} = 1.375$。这个计算结果恰好等于表 3-5-6 中第一例投资比为二分之一时第二年以后的产业结构比。

对于第一例，当投资比为四分之一时，即 $R = \dfrac{1}{4}$，将这些数据代入（3-5-8）式，得到产业结构比 $\dfrac{IM}{IIM} = 1.167$。这个计算结果恰好等于表 3-5-6 中第一例投资比为四分之一时第二年以后的产业结构比。

对于第二例，已经知道 $P_1 = 5$，$P_2 = 5.017$，$H_1 = 1$，$H_2 = 1$；当投资比为二分之一时，即 $R = \dfrac{1}{2}$，将这些数据代入（3-5-8）式，得到产业结构比 $\dfrac{IM}{IIM} = 3.433$。这个计算结果恰好等于表 3-5-9 中第二例投资比为二分之一时第二年以后的产业结构比。

对于第二例，当投资比为十分之六时，即 $R = \dfrac{6}{10}$，将这些数据代入（3-5-8）式，得到产业结构比 $\dfrac{IM}{IIM} = 3.679$。这个计算结果恰好等于表 3-5-9 中第二例投资比为十分之六时第二年以后的产业结构比。

这说明，（3-5-8）式已经成为描述第一例和第二例第二年以后产业结构比为常量的表达式。

现在分析一下上面的论述。（3-5-1）式是描述产业结构比在存在着追加投资的情况下的表达式。描述产业结构比的（3-5-8）式由（3-5-1）式变换而来。现在（3-5-8）式已经成为产业结构比为常量的表达式。前面曾推断，导致产业结构比保持不变的原因，就是"看不见的手"。也就是说，导致由（3-5-1）式变换成为（3-5-8）式的原因，就是"看不见的手"。

（3-5-8）式之所以能够变换成为产业结构比为常量的表达式，是由于将（3-5-4）式代入到（3-5-1）式。（3-5-4）式是由描述社会财富增长必要条件的（3-2-6）式变换而来的，也就是说，（3-5-4）式是描述第一类商品与第二类商品之间交换平衡的另一种形式的表达式。如果跨过中间推导过程，可以概括为，由于将描述社会财富增长必要条件的（3-2-6）式代入到描述产业结构比的（3-5-1）式，而导致由（3-5-1）式变换来的（3-5-8）式成为描述产业结构比为常量的表达式。或者说，是第一类商品与第二类商品之间的交换平衡导致产业结构比成为常数。而产业结构比保持不变时，社会财富的增长将按均衡增长速度一直保持均衡增长。

由此可以断定，第一类商品与第二类商品之间交换的平衡表达式，即社会财富增长的必要条件（3-2-6）式是那无形的力量，不管第一年的开始式是如何的不相同，也不管 P_1、P_2、H_1、H_2、R 这些常数的具体数值如何，都把准国民收入实际增长速度"调整"成为均衡增长速度；第一类商品与第二类商品之间交换的平衡表达式，正是亚当·斯密提出的"看不见的手"。

上述论证表明，亚当·斯密确实具有超人的洞察能力和创造力，难怪人们把亚当·斯密的"看不见的手"作为一句具有代表性的名言，因为它描述了不以人的意愿而改变的客观存在的经济规律。亚当·斯密让人类认识到客观存在着经济规律，为人类认识经济规律做出了不可磨灭的贡献。

提出第一类商品与第二类商品之间交换的平衡表达式的，是德国经济学家、哲学家、政治家马克思。在《资本论》中，他用一个公式描绘出了这只"看不见的手"，客观上使亚当·斯密的表述量化为社会财富增长的必要条件，成为宏观经济定量分析不可或缺的基石。

这让人想起了意大利物理学家伽利略，他在 1638 年出版的《关于两门新科学的对话》（简称《两门新科学》）中对惯性做了表述，"正是这本被称为《两种（门）

新科学》的书……成为现代物理学的起源"[①]。"伽利略这个正确的结论隔了一代以后由牛顿把它写成惯性定律"[②]，惯性定律也称为牛顿第一定律，牛顿三定律和万有引力定律奠定了经典力学体系。

　　研究经济与研究自然科学有相似之处，就好像亚当·斯密用"看不见的手"来描述客观存在的经济规律，"第一个创立了比较完备的英国古典政治经济学的理论体系与框架"[③]；马克思在客观上使亚当·斯密的"看不见的手"量化为社会财富增长的必要条件，成为宏观经济定量分析不可或缺的基石。

① [英] 史蒂芬·霍金. 许明贤, 吴忠超译. 时间简史. 插图版. 湖南科学技术出版社, 2002 年: 237
② [美] 爱因斯坦, 利·英费尔德. 周肇威译. 物理学的进化. 上海科学技术出版社, 1962 年: 5
③ 晏志杰主编. 西方经济学说史教程. 北京大学出版社, 2002 年: 100

第六章　增长模型实际应用表达式及经济效益提高的判据

"经济学的传统研究方法，一直是探究决定财富生产和分配的原因，至少在讲英语的经济学家当中是这样。经济学被分成了两大部分，一是生产理论，一是分配理论。前者的任务是解释决定'总产量'大小的原因，后者的任务是解释决定总产量分配于不同的生产要素和不同的人之间的比例的原因。这两个标题下的内容实际上差别很小。关于价值理论的地位，一向就叫人感到很为难。但概括地说，直至最近，这仍是经济学的主要划分法。"[1]

一、对四个社会财富增长模型的概述

前面给出了四个功能各不相同的社会财富增长模型：
一是（3-2-7）式描述的非稳定增长模型：

$$I\frac{M}{Y} + I\frac{M}{Z} + I\cdot\frac{M}{X} = IM$$

$$II\frac{M}{Y} + II\frac{M}{Z} + II\frac{M}{X} = IIM$$

$$P_1 I\frac{M}{Z} - I\frac{M}{Y} = 0$$

$$P_2 II\frac{M}{Z} - II\frac{M}{Y} = 0$$

$$\left.\right\} \quad (3\text{-}2\text{-}7)$$

---

① ［英］莱昂内尔·罗宾斯. 朱泱译. 经济科学的性质和意义. 商务印书馆, 2000 年: 56

$$I\frac{M}{Z} + I\frac{M}{X} - II\frac{M}{Y} = \frac{P_2}{H_2}IIM - \frac{1}{H_1}IM$$

$$(1+H_1)\,I\frac{M}{Z} + (1+H_2)\,II\frac{M}{Z} = [\frac{1+H_1}{H_1}IM + \frac{1+H_2}{H_2}IIM\,]\,\mu_0$$

$$\left.\right\}(3\text{-}2\text{-}7)$$

二是（3-2-12）式描述的调整型增长模型：

$$I\frac{M}{Y} + I\frac{M}{Z} + I\frac{M}{X} = IM$$

$$II\frac{M}{Y} + II\frac{M}{Z} + II\frac{M}{X} = IIM$$

$$P_1 I\frac{M}{Z} - I\frac{M}{Y} = 0$$

$$P_2 II\frac{M}{Z} - II\frac{M}{Y} = 0$$

$$I\frac{M}{Z} + \triangle I\frac{M}{Z} + I\frac{M}{X} - II\frac{M}{Y} = \frac{P_2}{H_2}IIM - \frac{1}{H_1}IM$$

$$P_1 \triangle I\frac{M}{Z} = \triangle I\frac{M}{Y}$$

$$\triangle I\frac{M}{Z} = \frac{IM}{IIM}\frac{H_2}{H_1}II\frac{M}{Z} - I\frac{M}{Z}$$

$$(1+H_1)\,(I\frac{M}{Z} + \triangle I\frac{M}{Z}) + (1+H_2)\,II\frac{M}{Z}$$

$$= [\frac{1+H_1}{H_1}IM + \frac{1+H_2}{H2}IIM\,]\,\mu_0$$

$$\left.\right\}(3\text{-}2\text{-}12)$$

三是（3-2-15）式描述的稳定增长模型：

$$I\frac{M}{Y} + I\frac{M}{Z} + I\frac{M}{X} = IM$$

$$II\frac{M}{Y} + II\frac{M}{Z} + II\frac{M}{X} = IIM$$

$$P_1 I\frac{M}{Z} - I\frac{M}{Y} = 0$$

$$P_2 II\frac{M}{Z} - II\frac{M}{Y} = 0$$

$$\left.\right\}(3\text{-}2\text{-}15)$$

$$I\frac{M}{Z} + I\frac{M}{X} - II\frac{M}{Y} = \frac{P_2}{H_2}IIM - \frac{1}{H_1}IM$$

$$\left.(1+H_1)\,I\frac{M}{Z} + (1+H_2)\,II\frac{M}{Z} = [\frac{1+H_1}{H_1}IM + \frac{1+H_2}{H_2}IIM]\,\mu_0'\right\} \quad (3\text{-}2\text{-}15)$$

$$I\frac{M}{Z} = \frac{H_2}{H_1}\frac{IM}{IIM}II\frac{M}{Z}$$

四是（3-4-12）式描述的投资比增长模型：

$$I\frac{M}{Y} + I\frac{M}{Z} = R\,IM$$

$$\left.\begin{aligned}
I\,\frac{M}{Y} + I\,\frac{M}{Z} + I\,\frac{M}{X} &= IM \\[6pt]
II\,\frac{M}{Y} + II\,\frac{M}{Z} + II\,\frac{M}{X} &= IIM \\[6pt]
I\,\frac{M}{Z} + I\,\frac{M}{X} - II\,\frac{M}{Y} &= \frac{P_2}{H_2}IIM - \frac{1}{H_1}IM \\[6pt]
P_1\,I\frac{M}{Z} - I\frac{M}{Y} &= 0 \\[6pt]
P_2\,II\frac{M}{Z} - II\frac{M}{Y} &= 0
\end{aligned}\right\} \quad (3\text{-}4\text{-}12)$$

这四个社会财富增长模型虽然功能各不相同，但是在创建这四个模型时，却有一个共同之处，均假设两类商品的资本有机构成和剩余价值率不变，即这四个模型中的 P_1、P_2、H_1、H_2 均为常量。

在现实经济中，技术水平的提高将会导致资本有机构成和剩余价值率的变化，所以不能不考虑技术水平提高所带来的影响。因此，应当认为来年的资本有机构成和剩余价值率与基年的资本有机构成和剩余价值率是不同的。

现假定以下基年基本情况为已知：第一类商品消耗的生产资料 IC，第一类商品消耗劳动力的价值 IV，第一类商品的剩余价值 IM；第二类商品消耗的生产资料 IIC，第二类商品消耗劳动力的价值 IIV，第二类商品的剩余价值 IIM。

用 P_{10} 表示基年第一类商品的资本有机构成，$P_{10} = \dfrac{IC}{IV}$；用 P_1 表示来年第一类商品的资本有机构成；用 H_{10} 表示基年第一类商品的剩余价值率，$H_{10} = \dfrac{IM}{IV}$；用 H_1 表示来年第一类商品的剩余价值率；用 P_{20} 表示基年第二类商品的资本有机构成，$P_{20} = \dfrac{IIC}{IIV}$；用 P_2 表示来年第二类商品的资本有机构成；用 H_{20} 表示基年第二类商品的剩余价值率，$H_{20} = \dfrac{IIM}{IIV}$；用 H_2 表示来年第二类商品的剩余价值率。

现在考虑来年两类商品的资本有机构成和剩余价值率都是有变化的，使四个模型与实际更加接近，成为实际应用的表达式。下面论述内容的原始论证过程，笔者已于 1984 年发表在《南开经济研究所季刊》（增刊）上，题目是"二论扩大再生产的进行"。下面的论述做了一些简化，在增加部分内容的同时纠正了当时个别符号的印刷错误。

二、非稳定增长模型的实际应用表达式

现将（3-2-7）式描述的非稳定增长模型变换成非稳定增长模型的实际应用表达式。

先对（3-2-7）式描述的非稳定增长模型进行一下分析，由（3-2-7）式可知，非稳定增长模型有 6 个方程、6 个未知量。

$$I\frac{M}{Y} + I\frac{M}{Z} + I\frac{M}{X} = IM \tag{3-6-1}$$

$$II\frac{M}{Y} + II\frac{M}{Z} + II\frac{M}{X} = IIM \tag{3-6-2}$$

$$P_1 I\frac{M}{Z} - I\frac{M}{Y} = 0 \tag{3-6-3}$$

$$P_2 II\frac{M}{Z} - II\frac{M}{Y} = 0 \tag{3-6-4}$$

$$I\frac{M}{Z} + I\frac{M}{X} - II\frac{M}{Y} = \frac{P_2}{H_2}IIM - \frac{1}{H_1}IM \tag{3-6-5}$$

$$(1+H_1)I\frac{M}{Z}+(1+H_2)II\frac{M}{Z}=[\frac{1+H_1}{H_1}IM+\frac{1+H_2}{H_2}IIM]\mu_0 \qquad (3\text{-}6\text{-}6)$$

在这 6 个方程中，有 3 个方程是对基年情况的描述，其中方程（3-6-1）式和（3-6-2）式是基年第一类商品剩余价值的分配和基年第二类商品剩余价值的分配，与资本有机构成和剩余价值率无关，所以不必做任何改变。

$$I\frac{M}{Y}+I\frac{M}{Z}+I\frac{M}{X}=IM \qquad (3\text{-}6\text{-}1)$$

$$II\frac{M}{Y}+II\frac{M}{Z}+II\frac{M}{X}=IIM \qquad (3\text{-}6\text{-}2)$$

方程（3-6-5）式是对基年两类商品之间的平衡交换的描述，式中所涉及的 P_2、H_1 和 H_2 都是基年的，所以将其换成 P_{20}、H_{10} 和 H_{20} 即可，（3-6-5）式成为（3-6-7）式：

$$I\frac{M}{Z}+I\frac{M}{X}-II\frac{M}{Y}=\frac{P_{20}}{H_{20}}IIM-\frac{1}{H_{10}}IM \qquad (3\text{-}6\text{-}7)$$

其他 3 个方程均与来年的资本有机构成和剩余价值率有关，需要逐个进行分析。

（3-6-3）式的构成是源于第一类商品的资本有机构成保持不变，现在去掉这个假设，研究一下来年第一类商品的资本有机构成 P_1 的表达式。

在来年，第一类商品消耗的生产资料为 $IC+I\frac{M}{Y}$，第一类商品消耗劳动力的价值为 $IV+I\frac{M}{Z}$，所以，来年第一类商品的资本有机构成 P_1 为：

$$P_1=\frac{IC+I\dfrac{M}{Y}}{IV+I\dfrac{M}{Z}}$$

由于 $IC=P_{10}IV=\dfrac{P_{10}}{H_{10}}IM$，$IV=\dfrac{1}{H_{10}}IM$

所以，有：$P_1(\dfrac{1}{H_{10}}IM+I\dfrac{M}{Z})=\dfrac{P_{10}}{H_{10}}IM+I\dfrac{M}{Y}$

即：$I\dfrac{M}{Y}-P_1I\dfrac{M}{Z}=\dfrac{1}{H_{10}}(P_1-P_{10})IM \qquad (3\text{-}6\text{-}8)$

在第一类商品资本有机构成变化的情况下，（3-6-3）式变换为（3-6-8）式，如果第一类商品资本有机构成不变，即 $P_1 = P_{10}$，（3-6-8）式又变成（3-6-3）式。

（3-6-4）式的情况与（3-6-3）式类似，只是把对第一类商品的推导用于对第二类商品的推导。因此，可以把（3-6-4）式变换为（3-6-9）式：

$$II\frac{M}{Y} - P_2\, II\frac{M}{Z} = \frac{1}{H_{20}}(P_2 - P_{20})\, IIM \qquad\qquad (3\text{-}6\text{-}9)$$

由于（3-6-6）式涉及来年准国民收入增长速度 μ_0，所以从分析国民收入增长速度开始。

用 W 表示基年的国民收入，$W = IV + IM + IIV + IIM$

由于 $H_{10} = \dfrac{IM}{IV}$，$H_{20} = \dfrac{IIM}{IIV}$，或 $H_{10}\, IV = IM$，$H_{20}\, IIV = IIM$，有：

$$W = （1 + H_{10}）\, IV + （1 + H_{20}）\, IIV$$

用 IV' 表示来年第一类商品的劳动力消耗，有：

$$IV' = IV + I\frac{M}{Z}$$

用 IM' 表示来年第一类商品的剩余价值，有：

$$IM' = H_1\, IV' = H_1\, （IV + I\frac{M}{Z}）$$

用 IIV' 表示来年第二类商品的劳动力消耗，有：

$$IIV' = IIV + II\frac{M}{Z}$$

用 IIM' 表示来年第二类商品的剩余价值，有：

$$IIM' = H_2\, IIV' = H_2\, （IIV + II\frac{M}{Z}）$$

用 W' 表示来年的国民收入，有：

$$W' = IV' + IM' + IIV' + IIM'$$

$$W' = （1 + H_1）\, IV + （1 + H_2）\, IIV + （1 + H_1）\, I\frac{M}{Z} + （1 + H_2）\, II\frac{M}{Z}$$

用 μ 表示来年的国民收入增长速度，有：

$$\mu = \frac{W' - W}{W'}$$

$$\mu = \frac{(H_1 - H_{10})IV + (H_2 - H_{20})IIV + (1+H_1)I\dfrac{M}{Z} + (1+H_2)II\dfrac{M}{Z}}{(1+H_1)IV + (1+H_2)IIV + (1+H_1)I\dfrac{M}{Z} + (1+H_2)II\dfrac{M}{Z}}$$

假设 μ_0 为准国民收入增长速度，如（3-6-10）式所示：

$$\mu_0 = \frac{(H_1 - H_{10})IV + (H_2 - H_{20})IIV + (1+H_1)I\dfrac{M}{Z} + (1+H_2)II\dfrac{M}{Z}}{(1+H_1)IV + (1+H_2)IIV}$$

（3-6-10）

假设 μ_{00} 为准国民收入增长速度的变动量：

$$\mu_{00} = \frac{(H_1 - H_{10})IV + (H_2 - H_{20})IIV}{(1+H_1)IV + (1+H_2)IIV}$$ （3-6-11）

因此，有：$\mu = \dfrac{\mu_0}{1 + \mu_0 - \mu_{00}}$ （3-6-12）

（3-6-12）式描述了资本有机构成和剩余价值率在来年变动的情况下，国民收入增长速度 μ 与准国民收入增长速度 μ_0 的关系。

以前曾论证在资本有机构成和剩余价值率为常量时 μ 与 μ_0 的关系，如（3-6-13）式所示：

$$\mu = \frac{\mu_0}{1 + \mu_0}$$ （3-6-13）

由（3-6-11）式可知，如果资本有机构成和剩余价值率为常量，则 $\mu_{00} = 0$，（3-6-12）式变为（3-6-13）式。

由（3-6-10）式，有：

$$(H_1 - H_{10})\,IV + (H_2 - H_{20})\,IIV + (1+H_1)\,I\frac{M}{Z} + (1+H_2)\,II\frac{M}{Z}$$

$$= \mu_0[\,(1+H_1)\,IV + (1+H_2)\,IIV\,]$$

由于 $IV = \dfrac{IM}{H_{10}}$，$IIV = \dfrac{IM}{H_{20}}$

所以，有：$(1+H_1) I\dfrac{M}{Z} + (1+H_2) II\dfrac{M}{Z}$

$$= (\dfrac{1+H_1}{H_{10}}\mu_0 - \dfrac{H_1-H_{10}}{H_{10}}) IM + (\dfrac{1+H_2}{H_{20}}\mu_0 - \dfrac{H_2-H_{20}}{H_{20}}) IIM \quad (3\text{-}6\text{-}14)$$

当资本有机构成和剩余价值率在来年变动的情况下，（3-6-6）式被（3-6-14）式所取代。

这样，由（3-6-1）式、（3-6-2）式、（3-6-7）式、（3-6-8）式、（3-6-9）式和（3-6-14）式 6 个方程构成了非稳定增长模型的实际应用表达式，如（3-6-15）所示。

$$\left.\begin{array}{l} I\dfrac{M}{Y} + I\dfrac{M}{Z} + I\dfrac{M}{X} = IM \\[2mm] II\dfrac{M}{Y} + II\dfrac{M}{Z} + II\dfrac{M}{X} = IIM \\[2mm] I\dfrac{M}{Y} - P_1 I\dfrac{M}{Z} = \dfrac{1}{H_{10}}(P_1 - P_{10}) IM \\[2mm] II\dfrac{M}{Y} - P_2 II\dfrac{M}{Z} = \dfrac{1}{H_{20}}(P_2 - P_{20}) IIM \\[2mm] I\dfrac{M}{Z} + I\dfrac{M}{X} - II\dfrac{M}{Y} = \dfrac{P_{20}}{H_{20}}IIM - \dfrac{1}{H_{10}}IM \\[2mm] (1+H_1) I\dfrac{M}{Z} + (1+H_2) II\dfrac{M}{Z} \\[2mm] = (\dfrac{1+H_1}{H_{10}}\mu_0 - \dfrac{H_1-H_{10}}{H_{10}}) IM + (\dfrac{1+H_2}{H_{20}}\mu_0 - \dfrac{H_2-H_{20}}{H_{20}}) IIM \end{array}\right\} (3\text{-}6\text{-}15)$$

三、调整型增长模型的实际应用表达式

现将（3-2-12）式描述的调整型增长模型变换成调整型增长模型的实际应用表达式。

（3-2-12）式描述的调整型增长模型由 8 个方程构成：

$$I\frac{M}{Y} + I\frac{M}{Z} + I\frac{M}{X} = IM \tag{3-6-16}$$

$$II\frac{M}{Y} + II\frac{M}{Z} + II\frac{M}{X} = IIM \tag{3-6-17}$$

$$P_1 I\frac{M}{Z} - I\frac{M}{Y} = 0 \tag{3-6-18}$$

$$P_2 II\frac{M}{Z} - II\frac{M}{Y} = 0 \tag{3-6-19}$$

$$I\frac{M}{Z} + \triangle I\frac{M}{Z} + I\frac{M}{X} - II\frac{M}{Y} = \frac{P_2}{H_2} IIM - \frac{1}{H_1} IM \tag{3-6-20}$$

$$P_1 \triangle I\frac{M}{Z} = \triangle I\frac{M}{Y} \tag{3-6-21}$$

$$\triangle I\frac{M}{Z} = \frac{IM}{IIM}\frac{H_2}{H_1} II\frac{M}{Z} - I\frac{M}{Z} \tag{3-6-22}$$

$$(1+H_1)(I\frac{M}{Z} + \triangle I\frac{M}{Z}) + (1+H_2) II\frac{M}{Z}$$

$$= [\frac{1+H_1}{H_1} IM + \frac{1+H_2}{H_2} IIM]\mu_0 \tag{3-6-23}$$

在这 8 个方程中，（3-6-16）式、（3-6-17）式与（3-2-7）式描述的非稳定增长模型中的（3-6-1）式、（3-6-2）式在性质上是完全一样的。在非稳定增长模型实际应用表达式的推导中（3-6-1）式和（3-6-2）式保持不变，所以将（3-6-16）式变换成（3-6-1）式，将（3-6-17）式变换成（3-6-2）式，有：

$$I\frac{M}{Y} + I\frac{M}{Z} + I\frac{M}{X} = IM \tag{3-6-1}$$

$$II\frac{M}{Y} + II\frac{M}{Z} + II\frac{M}{X} = IIM \tag{3-6-2}$$

（3-6-18）式虽然在形式上与（3-6-3）式一样，但由于 $\triangle I\frac{M}{Z}$ 和 $\triangle I\frac{M}{Y}$ 的存在，性质上已有所不同。

在来年，第一类商品消耗的生产资料为 $IC + I\dfrac{M}{Y} + \triangle I\dfrac{M}{Y}$，第一类商品消

耗劳动力的价值为 $IV + I\dfrac{M}{Z} + \triangle I\dfrac{M}{Z}$，所以，在来年有：

$$P_1\left(IV + I\dfrac{M}{Z} + \triangle I\dfrac{M}{Z}\right) = IC + I\dfrac{M}{Y} + \triangle I\dfrac{M}{Y} \qquad (3\text{-}6\text{-}24)$$

由于 $IV = \dfrac{1}{H_{10}}IM$，$IC = P_{10}IV = \dfrac{P_{10}}{H_{10}}I\dfrac{M}{Y}$

将（3-6-24）式改写为（3-6-25）式：

$$P_1 I\dfrac{M}{Z} - I\dfrac{M}{Y} + P_1 \triangle I\dfrac{M}{Z} - \triangle I\dfrac{M}{Y} = \dfrac{P_{10}}{H_{10}}IM - P_1\dfrac{1}{H_{10}}IM$$

即：$\left(I\dfrac{M}{Y} + \triangle I\dfrac{M}{Y}\right) - P_1\left(I\dfrac{M}{Z} + \triangle I\dfrac{M}{Z}\right) = \dfrac{1}{H_{10}}IM\left(P_1 - P_{10}\right)$ (3-6-25)

所以，（3-6-18）式变换为（3-6-25）式。

（3-6-19)式与（3-6-4)式完全一样,（3-6-4)式变换为（3-6-9)式,所以（3-6-19)

式变换为（3-6-9）式。

$$II\dfrac{M}{Y} - P_2 II\dfrac{M}{Z} = \dfrac{1}{H_{20}}(P_2 - P_{20})IIM \qquad (3\text{-}6\text{-}9)$$

（3-6-20）式虽然与（3-6-5）式在形式上有些不同，但都是对基年两类商品之

间的平衡交换的描述，式中的所涉及的 P_2、H_1 和 H_2 都是基年的，所以将其换成

P_{20}、H_{10} 和 H_{20} 即可。（3-6-20）式变换成为（3-6-26）式：

$$I\dfrac{M}{Z} + \triangle I\dfrac{M}{Z} + I\dfrac{M}{Y} - II\dfrac{M}{Y} = \dfrac{P_{20}}{H_{20}}IIM - \dfrac{1}{H_{10}}IM \qquad (3\text{-}6\text{-}26)$$

分析一下（3-6-21）式，变量 $\triangle I\dfrac{M}{Z}$ 和 $\triangle I\dfrac{M}{Y}$ 与变量 $I\dfrac{M}{Z}$ 和 $I\dfrac{M}{Y}$ 的性质是一

样的，只是来源不一样。$\triangle I\dfrac{M}{Z}$ 和 $\triangle I\dfrac{M}{Y}$ 来源于第二类商品的剩余价值，而 $I\dfrac{M}{Z}$

和 $I\dfrac{M}{Y}$ 来源于第一类商品的剩余价值。从形式上（3-6-21）式应当与（3-6-18）式

一样，所以（3-6-21）式变换成为（3-6-27）式：

$$\triangle I \frac{M}{Y} - P_1 \triangle I \frac{M}{Z} = \frac{1}{H_{10}}(P_1 - P_{10}) \, IM \qquad (3\text{-}6\text{-}27)$$

（3-6-22）式来源于两类商品产业结构比不变，在基年产业结构比为 $\frac{IM}{IIM}$。

在来年，第一类商品的剩余价值为 H_1（ $IV + I\frac{M}{Z} + \triangle I\frac{M}{Z}$ ），第二类商品的

剩余价值为 H_2（ $IIV + II\frac{\dot{M}}{Z}$ ），所以，有：

$$H_1 \left(IV + I\frac{M}{Z} + \triangle I\frac{M}{Z} \right) = \frac{IM}{IIM} H_2 \left(IIV + II\frac{M}{Z} \right) \qquad (3\text{-}6\text{-}28)$$

由于 $IV = \frac{1}{H_{10}} IM$，$IIV = \frac{1}{H_{20}} IIM$，

（3-6-28）式改写为（3-6-29）式：

$$H_1 I\frac{M}{Z} - H_2 \frac{IM}{IIM} II\frac{M}{Z} + H_1 \triangle I\frac{M}{Z} = \left(\frac{H_2}{H_{20}} - \frac{H_1}{H_{10}} \right) IM \qquad (3\text{-}6\text{-}29)$$

所以，（3-6-22）式变换成（3-6-29）式。

再来分析（3-6-23）式。虽然（3-6-23）式与（3-6-6）式相比多了一个变量 $\triangle I\frac{M}{Z}$，但是只要把（3-6-6）式中的变量 $I\frac{M}{Z}$ 看做 $I\frac{M}{Z} + \triangle I\frac{M}{Z}$，那么（3-6-6）式就与（3-6-23）式完全一样。由于（3-6-6）式变换成（3-6-14）式，所以将（3-6-14）式中的 $I\frac{M}{Z}$ 换成 $I\frac{M}{Z} + \triangle I\frac{M}{Z}$，即可以替代（3-6-23）式。如（3-6-30）式所示：

$$(1+H_1) \, I\frac{M}{Z} + (1+H_2) \, II\frac{M}{Z} + (1+H_1) \, \triangle I\frac{M}{Z}$$

$$= \left(\frac{1+H_1}{H_{10}} \mu_0 - \frac{H_1 - H_{10}}{H_{10}} \right) IM + \left(\frac{1+H_2}{H_{20}} \mu_0 - \frac{H_2 - H_{20}}{H_{20}} \right) IIM \qquad (3\text{-}6\text{-}30)$$

即（3-6-23）式变换成（3-6-30）式。

这样，由（3-6-1）式、（3-6-2）式、（3-6-25）式、（3-6-9）式、（3-6-26）式、（3-6-27）式、（3-6-29）式和（3-6-30）式这 8 个方程构成了调整型增长模型的实际应用表达式。如（3-6-31）所示。

$$I\frac{M}{Y} + I\frac{M}{Z} + I\frac{M}{X} = IM$$

$$II\frac{M}{Y} + II\frac{M}{Z} + II\frac{M}{X} = IIM$$

$$\left(I\frac{M}{Y} + \triangle I\frac{M}{Y}\right) - P_1\left(I\frac{M}{Z} + \triangle I\frac{M}{Z}\right) = \frac{1}{H_{10}}IM\left(P_1 - P_{10}\right)$$

$$II\frac{M}{Y} - P_2 II\frac{M}{Z} = \frac{1}{H_{20}}(P_2 - P_{20})\ IIM$$

$$I\frac{M}{Z} + \triangle I\frac{M}{Z} + I\frac{M}{X} - II\frac{M}{Y} = \frac{P_{20}}{H_{20}}IIM - \frac{1}{H_{10}}IM \qquad (3\text{-}6\text{-}31)$$

$$\triangle I\frac{M}{Y} - P_1 \triangle I\frac{M}{Z} = \frac{1}{H_{10}}(P_1 - P_{10})\ IM$$

$$H_1 I\frac{M}{Z} - H_2\frac{IM}{IIM}II\frac{M}{Z} + H_1 \triangle I\frac{M}{Z} = \left(\frac{H_2}{H_{20}} - \frac{H_1}{H_{10}}\right)\ IM$$

$$(1+H_1)\ I\frac{M}{Z} + (1+H_2)\ II\frac{M}{Z} + (1+H_1)\ \triangle I\frac{M}{Z}$$

$$= \left(\frac{1+H_1}{H_{10}}\mu_0 - \frac{H_1 - H_{10}}{H_{10}}\right)\ IM + \left(\frac{1+H_2}{H_{20}}\mu_0 - \frac{H_2 - H_{20}}{H_{20}}\right)\ IIM$$

四、稳定增长模型的实际应用表达式

现将（3-2-15）式描述的稳定增长模型变换成稳定增长模型的实际应用表达式。

（3-2-15）式描述的稳定增长模型，由 7 个方程构成：

$$I\frac{M}{Y} + I\frac{M}{Z} + I\frac{M}{X} = IM \qquad (3\text{-}6\text{-}32)$$

$$II\frac{M}{Y} + II\frac{M}{Z} + II\frac{M}{X} = IIM \qquad (3\text{-}6\text{-}33)$$

$$P_1 I\frac{M}{Z} - I\frac{M}{Y} = 0 \qquad (3\text{-}6\text{-}34)$$

$$P_2 \, II \, \frac{M}{Z} - II \, \frac{M}{Y} = 0 \tag{3-6-35}$$

$$I \, \frac{M}{Z} + I \, \frac{M}{X} - II \, \frac{M}{Y} = \frac{P_2}{H_2} \, IIM - \frac{1}{H_1} \, IM \tag{3-6-36}$$

$$(1+H_1) \, I \, \frac{M}{Z} + (1+H_2) \, II \, \frac{M}{Z} = [\frac{1+H_1}{H_1} \, IM + \frac{1+H_2}{H_2} \, IIM] \, \mu_0' \tag{3-6-37}$$

$$I \, \frac{M}{Z} = \frac{H_2}{H_1} \, \frac{IM}{IIM} \, II \, \frac{M}{Z} \tag{3-6-38}$$

将（3-2-15）式描述的稳定增长模型与（3-2-12）式描述的调整型增长模型进行比较分析会发现，虽然（3-2-15）式描述的稳定增长模型有 7 个方程、7 个变量，（3-2-12）式描述的调整型增长模型有 8 个方程、8 个变量，但只要假设调整型增长模型中的两个变量 $\triangle I \frac{M}{Y}$ 和 $\triangle I \frac{M}{Z}$ 为零，调整型增长模型的 8 个方程就变成 7 个方程。再假设调整型增长模型中的准国民收入增长速度 μ_0 是未知量，为待求的准国民收入均衡增长速度 μ_0'，那么（3-2-12）式描述的调整型增长模型就转换成（3-2-15）式描述的稳定增长模型。据此，可以从调整型增长模型的实际应用表达式直接得出稳定增长模型的实际应用表达式。

由此，（3-6-32）式、（3-6-33）式应与（3-6-1）式、（3-6-2）式相同：

$$I \, \frac{M}{Y} + I \, \frac{M}{Z} + I \, \frac{M}{X} = IM \tag{3-6-1}$$

$$II \, \frac{M}{Y} + II \, \frac{M}{Z} + II \, \frac{M}{X} = IIM \tag{3-6-2}$$

（3-6-34）式应变换为（3-6-25）式去掉其中的变量 $\triangle I \frac{M}{Z}$ 和 $\triangle I \frac{M}{Y}$。如（3-6-39）式所示：

$$I \, \frac{M}{Y} - P_1 \, I \, \frac{M}{Z} = \frac{1}{H_{10}} \, IM \, (P_1 - P_{10}) \tag{3-6-39}$$

（3-6-35）式应变换为（3-6-9）式：

$$II \, \frac{M}{Y} - P_2 \, II \, \frac{M}{Z} = \frac{1}{H_{20}} (P_2 - P_{20}) \, IIM \tag{3-6-9}$$

（3-6-36）式应变换为（3-6-26）式去掉其中的变量 $\triangle I \frac{M}{Z}$，如（3-6-40）式所示：

$$I\frac{M}{Z} + I\frac{M}{X} - II\frac{M}{Y} = \frac{P_{20}}{H_{20}}IIM - \frac{1}{H_{10}}IM \tag{3-6-40}$$

（3-6-37）式应变换为（3-6-30）式去掉其中的变量 $\triangle I\frac{M}{Z}$，并将 μ_0 改为 μ_0'，如（3-6-41）式所示：

$$(1+H_1)\,I\frac{M}{Z} + (1+H_2)\,II\frac{M}{Z}$$

$$= (\frac{1+H_1}{H_{10}}\mu_0' - \frac{H_1-H_{10}}{H_{10}})\,IM + (\frac{1+H_2}{H_{20}}\mu_0' - \frac{H_2-H_{20}}{H_{20}})\,IIM \tag{3-6-41}$$

（3-6-38）式应变换为（3-6-29）式去掉其中的变量 $\triangle I\frac{M}{Z}$，如（3-6-42）式所示：

$$H_1 P_1 - H_2\frac{IM}{IIM}II\frac{M}{Z} = (\frac{H_2}{H_{20}} - \frac{H_1}{H_{10}})\,IM \tag{3-6-42}$$

这样，由（3-6-1）式、（3-6-2）式、（3-6-39）式、（3-6-9）式、（3-6-40）式、（3-6-41）式和（3-6-42）式 7 个方程构成了稳定增长模型的实际应用表达式。如（3-6-43）式所示：

$$\left.\begin{aligned}
&I\frac{M}{Y} + I\frac{M}{Z} + I\frac{M}{X} = IM\\[6pt]
&II\frac{M}{Y} + II\frac{M}{Z} + II\frac{M}{X} = IIM\\[6pt]
&I\frac{M}{Y} - P_1 I\frac{M}{Z} = \frac{1}{H_{10}}IM\,(P_1 - P_{10})\\[6pt]
&II\frac{M}{Y} - P_2 II\frac{M}{Z} = \frac{1}{H_{20}}(P_2 - P_{20})\,IIM\\[6pt]
&I\frac{M}{Z} + I\frac{M}{X} - II\frac{M}{Y} = \frac{P_{20}}{H_{20}}IIM - \frac{1}{H_{10}}IM\\[6pt]
&(1+H_1)\,I\frac{M}{Z} + (1+H_2)\,II\frac{M}{Z}\\[6pt]
&= (\frac{1+H_1}{H_{10}}\mu_0' - \frac{H_1-H_{10}}{H_{10}})\,IM + (\frac{1+H_2}{H_{20}}\mu_0' - \frac{H_2-H_{20}}{H_{20}})\,IIM\\[6pt]
&H_1 I\frac{M}{Z} - H_2\frac{IM}{IIM}II\frac{M}{Z} = (\frac{H_2}{H_{20}} - \frac{H_1}{H_{10}})\,IM
\end{aligned}\right\} \tag{3-6-43}$$

五、投资比增长模型的实际应用表达式

现将（3-4-12）式描述的投资比增长模型变换成投资比增长模型的实际应用表达式。

（3-4-12）式描述的投资比增长模型由 6 个方程构成：

$$I\frac{M}{Y} + I\frac{M}{Z} = R\ IM \tag{3-6-44}$$

$$I\ \frac{M}{Y} + I\ \frac{M}{Z} + I\ \frac{M}{X} = IM \tag{3-6-45}$$

$$II\ \frac{M}{Y} + II\ \frac{M}{Z} + II\ \frac{M}{X} = IIM \tag{3-6-46}$$

$$I\ \frac{M}{Z} + I\ \frac{M}{X} - II\ \frac{M}{Y} = \frac{P_2}{H_2}IIM - \frac{1}{H_1}IM \tag{3-6-47}$$

$$P_1\ I\frac{M}{Z} - I\frac{M}{Y} = 0 \tag{3-6-48}$$

$$P_2\ II\frac{M}{Z} - II\frac{M}{Y} = 0 \tag{3-6-49}$$

（3-6-44）式中的 R 表示第一类商品剩余价值用于追加投资的比例。（3-6-44）式描述的是基年第一类商品剩余价值用于投资的情况，与（3-6-45）式、（3-6-46）式描述基年剩余价值的分配一样，与资本有机构成和剩余价值率无关，所以均保持不变，且（3-6-45）式就是（3-6-1）式，（3-6-46）式就是（3-6-2）式。因此，在来年资本有机构成和剩余价值率变动的情况下，有：

$$I\frac{M}{Y} + I\frac{M}{Z} = R\ IM \tag{3-6-44}$$

$$I\ \frac{M}{Y} + I\ \frac{M}{Z} + I\ \frac{M}{X} = IM \tag{3-6-1}$$

$$II\ \frac{M}{Y} + II\ \frac{M}{Z} + II\ \frac{M}{X} = IIM \tag{3-6-2}$$

再分析（3-4-12）式描述的投资比增长模型中的其他 3 个方程，会发现这 3 个方程与（3-2-15）式描述的稳定增长模型中的 3 个方程完全一样。因此，（3-6-47）式变换成（3-6-40）式：

$$I\frac{M}{Z} + I\frac{M}{X} - II\frac{M}{Y} = \frac{P_{20}}{H_{20}}IIM - \frac{1}{H_{10}}IM \tag{3-6-40}$$

（3-6-48）式变换成（3-6-39）式：

$$I\frac{M}{Y} - P_1 I\frac{M}{Z} = \frac{1}{H_{10}}IM(P_1 - P_{10}) \tag{3-6-39}$$

（3-6-49）式变换成（3-6-9）式：

$$II\frac{M}{Y} - P_2 II\frac{M}{Z} = \frac{1}{H_{20}}(P_2 - P_{20})IIM \tag{3-6-9}$$

这样，由（3-6-44）式、（3-6-1）式、（3-6-2）式、（3-6-40）式、（3-6-39）式和（3-6-9）式构成了投资比增长模型的实际应用表达式。如（3-6-50）式所示：

$$\left.\begin{array}{l} I\dfrac{M}{Y} + I\dfrac{M}{Z} = R\ IM \\[2mm] I\dfrac{M}{Y} + I\dfrac{M}{Z} + I\dfrac{M}{X} = IM \\[2mm] II\dfrac{M}{Y} + II\dfrac{M}{Z} + II\dfrac{M}{X} = IIM \\[2mm] I\dfrac{M}{Z} + I\dfrac{M}{X} - II\dfrac{M}{Y} = \dfrac{P_{20}}{H_{20}}IIM - \dfrac{1}{H_{10}}IM \\[2mm] I\dfrac{M}{Y} - P_1 I\dfrac{M}{Z} = \dfrac{1}{H_{10}}IM\ (P_1 - P_{10}) \\[2mm] II\dfrac{M}{Y} - P_2 II\dfrac{M}{Z} = \dfrac{1}{H_{20}}(P_2 - P_{20})IIM \end{array}\right\} \tag{3-6-50}$$

六、经济效益提高的判据

下面论述内容的原始论证过程，笔者已于 1984 年发表在《南开经济研究所季刊》（增刊）上，题目是"三论扩大再生产的进行"。这里只是给出部分结论。

（一）用生产函数描述商品价值

第三篇第一章阐述社会财富增长原理性理论时曾讲，商品的价值是由消耗掉的生产资料的价值、劳动力的价值和剩余价值三部分构成。

如果用 C 表示消耗掉的生产资料的价值，用 V 表示消耗劳动力的价值，用 M 表示剩余价值，用 X 表示商品的价值；那么，可以把商品的价值 X 表示为：$X = C + V + M$。用 P 表示资本有机构成，有 $P = \dfrac{C}{V}$；用 H 表示剩余价值率，有 $H = \dfrac{M}{V}$。

商品的价值 X 也可以表示为生产函数，如（3-6-51）式所示：

$$X = AC^{\alpha}V^{\beta} \tag{3-6-51}$$

其中，α 为商品的价值对消耗掉的生产资料价值的弹性，有：

$$\alpha = \frac{P}{P+H+1} \tag{3-6-52}$$

β 为商品的价值对消耗的劳动力价值的弹性，有：

$$\beta = \frac{1+H}{P+H+1} \tag{3-6-53}$$

A 是对技术进步水平的度量，有：

$$A = \frac{1}{\alpha} P^{\beta} \tag{3-6-54}$$

（二）技术进步水平的度量

（3-6-54）式是度量技术进步水平的表达式，知道商品价值的构成 C、V、M，可以计算出资本有机构成 P 和剩余价值率 H，由 P 和 H 可以计算出商品的价值对消耗掉的生产资料价值的弹性 α 和商品的价值对消耗的劳动力价值的弹性 β，将 P、α 和 β 代入（3-6-54）式，即可以计算出技术进步水平 A。

根据 1982 年的统计数字，可以计算出中国当年 29 个省市自治区的技术进步水平。计算结果如表 3-6-1 所示：

表 3-6-1 各省市自治区技术水平（按 1982 年统计数字）

NO.	省区市名	*C*	*V*	*M*	*P*	*H*	*α*	*β*	*A*
1	北京	150.610	30.5	47.85	4.938	1.560	.659	.341	2.619
2	天津	148.820	21.0	42.04	7.087	2.002	.702	.298	2.549
3	河北	155.140	38.0	36.00	3.998	.928	.675	.325	2.326
4	山西	85.170	25.2	23.00	3.380	.916	.638	.362	2.434
5	内蒙古	44.710	23.0	.85	1.944	.037	.652	.348	1.932
6	辽宁	325.460	65.0	85.85	5.007	1.321	.683	.317	2.438
7	吉林	100.030	32.3	11.62	3.097	.360	.695	.305	2.032
8	黑龙江	161.450	58.2	48.75	2.774	.838	.602	.398	2.496
9	上海	418.500	41.3	176.90	10.133	4.283	.657	.343	3.364
10	江苏	368.240	48.1	86.87	7.656	1.806	.732	.268	2.359
11	浙江	160.610	27.3	42.79	5.883	1.567	.696	.304	2.461
12	安徽	102.770	26.0	16.72	3.953	.643	.706	.294	2.119
13	福建	60.270	18.6	8.79	3.239	.473	.687	.313	2.100
14	江西	69.280	22.4	5.5	3.093	.246	.713	.287	1.940
15	山东	257.280	42.2	68.10	6.007	1.614	.700	.300	2.458
16	河南	152.700	37.4	28.29	4.083	.756	.699	.301	2.184
17	湖北	195.650	40.0	36.89	4.981	.922	.718	.282	2.180
18	湖南	133.060	32.4	26.63	4.106	.822	.693	.307	2.228
19	广东	187.560	63.9	20.72	2.935	.324	.689	.311	2.028
20	广西	62.150	19.8	6.62	3.146	.334	.702	.298	2.003
21	四川	212.410	57.5	31.52	3.694	.548	.705	.295	2.087
22	贵州	34.480	14.6	3.40	2.362	.233	.657	.343	2.044
23	云南	52.150	19.0	8.59	2.745	.452	.654	.346	2.168
24	西藏	.770	2.4	-1.95	.321	-.813	.631	.369	1.042
25	陕西	78.910	24.0	10.58	3.288	.441	.695	.305	2.067
26	甘肃	53.210	16.4	11.14	3.246	.679	.659	.341	2.267
27	青海	9.870	6.3	-2.05	1.567	-.325	.699	.301	1.638
28	宁夏	9.770	4.4	.50	2.220	.011	.687	.317	1.868
29	新疆	433.370	24.1	-11.07	1.385	-.459	.710	.281	1.524

依据表 3-6-1 对中国当年 29 个省市自治区技术进步水平的比较，按技术进步水平由高到低排列，各省区市的顺序如下：

1. 上海，2. 北京，3. 天津，4. 黑龙江，5. 浙江，6. 山东，7. 辽宁，8. 山西，9. 江苏，10. 河北，11. 甘肃，12. 湖南，13. 河南，14. 湖北，15. 云南，16. 安徽，17. 福建，18. 四川，19. 陕西，20. 贵州，21. 吉林，22. 广东，23. 广西，24. 江西，25. 内蒙古，26. 宁夏，27. 青海，28. 新疆，29. 西藏。

（三）用生产函数描述《资本论》第二卷第一例

对于《资本论》第二卷第一例，在基年有：

Ⅰ . 4 000c＋1 000v +1 000m = 6 000

Ⅱ . 1 500c＋750v +750m = 3 000[①]

用 α_1 表示第一类商品的价值对消耗掉的生产资料价值的弹性，有：

$$\alpha_1 = \frac{P_1}{P_1 + H_1 + 1}$$

用 β_1 表示第一类商品的价值对消耗的劳动力价值的弹性，有：

$$\beta_1 = \frac{1 + H_1}{P_1 + H_1 + 1}$$

用 A_1 表示对第一类技术进步水平的度量，有：

$$A_1 = \frac{1}{\alpha_1} P_1^{\beta_1}$$

用 α_2 表示第二类商品的价值对消耗掉的生产资料价值的弹性，有：

$$\alpha_2 = \frac{P_2}{P_2 + H_2 + 1}$$

用 β_2 表示第二类商品的价值对消耗的劳动力价值的弹性，有：

$$\beta_2 = \frac{1 + H_2}{P_2 + H_2 + 1}$$

用 A_2 表示对第二类技术进步水平的度量，有：

$$A_2 = \frac{1}{\alpha_2} P_2^{\beta_2}$$

---

① ［德］卡尔·马克思. 资本论. 第二卷. 人民出版社, 2004 年: 574

在基年，有：

$$\alpha_1 = \frac{2}{3}, \quad \beta_1 = \frac{1}{3}, \quad A_1 = \frac{3}{2} \times 4^{\frac{1}{3}} = 2.3811$$

$$\alpha_2 = 0.5, \quad \beta_2 = 0.5, \quad A_2 = 2 \times 2^{0.5} = 2.8284$$

$$\alpha = 0.6111, \quad \beta = 0.3889, \quad A = 1.63 \times 3.1429^{0.39} = 2.5544$$

将上述数据分别代入用生产函数表示商品价值的表达式（3-6-51）式，就可以得到基年《资本论》第二卷第一例第一类商品的价值、第二类商品的价值和两类商品的总价值，即得到用生产函数对《资本论》第二卷第一例商品价值的描述。

如果用（3-4-12）式描述的投资比增长模型计算《资本论》第二卷第一例各年商品价值情况，把相应的消耗掉的生产资料价值 C、消耗劳动力的价值 V 的数据代入上面的各表达式，然后再用生产函数计算商品价值，并把用投资比增长模型推演《资本论》第二卷第一例的计算结果和用生产函数计算的结果列在一个表中，便得到表 3-6-2。

表 3-6-2　两种计算结果对照表

再生产时间	商品类别	投资比增长模型计算结果					生产函数计算结果			
		C	V	M	X	μ_0	A	α	β	X
基年	I	4000	1000	1000	6000	—	2.3811	2/3	1/3	6000
	II	1500	750	750	3000	—	2.8284	0.5	0.5	3000
	I + II	5500	1750	1750	9000	—	2.5544	0.6111	0.3889	9000
一年	I	4400	1100	1100	6600	—	2.3811	2/3	1/3	6600
	II	1600	800	800	3200	—	2.8284	0.5	0.5	3200
	I + II	6000	1900	1900	9800	8.57%	2.5513	0.6122	0.3878	9800
二年	I	4840	1210	1210	7260	—	2.3811	2/3	1/3	7260
	II	1760	880	880	3520	—	2.8284	0.5	0.5	3520
	I + II	6600	2090	2090	10780	10%	2.5513	0.6122	0.3878	10780.5
三年	I	5324	1331	1331	7986	—	2.3811	2/3	1/3	7986
	II	1936	968	968	3872	—	2.8284	0.5	0.5	3872
	I + II	7260	2299	2299	11858	10%	2.5513	0.6122	0.3878	11858.5

再生产时 间	商品类别	投资比增长模型计算结果				生产函数计算结果				
		C	V	M	X	μ_0	A	α	β	X
四 年	Ⅰ	5856	1464	1464	8784	—	2.3811	2/3	1/3	8784
	Ⅱ	2129	1065	1065	4259	—	2.8284	0.5	0.5	4259
	Ⅰ+Ⅱ	7985	2529	2529	13043	10%	2.5511	0.6122	0.3878	13043.6
五 年	Ⅰ	6442	1610	1610	9662	—	2.3811	2/3	1/3	9662
	Ⅱ	2342	1172	1172	4686	—	2.8284	0.5	0.5	4886
	Ⅰ+Ⅱ	8784	2782	2782	14348	10%	2.5513	0.6122	0.3878	14348.7

由表 3-6-2 可以看出，用生产函数对《资本论》第二卷第一例商品价值的描述与用投资比增长模型计算的结果是一致的。当然，（3-6-51）式表示的生产函数只能对商品的价值进行描述，并不具有投资比增长模型所具有的计算功能。

（四）经济效益提高的判据

（3-6-51）式是用生产函数来表示商品的价值，由（3-6-51）式可知，商品的价值来源于三方面的贡献，一是消耗掉的生产资料的价值 C 的贡献，二是消耗劳动力的价值 V 的贡献，三是技术进步水平 A 的贡献。

当商品的价值增长为 $\dfrac{\Delta X}{X}$ 时，消耗掉的生产资料 C 的贡献近似为 $\alpha\,\dfrac{\Delta C}{C}$，消耗劳动力 V 的贡献近似为 $\beta\,\dfrac{\Delta V}{V}$，技术进步水平 A 的贡献近似为 $\dfrac{\Delta A}{A}$。

技术水平的提高可以带来经济效益的提高，可以论证，只有当：

$$\frac{\Delta H}{H+1} > \frac{\Delta P}{P} \tag{3-6-55}$$

这一公式成立时，才有 $\dfrac{\Delta A}{A} > 0$。

（3-6-55）式表明，资本有机构成的提高并不代表技术进步水平的提高，只有剩余价值率的提高大于资本有机构成的提高，才有技术进步水平的提高。也就是说，只有当（3-6-55）式成立时，才有技术进步水平的提高，进而带来经济效益的提高。所以，称（3-6-55）式为经济效益提高的判据。

七、产业结构比与资本有机构成的关系

第三篇第三章曾论证：社会财富均衡增长速度取决于产业结构比。

准国民收入均衡增长速度 $\mu_0{}'$ 与产业结构比 $\dfrac{IM}{IIM}$ 的关系，如（3-3-1）式所示。

$$\mu_0{}' = \frac{\dfrac{1+H_1}{H_1}\dfrac{IM}{IIM} - \dfrac{P_2}{H_2}}{\dfrac{P_1}{H_1}\dfrac{IM}{IIM} + \dfrac{P_2}{H_2}} \tag{3-3-1}$$

那么，产业结构比与资本有机构成之间存在怎样的关系？资本有机构成对社会财富的增长又会有什么影响？

关于这方面的论述，笔者曾撰写论文《两部类结构比与第 I 部类优先增长等之间关系的数理证明》，发表在中国社会科学院数量经济与技术经济研究所主编的《数量经济技术经济研究》1990 年第 2 期。下面概括地给出结论：

如果只提高第一类商品资本有机构成，两类商品的产业结构比将出现逐年下降的趋势。用 $\dfrac{IM}{IIM}$ 表示两类商品的产业结构比，用 $\left(\dfrac{IM}{IIM}\right)'_{P_1}$ 表示两类商品的产业结构比对 P_1 的导数。可以证明，当 $P_1（H_2+1）> P_2（H_1+1）$ 时，有：

$$\left(\frac{IM}{IIM}\right)'_{P_1} < 0$$

即，第一类商品资本有机构成 P_1 提高将导致两类商品的产业结构比 $\dfrac{IM}{IIM}$ 下降。

对于第二类商品，也有类似的情况。

用 $\left(\dfrac{IM}{IIM}\right)'_{P_2}$ 表示两类商品的产业结构比对 P_2 的导数。可以证明，当 $P_1（H_2+1）> P_2（H_1+1）$ 时，在一定的条件下，有：

$$\left(\frac{IM}{IIM}\right)'_{P_2} < 0$$

即，在一定的条件下，第二类商品资本有机构成 P_2 提高将导致两类商品的产

业结构比 $\dfrac{IM}{IIM}$ 下降。

该结论可以用《资本论》第二卷第一例加以验证。验证过程分两步进行：

第一步，在资本有机构成及剩余价值率均不变的条件下，求出保持两类商品产业结构比不变的来年准国民收入均衡增长速度 μ_0'。

第二步，假定资本有机构成提高，并按已求出的来年准国民收入均衡增长速度 μ_0' 对两类商品剩余价值进行分配。由此再准确地计算出两类商品的产业结构比。

对三种情况进行计算：

第一种情况 A：第一类商品资本有机构成 P_1 提高的百分比与第二类商品资本有机构成 P_2 提高的百分比相同，均为 0.1%。

第二种情况 B：第一类商品资本有机构成 P_1 提高的百分比大于第二类商品资本有机构成 P_2 提高的百分比，前者为 0.2%，后者为 0.1%。

第三种情况 C：第一类商品资本有机构成 P_1 提高的百分比小于第二类商品资本有机构成 P_2 提高的百分比，前者为 0.1%，后者为 0.2%。

对于《资本论》第二卷第一例，在基年有：

$$\text{I}.\ 4\,000c+1\,000v+1\,000m=6\,000$$
$$\text{II}.\ 1\,500c+750v+750m=3\,000^{①}$$

由此可以计算出资本有机构成的提高对两类商品的产业结构比及来年准国民收入均衡增长速度的影响。如表 3-6-3 所示。

表 3-6-3　资本有机构成的提高对两类商品产业结构比的影响

情况	A $\dfrac{\Delta P_1}{P_1}=0.001$ $\dfrac{\Delta P_2}{P_2}=0.001$		B $\dfrac{\Delta P_1}{P_1}=0.002$ $\dfrac{\Delta P_2}{P_2}=0.001$		C $\dfrac{\Delta P_1}{P_1}=0.001$ $\dfrac{\Delta P_2}{P_2}=0.002$	
来年年份	$\dfrac{IM}{IIM}$	μ_0'	$\dfrac{IM}{IIM}$	μ_0'	$\dfrac{IM}{IIM}$	μ_0'
1	1.9876	0.0909	1.9797	0.0909	1.9831	0.0909
10	1.88	0.0705	1.8108	0.0578	1.8368	0.0627

---

① ［德］卡尔·马克思.《资本论》. 第二卷. 人民出版社, 2004 年: 574

情况	A $\frac{\Delta P_1}{P_1}=0.001$ $\frac{\Delta P_2}{P_2}=0.001$		B $\frac{\Delta P_1}{P_1}=0.002$ $\frac{\Delta P_2}{P_2}=0.001$		C $\frac{\Delta P_1}{P_1}=0.001$ $\frac{\Delta P_2}{P_2}=0.002$	
来年＼年份	$\frac{IM}{IIM}$	μ_0'	$\frac{IM}{IIM}$	μ_0'	$\frac{IM}{IIM}$	μ_0'
20	1.7691	0.0477	1.6484	$4.5\,E^{-0.3}$	1.6859	0.0304
25	1.7161	0.0363	1.5747		1.6146	0.0138
28	1.6862	0.0295			1.5731	$3.8\,E^{-0.3}$
30	1.6662	0.0249				
40	1.5703	$2.1\,E^{-0.3}$				

表 3-6-3 是对《资本论》第二卷第一例计算的结果，验证了前面的结论。

这个结论与人们通常的"直观结论"似乎有些不符，这是因为误以为资本有机构成的提高标志着技术进步水平的提高，必然伴随着剩余价值率的提高，把资本有机构成与剩余价值率等因素混在一起进行考虑。实际上，只提高资本有机构成，但保持剩余价值率不变，将导致资本收益率下降。

用 σ 来表示社会平均资本收益率，简称资本收益率，有：

$$\sigma = \frac{V+M}{C}$$

$$V+M = IV + IIV + IM + IIM$$

$$= \left(1+\frac{1}{H_1}\right)IM + \left(1+\frac{1}{H_2}\right)IIM$$

$$C = IC + IIC$$

$$= \frac{P_1}{H_1}IC + \frac{P_2}{H_2}IIC$$

所以 $\sigma = \dfrac{\left(1+\frac{1}{H_1}\right)\frac{IM}{IIM}+\left(1+\frac{1}{H_2}\right)}{\frac{P_1}{H_1}\frac{IM}{IIM}+\frac{P_2}{H_2}}$ （3-6-56）

由（3-6-56）式可知，如果只提高资本有机构成 P_1、P_2，但保持剩余价值率 H_1、

H_2 不变，将导致资本收益率 σ 下降。

八、阶段性小结

概述一下这几章阐述的内容。

第一章阐述了社会财富增长的原理性理论，这是社会财富增长构造性理论所必须遵从的。

从第二章到第六章，实际上阐述了三个方面的内容：

第一方面的内容是创建了四个功能各不相同的社会财富增长模型：一是（3-2-7）式描述的非稳定增长模型，二是（3-2-12）式描述的调整型增长模型，三是（3-2-15）式描述的稳定增长模型，四是（3-4-12）式描述的投资比增长模型。第二章阐述了前三个模型，第四章阐述了第四个模型。在开始创建这四个模型时，均是假定资本有机构成和剩余价值率不发生改变，这与现实经济情况并不相符；为与实际情况更加接近，在第六章给出了这四个模型的实际应用表达式，为现实经济宏观决策等重大问题的研究提供了有理论依据的定量分析方法。

第二方面的内容是依据构造的四个社会财富增长模型对社会财富增长关键因素之间的关系进行了论证，得出了具有规律性的推论。第三章对此做了阐述。第五章专门论证了确实存在亚当·斯密提出的"看不见的手"。第二方面的内容为现实经济宏观决策提供了理论依据。

第三方面的内容是通过对《资本论》第二卷第一例的演算来验证所构造的四个社会财富增长模型的有效性，并对社会财富增长关键因素之间关系的论证及具有规律性的推论进行验证。就像要建一座大桥，需要先做一个模型进行测试和验证一样。第四章对此做了阐述。

通过相关章节的论述和验证，为研究现实经济宏观决策等重大问题提供了理论依据和方法。由此，可以应用所构造的社会财富增长模型和具有规律性的推论对现实经济宏观决策等重大问题进行研究。以下三章是应用社会财富增长构造性理论研究宏观经济重大问题的成果。

第七章 1983 年应用于中国宏观经济决策研究

"经济学的命题与所有其他科学的命题完全一致。我们已知道，经济学命题是得自于一些简单假设的推论，这些假设反映的是非常基本的一般经验事实。如果前提与现实相关联，那么得自于前提的推论就必然也与相同的现实相关联。"[①]

一、背景说明

中国国务院发展研究中心（原国务院技术经济研究中心）承担了中国哲学社会科学"六五"期间国家重点科研项目"2000 年的中国"的研究工作，由中国经济学家、国务院发展研究中心主任马洪（1920—2007）主持研究工作。1983 年 1 月 15 日，当时的国务院技术经济研究中心发出组织专家学者研究"2000 年的中国"的通知，其中的"经济发展模式和定量分析"研究由南开大学经济研究所承担。当时，笔者为中国数量经济学会常务理事、南开大学经济研究所数量经济研究室主任，负责该项目的研究。该研究项目于 1985 年 2 月 1 日完成，1988 年 7 月获国家科技进步一等奖，1990 年 5 月，国务院发展研究中心[②]将国家重点科研项目"2000 年的中国"的研究成果汇编成《中国经济的发展与模型》，由中国财政经济出版社出版。

当时，许多专家学者参加了"2000 年的中国"的研究，如《中国经济的发展与模型》中的第一章"发展战略与政策分析模型"是周小川[③]等人的研究成果，

---

① ［英］莱昂内尔·罗宾斯. 朱泱译. 经济科学的性质和意义. 商务印书馆, 2000 年: 87
② 全称：中国国务院经济技术社会发展研究中心
③ 现任全国政协副主席、中国人民银行行长

第七章是作者的研究成果，成果汇编共计十五章。

国务院发展研究中心主任马洪在为《中国经济的发展与模型》写的序中讲：

> 特别是在"2000年的中国"的研究中，应用了大规模的系统研究，形成了我国的宏观模型体系。宏观经济模型的使用，标志着我国宏观决策研究达到了一个新的水平。
>
> "2000年的中国"研究，涉及了许多重大经济问题，诸如，如何实现翻两番的战略目标才能使国富民强？怎样处理积累与消费等重大比例关系？……经济结构的合理化等等。在所有这些问题的研究中，都程度不同地使用了宏观经济模型……在"2000年的中国"的研究基础上，整理出系统的政策建议，得到了国务院领导的重视，不少建议得到采纳。应用宏观经济模型进行的"2000年的中国"研究，为国务院各级领导的决策，为各地区各部门的决策，提供了一部分科学依据。①

"百度百科"在对马洪的介绍中讲，马洪"主持的'2000年的中国'是制定'七五'计划和长远规划的主要参考文件"。

笔者在国家重点科研项目"2000年的中国"中的研究成果汇编在《中国经济的发展与模型》的第七章。其中运用所提出的社会财富增长构造性理论②，应用中国《1981年全国投入产出表》、《中国统计年鉴》的数据，对中国1981年至2000年的经济发展进行了实际计算，并对政策进行了摸拟研究。得出的结论指出：

> 在20世纪80年代初，中国"总产值的均衡增长速度为7％～7.9％，均衡国民收入增长速度为6.56％～7.37％。……当投资效果取其高值时，2000年的总产值是1981年的4.3倍。在此应特别指出一点，这里所取的投资效果的'高值'，是1982年以前我国实际达到的，并不是真正的'高值'，如果今后我国的投资效果还可提高，那么产值和国民收入的增长还会更大。……剩余价值率逐年提高3%，有机构成逐年提高1%……当投资效果取其高值时，2000年的总产值将是1981年的7.1倍。……可以使

---

① 中国国务院经济技术社会发展研究中心主编. 中国经济的发展与模型. 序. 中国财政经济出版社,1990年
② 当时将其称为"扩大再生产模型"

我们确信：到 2000 年我们不仅可以完成工农业总产值翻两番的宏伟目标，而且，如果宏观经济决策和宏观经济计划与客观的规律和现状相符合，那么我们将会取得更加宏伟的成就。"[1]

中国经济三十多年发展的现实证明,运用构建出的社会财富增长构造性理论,应用《投入产出表》和《统计年鉴》数据,用定量分析的方法对宏观经济发展进行规划、调整和政策摸拟研究是可行的，是有实际意义的。

现将笔者在国家重点科研项目"2000 年的中国"中的研究成果（即《中国经济的发展与模型》第七章"两大部类扩大再生产模型")[2]和马洪为《中国经济的发展与模型》撰写的序转载如下。

二、《中国经济的发展与模型》第七章"两大部类扩大再生产模型"

新中国建立三十多年以来,我们的社会主义经济建设确实取得了巨大的成就,尤其是在十一届三中全会以后,我们在经济建设方面的成就已被世界各国所瞩目。然而，这三十多年，我们所走过的道路是艰难曲折的，并非一帆风顺。有宏伟的第一个五年计划，有狂热的五八年"大跃进"，有严峻的三年困难和艰巨的三年调整，有沉痛的十年动乱；还有粉碎"四人帮"后头两年的"洋跃进"，以及后来不得不进行的再调整。因此，对历史的经验和教训加以总结和概括，并且从理论上认识其实质，对我们今后的社会主义建设将会有重大的指导意义。

第一节　问题的提出

概括三十多年来的经验教训，除去我们的经济缺少活力，必须通过改革和放权加以解决外，由于决策和计划的失误，使国民经济的平衡发生问题，国民经济

---

[1] 中国国务院经济技术社会发展研究中心主编. 中国经济的发展与模型. 中国财政经济出版社, 1990 年: 219-221
[2] 对《中国经济的发展与模型》中存在的印刷错误做了修正，公式的编号做了调整

的各种比例关系不能经常地保持协调，有时甚至严重失调，是一个首要的问题。现在各界人士都已认识到了这一点，并对与重大的比例关系相关的下述问题展开了研究和讨论。

（一）积累与消费的比例

谈到积累与消费的比例，人们自然想到，积累率是一个很重要的问题。我们在较长的时间内，由于要加速扩大再生产，搞重工业，所以积累率一直很高，这样往往造成第一部类的比例过大。另外，由于积累率高必然压消费，而消费减少，第二部类生产势必萎缩，从而又造成消费品长期匮乏，使两大部类比例失调。

有的人提出，积累与消费的比例是根本的比例。其实，积累是通过扩大再生产使国民收入量增加的手段，积累的目的是为了能以一定的速度维持扩大再生产。它与消费的比例属于分配结构，要受到由决策所定的发展速度的制约，也要受到两大部类的比例的制约。因此，两大部类的比例才是最基础的，它属于产业结构，决定着国民经济的发展速度，是最根本的比例。但积累与消费的比例反过来也会影响两大部类的比例。

那么，如何确定积累率呢？不少人认为，从"一五"期间以及三年调整时期经济发展比较顺利的经验来看，似乎积累率在20%至25%比较适当。这个数字是有意义的，对我们观察和改变今后的积累率有借鉴的价值。然而，这毕竟是一个经验的数字，如果国民收入增加或减少的幅度比较大，那么，这个数字就未必一定适当。因此，我们应当从理论上探求积累率决定的规律性，不仅从定性上，而且必须定量地研究积累率与国民收入增长速度以及两大部类的比例之间的内在的制约关系。

（二）两大部类的比例

长期以来，人们认为"社会主义工业化的道路"就是通过优先发展重工业来实现工业化；并为它找到了所谓马克思主义再生产原理的依据，即扩大再生产一定是第一部类优先增长。在这种思想的指导下，我们的实际做法是过分地突出了重工业，以钢为纲。结果，第一部类腿长，重工业臃肿。由于两大部类之间没有保持它们应有的比例协调关系，社会再生产的扩大并不顺利。因此，十一届三中全会以后，不得不对两大部类的比例再次进行调整。

马克思是讲过再生产规模的扩大必须有第一部类的扩大作为条件，这就是著名的扩大再生产的基本公式，第一部类新创造的价值，大于第二部类转移（即补偿生产资料消耗）的价值：

$$I(V+M) > IIC$$

但是，马克思同时还规定了第二部类的相应扩大作为保证，也就是两大部类必须协调发展的平衡公式，第一部类原来的工资量加追加的工资量加利润中用于消费的量，等于第二部类补偿的和追加的生产资料价值量：

$$I\left(V + \frac{M}{Z} + \frac{M}{X}\right) = II\left(C + \frac{M}{Y}\right)$$

可见，第一部类的优先增长是有条件的。而且，两大部类之间应当存在着一个适当的比例，对由决策所定的发展速度而言，它应是协调的。由此也可以说两大部类的比例是根本的比例，它制约着发展速度。那么，两大部类的比例怎么样才适当呢？这必须用定量的方法，上升到理论层面加以研究。

（三）发展速度问题

十一届三中全会以前，我们总是追求产值增长的高速度，这好像是我们社会主义建设中的一个宗旨。既然要争取产值的高速增长，就得加速扩大生产规模，提高积累率，扩大基建项目。但由于追求高速度，我们往往忽视了社会的需求和物资的平衡，不自觉地造成基建战线拉得过长、投资回收不了、形不成生产能力的状况，因此并没有达到真正积累的目的。十一届三中全会以后，我们尽力控制基建项目和投资，放慢发展速度，然而实际的增长速度仍然比计划的要高一些。

人们自然会问，就我国而言，什么样的发展速度是适当的？发展速度怎样受到两大部类比例的制约，又怎样制约积累与消费的比例呢？这些问题都必须给出定量的回答。

上述三个问题是相互关联、相互制约、不可分割的。实际上，它们是从不同的角度来看待同一个问题，即两大部类的比例、积累与消费的比例及发展速度。这三者之间在扩大再生产的过程中存在着什么样的内在联系，正是需要我们在理论上认真研究的核心问题。

我们搞经济建设三十多年，有成功的经验，也有失误的教训。经验和教训都是宝贵的财富，这是从尝到的甜头和吃过的苦头里面体味出来的。可是这不能代替对扩大再生产理论的了解和掌握。我们必须从全社会的高度把握一些重大的比例关系，国家的宏观经济决策必须控制整个经济运行的方向和步调。因此，我们不但需要了解在某些具体时间、具体条件下生效的原则，还需要懂得普遍适用的原理，掌握再生产的规律，特别是需要用定量的方法来描述扩大再生产的规律性，以指导我们的宏观经济决策。这也正是我们从理论上定量研究扩大再生产规律，并据此对我国的扩大再生产过程进行定量分析的缘由。

第二节　定量分析的理论依据

马克思主义社会再生产理论是马克思最确切、最缜密和最深刻地研究资本主义运动时揭示的，任何生产活动都不可违背的客观规律，它从本质上揭示了社会再生产两大部类之间以及各部类的内在联系和比例，并且通过数量分析进行了论证。因此，斯大林指出："马克思的再生产公式决不只限于反映资本主义生产的特点；它同时还包含有对于一切社会形态——特别是对于社会主义社会形态——发生效力的许多关于再生产的基本原理。"①

资本主义社会由于其基本矛盾的存在和发展，对生产自始就不存在有意识的社会调节。因此，社会再生产所需要的比例和规律经常遭到破坏，不可避免地会产生严重的比例失调。所以，只能通过各种波动，通过不断的经济振荡和周期性的经济危机，自发地、暂时地、强制地实现社会再生产所要求的比例关系，结果造成社会劳动的浪费和破坏。这是资本主义制度难以克服的带有根本性的问题。

当前世界经济的状况与马克思写作《资本论》的时候已有了显著的不同，但是由《资本论》所阐述的马克思主义再生产理论，并未因时光的流逝泯灭它的重大价值，而是在历史的进程中继续闪烁着科学的光辉。我国社会主义建设的实践表明，符合社会再生产的基本原理，保持协调的比例关系，国民经济才能获得持续高速的增长。而经济结构不合理，国民经济的发展因比例失调而大起大落或停滞不前，一个十分重要的原因就是违背了这一基本原理。虽然时隔一百多年，但马克思的扩大再生产理论与我们的社会主义经济仍有许多相通之处。所以，在今后相当长时期的社会主义实践中，马克思的扩大再生产理论仍应是我们宏观经济决策和计划的重要理论根据和基础。

马克思认为：第一，社会总产品是社会再生产运动的出发点，它从物质上看可分为两类，即生产资料和消费资料，进而社会生产部门也相应分为两大部类，即生产生产资料的第一部类和生产消费资料的第二部类。从价值上看，在资本主义条件下可分为消耗的不变资本（c）、可变资本（v）和剩余价值（m）三部分。

---

① 斯大林. 苏联社会主义经济问题. 人民出版社, 1952 年: 72

　　这是马克思在总结经济运动过程中的科学概括，它给我们的启示是：社会再生产的运动如果不从既定的社会总产品出发，则是难以想象的，当然就更无法探寻其规律性了，所以研究社会主义社会再生产运动的规律性的出发点仍是社会总产品。由于社会主义社会现阶段仍存在着商品生产，所以它的社会总产品也就以商品形式出现。那么，我们在定量研究社会主义再生产的规律性时，也应从物质上把社会总产品分为两类，把社会生产部门分为两大部类，并从价值上分为消耗的生产资料价值（c）、新创造的供劳动者消费的生活资料价值（v）和新创造的供社会和集体支配的剩余产品价值（m）三部分。

　　第二，马克思在《资本论》第二卷中举过一例：

$$I.\left(4000\,C+400\frac{M}{Y}\right)+\left(1000\,V+100\frac{M}{Z}+500\frac{M}{X}\right)=6000$$

$$（3\text{-}7\text{-}1）$$

$$II.\left(1500\,C+100\frac{M}{Y}\right)+\left(750\,V+50\frac{M}{Z}\right)+600\frac{M}{X}=3000$$

并概括出，在两大部类之间必须满足扩大再生产的平衡条件：

$$I\left(V+\frac{M}{Z}+\frac{M}{X}\right)=II\left(C+\frac{M}{Y}\right) \qquad （3\text{-}7\text{-}2）$$

可证明，有（3-7-1）式成立，即有（3-7-2）式成立。

即：$I(V+M)>IIC$ $\qquad（3\text{-}7\text{-}3）$

在第一部类内必须满足平衡条件：

$$I\left(C+V+M\right)=I\left(C+\frac{M}{Y}\right)+II\left(C+\frac{M}{Y}\right) \qquad （3\text{-}7\text{-}4）$$

在第二部类内必须满足平衡条件：

$$II\left(C+V+M\right)=I\left(V+\frac{M}{Z}+\frac{M}{X}\right)+II\left(V+\frac{M}{Z}+\frac{M}{X}\right)\quad（3\text{-}7\text{-}5）$$

　　社会再生产的正常进行需要社会总产品的正常实现。正常实现，不仅应是价值补偿，而且应是物质补偿，因此它既要受社会产品价值组成部分相互之间的比例的制约，又要受它们的使用价值、它们的物质形式的制约。这是社会再生产的一个核心问题。社会主义社会的再生产要能达到有意识的自觉的协调发展，关键是要注意两大部类之间以及各部类内部的社会总产品使用价值量和价值量的相互平衡，只有这样才能使社会总产品正常实现，完成社会再生产所需要的价值补偿和物质补偿。

第三，马克思在《资本论》中还举过两个不同产业结构的例子，说明了产业结构在社会再生产中的重要性。

$$\text{第一例}\quad \left.\begin{array}{l} \text{I}.\ 4000\,C + 1000\,V + 1000\,M = 6000 \\[2mm] \text{II}.\ 1500\,C + 750\,V + 750\,M = 3000 \end{array}\right\} = 9000 \quad (3\text{-}7\text{-}6)$$

$$\text{第二例}\quad \left.\begin{array}{l} \text{I}.\ 5000\,C + 1000\,V + 1000\,M = 7000 \\[2mm] \text{II}.\ 1430\,C + 285\,V + 285\,M = 2000 \end{array}\right\} = 9000 \quad (3\text{-}7\text{-}7)$$

虽然这两个例子的社会总产品的价值量是相同的，但二者的两大部类内部以及两大部类之间投入的物化劳动、活劳动的比重很不相同。如果以此为基础进行扩大再生产，将会得到很不相同的社会生产比例、速度和宏观效益。

第四，产业结构相同时，由于积累与消费的分配比例不同，也会导致出现不同的扩大再生产过程。比如：

$$\text{I}.\ \left(4000\,C + 300\,\frac{M}{Y}\right) + \left(1000\,V + 75\,\frac{M}{Z}\right) + 625\,\frac{M}{X} = 6000$$

$$(3\text{-}7\text{-}8)$$

$$\text{II}.\ \left(1500\,C + 200\,\frac{M}{Y}\right) + \left(750\,V + 100\,\frac{M}{Z}\right) + 450\,\frac{M}{X} = 3000$$

（3-7-8）式与（3-7-1）式相比，它们的产业结构相同，但积累与消费的分配比例不同。结果，在来年将导致它们的产业结构不再相同，发展速度也不相同。也就是说，积累与消费的比例、产业结构、来年的发展速度，这三者之间存在着紧密的内在联系。

第五，马克思在考察资本主义社会再生产时，暂时撇开了对外贸易。但是，客观上"资本主义生产离开对外贸易是根本不行的"①。马克思在谈到固定资本的价值补偿和实物补偿的矛盾时说："在两个场合，对外贸易都能起补救作用：在第一个场合，是使第一部类保留货币形式的商品能转化为消费资料；在第二个场合，是把过剩的商品销售掉。"②

社会主义的再生产客观上也离不开对外贸易。利用对外贸易不仅可以调节资源的余缺，而且可以把它看做对两大部类进行调节的一种手段。

最后还应指出一点，在我国目前的情况下发展内涵型扩大再生产具有特别重要的意义。要发展内涵型扩大再生产就必须提高技术进步水平。因此，还必须揭示在扩大再生产的过程中技术进步水平与相关的经济因素之间的数量关系。

所以，上述内容应当成为我们对扩大再生产规律进行定量研究的理论依据和基础。

第三节　扩大再生产模型

扩大再生产模型由三个模型组成：非稳定型扩大再生产模型；调整型扩大再生产模型；均衡型扩大再生产模型。

（一）非稳定型扩大再生产模型

定量研究扩大再生产模型，需要做两步工作：首先要解决如何用数学模型来归纳、概括和描述马克思所阐述的扩大再生产理论；其次要解决如何将理论应用于实际，对现实的经济进行模拟和定量分析的问题。

1. 用数学模型来归纳、概括和描述扩大再生产理论

马克思在阐述扩大再生产理论时，作了下述两条假设：

（1）在扩大再生产的过程中，两大部类的有机构成和剩余价值率均不改变；

（2）扩大再生产的过程以每一年为一周期，当年对不变资本的追加积累，在来年将全部形成不变资本，当年对可变资本的追加积累，在来年亦全部以同样的剩余价值率创造剩余价值。

① ［德］卡尔·马克思. 资本论. 第二卷. 人民出版社, 2004 年: 527. 注：按新的版本标注

② ［德］卡尔·马克思. 资本论. 第二卷. 人民出版社, 2004 年: 525. 注：按新的版本标注

在研究扩大再生产的过程时，由于当年的产业结构已由现实情况所确定，即为已知量，所以，重要的问题是研究在剩余价值中如何确定积累与消费的分配，使其不仅可以满足两大部类之间的平衡，而且要满足两大部类内部的自我平衡，即要满足（3-7-2）式、（3-7-4）式和（3-7-5）式。

由于马克思所阐述的积累与消费的分配是在两大部类的内部进行的，因此我们假设：在第一部类的剩余价值 IM 中，用于不变资本的追加积累 $I\dfrac{M}{Y}$、用于可变资本的追加积累 $I\dfrac{M}{Z}$，以及用于消费的部分 $I\dfrac{M}{X}$，均为未知量，且有：

$$I\frac{M}{Y} + I\frac{M}{Z} + I\frac{M}{X} = IM \tag{3-7-9}$$

同样假设：在第二部类的剩余价值 IIM 中，用于不变资本的追加积累 $II\dfrac{M}{Y}$、用于可变资本的追加积累 $II\dfrac{M}{Z}$，以及用于消费的部分 $II\dfrac{M}{X}$，亦为未知量，且有：

$$II\frac{M}{Y} + II\frac{M}{Z} + II\frac{M}{X} = IIM \tag{3-7-10}$$

由于已阐明，对于同样的产业结构，如果积累与消费的分配比例不同，那么在来年产业结构和发展速度均将不再相同。即积累与消费的分配不仅与当年的产业结构相关，而且与来年的产业结构和发展速度之间存在着内在的联系。因此，在研究扩大再生产的过程时，必须把当年积累与消费的分配跟来年的扩大再生产情况有机地联系起来；把发展速度这一重要的经济因素与扩大再生产过程有机地联系起来。

扩大再生产的真实目的不应是追求产值的增长，而应是追求国民收入的增长。因此，我们用国民收入增长速度来表示发展速度，并把来年的国民收入增长速度 μ 跟当年积累与消费的分配有机地联系起来。这样便归纳和概括出可以描述马克思扩大再生产理论的数学模型：

$$\left. \begin{array}{l} I\dfrac{M}{Y} + I\dfrac{M}{Z} + I\dfrac{M}{X} = IM \\[2mm] II\dfrac{M}{Y} + II\dfrac{M}{Z} + II\dfrac{M}{X} = IIM \end{array} \right\} \tag{3-7-11}$$

$$I\frac{M}{Z} + I\frac{M}{X} - II\frac{M}{Y} = \frac{P_2}{H_2}IIM - \frac{1}{H_1}IM$$

$$I\frac{M}{Y} - P_1 I\frac{M}{Z} = 0 \qquad\qquad\qquad\left.\begin{matrix}\\\\\\\\\end{matrix}\right\}(3\text{-}7\text{-}11)$$

$$II\frac{M}{Y} - P_2 II\frac{M}{Z} = 0$$

$$(1+H_1)\,I\frac{M}{Z} + (1+H_2)\,II\frac{M}{Z} = [\frac{1+H_1}{H_1}IM + \frac{1+H_2}{H_2}IIM]\mu_0$$

其中：P_1 为第一部类的有机构成；P_2 为第二部类的有机构成；H_1 为第一部类的剩余价值率；H_2 为第二部类的剩余价值率；μ_0 为来年的准国民收入增长速度。

μ_0 与国民收入增长速度 μ 之间的关系如下：

$$\mu_0 = \frac{\mu}{1-\mu} \qquad\qquad\qquad\qquad (3\text{-}7\text{-}12)$$

现用（3-7-11）式计算马克思在《资本论》第二卷中所举的例子。该例子如（3-7-1）式所示，有：

$$P_1 = 4, \qquad H_1 = 1, \qquad IM = 1000$$
$$P_2 = 2, \qquad H_2 = 1, \qquad IIM = 750$$

如果给定第一年的准国民收入增长速度为 μ_0 =8.57％（国民收入增长速度 μ =7.9％），以后逐年给定 μ_0 =10％（μ =9.1％），其结果如表 3-7-1 所示。不难看出，（3-7-11）式定量地描述了马克思所阐述的扩大再生产理论。

表 3-7-1　非稳定型扩大再生产模型计算结果

年份	部类	C	V	M	W	$\frac{M}{Y}$	$\frac{M}{Z}$	$\frac{M}{X}$	μ	$\frac{IM}{IIM}$	来年 μ_0 的取值范围
0	1	4000.00	1000.00	1000.00	6000.00	400.00	100.00	500.00		1.38	$0.0714 < \mu_0 < 0.1428$
	2	1500.00	750.00	750.00	3000.00	300.00	50.00	600.00			
1	1	7794.86	1948.72	1948.72	11692.30	779.48	194.87	974.37	0.0789	1.38	$0.0789 < \mu_0 < 0.1499$
	2	2834.50	1417.25	1417.25	5669.00	283.45	141.73	992.07			
2	1	8574.34	2143.59	2143.59	12861.51	857.40	214.35	1071.83	0.0909	1.38	$0.0789 < \mu_0 < 0.1499$

年份	部类	C	V	M	W	$\dfrac{M}{Y}$	$\dfrac{M}{Z}$	$\dfrac{M}{X}$	μ	$\dfrac{IM}{IIM}$	来年 μ_0 的取值范围
	2	3117.96	1558.98	1558.98	6235.91	311.81	155.91	1091.26			
3	1	9431.74	2357.94	2357.94	14147.62	943.09	235.77	1179.08	0.0909	1.38	$0.0789 < \mu_0 < 0.1499$
	2	3429.77	1714.88	1714.88	6859.53	343.02	171.51	1200.35			
4	1	10374.83	2593.71	2593.71	15562.24	1037.22	259.30	1297.18	0.0909	1.38	$0.0789 < \mu_0 < 0.1499$
	2	3772.79	1886.39	1886.39	7545.57	377.41	188.71	1320.28			
5	1	4400.00	1100.00	1100.00	6600.00	440.00	110.00	550.00	0.0909	1.38	$0.0789 < \mu_0 < 0.1499$
	2	1600.00	800.00	800.00	3200.00	160.00	80.00	560.00			
6	1	4840.00	1210.00	1210.00	7260.00	484.00	121.00	65.00	0.0909	1.38	$0.0789 < \mu_0 < 0.1499$
	2	1760.00	880.00	880.00	3520.00	176.00	88.00	616.00			
7	1	5324.00	1331.00	1331.00	7986.00	532.40	133.10	665.50	0.0909	1.38	$0.0789 < \mu_0 < 0.1499$
	2	1936.00	968.00	968.00	3872.00	193.60	96.80	677.60			
8	1	5856.40	1464.10	1464.10	8784.60	585.64	146.41	732.05	0.0909	1.38	$0.0789 < \mu_0 < 0.1499$
	2	2129.60	1064.80	1064.80	4259.20	212.96	106.48	745.36			
9	1	6442.04	1610.50	1610.50	9663.06	644.20	161.05	805.26	0.0909	1.38	$0.0789 < \mu_0 < 0.1499$
	2	2342.56	1171.28	1171.28	4685.12	234.26	117.13	819.90			
10	1	7086.24	1771.56	1771.56	10629.36	708.62	177.16	885.78	0.0909	1.38	$0.0789 < \mu_0 < 0.1499$
	2	2576.82	1288.41	1288.41	5153.63	257.68	128.84	901.88			

2. 解决从理论到实践的应用问题

上面的数学模型虽然归纳和概括了马克思的扩大再生产理论，并能对其进行圆满的描述，但尚不能将其应用于解决现实的经济问题。其原因有以下两点：

第一，归纳和概括的上述数学模型，实际上是基于马克思所做的两条假设而推导出来的。这两条假设是在理论研究中所做的高度概括。然而要应用其来解决现实的经济问题，还必须去掉这两条假设，以使其与现实情况更加接近。

第二，要将理论应用于实践，解决现实的经济问题，还必须解决数据的统计计算问题，即依据现有的统计资料计算出模型所需要的数据。

（1）非稳定型扩大再生产模型的推导

有机构成为不变资本与可变资本之比，当年对不变资本的追加积累与对可变资本的追加积累之比。如果与有机构成不等，那么当年对积累的分配将会导致来年有机构成的变化。劳动生产率的提高亦可导致剩余价值率的提高。因此，在实际的扩大再生产过程中，有机构成及剩余价值率均可能在不断地发生变化。为能描述实际情况，我们假设：在基年时，两大部类的有机构成分别为 P_{10}、P_{20}，两大部类的剩余价值率分别为 H_{10}、H_{20}；在来年时，两大部类的有机构成分别为 P_1、P_2，两大部类的剩余价值率分别为 H_1、H_2。

以每一年为一周期研究扩大再生产过程，作为一种概括和统计上的描述，还是可取的。但当年对不变资本的追加积累在来年不可能全部形成不变资本。积累是通过扩大再生产使国民收入量增加的手段，但是在经济生活里，积累没有使生产规模扩大的事情并不少见。有一个以前大家都知道的数字，投资 6000 多亿元，形成生产能力 4000 多亿元，对此暂且不谈。实际上，对不变资本的追加积累在将来不可能都形成不变资本。如果认为流动资金的投资效果系数近似为 1，那么从统计平均的角度，可以用固定资产投资效果系数乘以当年对不变资本的追加积累来计算其在来年所形成的不变资本。实际等于用固定资产投资效果系数来近似为不变资本投资效果系数。同理，应当给当年对可变资本的追加积累以一个可变资本投资效果系数，以求出在来年可以实际创造剩余价值的可变资本的数量。为此，在扩大再生产的过程中引入两大部类的不变资本投资效果系数 K_{C1}、K_{C2}，及两大部类的可变资本投资效果系数 K_{V1}、K_{V2}。这样便可推导出非稳定型扩大再生产模型（3-7-13）式。而原数学模型（3-7-11）式便成为（3-7-13）式的一个特例。

$$\left.\begin{aligned}
& I\frac{M}{Y} + I\frac{M}{Z} + I\frac{M}{X} = IM \\[2mm]
& II\frac{M}{Y} + II\frac{M}{Z} + II\frac{M}{X} = IIM \\[2mm]
& I\frac{M}{Z} + I\frac{M}{X} - II\frac{M}{Y} = \frac{P_{20}}{H_{20}}IIM - \frac{1}{H_{10}}IM \\[2mm]
& K_{C1}\, I\frac{M}{Y} - K_{V1}\, P_1\, I\frac{M}{Z} = \frac{IM}{H_{10}}\, (P_1 - P_{10}) \\[2mm]
& K_{C2}\, II\frac{M}{Y} - K_{V2}\, P_2\, II\frac{M}{Z} = \frac{IIM}{H_{20}}\, (P_2 - P_{20}) \\[2mm]
& K_{V1}\,(1+H_1)\, I\frac{M}{Z} + K_{V2}\,(1+H_2)\, II\frac{M}{Z} \\[2mm]
& = [\frac{1+H_{10}}{H_{10}}\, IM + \frac{1+H_{20}}{H_{20}}\, IIM]\mu_0 + (1 - \frac{H_1}{H_{10}})\, IM + (1 - \frac{H_2}{H_{20}})\, IIM
\end{aligned}\right\} \quad \text{(3-7-13)}$$

该模型的计算原理，如图 3-7-1 所示。

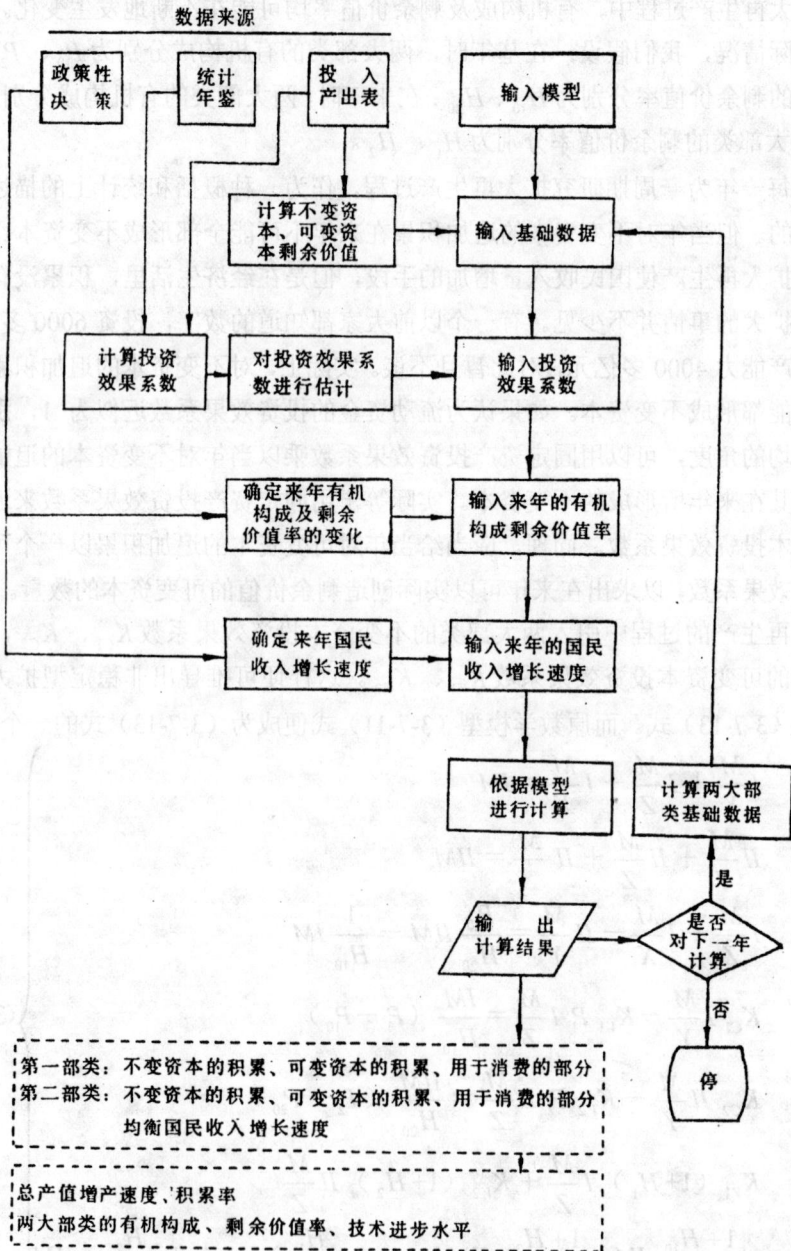

数据来源

| 政策性决策 | 统计年鉴 | 投入产出表 | 输入模型 |

计算不变资本、可变资本剩余价值 → 输入基础数据

计算投资效果系数 ← 对投资效果系数进行估计 ← 输入投资效果系数

确定来年有机构成及剩余价值率的变化 → 输入来年的有机构成剩余价值率

确定来年国民收入增长速度 → 输入来年的国民收入增长速度

依据模型进行计算　　　计算两大部类基础数据

输出计算结果 ← 是否对下一年计算　　是

停　　否

第一部类：不变资本的积累、可变资本的积累、用于消费的部分
第二部类：不变资本的积累、可变资本的积累、用于消费的部分
　　　　　均衡国民收入增长速度

总产值增产速度、积累率
两大部类的有机构成、剩余价值率、技术进步水平

图 3-7-1　非稳定型扩大再生产模型计算原理图

（2）所需数据的统计计算

我们已推导出非稳定型扩大再生产模型，然而，要应用此模型解决现实的经济问题，还必须先解决下述两方面数据的统计计算问题：

①依据现有的统计数字计算出基年两大部类的不变资本 C、可变资本 V，及剩余价值 M。

②依据现有的统计数字计算出两大部类的不变资本投资效果系数 K_{C1}、K_{C2}，及可变资本投资效果系数 K_{V1}、K_{V2}。

要解决第一个问题，首先必须依据现有的统计数字区分不变资本 C、可变资本 V 及剩余价值 M，然后再将其划分成两大部类。

按照马克思的定义，C 的部分应包括："固定资本：机器、工具、建筑物、役畜等等，流动不变资本：如原材料、生产材料、辅助材料、半成品等等"[①]；V 的部分应等于"生产部门使用的社会劳动力的价值，也就是等于为这个社会劳动力而支付的工资总额"[②]；而"具有必须进入或至少能够进入生产消费的形式的商品"[③]应算作第一部类，"具有进入资本家阶级和工人阶级的个人消费的形式的商品"[④]应算作第二部类。我们如果抽掉马克思定义的阶级内容，而只考虑产品的分配去向，那么依据全国的投入产出表就可以完成对两大部类的不变资本、可变资本及剩余价值的统计计算。在此还应特别指出一点，应当将对外贸易看做是对两大部类的调整，因此应以进口物资的用途来划分其所属的部类。

依据 1981 年全国投入产出表统计计算出（单位为亿元）：

$$IC = 3159.934 \qquad IV = 1156.3561 \qquad IM = 1256.386$$
$$IIC = 1948.10 \qquad IIV = 860.64 \qquad IIM = 666.82$$

如果认为流动资金的投资效果系数近似为 1，那么可以用固定资产投资效果系数来近似地作为不变资本投资效果系数。因此有：

$$不变资本投资效果系数 = \frac{形成的固定资产}{固定资产投资额}$$

参照依据投入产出表对两大部类的划分，从《中国统计年鉴》可以查出 1981 年、1982 年的基建投资额（亿元）：

---

① ［德］卡尔·马克思. 资本论. 第二卷. 人民出版社, 2004 年: 439. 注：按新的版本标注
② ［德］卡尔·马克思. 资本论. 第二卷. 人民出版社, 2004 年: 439. 注：按新的版本标注
③ ［德］卡尔·马克思. 资本论. 第二卷. 人民出版社, 2004 年: 439. 注：按新的版本标注
④ ［德］卡尔·马克思. 资本论. 第二卷. 人民出版社, 2004 年: 439. 注：按新的版本标注

	第一部类	第二部类
1981 年	238.73	81.66
1982 年	288.24	94.03

从《中国统计年鉴》亦可查出 1981 年、1982 年两大部类的新增固定资产额（亿元）：

	第一部类	第二部类
1981 年	210.21	70.80
1982 年	217.14	75.90

由此可以推算出，第一部类不变资本投资效果系数 K_{C1} 在 0.75～0.88 之间，第二部类不变资本投资效果系数 K_{C2} 在 0.81～0.87 之间。

两大部类的可变资本投资效果系数可由下式确定：

$$可变资本投资效果系数 = \frac{来年的剩余价值增长量}{当年的剩余价值率 \times 当年可变资本的积累}$$

首先用 1981 年的 IV、IM、IIV、IIM 确定其所占的比重。

从《中国统计年鉴》可以查得 1980 年职工工资和社员收入额共计 1807 亿元，将其按 1981 年两大部类的比例划分，由此可以获得 1981 年对两大部类可变资本的积累：

1981 年：第一部类可变资本的积累=126（亿元）

第二部类可变资本的积累=84（亿元）

从《中国统计年鉴》可查出，1982 年剩余产品价值为 2068 亿元（国民收入减工农收入），设有机构成及剩余价值率均不改变，且设投入 145 亿元。按 1981 年的比例将其划分为两大部类，由此可得 1982 年剩余价值的增量为：

1982 年：第一部类剩余价值的增量=94（亿元）

第二部类剩余价值的增量=51（亿元）

由此便可以确定出 1981 年两大部类可变资本的投资效果系数为：

K_{V1} =0.687

K_{V2} =0.866

3. 两大部类比例对国民收入增长速度的制约

当年积累在两大部类的分配不同，以及部类内部对不变资本和可变资本的追加积累的分配不同，将会影响来年两大部类的比例及国民收入增长速度。反过来讲，我们确定不同的来年国民收入增长速度，就会导致当年积累在两大部类的分配不同。但我们并不能任意地把来年的国民收入增长速度确定得过低或过高。如果所确定的来年国民收入增长速度超出了一定的范围，那么积累与消费的分配将不能再满足两大部类之间及部类内部的平衡条件。来年国民收入增长速度的取值范围受当年两大部类的比例的制约。

我们用第一部类的剩余价值 IM 与第二部类的剩余价值 IIM 之比 $\dfrac{IM}{IIM}$ 来描述两大部类之间的比例，由数学模型（3-7-11）式，可以推导出来年准国民收入增长速度的取值范围。

设：μ_1 为年准国民收入增长速度的上限，μ_2 为准国民收入增长速度的下限。

$$\mu_1 = \min \left\{ \begin{array}{l} \dfrac{\dfrac{1+H_1}{H_1}\dfrac{1}{P_2}\dfrac{IM}{IIM}-\dfrac{1}{H_2}}{\dfrac{1+H_1}{1+H_2}\dfrac{1}{H_1}\dfrac{IM}{IIM}+\dfrac{1}{H_2}} \\[6mm] \dfrac{\dfrac{1+H_1}{H_1}\dfrac{1}{P_1}\dfrac{IM}{IIM}-\dfrac{1}{H_2}\dfrac{P_2}{P_1}-(\dfrac{P_2}{P_1}-\dfrac{1+H_1}{1+H_2})\dfrac{1}{P_2+1}}{\dfrac{1+H_2}{1+H_1}\dfrac{1}{H_2}+\dfrac{1}{H_1}\dfrac{IM}{IIM}} \end{array} \right. \qquad (3\text{-}7\text{-}14)$$

$$\mu_2 = \max \left\{ \begin{array}{l} \dfrac{\dfrac{1+H_1}{H_1}\dfrac{1}{P_2}\dfrac{IM}{IIM}-\dfrac{1}{H_2}\dfrac{P_2}{P_1}}{\dfrac{1+H_2}{1+H_1}\dfrac{1}{H_2}+\dfrac{1}{H_1}\dfrac{IM}{IIM}} \\[6mm] \dfrac{[\dfrac{1+H_1}{H_1}\dfrac{1}{P_2}-\dfrac{1}{P_1+1}(\dfrac{P_1}{P_2}-\dfrac{1+H_1}{1+H_2})]\dfrac{IM}{IIM}-\dfrac{1}{H_2}}{\dfrac{1+H_1}{1+H_2}\dfrac{1}{H_1}\dfrac{IM}{IIM}+\dfrac{1}{H_2}} \end{array} \right. \qquad (3\text{-}7\text{-}15)$$

如果有：$\dfrac{P_1}{P_2} - \dfrac{1+H_1}{1+H_2} > 0$ (3-7-16)

则：$\mu_2 < \mu_0 < \mu_1$ (3-7-17)

如果有：$\dfrac{P_1}{P_2} - \dfrac{1+H_1}{1+H_2} < 0$ (3-7-18)

则设：μ_2 为准国民收入增长速度的上限，μ_1 为准国民收入增长速度的下限。

$$\mu_1 = \max \left\{ \begin{array}{l} \dfrac{\dfrac{1+H_1}{H_1}\dfrac{1}{P_2}\dfrac{IM}{IIM} - \dfrac{1}{H_2}}{\dfrac{1+H_1}{1+H_2}\dfrac{1}{H_1}\dfrac{IM}{IIM} + \dfrac{1}{H_2}} \\[4em] \dfrac{\dfrac{1+H_1}{H_1}\dfrac{1}{P_1}\dfrac{IM}{IIM} - \dfrac{1}{H_2}\dfrac{P_2}{P_1} - \left(\dfrac{P_2}{P_1} - \dfrac{1+H_1}{1+H_2}\right)\dfrac{1}{P_2+1}}{\dfrac{1+H_2}{1+H_1}\dfrac{1}{H_2} + \dfrac{1}{H_1}\dfrac{IM}{IIM}} \end{array} \right\} \quad (3\text{-}7\text{-}19)$$

$$\mu_2 = \min \left\{ \begin{array}{l} \dfrac{\dfrac{1+H_1}{H_1}\dfrac{1}{P_2}\dfrac{IM}{IIM} - \dfrac{1}{H_2}\dfrac{P_2}{P_1}}{\dfrac{1+H_2}{1+H_1}\dfrac{1}{H_2} + \dfrac{1}{H_1}\dfrac{IM}{IIM}} \\[4em] \dfrac{\left[\dfrac{1+H_1}{H_1}\dfrac{1}{P_2} - \dfrac{1}{P_1+1}\left(\dfrac{P_1}{P_2} - \dfrac{1+H_1}{1+H_2}\right)\right]\dfrac{IM}{IIM} - \dfrac{1}{H_2}}{\dfrac{1+H_1}{1+H_2}\dfrac{1}{H_1}\dfrac{IM}{IIM} + \dfrac{1}{H_2}} \end{array} \right\} \quad (3\text{-}7\text{-}20)$$

那么，来年准国民收入增长速度 μ_0 应满足：

$\mu_1 < \mu_0 < \mu_2$ (3-7-21)

我们仍来研究表 3-7-1 所示的例子，在用非稳定型扩大再生产模型（3-7-13）式进行计算时，设有机构成及剩余价值率均不改变，投资效果系数均为 1。不过，在此我们要求以后逐年国民收入增长速度均为 μ =9.1%（即 μ_0 =10%）。其计算结果如表 3-7-2 所示。

表 3-7-2　非稳定型扩大再生产模型计算结果

年份	部类	C	V	M	W	$\dfrac{M}{Y}$	$\dfrac{M}{Z}$	$\dfrac{M}{X}$	μ	$\dfrac{IM}{IIM}$	来年 μ_0 的取值范围
0	1	4000	1000	1000	6000	300	75	625	0.0	1.33	$0.0714 < \mu_0 < 0.1428$
	2	1500	750	750	3000	200	100	450			
1	1	4300	1075	1075	6450	130	32.5	912.50	0.0909	1.26	$0.0584 < \mu_0 < 0.1169$
	2	1700	850	850	3400	320	160	370			
2	1	4430	1107.5	1107.5	6645	-457	-114.25	1678.75	0.0909	1.10	$0.0230 < \mu_0 < 0.0460$
	2	2020	1010	1010	4040	652	326	32			

由表 3-7-2 可看出，在基年两大部类之比为 1.33，由此而决定来年准国民收入增长速度的取值范围为 7.14％＜μ_0＜14.28％。我们确定第一年的 μ_0＝10％，在其取值范围之内，因此基年对积累与消费的分配可以满足两大部类之间及部类内部的平衡条件。但基年对积累的分配改变了来年两大部类的比例，使其由 1.33 降到 1.26。第一年两大部类的比例 1.26 又决定了第二年准国民收入增长速度的取值范围为 5.84％＜μ_0＜11.69％。在第二年我们取 μ_0＝10％，在其取值范围之内，因此第一年对积累与消费的分配仍可以满足两大部类之间及部类内部的平衡条件。但第一年对积累的分配又使第二年两大部类的比例进一步下降，由 1.26 降到 1.10。由第二年的两大部类比例 1.10 又决定了在第三年准国民收入增长速度的取值范围为 2.3％＜μ_0＜4.6％。而我们仍确定第三年的准国民收入增长速度 μ_0＝10％，它已超出了对其取值范围的限制，因此，在第三年对积累与消费的分配已不能满足两大部类之间及部类内部的平衡条件，使扩大再生产不能继续进行下去。由此可看出，两大部类的比例决定了国民收入增长速度的取值范围，随着两大部类比例的下降，国民收入增长速度的取值范围逐渐缩小。在此意义上可以讲，第一部类的剩余价值高于第二部类的剩余价值，是保持国民收入有一定的增长速度的必要条件。也可以讲，要保持国民收入有一定的增长速度，必须优先发展第一部类，即优先发展重工业。因为第一部类创造的剩余价值所占比例的下降，将导致国民收入增长速度的下降，如果强行以超出取值范围的国民收入增长速度进行扩大再生产，则将破坏两大部类之间的平衡，从而使扩大再生产无法进行下去。

来年的国民收入增长速度是不能任意确定的，当其值过高或过低，超出取值范围时，将破坏两大部类的平衡，使扩大再生产无法进行下去。因此，我们称

（3-7-13）式为非稳定型扩大再生产模型。

（二）调整型扩大再生产模型

应用非稳定型扩大再生产模型时，两大部类的平衡之所以可能遭到破坏，其直接的原因是所确定的来年国民收入增长速度过高或过低，超出了对其取值范围的限制。而在这种情况下，在对积累和消费进行分配时，又不允许两大部类之间进行调整，可以说这是使扩大再生产不能继续进行下去的另一个原因。如果在对积累和消费进行分配时，允许两大部类之间进行调整，那么即使所确定的来年国民收入增长速度超出了对其取值范围的限制，也仍然可能保持两大部类之间的平衡，使扩大再生产继续进行下去。

现假设用 $\triangle I\dfrac{M}{Y}$ 表示第二部类剩余价值中调整到第一部类的用于不变资本的追加积累，用 $\triangle I\dfrac{M}{Z}$ 表示第二部类剩余价值中调整到的第一部类的用于可变资本的追加积累。

这样便可以得到调整型扩大再生产模型：

$$
\left.
\begin{aligned}
&I\frac{M}{Y} + I\frac{M}{Z} + I\frac{M}{X} = IM \\[4pt]
&II\frac{M}{Y} + II\frac{M}{Z} + II\frac{M}{X} = IIM \\[4pt]
&I\frac{M}{Z} + I\frac{M}{X} - II\frac{M}{Y} + \triangle I\frac{M}{Z} = \frac{P_{20}}{H_{20}}IIM - \frac{1}{H_{10}}IM \\[4pt]
&K_{C1}I\frac{M}{Y} - K_{V1}P_1 I\frac{M}{Z} = \frac{IM}{H_{10}}(P_1 - P_{10}) \\[4pt]
&K_{C2}II\frac{M}{Y} - K_{V2}P_2 II\frac{M}{Z} = \frac{IIM}{H_{20}}(P_2 - P_{20}) \\[4pt]
&K_{V1}(1+H_1)I\frac{M}{Z} + K_{V2}(1+H_2)II\frac{M}{Z} + K_{V1}(1+H_1)\triangle I\frac{M}{Z} \\[4pt]
&= [\frac{1+H_{10}}{H_{10}}IM + \frac{1+H_{20}}{H_{20}}IIM]\mu_0 + (1-\frac{H_1}{H_{10}})IM + (1-\frac{H_2}{H_{20}})IIM \\[4pt]
&K_{V1}H_1 I\frac{M}{Z} - K_{V2}H_2\frac{IIM}{IIM}II\frac{M}{Z} - K_{V1}H_1\triangle I\frac{M}{Z} = (\frac{H_2}{H_{20}} - \frac{H_1}{H_{10}})IM \\[4pt]
&K_{C1}\triangle I\frac{M}{Y} - K_{V1}P_1\triangle I\frac{M}{Z} = 0
\end{aligned}
\right\}
\quad (3\text{-}7\text{-}22)
$$

该模型的计算原理，如图 3-7-2 所示。

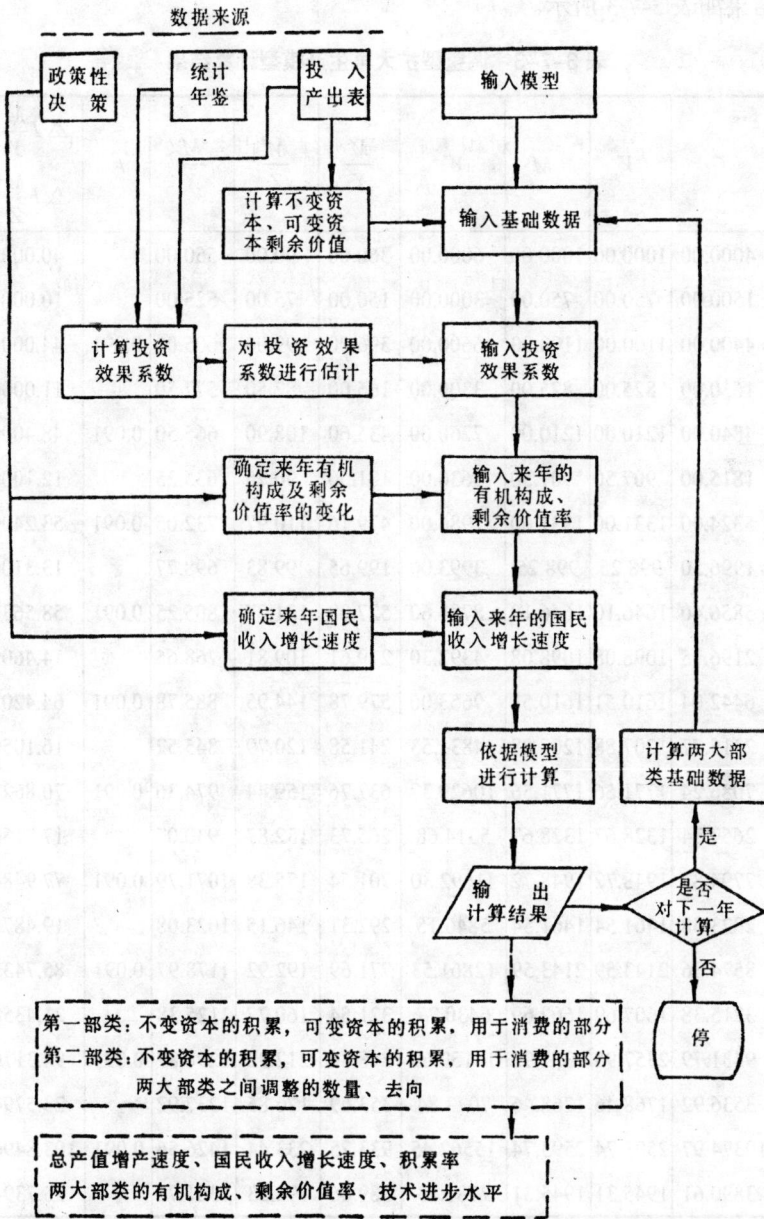

图 3-7-2　调整型扩大再生产模型计算原理图

我们仍应用调整型扩大再生产模型（3-7-22）式来研究表 3-7-2 所示的例子，其计算结果如表 3-7-3 所示。

表 3-7-3　调整型扩大再生产模型计算结果

年份	部类	C	V	M	W	$\dfrac{M}{Y}$	$\dfrac{M}{Z}$	$\dfrac{M}{X}$	μ	$\triangle I\dfrac{M}{Y}$ $\triangle I\dfrac{M}{Z}$	$\dfrac{IM}{IIM}$
0	1	4000.00	1000.00	1000.00	6000.00	360.00	90.00	550.00		40.0000	1.33
	2	1500.00	750.00	750.00	3000.00	150.00	75.00	525.00		10.0000	
1	1	4400.00	1100.00	1100.00	6600.00	396.00	99.00	605.00	0.091	44.0000	1.33
	2	1650.00	825.00	825.00	3300.00	165.00	82.50	577.50		11.0000	
2	1	4840.00	1210.00	1210.00	7260.00	435.60	108.90	665.50	0.091	48.4000	1.33
	2	1815.00	907.50	907.50	3630.00	181.50	90.75	635.25		12.1000	
3	1	5324.00	1331.00	1331.00	7986.00	479.16	110.97	732.05	0.091	53.2400	1.33
	2	1996.50	998.25	998.25	3993.00	199.65	99.83	698.77		13.3100	
4	1	5856.40	1646.10	1646.10	8784.60	527.08	131.77	805.25	0.091	58.5638	1.33
	2	2196.15	1098.08	1098.08	4392.30	219.61	109.81	768.65		14.4609	
5	1	6442.04	1610.51	1610.51	9663.06	579.78	144.95	885.78	0.091	64.4201	1.33
	2	2415.77	1207.88	1207.88	4831.53	241.58	120.79	845.52		16.1050	
6	1	7086.24	1771.56	1771.56	10629.37	637.76	159.44	974.36	0.091	70.8622	1.33
	2	2657.34	1328.67	1328.67	5314.68	265.73	132.87	930.07		17.7156	
7	1	7794.87	1948.72	1948.72	11692.30	701.54	175.38	1071.79	0.091	77.9484	1.33
	2	2923.08	1461.54	1461.54	5846.15	292.31	146.15	1023.08		19.4871	
8	1	8574.36	2143.59	2143.59	12861.53	771.69	192.92	1178.97	0.091	85.7433	1.33
	2	3215.38	1607.69	1607.69	6430.77	321.54	160.77	1125.38		21.4358	
9	1	9431.79	2357.95	2357.95	14157.69	848.86	212.22	1296.87	0.091	94.3176	1.33
	2	3536.92	1768.46	1768.46	7073.84	353.69	176.85	1237.92		23.5794	
10	1	10374.97	2593.74	2593.74	15562.45	933.75	233.44	1426.56	0.091	103.8496	1.33
	2	3890.61	1945.31	1945.31	7781.23	389.06	194.53	1361.71		25.7394	

注："$\triangle I\dfrac{M}{Y}$ $\triangle I\dfrac{M}{Z}$" 列中，第一行为 $\triangle I\dfrac{M}{Y}$ 数据、第二行为 $\triangle I\dfrac{M}{Z}$ 数据。

由表 3-7-3 可以看出，虽然从第一年始，以后逐年均要求以 μ_0 =10％（μ =9.1%）的国民收入增长速度对积累和消费进行分配，由于逐年都对两大部类进行调整，使两大部类的比例一直保持为 1.33，因而积累与消费的分配一直可以满足两大部类的平衡，使扩大再生产可以持续进行下去。此例是通过对两大部类的不断调整来维持一个较高的国民收入增长速度。

这里说明一点，如果计算出来的调整量 $\triangle I \dfrac{M}{Y}$、$\triangle I \dfrac{M}{Z}$ 为负值，则表示是由第一部类向第二部类进行调整。

（三）均衡型扩大再生产模型

我们将表 3-7-3 与表 3-7-1 进行一下比较。表 3-7-3 的情况是靠对两大部类的不断调整来维持各年的国民收入增长速度为 μ =9.1%（μ_0 =10％）；而表 3-7-1 的情况是，第一年的 μ =7.89％（μ_0 =8.57％），第二年以后，虽然没有对两大部类进行调整，却一直保持以 μ =9.1％（μ_0 =10％）的国民收入增长速度进行扩大再生产。我们把在不对两大部类进行调整的情况下，一直可以这种速度进行扩大再生产的国民收入增长速度称为均衡国民收入增长速度。

我们对表 3-7-1、表 3-7-2、表 3-7-3 进行比较，可以看出：

（1）表 3-7-1 第一年取 μ =7.89％（μ_0 =9.1％），导致两大部类的比例由 1.33 上升到 1.38；第二年均取 μ =9.1％（μ_0 =10％），但两大部类比例一直保持 1.38 未变。

（2）表 3-7-2 第一年取 μ =9.1％（μ_0 =10％），导致两大部类的比例由 1.33 下降到 1.26；第二年仍取 μ =9.1％，结果导致两大部类比例进一步下降到 1.10。

（3）表 3-7-3 虽然通过两大部类的调整维持 μ =9.1％（μ_0 =10％），但两大部类比例却保持 1.33 未变。

由此我们可以归纳出下述几点：

第一，由两大部类的比例所决定，客观上存在着一个均衡国民收入增长速度。对于表 3-7-1 的情况而言，由两大部类比例 1.38 所决定的均衡国民收入增长速度正是 μ =9.1％。

第二，如果所确定的国民收入增长速度低于均衡国民收入增长速度，如表 3-7-1 基年的情况，则将导致两大部类比例上升，亦将导致均衡国民收入增长速度上升；反之，若确定的国民收入增长速度高于均衡国民收入增长速度，如表 3-7-2 的情况，则将导致两大部类比例下降，亦将导致均衡国民收入增长速度下降。

第三，要保持国民收入增长速度不变，就必须先保持两大部类的比例不变。如果所确定的速度不是均衡发展速度，而又要保持以此速度进行扩大再生产，如表 3-7-3 的情况，那么就必须通过对两大部类的不断调整来保持两大部类的比例不变。

第四，由基年两大部类比例 1.33 所决定，必定存在着一个均衡国民收入增长速度 μ'，它要比表 3-7-1 第一年的国民收入增长速度 μ =7.89％高，但比表 3-7-2 第一年的国民收入增长速度 μ =9.1％低。

调整型扩大再生产模型是先确定国民收入增长速度，通过对两大部类的调整来保证两大部类比例不变，因此可以按某一速度持续进行扩大再生产。这就给我们一个启示：如果能保持两大部类的比例不变，又不允许对两大部类进行调整，那么就可以以某一种速度持续进行扩大再生产，而且这暂且未知的速度就是由两大部类比例所决定的均衡国民收入增长速度。据此便可以推导出均衡型扩大再生产模型，如（3-7-23）式所示。

$$
\left.
\begin{aligned}
& I\frac{M}{Y} + I\frac{M}{Z} + I\frac{M}{X} = IM \\[6pt]
& II\frac{M}{Y} + II\frac{M}{Z} + II\frac{M}{X} = IIM \\[6pt]
& I\frac{M}{Z} + I\frac{M}{X} - II\frac{M}{Y} = \frac{P_{20}}{H_{20}}IIM - \frac{1}{H_{10}}IM \\[6pt]
& K_{C1}\,I\frac{M}{Y} - K_{V1}\,P_1\,I\frac{M}{Z} = \frac{IM}{H_{10}}\,(P_1 - P_{10}) \\[6pt]
& K_{C2}\,II\frac{M}{Y} - K_{V2}\,P_2\,II\frac{M}{Z} = \frac{IIM}{H_{20}}\,(P_2 - P_{20}) \\[6pt]
& K_{V1}\,(1+H_1)\,I\frac{M}{Z} + K_{V2}\,(1+H_2)\,II\frac{M}{Z} = [\frac{1+H_{10}}{H_{10}}IM \\[6pt]
& \quad + \frac{1+H_{20}}{H_{20}}IIM]\mu_0 + (1-\frac{H_1}{H_{10}})\,IM + (1-\frac{H_2}{H_{20}})\,IIM \\[6pt]
& K_{V1}\,H_1\,I\frac{M}{Z} - K_{V2}\,H_2\,\frac{IM}{IIM}\,II\frac{M}{Z} = (\frac{H_2}{H_{20}} - \frac{H_1}{H_{10}})\,IM
\end{aligned}
\right\} \quad (3\text{-}7\text{-}23)
$$

它不仅可以求出由两大部类比例所决定的均衡国民收入增长速度，而且可同时求出在满足两大部类平衡的条件下，与均衡国民收入增长速度相对应的对两大部类的积累与消费的分配。

均衡型扩大再生产模型的计算原理，如图 3-7-3 所示。

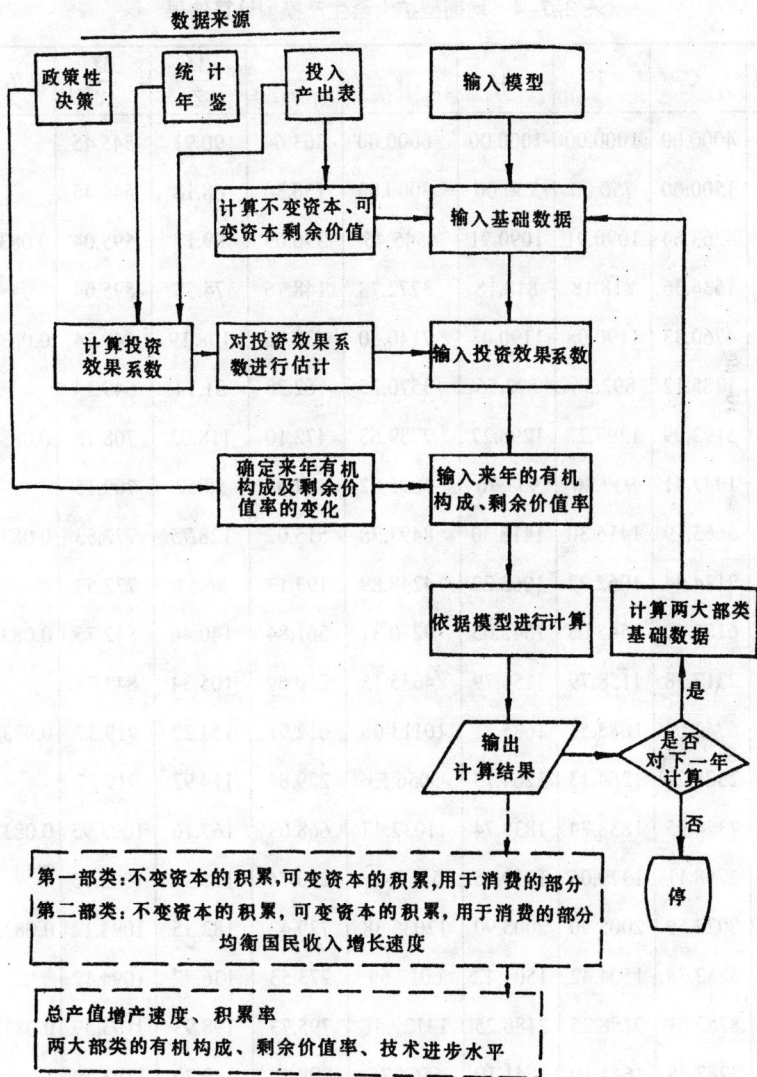

图 3-7-3　均衡型扩大再生产模型计算原理图

应用均衡型扩大再生产模型来研究表 3-7-1 所示的情况，可以计算出由基年两大部类比例 1.33 所决定的均衡国民收入增长速度 μ =8.33%（μ_0 =9.08%）及以后逐年按该均衡国民收入增长速度进行扩大再生产时，两大部类的积累与消费的分配情况。如表 3-7-4 所示。

表 3-7-4　均衡型扩大再生产模型计算结果

年份	部类	C	V	M	W	$\dfrac{M}{Y}$	$\dfrac{M}{Z}$	$\dfrac{M}{X}$	μ	$\dfrac{IM}{IIM}$
0	1	4000.00	1000.00	1000.00	6000.00	363.64	90.91	545.45		1.33
	2	1500.00	750.00	750.00	3000.00	136.36	68.18	545.45		
1	1	4363.64	1090.91	1090.91	6545.45	396.69	99.17	595.04	0.0833	1.33
	2	1636.36	818.18	818.18	3272.73	148.76	74.38	595.04		
2	1	4760.33	1190.08	1190.08	7140.50	432.76	108.19	649.14	0.0833	1.33
	2	1785.12	892.56	892.56	3570.25	162.28	81.14	649.14		
3	1	5193.09	1298.27	1298.27	7789.63	472.10	118.02	708.15	0.0833	1.33
	2	1947.41	937.70	937.70	3895.82	177.04	88.52	709.15		
4	1	5665.19	1416.30	1416.30	8497.78	515.02	128.75	772.53	0.0833	1.33
	2	2124.44	1062.22	1062.22	4248.89	193.13	96.57	772.53		
5	1	6180.20	1545.05	1545.05	9270.31	561.84	140.46	842.75	0.0833	1.33
	2	2317.58	1158.79	1158.79	4635.15	210.69	105.34	842.75		
6	1	6742.04	1685.51	1685.51	10113.06	612.91	153.23	919.37	0.0833	1.33
	2	2528.27	1264.13	1264.13	5056.53	229.84	114.92	919.37		
7	1	7354.95	1838.74	1838.74	11032.43	668.63	167.16	1002.95	0.0833	1.33
	2	2758.11	1379.05	1379.05	5516.42	250.74	125.37	1002.95		
8	1	8023.59	2005.90	2005.90	12035.38	729.42	182.35	1094.12	0.0833	1.33
	2	3282.38	1504.42	1504.42	6017.69	273.53	136.77	1094.12		
9	1	8753.01	2188.25	2188.25	13129.51	795.73	198.93	1193.59	0.0833	1.33
	2	3282.38	1641.19	1641.19	6564.75	298.40	149.20	1193.59		
10	1	9548.73	2387.18	2387.18	14323.10	868.07	217.02	1302.10	0.0833	1.33
	2	3580.77	1790.39	1790.39	7161.55	325.53	162.76	1302.10		

第四节　技术进步对扩大再生产的影响

一般将扩大再生产分为外延和内涵两种，拿纯外延与纯内涵两种类型比较，虽然都能达到使生产扩大的目的，但由于外延型主要是向生产的广度进军，即新建、扩建，而内涵型主要是向生产的深度发展，如在原有的场地增加生产能力、改进技术，所以外延型花钱较多，内涵型花钱较少。而实际上多是外延与内涵的结合型，即在新建、改建的企业中，技术进步水平在不断地提高。现实情况也要求这样，因为现代化必须建立在技术进步的基础上，而不能只是单纯的生产资料的量的增加。这样就提出了一系列问题：在扩大再生产过程中，如何来度量技术进步水平？如何来判断技术进步水平是否在提高？技术进步水平的提高对扩大再生产又会产生怎样的影响？

若用 A 来表示技术进步水平，由马克思的再生产公式可以推导出 A 的表达式为：

$$A = \frac{W}{C} P^D \tag{3-7-24}$$

其中：$D = \dfrac{V+M}{W}$，W 为产值，C 为不变资本，V 为可变资本，M 为剩余价值。

由（3-7-24）式可知，单位不变资本的产值率越高，单位产值的国民收入率越高，则 A 越高，表示技术进步水平越高。换句话讲，在资本数量相同的情况下，技术进步水平越高，所创造的产值也就越大，所带来的国民收入也就越多。

进一步推导可以得出，只有满足

$$\frac{\Delta H}{H+1} > \frac{\Delta P}{P} \tag{3-7-25}$$

此时才能确保技术进步水平可以提高。其中：ΔH 表示剩余价值率的增长，ΔP 表示有机构成的增长。

我们称（3-7-25）式为 GT 判别式。

不难看出，只有当剩余价值率的相对增长大于有机构成的相对增长时，才能满足 GT 判别式。当 GT 判别式成立时，不仅将提高技术进步水平，而且将提高均衡国民收入增长速度。或者说，当 GT 判别式成立时，可以体现出经济效益的提高。

第五节　定量分析及结论

（一）我国扩大再生产的定量分析

我们应用扩大再生产模型及全国投入产出表、统计年鉴等资料，对我国的扩大再生产进行了大量的计算和政策研究。现列出几种典型的情况：

第一种情况，假设技术进步水平保持不变，即令：$P_1 = P_{10}$，$P_2 = P_{20}$，$H_1 = H_{10}$，$H_2 = H_{20}$，且取不变资本投资效果系数较低的数值，即取：

$$K_{C1} = 0.75, \qquad K_{C2} = 0.81$$

应用均衡型扩大再生产模型，按均衡国民收入增长速度计算 1981～2000 年逐年扩大再生产时两大部类的积累与消费的分配情况，结果如表 3-7-5 和表 3-7-6 所示。

表 3-7-5　第一种情况的计算结果

年份	部类	不变资本（C）	可变资本（V）	剩余价值（M）	产值（W）	不变资本追加积累（$\frac{M}{Y}$）	可变资本追加积累（$\frac{M}{Z}$）	剩余价值中消费部分（$\frac{M}{X}$）	均衡国民收入增长速度（μ'）
1981	1	3159.9	1156.4	1256.4	5572.7	295.7	117.6	843.0	0.0000
	2	1948.9	860.6	666.8	3475.5	168.8	69.4	428.6	
1982	1	3381.7	1237.6	1344.0	5963.3	315.4	125.5	903.1	0.0656
	2	2084.8	921.0	713.7	3719.5	180.1	74.0	459.6	
1983	1	3618.3	1324.1	1438.0	6380.4	337.5	134.2	966.3	0.0654
	2	2230.7	985.4	763.7	3979.8	192.7	79.2	491.7	
1984	1	3871.4	1416.7	1538.6	6826.8	361.1	143.6	1033.8	0.0654
	2	2386.8	1054.3	817.1	4258.2	206.2	84.8	526.1	
1985	1	4142.3	1515.8	1646.2	7304.3	386.4	153.7	1106.2	0.0654
	2	2553.9	1128.1	874.2	4556.2	220.6	90.7	562.9	

续表

年份	部类	不变资本（C）	可变资本（V）	剩余价值（M）	产值（W）	不变资本追加积累（$\frac{M}{Y}$）	可变资本追加积累（$\frac{M}{Z}$）	剩余价值中消费部分（$\frac{M}{X}$）	均衡国民收入增长速度（μ'）
1986	1	4432.0	1621.9	1761.4	7815.3	413.4	164.4	1183.5	0.0654
	2	2732.6	127.0	935.4	4874.9	236.1	97.0	602.3	
1987	1	4742.1	1735.3	1884.5	8362.0	442.3	175.9	1266.3	0.0654
	2	2923.8	1291.4	1000.8	5216.0	252.6	103.8	644.4	
1988	1	5073.8	1856.7	2016.4	8946.9	473.3	188.2	1354.9	0.0654
	2	3128.4	1381.6	1070.8	5581.0	270.3	111.1	689.5	
1989	1	5428.8	1986.6	2157.4	9572.8	506.4	201.4	1449.7	0.0654
	2	3347.3	1748.4	1145.7	5971.4	289.2	118.9	737.7	
1990	1	5808.6	2125.5	2308.3	10242.4	541.8	215.5	1551.1	0.0654
	2	3581.5	1581.8	1225.9	6389.2	309.4	127.2	789.3	
1991	1	6214.9	2274.2	2469.8	10958.9	579.7	230.5	1659.6	0.0654
	2	3832.3	1296.4	1311.6	6836.2	331.0	136.1	844.5	
1992	1	6649.7	2433.3	2642.6	11725.5	620.2	246.7	1775.7	0.0654
	2	4100.3	1810.8	1403.4	7314.4	354.2	145.6	903.6	
1993	1	7114.8	2603.5	2827.4	12545.7	663.6	263.9	1899.9	0.0654
	2	4387.2	1937.5	1501.5	7826.2	379.0	155.8	966.8	
1994	1	7612.5	2785.6	2025.2	13423.3	710.0	282.4	2032.8	0.0654
	2	4694.1	2073.0	1606.6	8373.7	405.5	166.7	1034.4	
1995	1	7145.1	2980.5	3236.8	14662.3	759.7	302.1	2174.9	0.0654
	2	5022.6	2218.0	1718.9	8959.5	433.8	178.3	1106.8	
1996	1	8714.8	3188.9	3463.2	15367.0	812.8	323.3	2327.1	0.0654
	2	5374.0	2373.1	1839.2	9586.3	464.2	100.8	1184.2	
1997	1	9324.5	3412.0	3705.4	16441.9	869.7	345.9	2489.9	0.0654
	2	5750.0	2593.1	1967.8	10256.9	496.6	204.1	1267.0	
1998	1	9976.7	3650.7	3904.6	17592.1	930.5	370.1	2664.0	0.0654
	2	6152.2	2716.7	2105.5	10974.4	531.4	218.4	1355.7	
1999	1	10674.6	3906.0	4242.0	18823.6	995.6	396.0	2850.4	0.0654
	2	6582.7	2906.8	2252.7	11742.2	568.6	233.7	1450.5	
2000	1	11421.4	4179.3	4538.7	20139.3	1065.3	423.7	3049.7	0.0654
	2	7043.2	3110.1	2410.3	12563.6	608.3	250.1	1551.9	

表 3-7-6　第一种情况的计算结果

年份	第一部类有机构成（P_1）	第二部类有机构成（P_2）	第一部类剩余价值（H_1）	第二部类剩余价值（H_2）	总产值增长速度（R_W）	积累率（R_U）	第一部技术进步水平（A_1）	第二部技术进步水平（A_2）
1981	2.733	2.265	1.086	0.775	0.000	0.000	2.725	2.555
1982	2.733	2.265	1.086	0.775	0.070	0.317	2.725	2.555
1983	2.733	2.265	1.086	0.775	0.070	0.316	2.725	2.555
1984	2.733	2.265	1.086	0.775	0.070	0.316	2.725	2.555
1985	2.733	2.265	1.086	0.775	0.070	0.316	2.725	2.555
1986	2.733	2.265	1.086	0.775	0.070	0.316	2.725	2.555
1987	2.733	2.265	1.086	0.775	0.070	0.316	2.725	2.555
1988	2.733	2.265	1.086	0.775	0.070	0.316	2.725	2.555
1989	2.733	2.265	1.086	0.775	0.070	0.316	2.725	2.555
1990	2.733	2.265	1.086	0.775	0.070	0.316	2.725	2.555
1991	2.733	2.265	1.086	0.775	0.070	0.316	2.725	2.555
1992	2.733	2.265	1.086	0.775	0.070	0.316	2.725	2.555
1993	2.733	2.265	1.086	0.775	0.070	0.316	2.725	2.555
1994	2.733	2.265	1.086	0.775	0.070	0.316	2.725	2.555
1995	2.733	2.265	1.086	0.775	0.070	0.316	2.725	2.555
1996	2.733	2.265	1.086	0.775	0.070	0.316	2.725	2.555
1997	2.733	2.265	1.086	0.775	0.070	0.316	2.725	2.555
1998	2.733	2.265	1.086	0.775	0.070	0.316	2.725	2.555
1999	2.733	2.265	1.086	0.775	0.070	0.316	2.725	2.555
2000	2.733	2.265	1.086	0.775	0.070	0.316	2.725	2.555

　　第二种情况，仍假设技术进步水平保持不变，但取不变资本投资效果系数较高的数值，即：

　　　　$K_{C1}=0.88$，　$K_{C2}=0.87$

　　应用均衡型扩大再生产模型，计算 1991～2000 年按均衡国民收入增长速度进行扩大再生产时两大部类的积累与消费的分配情况，结果如表 3-7-7 和表 3-7-8 所示。

表 3-7-7 第二种情况的计算结果

年份	部类	C	V	M	W	$\dfrac{M}{Y}$	$\dfrac{M}{Z}$	$\dfrac{M}{X}$	μ'
1981	1	3159.9	1156.4	1256.4	5572.7	285.8	133.4	837.2	0.0000
	2	1948.1	860.6	666.8	3475.5	178.2	78.7	409.9	
1982	1	3411.4	1248.4	1355.8	6015.6	307.9	143.7	904.3	0.0737
	2	2103.2	929.1	719.8	3752.0	192.1	84.4	443.0	
1983	1	3681.3	1347.6	1463.4	6493.3	332.3	155.1	976.1	0.0736
	2	2270.2	1002.8	777.0	4050.1	207.3	91.5	476.2	
1984	1	3974.7	1454.5	1579.6	7008.9	358.7	167.4	1053.6	0.0736
	2	2450.6	1082.5	838.7	4371.7	223.3	98.8	516.1	
1985	1	4290.4	1570.0	1705.1	7565.5	387.2	180.7	1137.2	0.0736
	2	2644.3	1168.4	905.3	4718.9	341.5	106.6	557.1	
1986	1	4631.1	1694.7	1840.4	8166.2	417.9	195.0	1227.5	0.0736
	2	2855.4	1261.2	977.2	5093.7	260.7	115.1	601.3	
1987	1	4998.8	1829.3	1986.6	8314.7	451.1	210.5	1325.0	0.0736
	2	3082.2	1361.3	1054.7	5490.3	281.4	124.2	847.1	
1988	1	5395.5	1974.5	2144.3	9514.6	486.9	227.2	1430.2	0.0736
	2	3327.0	1469.4	1138.5	5934.9	303.8	134.1	700.6	
1989	1	5824.3	2131.3	2314.6	10270.1	525.6	245.3	1543.3	0.0736
	2	3591.3	1586.1	1223.9	6406.2	327.9	144.8	756.3	
1990	1	6286.8	2300.5	2498.4	11085.6	567.3	264.7	1666.3	0.0736
	2	3876.5	1712.0	1326.5	6915.0	353.9	155.2	816.3	
1991	1	6786.0	2433.2	2696.7	11965.9	612.3	285.7	1798.7	0.0736
	2	4184.4	1347.9	1431.8	7464.1	382.0	168.7	881.1	
1992	1	7324.8	2680.3	2910.9	12916.0	661.0	308.4	1941.5	0.0736
	2	4516.7	1994.7	1545.5	8056.9	412.3	182.0	951.1	
1993	1	7906.5	2983.2	3142.0	11441.6	713.4	332.9	2095.6	0.0736
	2	4875.5	2153.0	1668.2	8696.7	445.1	196.5	1026.6	

续表

年份	部类	C	V	M	W	$\dfrac{M}{Y}$	$\dfrac{M}{Z}$	$\dfrac{M}{X}$	μ'
1994	1	8534.3	3122.9	3391.5	15048.6	770.1	359.4	2282.0	0.0736
	2	5262.7	2324.0	1800.6	9387.3	480.4	212.1	1108.1	
1995	1	9212.0	3370.0	3660.7	16243.5	831.3	387.9	2441.6	0.0736
	2	5680.6	2508.5	1943.6	10132.7	518.5	228.9	1196.1	
1996	1	9943.5	3638.5	3951.4	17533.4	897.3	413.7	2635.4	0.0736
	2	6131.3	2707.7	2097.0	10937.4	559.7	247.1	1291.1	
1997	1	10733.0	3927.4	4265.2	18925.6	968.5	452.0	2844.7	0.0736
	2	6618.7	2922.7	2264.5	11805.9	604.2	266.8	1393.6	
1998	1	11585.3	4329.3	4603.8	20428.4	1045.4	487.3	3070.6	0.0736
	2	7144.4	3154.8	2444.3	12743.4	652.1	287.9	1504.2	
1999	1	12505.3	4575.9	4969.4	22050.5	1128.4	526.6	3314.4	0.0736
	2	7711.7	3405.3	2638.4	13755.4	703.9	310.3	1623.7	
2000	1	13498.3	4930.2	5364.0	23801.5	1218.0	568.4	3577.6	0.0736
	2	8324.2	3675.6	2847.9	14847.7	759.8	335.5	1752.6	

表 3-7-8　第二种情况的计算结果

年份	P_1	P_2	H_1	H_2	R_W	R_U	A_1	A_2
1981	2.733	2.265	1.086	0.775	0.000	0.000	2.725	2.555
1982	2.733	2.265	1.086	0.775	0.080	0.326	2.725	2.555
1983	2.733	2.265	1.086	0.775	0.079	0.325	2.725	2.555
1984	2.733	2.265	1.086	0.775	0.079	0.325	2.725	2.555
1985	2.733	2.265	1.086	0.775	0.079	0.325	2.725	2.555
1986	2.733	2.265	1.086	0.775	0.079	0.325	2.725	2.555
1987	2.733	2.265	1.086	0.775	0.079	0.325	2.725	2.555
1988	2.733	2.265	1.086	0.775	0.079	0.325	2.725	2.555
1989	2.733	2.265	1.086	0.775	0.079	0.325	2.725	2.555
1990	2.733	2.265	1.086	0.775	0.079	0.325	2.725	2.555

年份	P_1	P_2	H_1	H_2	R_W	R_U	A_1	A_2
1991	2.733	2.265	1.086	0.775	0.079	0.325	2.725	2.555
1992	2.733	2.265	1.086	0.775	0.079	0.325	2.725	2.555
1993	2.733	2.265	1.086	0.775	0.079	0.325	2.725	2.555
1994	2.733	2.265	1.086	0.775	0.079	0.325	2.725	2.555
1995	2.733	2.265	1.086	0.775	0.079	0.325	2.725	2.555
1996	2.733	2.265	1.086	0.775	0.079	0.325	2.725	2.555
1997	2.733	2.265	1.086	0.775	0.079	0.325	2.725	2.555
1998	2.733	2.265	1.086	0.775	0.079	0.325	2.725	2.555
1999	2.733	2.265	1.086	0.775	0.079	0.325	2.725	2.555
2000	2.733	2.265	1.086	0.775	0.079	0.325	2.725	2.555

第三种情况，假设两大部类的有机构成均逐年提高1%，剩余价值率均逐年提高3%。

由1981年两大部类的可变资本及剩余价值，可以得到两大部类的剩余价值率为：

$$H_1 = 1.0685, \quad H_2 = 0.7748$$

又因：$\dfrac{\Delta H}{H} = 0.03$，$\dfrac{\Delta P}{P} = 0.01$

对于第一部类，应用 GT 判别式，有：$\dfrac{1.0685}{2.0685} \times 0.03 = 0.0156 > 0.01$

对于第二部类，应用 GT 判别式，有：$\dfrac{0.7748}{1.7748} \times 0.03 = 0.0131 > 0.01$

对于两大部类而言，GT 判别式均成立，表明技术进步水平将逐年提高。

不变资本投资效果系数取其低值，有：

$$K_{C1} = 0.75, \quad K_{C2} = 0.81$$

应用均衡型扩大再生产模型，计算 1981～2000 年按均衡国民收入增长速度进行扩大再生产时两大部类的积累与消费的分配情况，结果如表 3-7-9 和表 3-7-10 所示。

表 3-7-9　第三种情况的计算结果

年份	部类	C	V	M	W	$\frac{M}{Y}$	$\frac{M}{Z}$	$\frac{M}{X}$	μ'
1981	1	3159.9	1156.4	1256.4	5572.7	295.7	99.9	860.8	0.0000
	2	1948.1	860.6	666.8	3475.5	168.8	58.9	439.1	
1982	1	3381.7	1225.3	1370.6	5977.6	324.6	109.0	937.1	0.0698
	2	2084.8	911.8	727.9	3724.6	185.4	64.3	478.2	
1983	1	3625.1	1300.5	1498.3	6424.0	358.2	119.6	1020.6	0.0716
	2	2234.9	967.8	795.7	3998.5	204.5	70.6	520.6	
1984	1	3893.8	1383.0	1641.2	6918.0	396.2	131.6	1113.4	0.0736
	2	2400.6	1029.2	871.6	4301.4	226.3	77.7	567.7	
1985	1	4190.9	1473.8	1801.4	7466.1	439.3	145.1	1217.0	0.0757
	2	2583.9	1096.8	956.7	4637.3	250.9	85.6	620.2	
1986	1	4520.4	1573.9	1981.5	8075.8	488.3	160.4	1332.8	0.0779
	2	2787.1	1171.3	1052.3	5010.7	278.9	94.7	678.8	
1987	1	4886.6	1684.6	2184.4	8755.7	544.1	177.7	1462.6	0.0802
	2	3013.0	1253.6	1160.1	5426.7	310.7	104.9	744.5	
1988	1	5294.7	1807.2	2413.7	9515.7	607.9	197.3	1608.5	0.0825
	2	3264.7	1344.9	1281.9	5891.4	347.2	116.5	818.2	
1989	1	5750.7	1943.3	2673.5	10367.5	680.9	219.7	1772.8	0.0849
	2	3545.9	1446.2	1419.8	6411.8	388.9	129.7	901.3	
1990	1	6261.4	2095.0	2068.5	11324.9	764.3	254.3	1953.5	0.0873
	2	3860.8	1559.0	1576.5	6996.3	436.7	144.8	995.0	
1991	1	6834.9	2264.2	3304.6	12403.7	861.2	274.5	2168.8	0.0899
	2	4214.6	1685.0	1755.0	7654.5	491.8	162.0	1101.1	
1992	1	7480.9	2453.6	3688.5	13623.0	972.6	308.1	2407.8	0.0925
	2	4612.9	1825.9	1958.8	8397.7	555.4	181.8	1221.6	
1993	1	8210.3	2666.2	4128.3	15004.8	1101.5	346.7	2680.1	0.0952
	2	5062.3	1985.1	2192.4	9239.3	629.0	204.6	1358.8	

续表

年份	部类	C	V	M	W	$\dfrac{M}{Y}$	$\dfrac{M}{Z}$	$\dfrac{M}{X}$	μ'
1994	1	9036.4	2905.4	4633.6	16575.4	1251.1	391.2	2991.4	0.0979
	2	5572.3	2162.1	2460.7	10195.2	714.4	230.9	1515.4	
1995	1	9974.7	3175.3	5216.0	18366.0	1425.2	442.7	3348.1	0.1007
	2	6151.0	2363.0	2770.0	11284.0	813.9	261.3	1694.9	
1996	1	11043.6	3480.7	5889.3	20413.6	1628.6	502.4	3758.2	0.1036
	2	6810.3	2590.3	3127.6	12528.1	930.0	296.5	1901.0	
1997	1	12665.1	3827.4	6670.1	22762.6	1866.8	572.0	4231.4	0.1066
	2	7563.6	2848.3	3542.3	13954.1	1066.0	337.6	2138.6	
1998	1	13665.1	4222.1	7578.6	25465.3	2146.6	653.2	4778.8	0.1096
	2	8427.0	3142.0	4024.7	15593.3	1225.9	305.5	2413.4	
1999	1	15275.7	4672.3	8639.2	28587.1	2476.6	748.3	5414.4	0.1122
	2	9420.0	3477.4	4588.0	17435.3	1414.3	441.6	2732.1	
2000	1	17132.5	5189.1	9881.6	32203.2	2866.8	860.0	6154.8	0.1159
	2	10565.5	3861.6	5241.8	19674.9	1637.1	507.6	3103.1	

表 3-7-10 第三种情况的计算结果

年份	P_1	P_2	H_1	H_2	R_W	R_U	A_1	A_2
1981	2.733	2.265	1.086	0.775	0.000	0.000	2.725	2.555
1982	2.760	2.283	1.119	0.798	0.072	0.297	2.747	2.571
1983	2.788	2.311	1.152	0.822	0.074	0.298	2.770	2.588
1984	2.816	2.334	1.187	0.847	0.076	0.300	2.793	2.605
1985	2.844	2.357	1.222	0.872	0.079	0.302	2.818	2.623
1986	2.872	2.381	1.259	0.898	0.081	0.304	2.843	2.641
1987	2.901	2.404	1.297	0.925	0.084	0.306	2.869	2.660
1988	2.930	2.428	1.336	0.953	0.086	0.308	2.895	2.680
1989	2.959	2.453	1.376	0.982	0.089	0.310	2.923	2.700
1990	2.989	2.477	1.417	1.011	0.092	0.312	2.951	2.721

年份	P_1	P_2	H_1	H_2	R_W	R_U	A_1	A_2
1991	3.019	2.502	1.459	1.042	0.095	0.315	2.980	2.742
1992	3.049	2.527	1.503	1.073	0.098	0.317	3.010	2.764
1993	3.080	2.552	1.548	1.105	0.101	0.319	3.041	2.787
1994	3.110	2.578	1.595	1.138	0.104	0.322	3.073	2.811
1995	3.142	2.604	1.643	1.172	0.108	0.324	3.106	2.835
1996	3.173	2.630	1.692	1.207	0.111	0.326	3.140	2.860
1997	3.205	2.656	1.743	1.244	0.115	0.329	3.175	2.885
1998	3.237	2.682	1.795	1.281	0.118	0.331	3.212	2.912
1999	3.269	2.709	1.849	1.319	0.122	0.333	3.249	2.939
2000	3.302	2.736	1.904	1.359	0.126	0.336	3.287	2.968

第四种情况，假设两大部类的有机构成均逐年提高1%，剩余价值率均逐年提高3%，但不变资本投资效果系数取其高值，有：

$$K_{C1}=0.88, \quad K_{C2}=0.87$$

应用均衡型扩大再生产模型，计算1981～2000年按均衡国民收入增长速度进行扩大再生产时两大部类的积累与消费的分配情况，结果如表3-7-11和表3-7-12所示。

表3-7-11　第四种情况的计算结果

年份	部类	C	V	M	W	$\dfrac{M}{Y}$	$\dfrac{M}{Z}$	$\dfrac{M}{X}$	μ'
1981	1	3159.9	1156.4	1256.4	5572.7	286.1	115.6	854.6	0.0000
	2	1948.1	860.6	666.8	3475.5	178.4	68.2	420.2	
1982	1	3411.7	1296.2	1382.8	6030.6	316.8	127.2	938.7	0.0780
	2	2103.3	919.9	734.3	3757.5	197.6	75.1	461.6	
1983	1	3690.5	1323.9	1525.4	6539.8	352.8	140.8	1031.3	0.0800
	2	2275.2	985.2	810.1	4070.5	220.1	83.1	506.9	
1984	1	4001.0	1421.1	1686.4	7108.5	393.9	156.2	1136.3	0.0822
	2	2466.7	1057.5	895.6	4419.8	245.7	92.2	557.6	

年份	部类	C	V	M	W	$\dfrac{M}{Y}$	$\dfrac{M}{Z}$	$\dfrac{M}{X}$	μ'
1985	1	4347.9	1528.9	1868.8	7745.3	440.9	173.8	1254.0	0.0845
	2	2680.5	1137.8	992.4	4810.7	275.1	102.6	614.8	
1986	1	4735.9	1648.8	2075.8	8460.3	496.0	195.0	1384.0	0.0869
	2	2919.8	1227.0	1102.4	5249.2	308.0	115.0	680.0	
1987	1	5172.1	1783.4	2312.6	9268.1	557.5	217.0	1538.1	0.0894
	2	3187.8	1327.1	1228.1	5742.9	347.8	128.1	752.3	
1988	1	5662.7	1933.2	2582.0	10177.9	629.3	243.5	1709.2	0.0920
	2	3490.3	1438.5	1371.1	6300.0	392.6	143.7	833.9	
1989	1	6216.5	2101.2	2890.6	11208.3	712.5	273.9	1904.2	0.0946
	2	3331.9	1563.5	1535.0	6930.4	444.5	161.6	928.9	
1990	1	6848.6	2290.2	3245.1	12348.8	809.1	308.9	2127.0	0.0973
	2	4218.5	1704.1	1733.2	7645.9	504.7	182.3	1036.2	
1991	1	7555.5	2503.3	3653.6	13712.4	921.5	349.5	2382.6	0.1001
	2	4657.6	1862.8	1940.1	8460.5	206.3	206.3	1159.0	
1992	1	8366.4	2744.5	4125.7	15236.6	1052.8	396.6	2676.2	0.1030
	2	5157.7	2043.2	2190.9	9390.8	656.7	234.1	1300.1	
1993	1	9292.9	3018.1	4637.2	16980.3	1206.6	451.4	3015.0	0.1059
	2	5729.1	2245.9	2481.6	10456.6	752.7	266.4	1463.5	
1994	1	10354.7	3329.6	5310.2	18994.6	1387.5	515.5	3407.2	0.1090
	2	6383.9	2477.7	2819.9	11681.5	865.5	304.2	1650.1	
1995	1	11575.7	3685.3	6053.8	21314.9	1600.7	590.5	3362.5	0.1121
	2	7136.9	3742.3	3214.7	13094.0	998.5	348.5	1867.7	
1996	1	12984.4	4092.8	6924.8	24002.0	1853.1	678.8	4393.0	0.1152
	2	8005.6	3045.6	3677.3	14728.5	1155.9	400.6	2120.8	
1997	1	14615.1	4561.1	7948.8	27125.0	2152.8	782.8	5013.2	0.1185
	2	9011.3	3394.1	4221.0	16626.4	1342.9	462.0	2416.2	
1998	1	16509.5	5101.3	9156.8	30767.6	2509.9	906.0	5740.9	0.1218
	2	10179.6	3796.0	4862.5	18837.1	1535.6	534.7	2762.2	

年份	部类	C	V	M	W	$\dfrac{M}{Y}$	$\dfrac{M}{Z}$	$\dfrac{M}{X}$	μ'
1999	1	18718.2	5726.4	10587.2	35031.9	2936.9	1052.3	6598.0	0.1252
	2	11541.7	4261.2	5622.1	21425.0	1832.0	621.0	3169.0	
2000	1	21302.7	6452.5	12287.5	40042.8	3449.6	1226.7	7611.2	0.1287
	2	13135.6	4801.5	6525.0	24462.0	2151.8	723.9	3649.2	

表 3-7-12　第四种情况的计算结果

年份	P_1	P_2	H_1	H_2	R_W	R_U	A_1	A_2
1981	2.733	2.265	1.086	0.775	0.000	0.000	2.725	2.555
1982	2.760	2.283	1.119	0.798	0.082	0.306	2.747	2.571
1983	2.788	2.311	1.152	0.882	0.084	0.307	2.770	2.588
1984	2.816	2.334	1.187	0.847	0.087	0.309	2.793	2.605
1985	2.844	2.357	1.222	0.872	0.089	0.310	2.818	2.623
1986	2.872	2.381	1.259	0.898	0.092	0.312	2.843	2.641
1987	2.901	2.404	1.297	0.925	0.095	0.315	2.869	2.660
1988	2.930	2.428	1.336	0.953	0.097	0.316	2.895	2.680
1989	2.959	2.453	1.376	0.982	0.101	0.318	2.923	2.700
1990	2.989	2.477	1.417	1.011	0.104	0.321	2.951	2.721
1991	3.019	2.502	1.459	1.042	0.107	0.323	2.980	2.742
1992	3.049	2.527	1.503	1.073	0.111	0.325	3.010	2.764
1993	3.080	2.552	1.548	1.105	0.114	0.327	3.041	2.787
1994	3.110	2.578	1.595	1.138	0.118	0.329	3.073	2.811
1995	3.142	2.604	1.643	1.172	0.122	0.332	3.106	2.835
1996	3.173	2.630	1.692	1.207	0.126	0.334	3.140	2.860
1997	3.205	2.656	1.743	1.244	0.130	0.336	3.175	2.886
1998	3.237	2.682	1.795	1.281	0.134	0.338	3.212	2.912
1999	3.269	2.709	1.849	1.319	0.138	0.340	3.249	2.939
2000	3.302	2.736	1.904	1.359	0.143	0.342	3.287	2.968

（二）几点结论

通过应用扩大再生产模型对我国的扩大再生产进行实际计算，并对政策进行摸拟研究，可以得出下述几点结论：

（1）目前我国两大部类的比例关系已基本协调，我国经济已进入稳步发展的阶段。1981 年我国两大部类所创造的剩余价值之比为 1.88，由此所决定，我国总产值的均衡增长速度为 7%～7.9%，均衡国民收入增长速度为 6.56%～7.37%。这些速度的上下限取决于我国的投资效果。

（2）积累与消费的分配要受到两大部类比例及来年增长速度的制约，同时还要受到投资效果及投资方向的影响。根据我国的经济现状，若按均衡的增长速度进行扩大再生产，其积累率应在 29.7%～32.5%之间。

（3）投资效果对扩大再生产起着重要的作用。如果均不考虑技术进步水平的提高，当投资效果取其低值时，2000 年的总产值是 1981 年的 3.6 倍；当投资效果取其高值时，2000 年的总产值是 1981 年的 4.3 倍。在此应特别指出一点，这里所取的投资效果的"高值"，是 1982 年以前我国实际达到的，并不是真正的"高值"；如果今后我国的投资效果还可提高，那么产值和国民收入的增长还会更大。

（4）必须注意技术进步。积累在两大部类之间的分配，及在不变资本与可变资本之间的分配，不仅要满足两大部类之间及部类内部的平衡，而且应当满足 GT 判别式，即应当使剩余价值率的相对提高大于有机构成的相对提高。如果积累的分配可以导致剩余价值率逐年提高 3%，有机构成逐年提高 1%，那么，当投资效果取其低值时，2000 年的总产值是 1981 年的 5.7 倍；当投资效果取其高值时，2000 年的总产值将是 1981 年的 7.1 倍。可见，注重技术进步可以使经济效益成倍地提高。

通过对马克思的扩大再生产理论进行定量研究，并应用其来研究我国的经济现状，可以使我们确信：到 2000 年我们不仅可以完成工农业总产值翻两番的宏伟目标，而且，如果宏观经济决策和宏观经济计划与客观的规律和现状相符合，那么我们将会取得更加宏伟的成就。

三、马洪为《中国经济的发展与模型》撰写的序①

党的十一届三中全会决定，要把我们党的工作重点转移到社会主义现代化建设上来。从那时起，党和国家的根本任务就是建设高度的社会主义物质文明和社会主义精神文明，使我们伟大的社会主义祖国能够比较快地走到世界经济发达国家的前列。要实现这一宏伟目标，有许多工作要做。掌握中国的国情，加强对我国经济、社会发展状况的分析和科学地预测未来，是重要的工作之一。

高瞻远瞩是运筹帷幄的基础，没有科学的预见，就谈不上领导。然而，未来的经济发展是由许多因素决定的，这些因素处于经常不断地发展变化之中。因此，只有通过科学地分析它们，把握它们，才能变不知为可知。中国是一个大国，整个国民经济是一个极其复杂的体系。深入分析各种因素之间的错综复杂的关系，揭示事物的本质，掌握客观经济规律，便是我们进行正确决策的前提。

由社会主义制度的社会性质所决定，我们在解决任何一种重大社会经济问题时，都必须从整个国家和全体人民的利益出发。决策时，不仅要考虑目前的利益，还要考虑长远的利益。想要真正做到这些，需要借助科学的方法和手段，只有良好的愿望是不够的。另外，在国民经济的复杂体系中，只使用常规方法也很难妥善处理上述问题。我们必须采用多种方法，开展经济分析和预测工作。宏观经济模型的研制和应用，是进行经济分析和预测工作的重要手段。

党的十一届三中全会以来，我国宏观经济模型的研究工作取得了可喜的成果。特别是在"2000年的中国"的研究中，应用了大规模的系统研究，形成了我国的宏观模型体系。宏观经济模型的使用，标志着我国宏观决策研究达到了一个新的水平。

"2000年的中国"的研究，涉及许多重大经济问题，诸如，如何实现翻两番的战略目标才能使国富民强？怎样处理积累与消费等重大比例关系？此外，还探讨了本世纪末（20世纪末）我国发展的前景及在速度和效益统一前提下的经济发展速度分布；研究了技术进步对经济发展的影响及宏观经济效益；分析了人民生活的小康水平和消费结构以及就业结构、经济结构的合理化等。在所有这些问题

---

① 中国国务院经济技术社会发展研究中心主编. 中国经济的发展与模型. 序. 中国财政经济出版社, 1990 年

的研究中，都程度不同地使用了宏观经济模型，从而保证了研究成果的质量。在"2000 年的中国"的研究基础上，整理出系统的政策建议，得到了国务院领导的重视，不少建议得到采纳。应用宏观经济模型进行的"2000 年的中国"的研究，为国务院各级领导的决策，为各地区各部门的决策，提供了一部分科学依据。

宏观经济模型的应用，在我国决策科学化的过程中，将发挥出很大的作用。将这些研究成果整理出版，是很有意义的。这本书不仅有利于我国经济研究水平的提高，而且有利于宏观经济模型方法的普及与运用，相信它对提高我国经济工作者的综合分析能力将是有所裨益的。

马　洪

1988 年 2 月

第八章　1988年应用于中国经济周期波动研究

　　"一个名副其实的科学家是不容许猜测的：他必须由事实来证明他所说的每一句话。这就是科学诚实性的标准。"[1]

一、背景说明

　　长期以来，中国学术界对资本主义经济周期问题进行了很多研究，但对社会主义经济周期问题却一直讳莫如深。在中国，"经济周期波动"有着"经济危机"的含义。1990年科学出版社出版了《经济周期与预警系统》，其中编者的话讲："1985年以来，中国学者大胆闯入这一禁区，使对这一问题的研究在理论上取得了重大突破，在应用上也取得了可喜的进展。这一问题的研究，对深化我国的经济体制改革、促进国民经济长期稳定的发展，具有重要的现实意义。1988年4月，由中国社会科学院数量经济与技术经济研究所、国家科委中国科学技术促进发展研究中心、北京社会经济科学研究所和中国数量经济学会等单位联合发起，召开了第一次全国性的'中国经济周期波动研讨会'。同年8月，又由上述单位和吉林大学系统工程与管理科学研究所、中国经济体制改革研究所、国家信息中心经济信息部和经济预测部联合发起，召开了第二次'中国经济周期波动研讨会'。这本专著综合了这两次研讨会的主要成果，较为系统和集中地反映了我国学者近年来在这一问题研究上的广度与深度。这本专著属于国家科委软科学重点课题'国民经济的熵理论'和中国社会科学院院级重点课题'经济改革与经济发展的数量分析'的计划项目。"[2]

---

[1] ［英］伊·拉卡托斯. 兰征译. 科学研究纲领方法论. 导言. 上海译文出版社, 1986 年: 3

[2] 毕大川, 刘树成主编. 经济周期与预警系统. 编者的话. 科学出版社, 1990 年

1988 年 4 月，笔者在第一次全国性的"中国经济周期波动研讨会"上做了关于经济周期波动模型的报告。在阐述社会财富增长理论（当时称之为经济增长模型）后，应用 1980 年广东省的实际统计数据，模拟了中国经济发展大起大落的情况，形象地再现了在现实经济的运行中结构对速度的影响、"速度"区间对"速度"的制约，以及实际速度高于均衡速度而导致周期波动的经济运行过程。这表明社会财富增长理论不仅可以对宏观经济周期波动问题进行预测，而且可以对宏观经济的运行进行实际的模拟研究，为宏观经济决策提供科学依据。研讨会上，以笔者和笔者的学生彭亚军两人的名义提交了论文。当时，笔者任中国数量经济学会常务理事、南开大学经济研究所副所长，主持研究所的科研和研究生教学工作；彭亚军曾参加研究工作，但在研讨会召开以前已经被送往美国深造，故未能参加研讨会。以作者和彭亚军两人的名义提交的论文，被选编在《经济周期与预警系统》第十章"马克思再生产理论与经济周期模型"中，现全文转载如下[①]。

二、《经济周期与预警系统》第十章"马克思再生产理论与经济周期模型"

马克思的再生产理论揭示了经济运行的客观规律。依据马克思的扩大再生产理论构造经济增长模型，运用数理论证和模拟计算的方法可以证明，经济运行规律本身就存在着产生经济周期波动的可能性。本章在数理论证的基础上，给出了以速度、结构为判据，判别现实经济的运行是否会使两大部类失去平衡的周期波动模型，以及用于实际计算的非均衡增长经济模型，可以对现实的周期波动问题进行预测和模拟计算分析。最后给出用广东省 1980 年的实际数据进行模拟计算的结果。

第一节　依据再生产理论构造经济增长模型

经济运行有其自己内在的规律，马克思的再生产理论是对社会再生产运动客

---

① 为了保证全书体例一致，对公式、表格的编号做了改动；少数文字表述略做修订

观规律的精辟阐述。依据马克思的再生产理论，并与经济运行的计划思路相结合，可以构造出三种不同类型的经济增长模型，用定量的方法阐述再生产理论所揭示的速度与结构、积累与消费的分配等诸因素之间的内在函数关系，为进一步研究经济运行规律铺平道路。我们首先简述这三种经济增长模型。

（一）经济均衡增长模型

经济均衡增长模型反映了由"结构"决定"速度"的主导思路。其经济含义是：中央计划主体根据现有的经济资源和产业结构，确定投资分配方案，由此决定了与一定的产业结构比例相适应的以后各增长年份的国民收入增长速度和社会总产值增长速度。该模型如（3-8-1）式所示。

$$
\left.
\begin{aligned}
& I\frac{M}{Y} + I\frac{M}{Z} + I\frac{M}{X} = IM \\[6pt]
& II\frac{M}{Y} + II\frac{M}{Z} + II\frac{M}{X} = IIM \\[6pt]
& P_1 I\frac{M}{Z} - I\frac{M}{Y} = 0 \\[6pt]
& P_2 II\frac{M}{Z} - II\frac{M}{Y} = 0 \\[6pt]
& I\frac{M}{Z} + I\frac{M}{X} - II\frac{M}{Y} = \frac{P_2}{H_2}IIM - \frac{1}{H_1}IM \\[6pt]
& (1+H_1)\,I\frac{M}{Z} + (1+H_2)\,II\frac{M}{Z} = [\frac{1+H_1}{H_1}IM + \frac{1+H_2}{H_2}IIM\,]\mu_0 \\[6pt]
& I\frac{M}{Z} - \frac{H_2}{H_1}\frac{IM}{IIM}II\frac{M}{Z} = 0
\end{aligned}
\right\} \quad (3\text{-}8\text{-}1)
$$

式中：$I\dfrac{M}{Y}$，$II\dfrac{M}{Y}$ 为两大部类用于生产资料的投资资金；$I\dfrac{M}{Z}$，$II\dfrac{M}{Z}$ 为两大部类用于劳动力的投资资金；$I\dfrac{M}{X}$，$II\dfrac{M}{X}$ 为两大部类的社会福利消费资金；P_1，P_2 和 H_1，H_2 分别为两大部类的资本有机构成和剩余价值率；IM，IIM 为两大部类的剩余价值；μ_0 为来年准国民收入增长速度。[①]

（二）经济非均衡增长模型

经济非均衡增长模型反映了由"速度"决定"结构"的主导思路。其经济含义是：中央计划主体通过预期测定的各增长年份的国民收入增长速度目标或社会总产值增长速度目标，确定投资方向，从而决定与一定的国民收入增长速度或社会总产值增长速度相适应的产业结构比例和其他宏观经济结构比例。该模型如（3-8-2）式所示。

$$
\left.
\begin{aligned}
& I\frac{M}{Y} + I\frac{M}{Z} + I\frac{M}{X} = IM \\
& II\frac{M}{Y} + II\frac{M}{Z} + II\frac{M}{X} = IIM \\
& P_1 I\frac{M}{Z} - I\frac{M}{Y} = 0 \\
& P_2 II\frac{M}{Z} - II\frac{M}{Y} = 0 \\
& I\frac{M}{Z} + I\frac{M}{X} - II\frac{M}{Y} = \frac{P_2}{H_2}IIM - \frac{1}{H_1}IM \\
& (1+H_1) I\frac{M}{Z} + (1+H_2) II\frac{M}{Z} = [\frac{1+H_1}{H_1}IM + \frac{1+H_2}{H_2}IIM]\mu_0
\end{aligned}
\right\}
\quad (3\text{-}8\text{-}2)
$$

（三）经济调整型增长模型

经济调整型增长模型反映了通过对两大部类不断进行调整而达到维持国民收入或社会总产值高速增长的主导思路。其经济含义是：中央计划主体给定预期的各增长年份的国民收入增长速度目标或社会总产值增长速度目标，不仅通过确定投资方向，而且通过外贸（比如出口消费品，进口生产资料，等于对产业结构进行调整）甚至用转产的方法直接对产业结构进行调整，以达到维持国民收入或社会总产值高速增长的目标。其模型如（3-8-3）式所示。

---

① 准国民收入增长速度 μ_0 与国民收入增长速度 μ 之间的关系为：$\mu_0 = \dfrac{\mu}{1-\mu}$

$$I\frac{M}{Y} + I\frac{M}{Z} + I\frac{M}{X} = IM$$

$$II\frac{M}{Y} + II\frac{M}{Z} + II\frac{M}{X} = IIM$$

$$P_1 I\frac{M}{Z} - I\frac{M}{Y} = 0$$

$$P_2 II\frac{M}{Z} - II\frac{M}{Y} = 0$$

$$I\frac{M}{Z} + I\frac{M}{X} - II\frac{M}{Y} + \triangle I\frac{M}{Z} = \frac{P_2}{H_2}IIM - \frac{1}{H_1}IM$$

$$(1+H_1)\ I\frac{M}{Z} + (1+H_2)\ II\frac{M}{Z} + (1+H_1)\ \triangle I\frac{M}{Z}$$

$$= [\frac{1+H_1}{H_1}IM + \frac{1+H_2}{H_2}IIM\ ]\mu_0$$

$$I\frac{M}{Z} - \frac{H_2}{H_1}\frac{IM}{IIM}II\frac{M}{Z} + \triangle I\frac{M}{Z} = 0$$

$$\triangle I\frac{M}{Y} - P_1\triangle I\frac{M}{Z} = 0$$

（3-8-3）

式中：$\triangle I\frac{M}{Y}$ 和 $\triangle I\frac{M}{Z}$ 分别为由第 II 部类转向第 I 部类的生产资料投资资金和劳动力投资资金。

（四）由模型推导出的结论

求解经济均衡增长模型可以得出如下结论：

结论 1：两大部类对比关系决定了来年均衡国民收入的增长速度。

若用 $\mu_0{}'$ 表示来年均衡国民收入的增长速度，用 $\frac{IM}{IIM}$ 表示两大部类对比关系，则有：

$$\mu_0{}' = \frac{\dfrac{1+H_1}{H_1}\dfrac{IM}{IIM} - \dfrac{P_2}{H_2}}{\dfrac{P_1}{H_1}\dfrac{IM}{IIM} + \dfrac{P_2}{H_2}}$$

（3-8-4）

在均衡增长的条件下，$\dfrac{IM}{IIM}$ 保持不变，因而来年均衡国民收入增长速度 μ_0' 亦保持不变。

现用经济均衡增长模型（3-8-1）式计算《资本论》第二卷的例子，其始发式为：

$$\text{I}.4\,000\,C+1\,000\,V+1\,000\,M=6\,000\,W$$

$$\left.\rule{0pt}{40pt}\right\}(3\text{-}8\text{-}5)$$

$$\text{II}.1\,500\,C+750\,V+750\,M=3\,000\,W$$

计算结果如表 3-8-1 所示。

表 3-8-1 用模型（3-8-1）式计算例子（3-8-5）式的结果

年	$\mu_\text{下}$	$\mu_\text{上}$	μ_0'	μ	$\dfrac{IM}{IIM}$
1	0.0714	0.1429	0.0909	0.0909	1.3333
10	0.0714	0.1429	0.0909	0.0909	1.3333
20	0.0714	0.1429	0.0909	0.0909	1.3333
30	0.0714	0.1429	0.0909	0.0909	1.3333
40	0.0714	0.1429	0.0909	0.0909	1.3333
50	0.0714	0.1429	0.0909	0.0909	1.3333
60	0.0714	0.1429	0.0909	0.0909	1.3333
70	0.0714	0.1429	0.0909	0.0909	1.3333
80	0.0714	0.1429	0.0909	0.0909	1.3333
90	0.0714	0.1429	0.0909	0.0909	1.3333
100	0.0714	0.1429	0.0909	0.0909	1.3333

由表 3-8-1 可以看出，对 100 年的计算，$\dfrac{IM}{IIM}$ 均保持为 1.333，μ_0' 亦保持为 0.0909，对**结论1**做了验证。

求解经济非均衡增长模型可以得出如下结论：

结论2：两大部类对比关系 $\dfrac{IM}{IIM}$ 决定了来年国民收入增长速度 μ 的取值区间，

均衡增长速度 $\mu_0{}'$ 落在该区间之内；当国民收入增长速度 μ 过低或过高，超出该区间时，两大部类将失去平衡。于是有：

$$\mu_下 < \mu < \mu_上 \tag{3-8-6}$$

其中 $\mu_下 = \max(\mu_1 - \triangle\mu_1, \ \mu_2)$

$$\mu_上 = \min(\mu_1, \ \mu_2 + \triangle\mu_2)$$

$$\mu_1 = \frac{1+H_2}{P_2} \frac{\dfrac{1+H_1}{H_1}\dfrac{IM}{IIM} - \dfrac{P_2}{H_2}}{\dfrac{1+H_1}{H_1}\dfrac{IM}{IIM} + \dfrac{1+H_2}{H_2}}$$

$$\mu_2 = \frac{1+H_1}{P_1} \frac{\dfrac{1+H_1}{H_1}\dfrac{IM}{IIM} - \dfrac{P_2}{H_2}}{\dfrac{1+H_1}{H_1}\dfrac{IM}{IIM} + \dfrac{1+H_2}{H_2}}$$

$$\triangle\mu_1 = \frac{1}{P_2(1+P_1)} \frac{P_1(1+H_2) - P_2(1+H_1)}{(1+\dfrac{1}{H_1})\dfrac{IM}{IIM} + (1+\dfrac{1}{H_1})} \frac{IM}{IIM}$$

$$\triangle\mu_2 = \frac{1}{P_1(1+P_2)} \frac{P_1(1+H_2) - P_2(1+H_1)}{(1+\dfrac{1}{H_1})\dfrac{IM}{IIM} + (1+\dfrac{1}{H_1})} \frac{IM}{IIM}$$

结论3：当确定的来年国民收入增长速度 μ 高于均衡增长速度 $\mu_0{}'$ 时，μ 的取值区间 $[\mu_下, \ \mu_上]$ 将向下移动，同时会降低下一年的均衡增长速度 $\mu_0{}'$；反之，当 μ 低于 $\mu_0{}'$ 时，将导致 $[\mu_下, \ \mu_上]$ 向上移动，并将提高下一年的 $\mu_0{}'$。

用经济非均衡增长模型（3-8-2）式计算（3-8-5）式的例子。计算结果如表 3-8-2 所示。在第一年，$\mu_0{}' = 0.0909$，因而确定 $\mu_0 = 0.10$ 进行再生产。由于 $\mu_0 > \mu_0{}'$，导致 μ 取值区间的下移。到第三年时，$\mu > \mu_上$，因而使两大部类失去平衡。该计算结果对**结论2和结论3**做了验证。

表 3-8-2 用模型（3-8-2）式计算例子（3-8-5）式的结果

（a）

年	$\mu_{\text{下}}$	$\mu_{\text{上}}$	μ_0'	μ	$\dfrac{IM}{IIM}$
1	0.0714	0.1429	0.0909	0.1	1.3333
2	0.0584	0.1169	0.0750	0.12	1.2647
3	0.0230	0.0460	0.0302		1.0965

（b）

年	部类	C	V	M	W	$\dfrac{M}{Y}$	$\dfrac{M}{Z}$	$\dfrac{M}{X}$
1	I	4000	1000	1000	6000	300	75	625
	II	1500	750	750	3000	200	100	450
2	I	4300	1075	1075	6450	130	32.5	912.5
	II	1700	850	850	3400	320	160	370
3	I	4430	1107.5	1107.5	6645	-626.4	-156.6	1890.5
	II	2020	1010	1010	4040	821.4	410.7	-222.1

结论 4：要满足两大部类的平衡，两大部类对比关系 $\dfrac{IM}{IIM}$ 就应受到一定的制约；$\dfrac{IM}{IIM}$ 过低或过高，都将使两大部类无法保持平衡。因此有：

$$\left(\frac{IM}{IIM}\right)_{\text{下}} < \frac{IM}{IIM} < \left(\frac{IM}{IIM}\right)_{\text{上}} \tag{3-8-7}$$

其中：
$$\left(\frac{IM}{IIM}\right)_{\text{下}} = \frac{H_1}{1+H_1}\frac{P_2}{H_2} \tag{3-8-8}$$

$$\left(\frac{IM}{IIM}\right)_{\text{上}} = \frac{\dfrac{P_2}{P_1}\left(\dfrac{1}{H_2}+\dfrac{H_1}{H_2}\dfrac{1}{1+P_1}\right)}{\dfrac{1}{H_1}\dfrac{1+H_1}{P_1}-\dfrac{1}{1+P_1}} \tag{3-8-9}$$

对（3-8-5）式的例子，有：

$$\left(\frac{IM}{IIM}\right)_{\text{下}} = 1, \quad \left(\frac{IM}{IIM}\right)_{\text{上}} = 2$$

即，对（3-8-5）式的例子而言，其再生产过程应满足前提条件：

$$1 < \frac{IM}{IIM} < 2$$

表 3-8-1 和表 3-8-2 的计算结果对**结论 4** 做了验证。

结论5：通过直接或间接地对两大部类进行不断的调整，可以维持国民收入或社会总产值的高速增长。但是，这以不断地增加积累、不断地降低消费为代价。

用经济调整型增长模型（3-8-3）式计算（3-8-5）式的例子，计算结果如表 3-8-3 所示。由**结论3**知，当 $\mu > \mu_{\text{上}}$ 时，将使两大部类失去平衡。对（3-8-5）式的例子，有 $\mu_{\text{上}} = 14.9\%$，若取 $\mu = 15\%$，用非均衡增长模型（3-8-2）式进行计算，将使两大部类失去平衡；但是，用调整型增长模型（3-8-3）式进行计算，由于不断地对两大部类进行调整，不但能够保持 $\mu = 15\%$，而且能够满足两大部类的平衡，其代价是不间断地降低消费，向第 I 部类转移。该计算结果对**结论5**做了验证。

表 3-8-3　用模型（3-8-3）式计算例子（3-8-5）式的结果

（a）

年	部类	C	V	M	W	$\dfrac{M}{Y}$	$\dfrac{M}{Z}$	$\dfrac{M}{X}$
1	I	4000.00	1000.00	1000.00	6000.00	85.00	340.00	575.00
	II	1500.00	750.00	750.00	3000.00	112.50	225.00	87.50
2	I	4600.00	1150.00	1150.00	6900.00	97.75	391.00	661.25
	II	1725.00	682.50	682.50	3450.00	129.38	258.75	100.62
3	I	5290.00	1322.50	1322.50	7935.00	112.40	440.55	760.22
	II	1983.75	991.88	991.88	3967.50	148.78	279.56	115.72
4	I	6088.50	1528.88	1528.88	9125.25	129.27	517.10	874.50
	II	2281.31	1140.66	1140.66	4562.63	171.10	342.20	133.00
5	I	6996.03	1759.01	1759.01	10494.04	148.67	594.66	1005.68
	II	2623.51	1311.75	1311.75	5247.02	196.76	393.53	153.04

(b)

年	$\dfrac{IM}{IIM}$	$\mu_下$	$\mu_上$	μ_0'	μ	$\triangle I\dfrac{M}{Y}$	$\triangle I\dfrac{M}{Z}$	W
1	1.333	0.0071	0.1429	0.0909	0.150	260.00	65.00	9000.00
2	1.333	0.0071	0.1429	0.0909	0.150	299.00	74.75	10350.00
3	1.333	0.0071	0.1429	0.0909	0.150	343.85	85.96	11992.50
4	1.333	0.0071	0.1429	0.0909	0.150	359.43	98.86	13687.88
5	1.333	0.0071	0.1429	0.0909	0.150	545.74	113.69	15741.06

（五）论证经济周期波动

首先我们定义，不破坏两大部类平衡条件下的经济波动为适度波动，或简称波动；两大部类平衡条件遭到破坏而引起的波动为周期波动。

我们用《资本论》第二卷的例子（3-8-5）式进行论证。

由**结论1**知，对于（3-8-5）式，其来年均衡国民收入增长速度 $\mu_0'=0.0909$，如果进行扩大再生产使以后各年的国民收入增长速度保持 $\mu=0.10$，大于 μ_0'，那么由**结论2**知，将导致 μ 的取值区间不断地下移，在两年之后便不能再维持两大部类的平衡。为维持经济的正常运行，保持两大部类的平衡，就必须降低国民收入增长速度 μ，而且要使经济"复苏"，就必须使 μ 低于当时的均衡增长速度 μ_0'。在"复苏"阶段，μ 可以逐年提高，但是，如果 μ 的取值在高于当时的均衡增长速度 μ_0' 后仍然继续提高，将会再次使两大部类失去平衡，而不得不又降低国民收入增长速度，即出现经济周期波动。

用非均衡增长模型（3-8-2）式及计算 μ 上下限的（3-8-6）式对《资本论》第二卷的例子（3-8-5）式进行模拟计算。第 1~4 年以 $\mu=\mu_0'=0.0909$ 进行扩大再生产，第 5~6 年以 $\mu=0.1>\mu_0'$ 进行再生产，结果导致第 7~16 年的经济周期波动，第 17~28 年为经济的适度波动，第 28~30 年又为经济的均衡增长。即用（3-8-5）式的例子模拟了经济的周期波动、适度波动及均衡增长的情况。篇幅所限，计算过程数据从略。

第二节　社会主义经济的周期波动

马克思的再生产理论揭示了经济运行自身的内在规律。上节的论证表明，经济运行本身就含有产生经济周期波动的可能性。社会制度不同，只是其经济运行机制不同，但并不能改变经济运行的自身规律。如果在实际的经济运行中不能恰当地处理"速度"与"结构"之间的关系，不能适度地把握住结构比例，或不能正确地运用外贸等手段对产业结构起到良性的调整作用，将会使经济运行本身所含有的产生经济周期波动的可能性变为现实，而导致经济的周期波动。

由前述论证可知，绝对的市场经济可以带来一时的繁荣，由于其在宏观上对处理速度与结构等关系无能为力，若政府不采取有效的干预和诱导的政策，那么在持续繁荣的同时，已经孕育着危机，不可避免地会导致经济的周期波动。

以中央计划为主体的社会主义经济，从理论上讲，若能处理好速度与结构等重大关系，是可以避免产生经济周期波动的。但是，在现实的社会主义经济中却存在着以下严峻的问题：

（一）理论上的欠缺

1. 片面强调第 I 部类优先增长

第 I 部类优先增长，指第 I 部类高于第 II 部类一定比例，这是正确的。由上节**结论 1** 和**结论 2** 可知，均衡国民收入增长速度 μ_0' 和国民收入增长速度 μ 的取值区间均是两大部类对比关系 $\dfrac{IM}{IIM}$ 的函数，只有第 I 部类优先增长才可能使 μ_0' 和 μ 的取值区间上移，即只有第 I 部类优先增长才可能提高国民收入的增长速度；由**结论 4** 可知，只有第 I 部类优先增长，使两大部类对比关系大于对其限制的下限，才可能使两大部类处于平衡状态，因此第 I 部类必须优先增长是正确的。

但是，在理论上片面地强调第 I 部类优先增长，则可能忽视由此而带来的危害。仍由**结论 4** 可知，对两大部类对比关系的限制，不仅存在着下限，而且存在着上限。如果第 I 部类优先增长超过了一定限度，同样将使两大部类失去平衡，即使生产资料与消费资料的需求与供给之间失去平衡。同样，由**结论 1** 或**结论 2** 可知，若第 I 部类优先增长过快，虽然没有超越其上限而使两大部类失去平衡，但导致了过高的经济增长速度，而且只有进行结构性调整才能降低靠高积累和低消费来维持的高速度。

2. 误解了资本有机构成的作用

通过数理论证和模拟计算验证可以证明，资本有机构成的提高，特别是第Ⅰ部类资本有机构成的提高，并不能导致第Ⅰ部类优先增长，也不能导致国民收入增长速度的提高。恰恰相反，如果只提高两大部类的资本有机构成，而剩余价值率并未相应地提高，将导致两大部类对比关系的下降和国民收入增长速度的降低。也不能只用资本有机构成的提高来衡量技术进步水平的提高；只有当有机构成的提高伴随着剩余价值率的提高，而且剩余价值率的提高快于有机构成的提高，两者相对提高之比大于资本收益率时，才能导致第Ⅰ部类的优先增长和国民收入增长速度的提高，也才能标志着技术进步水平的提高。

提高资本有机构成，必定要加大对固定资产的积累。对资本有机构成的误解，容易使人们重视投资而忽视效益，即片面强调提高资本有机构成的作用，而忽视了资本有机构成的提高必须伴随剩余价值率更快的增长，这将导致在增加固定资产投资的同时，国民收入增长速度反而下降。

（二）主观认识与客观现实的偏离

经济运行有其自身的规律，并不以人们的主观意志而改变。如果人们能够根据"结构"控制"速度"，并依据**结论 3**，通过在均衡速度周围波动，将经济运行调节到一个合适的速度，那么，可以使经济在经过较小的波动之后达到均衡的发展。但是，主观认识与客观现实往往存在着偏离。理论上的欠缺，客观"结构"的制约，加上主观愿望，往往导致确定或力争较高的发展速度。

实现较高的发展速度有两个途径：一是按非均衡增长模型（3-8-2）式进行。由**结论 3**可知，此途径不可能长期维持较高的发展速度，如果不能按客观现实情况及时调整主观愿望，必将造成两大部类失去平衡，而不得不被迫降低发展速度。另一途径是按调整型增长模型（3-8-3）式进行。由**结论 5**可知，此途径可以使经济长期维持较高速度的增长，但它却是以不断地增加积累和不断地降低消费为代价的；而且还要满足一个前提，即国际贸易能够满足国内产业结构调整的需要，并且能够做到外贸收支平衡。尽管如此，按此途径，亦将造成消费品供给的极度短缺，经济在以较高的速度发展，人民生活却长期停滞在较低的水平上。而且，要想增加供给满足需求，或受到了国际市场的冲击时，都不得不进行结构性的调整。经济运行的自身规律绝不会允许把偏离客观现实的主观愿望强加给它，人为的脱离客观现实的高速度是不会持久的，正如古人云："欲速则不达。"

（三）客观存在的现实问题

经济运行有其自身的规律。现实经济运行的结果，是人们的主观作用与客观规律相互作用的产物。除去计划主体的主观作用外，就主观作用的效果而言，尚存在着下述现实问题：

第一，劳动力的有效供给不足。经济发展要求技术水平提高。劳动力可能有剩余，但与经济发展要求相适应的劳动力的供给却不足，即劳动力的结构、素质与经济发展结构和技术水平提高的要求不相适应。劳动力素质的相对降低，等于增加对劳动力资金的投入，造成有机构成的降低和剩余价值率的下降，从而导致在劳动力投资的资金（工资、福利等）增加的同时，国民收入增长速度却下降了。与此相关的还有下述两个问题：投资效果欠佳和劳动生产率不高，这又进一步导致了投资在增加、国民收入增长速度却在下降。

第二，国际贸易的制约。这也是经济增长中存在的现实问题。由于自然资源的稀缺，随着增长速度的提高，一些生产部门的产出常会出现"瓶颈"，从而限制整个社会经济的增长。增长过程中的"瓶颈"，导致进口需求的增加。增长速度越高，"瓶颈"问题越突出，进口需求越大，为取得进口所需的外汇，出口也必须越大，但是，出口扩大会遇到出口生产能力和国际市场需求的双重限制，给需求与供给的平衡带来困难。

第三，价格问题。以上论证是在均衡价格体系下进行的，如果现实价格体系未达到或未接近均衡价格体系，商品的价值与价格背离，将会造成两大部类供给与需求之间的虚假偏离，以及两大部类对比关系 $\dfrac{IM}{IIM}$ 与真实值的偏离。这不仅对国民收入增长速度产生影响，而且影响两大部类之间的平衡。

通过上述论证可以得出结论，经济运行规律自身存在着产生经济周期波动的可能性，虽然从理论上讲，社会主义经济有避免产生经济周期波动的可能，但是，由于理论上的欠缺、主观认识与客观现实的偏离，以及客观上存在的现实问题，使得社会主义经济在长期发展的过程中，经常存在着投资膨胀的倾向。如果不能及时地根据客观现实情况有效地调整主观的愿望和作用，处理好"速度"、"结构"及"价格"之间的关系，那么社会主义经济也难以避免产生经济的周期波动。

第三节　以速度与结构为判据的经济周期模型

（一）模型的建立

不引起结构性调整的波动为适度波动；导致两大部类之间需求与供给失去平衡，而不得不进行结构性调整的波动为经济周期波动。在现实的经济运行中，如何判断是否将产生经济周期波动，即如何根据当年两大部类对比关系判断来年是否一定会产生周期波动，以及来年的发展速度在达到何值时将会产生周期波动，对宏观决策而言，是至关重要的问题。

由**结论4**可知，若当年两大部类对比关系 $\dfrac{IM}{IIM}$ 超过对其限制的上下限（3-8-7）式，在来年将不得不对两大部类进行结构性调整，即将产生经济的周期波动。

为了论证的方便，可以采用 $\dfrac{IM}{IIM}$ 表示两大部类的对比关系。在实际应用中，采用 $\dfrac{IW}{IIW}$ 来表示两大部类的对比关系更为合适。由于：

$$\frac{IW}{IIW} = \frac{H_2}{H_1} \frac{1+H_1+P_1}{1+H_2+P_2} \frac{IM}{IIM}$$

因此，可将（3-8-7）式变换成（3-8-10）式，若当年两大部类对比关系不满足（3-8-10）式，则将在来年产生经济周期波动。

$$(\frac{IW}{IIW})_下 < \frac{IW}{IIW} < (\frac{IW}{IIW})_上 \tag{3-8-10}$$

其中：

$$(\frac{IW}{IIW})_下 = \frac{P_2}{1+H_1} \cdot \frac{1+H_1+P_1}{1+H_2+P_2} \tag{3-8-11}$$

$$(\frac{IW}{IIW})_上 = \frac{1+P_1}{1+P_2} \cdot \frac{P_2(1+P_2)+H_2P_2}{(1+H_1)\ (1+P_1)-H_1P_1} \cdot \frac{1+H_1+P_1}{1+H_2+P_2} \tag{3-8-12}$$

由**结论2**可知，若来年的国民收入增长速度超过对其限制的上下限，将导致两大部类失去平衡。但该上下限的推导，是在资本有机构成及剩余价值率均不变化的条件下进行的。在实际的经济运行中，资本有机构成及剩余价值率会逐年有所变化，此时，可以推导出经济非均衡增长模型，如（3-8-13）式所示。

$$
\left.
\begin{aligned}
& I\frac{M}{Y} + I\frac{M}{Z} + I\frac{M}{X} = IM \\
& II\frac{M}{Y} + II\frac{M}{Z} + II\frac{M}{X} = IIM \\
& I\frac{M}{Y} - P_1\, I\frac{M}{Z} = \frac{IM}{H_{10}}\ (P_1 - P_{10}) \\
& II\frac{M}{Y} - P_2\, II\frac{M}{Z} = \frac{IIM}{H_{20}}\ (P_2 - P_{20}) \\
& I\frac{M}{Z} + I\frac{M}{X} - II\frac{M}{Y} = \frac{P_{20}}{H_{20}}IIM - \frac{1}{H_{10}}IM \\
& (1+H_1)\, I\frac{M}{Z} + (1+H_2)\, II\frac{M}{Z} = [\,(1+\frac{1}{H_{10}})\,\mu_0 \\
& \quad + (1-\frac{H_1}{H_{10}})\,]IM + [\,(1+\frac{1}{H_{20}})\,\mu_0 + (1-\frac{H_2}{H_{20}})\,]IIM
\end{aligned}
\right\}
\quad(3\text{-}8\text{-}13)
$$

式中：P_{10}，P_{20} 和 H_{10}，H_{20} 分别为当年两大部类的资本有机构成和剩余价值率；P_1，P_2 和 H_1，H_2 分别为来年两大部类的资本有机构成和剩余价值率。

由（3-8-13）式可以求得在一般情况下来年国民收入增长速度的限制区间，如（3-8-14）式所示：

$$
\mu_{\text{下}} < \mu < \mu_{\text{上}} \quad\quad\quad\quad (3\text{-}8\text{-}14)
$$

其中：

$$
\mu_{\text{下}} = \max\,(\mu_1 - \triangle\mu_1,\ \mu_2)
$$

$$
\mu_{\text{上}} = \min\,(\mu_1,\ \mu_2 + \triangle\mu_2)
$$

$$
\mu_1 = \frac{1+H_2}{P_2}\,\mu_A - \mu_B
$$

$$
\mu_2 = \frac{1+H_1}{P_1}\,\mu_A - \mu_B
$$

$$\triangle \mu_1 = \frac{1}{P_2(1+P_1)} \frac{IM}{IIM} \mu_C$$

$$\triangle \mu_2 = \frac{1}{P_1(1+P_2)} \frac{IM}{IIM} \mu_C$$

$$\mu_A = \frac{[(1+\frac{1}{H_{10}}) - \frac{1}{H_{10}}(P_1 - P_{10})]\frac{IM}{IIM} - \frac{P_2}{H_{20}}}{(1+\frac{1}{H_{10}})\frac{IM}{IIM} + (1+\frac{1}{H_{20}})}$$

$$\mu_B = \frac{(1-\frac{H_1}{H_{10}})\frac{IM}{IIM} + (1-\frac{H_2}{H_{20}})}{(1+\frac{1}{H_{10}})\frac{IM}{IIM} + (1+\frac{1}{H_{20}})}$$

$$\mu_C = \frac{P_1(1+H_2) + P_2(1+H_1)}{(1+\frac{1}{H_{10}})\frac{IM}{IIM} + (1+\frac{1}{H_{20}})}$$

$$\frac{IM}{IIM} = \frac{H_{10}}{H_{20}} \cdot \frac{1+H_{20}+P_{20}}{1+H_{10}+P_{10}} \cdot \frac{IW}{IIW}$$

若两大部类对比关系 $\frac{IW}{IIW}$ 未能满足由（3-8-10）式所确定的区间，在来年，两大部类不可能平衡，必须进行结构性的调整，即产生周期波动；若两大部类对比关系 $\frac{IW}{IIW}$ 满足由（3-8-10）式所确定的区间，但来年国民收入增长速度 μ 未能满足由（3-8-14）式所确定的区间，在来年亦将使两大部类失去平衡，即将产生周期波动。因此，称（3-8-10）式、（3-8-14）式及相应的表达式为以速度、结构为判据的周期波动模型。应用（3-8-10）式、（3-8-14）式，及一般非均衡增长模型（3-8-13）式，可以对现实的经济周期波动问题进行预测和模拟计算分析，为宏观经济决策提供科学的依据。

（二）实例模拟计算

几十年来，我国的经济发展存在着适度波动，也存在着大起大落。国民收入增长速度，除去负增长外（1961 年为 −29.7%），在 1970 年达到高峰，为 23.3%；到 1974 年就降到谷底，为 1.1%。现用广东省 1980 年的实际数据，应用以速度、结构为判据的经济周期波动模型（3-8-10）式、（3-8-14）式，及一般非均衡增长模型（3-8-13）式，模拟我国经济发展的大起大落情况。

根据广东省 1980 年的投入产出表，可以获得把整个社会产品划分为两大部类的有关数据。由此得到：

$$P_1 = 2.528, \quad H_1 = 1.058,$$
$$P_2 = 1.4, \quad H_2 = 0.66$$

$$\frac{IW}{IIW} = 1.598$$

由（3-8-11）式求得：$\left(\dfrac{IW}{IIW}\right)_{\text{下}} = 1.020$

由（3-8-11）式求得：$\left(\dfrac{IW}{IIW}\right)_{\text{上}} = 2.058$

由（3-8-13）式可知，因 $1.020 < 1.598 < 2.058$，故在下一年不一定要进行结构调整。现应用（3-8-14）式计算 μ 的上下限，并应用（3-8-13）式模拟计算再生产过程。现将有关 μ 的数据列于表 3-8-4 中。

表 3-8-4 对广东省实例的模拟计算

年	$\mu_{\text{下}}$	$\mu_{\text{上}}$	μ_0'	μ	$\dfrac{IM}{IIM}$
1	0.1677	0.2048	0.1938	0.1900	1.7079
2	0.1845	0.2174	0.2086	0.2050	1.7712
3	0.2014	0.2291	0.2222	0.2220	1.8324
4	0.2025	0.2298	0.2231	0.2290	1.8364
5	0.1752	0.2109	0.2010	0.2050	1.7384
6	0.1605	0.1981	0.1859	0.1950	1.6752
7	0.1291	0.1685	0.1507	0.1650	1.5391
8	0.0788	0.1148	0.0931	0.1100	1.3453
9	0.0172	0.0251	0.0207	0.0220	1.1414
10	0.0120	0.0174	0.0144	0.0150	1.1255
11	0.0096	0.0140	0.0115	0.0100	1.1183
12	0.0156	0.0227	0.0187	0.0160	1.1364

年	$\mu_\text{下}$	$\mu_\text{上}$	$\mu_0{}'$	μ	$\dfrac{IM}{IIM}$
13	0.0262	0.0381	0.0313	0.0270	1.1690
14	0.0429	0.0626	0.0512	0.0430	1.2226
15	0.0745	0.1085	0.0881	0.0750	1.3299
16	0.1238	0.1635	0.1447	0.1450	1.5175
17	0.1228	0.1626	0.1436	0.1500	1.5134
18	0.1000	0.1411	0.1175	0.1400	1.4236
19	0.0198	0.0289	0.0238	0.0200	1.1494
20	0.0345	0.0503	0.0412	0.0350	1.1954
21	0.0586	0.0853	0.0695	0.0600	1.2746
22	0.0948	0.1362	0.1116	0.1150	1.4040
23	0.0823	0.1199	0.0972	0.0970	1.3580
24	0.0830	0.1209	0.0980	0.1000	1.3604
25	0.0755	0.1100	0.0893	0.0890	1.3335
26	0.0765	0.1114	0.0904	0.0904	1.3370
27	0.0765	0.1115	0.0905	0.0905	1.3371
28	0.0764	0.1113	0.0903	0.0903	1.3367
29	0.0765	0.1114	0.0904	0.0905	1.3370
30	0.0762	0.1109	0.0900	0.0930	1.3358

为直观起见，将表 3-8-3 的计算结果绘成图，如图 3-8-1 所示。

由计算结果可知，前 3 年，由于 $\mu < \mu_0{}'$，导致 μ 的区间上移。在第 4 年，由于 μ 过高，达到 22.9%，接近 μ 的上限，导致以后几年 μ 不得不急骤下降，到第 11 年时达到谷底，即 1%。以后由于逐年的 μ 虽有增长但均小于 $\mu_0{}'$，才使经济"复苏"。但在第 17 年时，由于 μ 增长过快，又导致了第二次周期波动。在第 22 年前，模拟了我国经济的周期波动；在第 22～26 年，模拟了经济的适度波动；在第 26～30 年，模拟了经济的均衡增长。这形象地再现了现实经济中结构对速度的影响，"速度"区间对"速度"的制约，以及实际速度高于均衡速度而导致周期波动的经济运行过程。不难看出，用此方法不仅可以对宏观经济周期波动问题进

行预测，而且可以对宏观经济的运行进行实际的模拟研究，为宏观经济决策提供科学的依据。

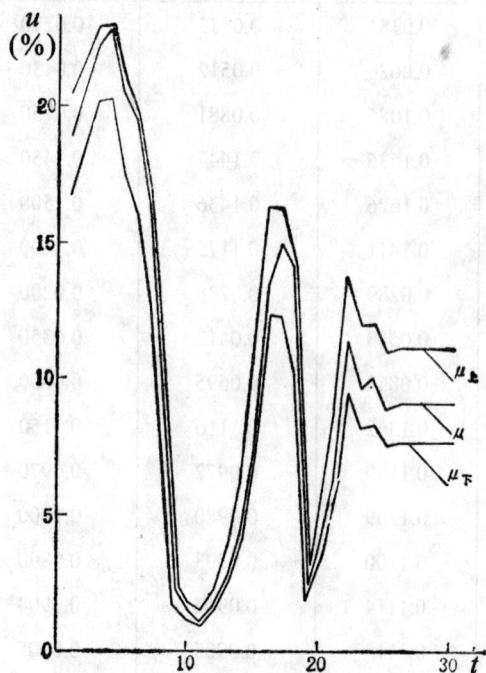

图 3-8-1　对广东省实例的模拟计算

第九章 《人民日报（海外版）》报道笔者发表的论文

"在科学推理中，理论要面对事实；科学推理的主要条件之一就是理论必须得到事实的支持。"[①]

一、背景说明

在中国的政治经济学著作中，通常认为经济危机是资本主义社会的特征。

1994年人民出版社出版的《（百卷本经济全书）政治经济学》中写道："资本主义社会中时常发生经济危机，资本主义经济危机的实质是生产相对过剩的危机。……其根源在于资本主义生产方式本身，是由资本主义基本矛盾引起的。……资本主义再生产的周期，一般要经过危机、萧条、复苏、高涨这样几个阶段。资本主义再生产周期性的根本原因，在于资本主义基本矛盾运动的特点，当矛盾尖锐激化时，爆发经济危机。"[②]所以，在中国，谈论"经济周期波动"有着"经济危机"的含义。

1990年3月，笔者在《南开学报》发表论文《社会主义条件下的经济周期波动》。文章运用社会财富增长构造性理论（当时称之为经济增长模型）进行数理论证和模拟计算，指出：经济运行规律本身就存在着产生经济周期波动的可能性，经济周期波动与社会制度无关；社会制度不同，经济运行的机制不同，但经济运行的规律不会改变。理论上的欠缺，如在理论上片面地强调第一部类优先增长，

---

① ［英］伊·拉卡托斯. 兰征译. 科学研究纲领方法论. 导言. 上海译文出版社, 1986年: 2

② 杨达伟. 百卷本经济全书·政治经济学. 人民出版社, 1994年: 52-53

可能造成忽视由此而带来的危害。① 如果没有认识到单纯用资本有机构成的提高来衡量技术进步水平的提高是不恰当的，那将会导致经济的周期波动。只有资本有机构成的提高伴随着剩余价值率的提高，才标志着技术进步水平的提高。经济运行的自身规律绝不允许把偏离客观现实的主观愿望强加给它，社会主义经济也难免会产生周期性波动。文章运用中国1950～1985年的国民收入增长速度在其均值附近波动的实际数据，证实了以上论证的客观现实性。

1990年8月20日《人民日报（海外版）》第二版报道了笔者发表论文的消息："贾凤和在《南开学报》一九九〇年第三期上撰文……运用数理论证和模拟计算的方法，证明经济运行规律本身就存在着产生经济周期波动的可能性。作者认为，由于理论上的欠缺、主观认识与客观现实的偏离及客观存在的现实问题，如果不能及时根据客观情况进行有效地调整，那么在社会主义经济条件下也难以避免产生经济的周期波动……"②

1996年1月，笔者撰写的论文《社会主义条件下的经济周期波动》被选入《中国经济文库》一书，证书编号是B1039。

现将论文《社会主义条件下的经济周期波动》转载如下。③

二、《社会主义条件下的经济周期波动》

马克思的再生产理论揭示了经济运行的客观规律。文章依据马克思的扩大再生产理论构造经济增长模型，运用数理论证和模拟计算的方法，证明经济运行规律本身就存在着产生经济周期波动的可能性，加之理论上的欠缺、主观认识与客观现实的偏离及客观存在的现实问题，如果不能及时根据客观情况进行有效的调整，那么在社会主义经济条件下也难以避免产生经济的周期波动。

（一）依据再生产理论构造经济增长模型

经济运行有其自己内在的规律。马克思的再生产理论是对社会再生产运动客观规律的精辟阐述。依据马克思的再生产理论，并与实施经济运行的主导思路相

---

① 详细的论证，参见笔者在《数量经济 技术经济研究》杂志1990年第2期上发表的论文《两部类结构比与第 I 部类优先增长等之间关系的数理证明》

② 见于1990年8月20日的《人民日报（海外版）》第二版

③ 为保证全书体例一致，对公式和表格的编号做了改动

结合，可以构造出三种不同类型的经济增长模型，用定量的方法阐述再生产理论所揭示的速度与结构、积累与消费等诸因素之间的内在函数关系，为进一步研究经济运行规律铺平道路。我们首先阐述这三种经济增长模型。[①]

1. 经济均衡增长模型

经济均衡增长模型反映了由"结构"决定"速度"的计划思路。其经济含义是：中央计划主体根据现有的经济资源和产业结构，确定投资分配方案，由此决定了与一定的产业结构比例相适应的以后增长年份的国民收入增长速度和社会总产值增长速度。

2. 经济非均衡增长模型

经济非均衡增长模型反映了由"速度"决定"结构"的计划思路。其经济含义是：中央计划主体通过预期测定的各增长年份的国民收入增长速度目标或社会总产值增长速度目标，确定投资方向，从而决定与一定国民收入增长速度或社会总产值增长速度相适应的产业结构比例和其他宏观经济结构比例。

3. 经济调整型增长模型

经济调整型增长模型反映了通过对两大部类不断调整而达到维持国民收入或社会总户值高速增长的计划思路。其经济含义是：中央计划主体给定预期的各增长年份的国民收入增长速度目标或社会总产值增长速度目标，不仅通过确定投资方向，而且通过外贸（比如出口消费品、进口生产资料等对产业结构进行调整）甚至用转产的方法直接对产业结构进行调整，以达到维持国民收入或社会总产值高速增长的目标。

（二）由模型推导出的结论

结论一：两大部类对比关系决定了来年均衡国民收入增长速度。

若用 $\mu_0{}'$ 表示来年均衡国民收入增长速度，用 $\dfrac{IM}{IIM}$ 表示两大部类对比关系，则有：

$$\mu_0{}' = \frac{\dfrac{1+H_1}{H_1}\dfrac{IM}{IIM} - \dfrac{P_2}{H_2}}{\dfrac{P_1}{H_1}\dfrac{IM}{IIM} + \dfrac{P_2}{H_2}} \tag{3-9-1}$$

---

① 三种模型的详细推导过程及表达式请参阅：贾凤和. 一论扩大再生产的进行. 南开经济研究所季刊. 增刊.
1984 年

其中，P_1，P_2 和 H_1，H_2 分别为两大部类的有机构成和剩余价值率；IM、IIM 为两大部类剩余价值。

在均衡增长的条件下，$\dfrac{IM}{IIM}$ 保持不变，因而来年均衡国民收入增长速度 $\mu_0{}'$ 亦保持不变。

现用经济均衡增长模型计算《资本论》第二卷的例子，其始发式为：

$$\left.\begin{array}{l} \text{I}.\,4000\,C+1000\,V+1000\,M=6000\,W \\[2em] \text{II}.\,1500\,C+750\,V+750\,M=3000\,W \end{array}\right\} \quad (3\text{-}9\text{-}2)$$

计算结果如表 3-9-1 所示。[①]

表 3-9-1

年	$\mu_\text{下}$	$\mu_\text{上}$	$\mu_0{}'$	μ	$\dfrac{IM}{IIM}$
1	0.0714	0.1429	0.0909	0.0909	1.3333
50	0.0714	0.1429	0.0909	0.0909	1.3333
100	0.0714	0.1429	0.0909	0.0909	1.3333

由表 3-9-1 可以看出，对一百年的计算，$\dfrac{IM}{IIM}$ 均保持为 1.3333，$\mu_0{}'$ 亦保持为 0.0909，对**结论一**做了验证。

结论二： 两大部类对比关系 $\dfrac{IM}{IIM}$ 决定了来年国民收入增长速度 μ 的取值区间，均衡增长速度 $\mu_0{}'$ 落在该区间之内，当国民收入增长速度 μ 过低或过高而超出该区间时，两大部类将失去平衡。

即：$\mu_\text{下} < \mu < \mu_\text{上}$ （3-9-3）

结论三： 当确定的来年国民收入增长速度 μ 高于均衡增长速度 $\mu_0{}'$ 时，μ 的

[①] 贾凤和. 一论扩大再生产的进行. 南开经济研究所季刊. 增刊. 1984 年

取值区间（$\mu_{\text{下}}$，$\mu_{\text{上}}$）将向下移动，同时会降低下一年的均衡增长速度 μ_0'；反之，当 μ 低于 μ_0' 时，将导致（$\mu_{\text{下}}$，$\mu_{\text{上}}$）向上移动，并将提高下一年的 μ_0'。

用经济非均衡增长模型计算（3-9-2）式的例子。计算结果如表 3-9-2 所示。[①]

表 3-9-2

年	$\mu_{\text{下}}$	$\mu_{\text{上}}$	μ_0'	μ	$\dfrac{IM}{IIM}$
1	0.0714	0.1429	0.0909	0.1	1.3333
2	0.0584	0.1169	0.075	0.1	1.2647
3	0.023	0.046	0.302	0.1	1.0965

在第一年，μ_0' =9.09%，而确定 μ =10% 进行再生产。由于 $\mu > \mu_0'$，导致 μ 的取值区间一直在下移，到第三年时，造成 $\mu > \mu_{\text{上}}$，因而使两大部类失去平衡。该计算结果对**结论二、结论三**做了验证。

结论四：要确保两大部类的平衡，两大部类对比关系 $\dfrac{IM}{IIM}$ 就应受到一定的制约，当 $\dfrac{IM}{IIM}$ 过低或过高时，都将使两大部类无法保持平衡。

即，两大部类对比关系 $\dfrac{IM}{IIM}$ 应满足下述制约：

$$(\frac{IM}{IIM})_{\text{下}} < \frac{IM}{IIM} < (\frac{IM}{IIM})_{\text{上}} \tag{3-9-4}$$

其中：

$$(\frac{IM}{IIM})_{\text{下}} = \frac{H_1}{1+H_1} \frac{P_2}{H_2}$$

$$(\frac{IM}{IIM})_{\text{上}} = \frac{\dfrac{P_2}{P_1}(\dfrac{1}{H_2} + \dfrac{H_1}{H_2}\dfrac{1}{1+P_1})}{\dfrac{1}{H_1}\dfrac{1+H_1}{P_1} - \dfrac{1}{1+P_1}}$$

对于（3-9-2）式的例子，有：

---

① 贾凤和. 一论扩大再生产的进行. 南开经济研究所季刊. 增刊.1984 年

$$(\frac{IM}{IIM})_{\text{下}}=1,\ (\frac{IM}{IIM})_{\text{上}}=2$$

即，以（3-9-2）式为例，其再生产过程应满足的前提条件是：

$$1<\frac{IM}{IIM}<2 \tag{3-9-5}$$

表 3-9-1、表 3-9-2 对 $\frac{IM}{IIM}$ 的计算结果均满足（3-9-5）式，对**结论四**做了验证。

结论五： 通过直接或间接地对两大部类进行不断的调整，可以维持国民收入或社会总产值的高速增长，但要以不断地增加积累和不断地降低消费为代价。

对（3-9-2）式的例子，有 $\mu_{\text{上}}=14.29\%$，若确定 $\mu=15\%$，只能用经济调整型增长模型进行扩大再生产，不断地对两大部类进行调整，才能够保证两大部类的平衡，其代价是不间断地降低消费向第Ⅰ部类转移。其计算结果对**结论五**做了验证。[①]

（三）论证经济周期波动

首先定义，导致两大部类进行结构性调整的波动为周期性波动；否则为适度波动，或简称波动。

以《资本论》第二卷的例子（3-9-2）式进行论证。

由**结论一**知，对于（3-9-2）式，某来年均衡国民收入增长速度 $\mu_0'=9.09\%$，如果进行扩大再生产使以后逐年国民收入增长速度保持 $\mu=10\%$，大于 μ_0'。那么由**结论二**知，这将导致 μ 的取值区间不断地下移，在两年之后便不能再维持两大部类的平衡，如表 3-9-2 所示。为维持经济的正常运行，保持两大部类的平衡，就必须降低国民收入增长速度 μ，而且要使经济"复苏"，就必须使 μ 低于当时的均衡增长速度 μ_0'。在"复苏"阶段，μ 可以逐年提高，但如果 μ 的取值在高于当时的均衡增长速度 μ_0' 后仍然继续提高，将会再次使两大部类失去平衡，而不得不又降低国民收入增长速度，即出现经济周期波动。

用非均衡增长模型及计算 μ 上下限的（3-9-3）式，对《资本论》第二卷的例子（3-9-2）式进行摸拟计算，计算结果见表 3-9-3。

---

① 贾凤和. 一论扩大再生产的进行. 南开经济研究所季刊. 增刊. 1984 年

表 3-9-3

年	$\mu_下$	$\mu_上$	$\mu_0{}'$	μ	$\dfrac{IM}{IIM}$
1	0.0714	0.1429	0.0909	0.1000	1.3333
2	0.0584	0.1169	0.0750	0.1000	1.2647
3	0.0230	0.0460	0.3020	0.0270	1.0965
4	0.0278	0.0556	0.0364	0.0300	1.1178
5	0.0373	0.0747	0.0465	0.0400	1.1614
6	0.0500	0.1000	0.0486	0.0450	1.2222
7	0.0639	0.1279	0.0818	0.0800	1.2033
8	0.0665	0.1330	0.0849	0.0900	1.3069
9	0.0592	0.1184	0.0760	0.0950	1.2637
10	0.0321	0.0642	0.0419	0.0350	1.1372
11	0.0423	0.0846	0.0548	0.0450	1.1848
12	0.0643	0.1285	0.0822	0.0800	1.2950

第一年至第二年以 $\mu=10\%$（高于均衡速度 $\mu_0{}'=9.09\%$）进行再生产，导致第三年至第五年的低速度，第六年至第八年未能将速度调整到均衡速度，第九年又以 $\mu=9.5\%$（高于均衡速度 $\mu_0{}'=7.6\%$）进行再生产，导致后两年的速度再次下降，由于第十一年的速度 $\mu=4.5\%$ 低于均衡速度 $\mu_0{}'=5.48\%$，使第十二年的速度又得以回升。在十二年期间出现两次经济周期波动。这对上述论证做了验证，即经济运行规律本身就存在着产生经济周期波动的可能性。

（四）论证社会主义经济的周期波动

马克思的再生产理论揭示了经济运行自身的内在规律。上述论证表明，经济运行本身就含有产生经济周期波动的可能性。只是社会制度不同，经济运行的机制不同，但经济运行的规律不会改变。

由上述论证可知，绝对的市场经济可以带来一时的繁荣，由于其在宏观上对处理速度与结构等关系难有作为，若政府不采取有效的干预和诱导的政策，那么在持续繁荣的同时，已孕育着经济危机，不可避免地会导致经济的周期波动。

以中央计划为主体的社会主义经济，从理论上讲，若能处理好速度与结构等重大关系，有可能避免经济周期波动的发生。但是，在现实的社会主义经济中却存在着严峻的问题。

1. 理论上的欠缺

（1）片面强调第Ⅰ部类优先增长

第Ⅰ部类优先增长，指第Ⅰ部类高于第Ⅱ部类一定比例，这是正确的。由**结论一**和**结论二**可知，均衡国民收入增长速度 μ_0' 和国民收入增长速度 μ 的取值区间均是两大部类对比关系的函数，只有第Ⅰ部类优先增长才可能提高 μ 和使 μ 的取值区间上移，即只有第Ⅰ部类优先增长才可能提高国民收入增长速度。由**结论四**可知，只有第Ⅰ部类优先增长，使两大部类对比关系大于对其限制的下限，才可能使两大部类处于平衡状态，因此第Ⅰ部类必须优先增长是正确的。

但是，在理论上片面地强调第Ⅰ部类优先增长，则可能忽视由此而带来的危害。仍由**结论四**可知，对两大部类对比关系的限制，不仅存在着下限，而且存在着上限。如果第Ⅰ部类优先增长超过了一定限度，那么将使两大部类失去平衡，即使生产资料与消费资料的需求与供给之间失去平衡。同样，由**结论一**和**结论二**可知，若第Ⅰ部类优先增长过快，虽然没有超过其上限而使两大部类失去平衡，但导致了过高的经济增长速度，而且只有进行结构性调整才能降低靠高积累和低消费来维持的高速度。

（2）误解了资本有机构成的作用

只用资本有机构成的提高来衡量技术进步水平的提高是不恰当的，只有当有机构成的提高伴随着剩余价值率的提高，二者相对提高之比大于资本收益率时，才能导致第Ⅰ部类的优先增长和国民收入增长速度的提高，也才能标志技术进步水平的提高。

对资本有机构成的误解，容易使人们重视投资而忽视效益。即忽视了资本有机构成的提高必须伴随剩余价值率的更快增长。其结果是，固定资产投资数量的猛增，反而会引起国民收入增长速度的下降。

2. 主观认识与客观现实的偏离

经济运行有其自身的规律，并不以人们的主观意志为转移。如果人们能够根据"结构"控制"速度"，并依据**结论三**，通过在均衡速度周围波动，调整到一个合适的速度，那么可以使经济在经过较小的波动之后达到均衡的发展。但是，由于理论上的欠缺，客观"结构"的制约，主观认识与客观现实的偏离，加上主观愿望，往往导致确定或力争较高的发展速度。

实现较高的发展速度有两个途径：一是按非均衡增长模型进行。由**结论三**可知，此途径不可能长期维持较高的发展速度。另一途径是按调整型增长模型进行。由**结论五**可知，此途径可以使经济长期维持较高速度的增长，但是以不断地增加积累和不断地降低消费为代价，而且还要满足一个前提，即国际贸易能够满足国内产业结构调整的需要，并能够做到外贸收支平衡。即使如此，按此途径亦将造成消费品供给的极度短缺，经济在以较高的速度发展，而人民却长期生活在较低的水平上。而且，要想增加供给满足需求，或受到国际市场的冲击，都不得不进行结构性的调整。严峻的现实已经告诫我们，经济运行的自身规律绝不允许把偏离客观现实的主观愿望强加给它。人为的脱离客观现实的高速度是不会持久的，必然是"欲速则不达"。

3．客观存在的现实问题

其一，劳动力的有效供给不足。经济发展要求技术水平的提高。劳动力可能有剩余，而与经济发展要求相适应的劳动力的供给却不足，即劳动力的结构、素质与经济发展的结构和技术进步水平提高的要求不相适应。劳动力素质的相对降低，等于增加对劳动力的资金投入，造成有机构成的降低和剩余价值率的下降，从而导致在劳动力投资的资金（工资、福利等）增加的同时，国民收入增长速度却下降。与此相关的还有两个问题：投资效果欠佳和劳动生产率不高。这又进一步导致投资的增加和国民收入增长速度的下降。

其二，国际贸易的制约。由于自然资源的稀缺，随着增长速度的提高，一些生产部门的产出常会出现"瓶颈"，从而限制整个社会经济的增长。增长过程中的"瓶颈"，导致进口需要的增加。增长速度越高，"瓶颈"越厉害，进口需求越大，所需的外汇越多，从而出口也必须越扩大。但是扩大出口会遇到出口生产能力和国际市场需求的双重限制，给需求与供给的平衡带来困难。

其三，价格问题。以上论证是假设在均衡价格体系下进行的。如果现实价格体系未达到或未接近均衡价格体系，商品的价值与价格背离，将会造成两大部类供给与需求之间的虚假偏离，以及两大部类对比关系与真实值的偏离。这不仅对国民收入增长速度产生影响，而且影响两大部类之间的平衡。

最后，市场机制问题。以上论证不仅是在均衡价格体系下进行的，而且有一个前提，即存在着完善的市场机制，能够顺利地实现社会总产品内部各个部分之间的交换。扩大再生产过程，就是社会总产品的各个组成部分如何实现的过程。社会总产品的实现过程包括两个互相联系的方面：一方面是社会总产品价值的各个部分如何从商品形态转化为货币形态；另一方面是社会总产品价值的各个部分，在转化成货币以后,如何取得所需要的商品。社会总产品各个部分的实现过程归根结底就是总产品内部各个组成部分之间的交换。正如马克思所说,社会总资本的运行,"不仅是价值补偿,而且是物质补偿"①。

如果没有完善的市场机制,其中包括与社会总产品内部各个组成部分之间的交换相适应的金融机构、交通运输和通讯设施,将会使相当一部分社会产品的价值补偿和物质补偿无法实现。即使主观作用能够处理好"结构"与"速度"的关系,在客观上也难以实现两大部类的平衡。

通过上述论证可以得出结论,经济运行规律自身存在着产生经济周期波动的可能性,由于理论上的欠缺、主观认识与客观现实的偏离以及客观上存在的现实问题,使得社会主义经济在长期发展的过程中,经常存在着投资膨胀的倾向。如果不能及时根据客观现实情况进行有效的调整,处理好"速度"与"结构"之间的关系,调整好价格,使市场机制趋于完善,那么社会主义经济也难免会产生经济的周期波动。

我国三十多年经济发展的实际情况证实了以上论证的客观现实性。即只要出现与结构不相适应的过高的速度,或维持较高的速度,都会导致后几年发展速度的下降,出现经济的周期波动。我国 1950 年至 1985 年国民收入增长速度在其均值附近波动的情况如图 3-9-1 所示,其数据列于表 3-9-4。②

表 3-9-4

年	波动值	年	波动值	年	波动值	年	波动值
1950	10.87	1959	0.07	1968	-14.64	1977	-0.33
1951	8.57	1960	-9.53	1969	11.17	1978	4.17
1952	14.17	1961	-37.83	1970	15.71	1979	-1.13
1953	5.87	1962	-14.63	1971	-1.13	1980	-1.73
1954	-2.33	1963	2.57	1972	-5.23	1981	-3.23
1955	-1.73	1964	8.37	1973	0.17	1982	0.17
1956	5.95	1965	8.87	1974	-7.03	1983	1.67
1957	-3.63	1966	8.87	1975	0.17	1984	5.37
1958	13.87	1967	-15.33	1976	-10.83	1985	4.17

说明: 1. 国民收入增长速度的均值为 8.13%。

2. 波动值为当年国民收入增长速度与均值的差。

---

① [德] 卡尔·马克思. 资本论. 第二卷. 人民出版社, 2004 年: 438. 注: 这是按新的版本标注
② 原始数据引自 1986 年《中国统计年鉴》

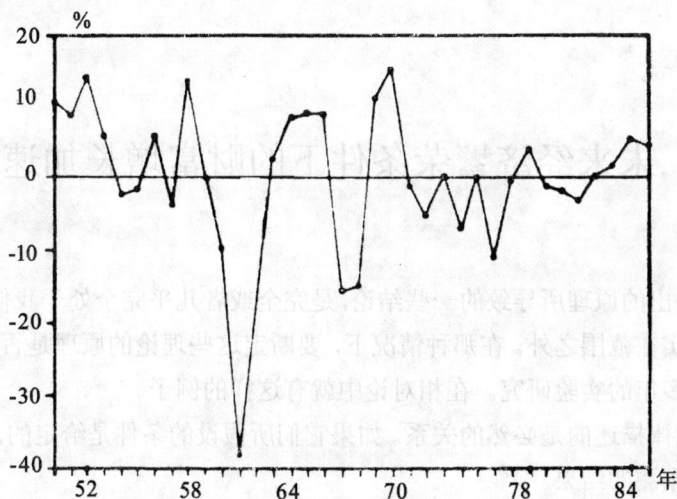

图 3-9-1

　　由图 3-9-1 可见，我国在 1952 年、1958 年、1964 年、1970 年、1978 年都出现了相对较高的发展速度，除去 1964 年至 1966 年维持了 3 年较高的速度引起后 3 年速度的下降之外，其余几年都是一旦出现相对过高的速度，便立即引起后几年速度的下降。而且，出现过高速度的周期，除 1970 年至 1978 年为 8 年之外，其余几个周期均为 6 年。由此证实，在社会主义条件下确实存在着产生经济周期波动的客观可能性。因此，在经济建设过程中出现某些波折也是不足为怪的，更不能以此怀疑社会主义的优越性。社会主义的优越性正在于它能正视矛盾，自觉进行调节，从而推动经济继续向前发展。

写于 1989 年 1 月

第十章　未来经济繁荣条件下的财富增长加速现象

"明确提出的原理所导致的一些结论,是完全或者几乎完全处于我们的经验在目前所及的实在范围之外。在那种情况下,要断定这些理论的原理是否符合实在,也许需要作多年的实验研究。在相对论中就有这样的例子。"[①]

"经济规律描述的是必然的关系。如果它们所假设的条件是给定的,则必然会出现它们所预测的结果。"[②]

"理论的冲突不是一种灾难而是一种幸运。"[③]

一、概述

前面论述的财富增长构造性理论及其在现实经济中的应用,不仅遵从财富增长原理性理论,而且满足 $P_1(1+H_2) > P_2(1+H_1)$,即以满足第一类商品的资本有机构成 P_1 大于第二类商品的资本有机构成 P_2、第二类商品的资本收益率 σ_2 大于第一类商品的资本收益率 σ_1 为前提,因为这种情况与现实经济情况相符。

应当指出,第一类商品的资本有机构成 P_1 大于第二类商品的资本有机构成 P_2,第二类商品的资本收益率 σ_2 大于第一类商品的资本收益率 σ_1,这种情况与现实经济情况相符,但并不表明这种情况就是合理的。

第一类商品是用于生产资料的产品,第二类商品是消费品。

"生产资料是生产力中的物的要素,包括劳动资料和劳动对象,其中起主要和

① [美] 爱因斯坦. 许良英, 范岱年编译. 爱因斯坦文集. 第一卷. 理论物理学的原理. 商务印书馆, 1976 年: 77

② [英] 莱昂内尔·罗宾斯. 朱泱译. 经济科学的性质和意义. 商务印书馆, 2000 年: 100

③ [英] A. N. 怀特海. 何钦译. 科学与近代世界. 商务印书馆, 1989 年: 177

决定作用的是生产工具。生产工具的发展水平是人类控制自然的尺度，它在很大程度上决定着：自然界蕴藏的物质财富能否转化为劳动对象，以及如何实现转化；各种劳动对象能否以及如何转化为物质产品。"[①]用于生产资料的产品主要是生产工具和用于再生产的物质产品，而生产第一类商品的劳动对象，亦即生产第一类商品的物质来源，是自然界蕴藏的物质财富。自然界蕴藏的物质财富大多是有限的、不可再生的。

资本的有机构成，从价值形式来看，是消耗的生产资料的价值与消耗的劳动力的价值之间的比例关系。

如果第一类商品的资本有机构成 P_1 大于第二类商品的资本有机构成 P_2，第二类商品的资本收益率 σ_2 大于第一类商品的资本收益率 σ_1，则说明：投入到第一类商品的生产资料的价值与所消耗的劳动力的价值之比要大于投入到第二类商品的生产资料的价值与所消耗的劳动力的价值之比。换句话讲，在消耗的劳动力的价值相同的情况下，投入到第一类商品的生产资料的价值要大于投入到第二类商品的生产资料的价值。也就是说，在消耗的劳动力的价值相同的情况下，生产第一类商品要比生产第二类商品消耗更多的生产资料，消耗更多的自然界蕴藏的物质财富。自然界蕴藏的物质财富又是有限的、不可再生的，而生产第一类商品的资本收益率 σ_1 又小于生产第二类商品的资本收益率 σ_2，这种情况怎么能说是合理的呢？然而这种情况却是目前的现实经济状况。

造成这种情况的原因至少有两个：其一是观念问题，认为自然界蕴藏的物质财富是取之不尽、价格低廉的，就像大自然中的水和空气一样；其二是技术问题，目前还没有达到这样的能力——既能够使生产第一类商品比生产第二类商品消耗更少的生产资料，又能够使第一类商品的资本收益率 σ_1 大于第二类商品的资本收益率 σ_2。

如果能够实现第一类商品的资本有机构成 P_1 小于第二类商品的资本有机构成 P_2，同时第一类商品的资本收益率 σ_1 大于第二类商品的资本收益率 σ_2，这种情况应当是合理的。但实现这种情况是有条件的，如《资本论》第二卷所讲："这种情况的前提是：资本主义生产已经有了显著的发展；与此相应，社会劳动的生产力也已经有了显著的发展；生产规模在此以前已经有了显著的扩大；最后，在

---

① 金炳华等编. 哲学大辞典. 上海辞书出版社, 2001 年: 1297

工人阶级中造成相对人口过剩的所有条件也已经有了发展。"[1]不过,《资本论》并没有讲,如果实现这种情况,也就是实现 $P_1 < P_2$ 且 $\sigma_1 > \sigma_2$,即 $P_1(1+H_2) < P_2(1+H_1)$ 的情况,那么,与目前 $P_1 > P_2$ 且 $\sigma_1 < \sigma_2$,即 $P_1(1+H_2) > P_2(1+H_1)$ 的现实经济情况会有什么不同,又会出现什么样的经济现象和经济规律。而这正是下面将要论述的问题。

二、"反馈"的概念

先引用《哲学大辞典》对"反馈"的解释:"控制系统的一种方法。反馈分为负反馈和正反馈。倾向于反抗系统正在进行的非定向动作的反馈为负反馈,它能使系统适应偶然干扰,维持稳定状态;倾向于加剧系统正在进行的非定向动作的反馈为正反馈,它能不断加强偶然干扰给系统造成的效应,使系统趋于不稳定状态或造成新的稳定状态,从而导致系统的质变。"[2]

通俗地讲,如果一个系统存在着均衡稳定的状态,当一个因素偏离均衡稳定状态向增加的方向变动时,引起另一个因素偏离均衡稳定状态向减少的方向变动,其趋势是趋向均衡稳定状态,那么可以称这种现象为负反馈;与此相反,当一个因素偏离均衡稳定状态向增加的方向变动时,引起另一个因素偏离均衡稳定状态同样向增加的方向变动,其趋势是远离均衡稳定状态,那么可以称这种现象为正反馈。

本书第三篇第三章曾给出准国民收入均衡增长速度 μ_0' 的解的表达式:

$$\mu_0' = \frac{\frac{1+H_1}{H_1}\frac{IM}{IIM} - \frac{P_2}{H_2}}{\frac{P_1}{H_1}\frac{IM}{IIM} + \frac{P_2}{H_2}} \tag{3-3-1}$$

(3-3-1)式中 $\frac{IM}{IIM}$ 是第一类商品和第二类商品的产业结构比。

一个经济系统存在着国民收入均衡增长速度,社会财富如果按国民收入均衡

① [德] 卡尔·马克思. 资本论. 第二卷. 人民出版社, 2004 年: 579
② 金炳华等编. 哲学大辞典. 上海辞书出版社, 2001 年: 335

增长速度增长，这个经济系统就处于一种均衡稳定的状态。

第三篇第三章曾论证，当 $P_1(1+H_2)>P_2(1+H_1)$ 时，如果实际增长速度低于均衡增长速度将导致以后均衡增长速度的上升；如果实际增长速度高于均衡增长速度将导致以后均衡增长速度的下降，这种现象可以称之为负反馈。

在下面将论证，当 $P_1(1+H_2)<P_2(1+H_1)$ 时，如果实际增长速度低于均衡增长速度将导致以后均衡增长速度的下降；如果实际增长速度高于均衡增长速度将导致以后均衡增长速度的上升，这种现象可以称之为正反馈。

三、经济繁荣的界定

马克思在《资本论》第二卷给出第二例时写道：

> 现在假定有年产品 9 000，这个年产品完全是处在产业资本家阶级手中的商品资本，其中可变资本和不变资本的一般平均比例是 1：5。这种情况的前提是：资本主义生产已经有了显著的发展；与此相应，社会劳动的生产力也已经有了显著的发展；生产规模在此以前已经有了显著的扩大；最后，在工人阶级中造成相对人口过剩的所有条件也已经有了发展。这时，把分数去掉，年产品就会划分如下：
>
> $$\left.\begin{array}{l} \text{I.}\,5\,000c + 1\,000v + 1\,000m = 7\,000 \\ \text{II.}\,1\,430c + 285v + 285m = 2\,000 \end{array}\right\} = 9\,000^{①}$$

马克思在阐述《资本论》第二卷第二例时，给出了前提条件：生产已经有了显著的发展；社会劳动的生产力也已经有了显著的发展；生产规模在此以前已经有了显著的扩大；造成相对人口过剩的所有条件也已经有了发展。可以把这前提条件称为经济繁荣的条件。换句话讲，《资本论》第二卷第二例是对经济繁荣的描述。

由《资本论》第二卷第二例可知：

第一类商品消耗的生产资料 $IC = 5000$；

---

① ［德］卡尔·马克思. 资本论. 第二卷. 人民出版社，2004 年: 579

第一类商品消耗劳动力的价值 IV =1000;

第一类商品的剩余价值 IM =1000;

第二类商品消耗的生产资料 IIC =1430;

第二类商品消耗劳动力的价值 IIV =285;

第二类商品的剩余价值 IIM =285;

第一类商品的资本有机构成 $P_1 = \dfrac{IC}{IV} = 5$;

第一类商品的剩余价值率 $H_1 = \dfrac{IM}{IV} = 1$;

第二类商品的资本有机构成 $P_2 = \dfrac{IIC}{IIV} = 5.0175$;

第二类商品的剩余价值率 $H_2 = \dfrac{IIM}{IIV} = 1$。

有: $P_1 = 5 < P_2 = 5.0175$

有: $P_1（1+H_2） = 10$; $P_2（1+H_1） = 10.035$

即: $P_1（1+H_2） < P_2（1+H_1）$

现在分析一下 $P_1（1+H_2） < P_2（1+H_1）$ 的经济含义。

用 σ_1 来表示第一类商品的资本收益率,有:

$$\sigma_1 = \frac{IV+IM}{IC} = \frac{1+\dfrac{IM}{IV}}{\dfrac{IC}{IV}} = \frac{1+H_1}{P_1} \tag{3-10-1}$$

用 σ_2 来表示第二类商品的资本收益率,有:

$$\sigma_2 = \frac{IIV+IIM}{IIC} = \frac{1+\dfrac{IIM}{IIV}}{\dfrac{IIC}{IIV}} = \frac{1+H_2}{P_2} \tag{3-10-2}$$

如果 $\dfrac{1+H_2}{P_2} < \dfrac{1+H_1}{P_1}$

有: $P_1（H_2+1） < P_2（H_1+1）$

也就是 $\sigma_2 < \sigma_1$ $\hspace{4em}$ (3-10-3)

即第二类商品的资本收益率 σ_2 小于第一类的商品资本收益率 σ_1。

因此，可以将马克思所阐述的经济繁荣的条件概括为：

其一，第一类商品的资本有机构成 P_1 小于第二类商品的资本有机构成 P_2。

其二，第一类商品的资本收益率 σ_1 大于第二类商品的资本收益率 σ_2。

可以看出，在经济不够繁荣的情况下，是 $P_1 > P_2$ 且 $\sigma_1 < \sigma_2$，即 $P_1(1+H_2) > P_2(1+H_1)$，也就是第一类商品的资本有机构成 P_1 大于第二类商品的资本有机构成 P_2，第一类商品的资本收益率 σ_1 小于第二类商品的资本收益率 σ_2。而在经济繁荣的情况下，是 $P_1 < P_2$ 且 $\sigma_1 > \sigma_2$，即 $P_1(1+H_2) < P_2(1+H_1)$，也就是第一类商品的资本有机构成 P_1 小于第二类商品的资本有机构成 P_2，第一类商品的资本收益率 σ_1 大于第二类商品的资本收益率 σ_2。

四、未来经济繁荣条件下的正反馈

第三篇第三章曾论证，当 $P_1 > P_2$ 且 $\sigma_1 < \sigma_2$，即 $P_1(1+H_2) > P_2(1+H_1)$ 时，出现的是负反馈现象。

现论证，当 $P_1 < P_2$ 且 $\sigma_1 > \sigma_2$，即 $P_1(1+H_2) < P_2(1+H_1)$ 时，将会出现正反馈现象。

（一）实际增长速度低于均衡增长速度将导致产业结构比下降

首先论证，当 $P_1(1+H_2) < P_2(1+H_1)$ 时，实际增长速度低于均衡增长速度将导致产业结构比下降。

第三篇第三章曾给出准国民收入均衡增长速度 $\mu_0{'}$ 的解的表达式：

$$\mu_0{'} = \frac{\dfrac{1+H_1}{H_1}\dfrac{IM}{IIM} - \dfrac{P_2}{H_2}}{\dfrac{P_1}{H_1}\dfrac{IM}{IIM} + \dfrac{P_2}{H_2}} \tag{3-3-1}$$

用 $\mu_{0实}$ 表示准国民收入实际增长速度，用 $\dfrac{IM}{IIM}$ 表示在基年第一类商品和第二类商品的产业结构比，用 $(\dfrac{IM}{IIM})_来$ 表示在来年第一类商品和第二类商品的产业结构比，则有：

$$\left(\frac{IM}{IIM}\right)_* = \frac{H_1\left(IV + I\dfrac{M}{Z}\right)}{H_2\left(IIV + II\dfrac{M}{Z}\right)} \tag{3-10-4}$$

如果来年准国民收入实际增长速度 $\mu_{0实}$ 低于来年准国民收入均衡增长速度 $\mu_0{}'$，有：

$$\mu_{0实} < \mu_0{}' \tag{3-10-5}$$

将 $\mu_0{}'$ 的表达式（3-3-1）式代入不等式（3-10-5）式，有：

$$\mu_{0实} < \frac{\dfrac{1+H_1}{H_1}\dfrac{IM}{IIM} - \dfrac{P_2}{H_2}}{\dfrac{P_1}{H_1}\dfrac{IM}{IIM} + \dfrac{P_2}{H_2}} \tag{3-10-6}$$

由于表达式 $\dfrac{P_1}{H_1}\dfrac{IM}{IIM} + \dfrac{P_2}{H_2}$ 大于零，可以把准国民收入实际增长速度 $\mu_{0实}$ 与准国民收入均衡增长速度 $\mu_0{}'$ 之间的不等式（3-10-6）式改写成（3-10-7）式：

$$\left(\frac{H_1+1}{H_1}\frac{IM}{IIM} - \frac{P_2}{H_2}\right) > \left(\frac{P_2}{H_2} + \frac{P_1}{H_1}\frac{IM}{IIM}\right)\mu_{0实} \tag{3-10-7}$$

由（3-10-7）式可以推导出（3-10-8）式[1]：

$$\left[\frac{H_1+1}{H_1}(1+H_2)IM - \frac{H_1+1}{H_1}P_2\,\mu_{0实}\,IM - \frac{1+H_2}{H_2}P_2\,IIM\right.$$

$$-\frac{1+H_2}{H_2}P_2\,\mu_{0实}\,IIM \Big] > \frac{H_2}{H_1}\frac{IM}{IIM}\left[-\frac{1+H_1}{H_1}(1+H_1)IM\right.$$

$$\left. + \frac{1+H_1}{H_1}P_1\,\mu_{0实}\,IM + \frac{1+H_2}{H_2}\frac{H_1+1}{H_2+1}P_2\,IIM + \frac{1+H_2}{H_2}P_1\,\mu_{0实}\,IIM\right]$$

$$\tag{3-10-8}$$

将不等式（3-10-8）式两边都乘以表达式 $\dfrac{1}{P_1(H_2+1) - P_2(H_1+1)}$，

当 $P_1(1+H_2) < P_2(1+H_1)$ 时，得到（3-10-9）式：

---

① 详细推导过程可以参见第三篇第三章

$$\frac{P_2}{P_1(H_2+1)-P_2(H_1+1)}\Big[\frac{H_1+1}{H_1}\Big(\frac{1+H_2}{P_2}-\mu_{0\text{实}}\Big)IM$$

$$-\frac{1+H_2}{H_2}(1+\mu_{0\text{实}})IIM\Big]<\frac{H_2}{H_1}\frac{IM}{IIM}\frac{P_1}{P_2(H_1+1)-P_1(H_2+1)}\Big[\frac{1+H_1}{H_1}$$

$$\Big(\frac{1+H_1}{P_1}-\mu_{0\text{实}}\Big)IM-\frac{1+H_2}{H_2}\Big(\frac{H_1+1}{H_2+1}\frac{P_2}{P_1}+\mu_{0\text{实}}\Big)IIM\Big] \qquad (3\text{-}10\text{-}9)$$

由第三篇第二章（3-2-7）式表述的非稳定增长模型得到 $I\dfrac{M}{Z}$ 和 $II\dfrac{M}{Z}$ 的解的

表达式：

$$I\frac{M}{Z}=\frac{P_2}{P_1(H_2+1)-P_2(H_1+1)}\Big[\frac{H_1+1}{H_1}\Big(\frac{1+H_2}{P_2}-\mu_0\Big)IM$$

$$-\frac{1+H_2}{H_2}(1+\mu_0)IIM\Big]$$

$$II\frac{M}{Z}=\frac{P_1(H_1+1)}{P_1(H_2+1)-P_2(H_1+1)}\Big[\frac{1}{H_2}\Big(\frac{P_2}{P_1}+\frac{H_2+1}{H_1+1}\mu_0\Big)IIM-\frac{1}{H_1}$$

$$\Big(\frac{1+H_1}{P_1}-\mu_0\Big)IM\Big]$$

不等式（3-10-9）式的左边恰好等于 $I\dfrac{M}{Z}$，它的右边等于 $\dfrac{H_2}{H_1}\dfrac{IM}{IIM}II\dfrac{M}{Z}$，所

以，有：

$$I\frac{M}{Z}<\frac{H_2}{H_1}\frac{IM}{IIM}II\frac{M}{Z} \qquad (3\text{-}10\text{-}10)$$

可以将不等式（3-10-10）式改写成：

$$IM+H_1\,I\frac{M}{Z}<\Big(H_2\,II\frac{M}{Z}+IIM\Big)\frac{IM}{IIM}$$

将不等式两边都除以大于零的表达式 $H_2\,II\dfrac{M}{Z}+IIM$，有：

$$\frac{IM+H_1I\dfrac{M}{Z}}{IIM+H_2II\dfrac{M}{Z}}<\frac{IM}{IIM} \qquad (3\text{-}10\text{-}11)$$

可将不等式（3-10-11）式改写成：

$$\frac{H_1(IV + I\frac{M}{Z})}{H_2(IIV + II\frac{M}{Z})} < \frac{IM}{IIM} \tag{3-10-12}$$

由（3-10-4）式可知，不等式（3-10-12）式左边恰好等于 $(\frac{IM}{IIM})_*$，所以，有：

$$(\frac{IM}{IIM})_* < \frac{IM}{IIM} \tag{3-10-13}$$

即，当 $P_1(1+H_2) < P_2(1+H_1)$ 时，如果 $\mu_{0实} < \mu_0'$，则 $(\frac{IM}{IIM})_* < \frac{IM}{IIM}$。

以上论证表明，当 $P_1(1+H_2) < P_2(1+H_1)$ 时，实际增长速度低于均衡增长速度将导致产业结构比下降。

（二）准国民收入均衡增长速度与产业结构比之间的关系

现在论证，当 $P_1(1+H_2) < P_2(1+H_1)$ 时，准国民收入均衡增长速度 μ_0' 与产业结构比 $\frac{IM}{IIM}$ 之间的关系。

由第三篇第三章（3-3-1）式可知，准国民收入均衡增长速度 μ_0' 是产业结构比 $\frac{IM}{IIM}$ 的函数，μ_0' 对 $\frac{IM}{IIM}$ 的导数 $(\mu_0')'$ 如（3-10-14）式所示：

$$(\mu_0')' = \frac{(\frac{1+H_1}{H_1} + \frac{P_1}{H_1})\frac{P_2}{H_2}}{(\frac{P_1}{H_1}\frac{IM}{IIM} + \frac{P_2}{H_2})^2} > 0 \tag{3-10-14}$$

μ_0' 对 $\frac{IM}{IIM}$ 的导数大于零，表示准国民收入均衡增长速度 μ_0' 将随着产业结构比 $\frac{IM}{IIM}$ 的降低而下降。

论证表明，当 $P_1(1+H_2) < P_2(1+H_1)$ 时，准国民收入均衡增长速度将

随着产业结构比的降低而下降。

（三）未来经济繁荣条件下的正反馈

前面论证了两点，当 P_1（$1+H_2$）$< P_2$（$1+H_1$）时：

1. 如果 $\mu_{0实} < \mu_0'$，则（$\frac{IM}{IIM}$）$_* < \frac{IM}{IIM}$，即实际增长速度低于均衡增长速度将导致产业结构比下降；

2. 准国民收入均衡增长速度 μ_0' 将随着产业结构比 $\frac{IM}{IIM}$ 的降低而下降。

由此可知，当 P_1（$1+H_2$）$< P_2$（$1+H_1$）时，如果 $\mu_{0实} < \mu_0'$，导致（$\frac{IM}{IIM}$）$_* < \frac{IM}{IIM}$，即实际增长速度低于均衡增长速度将导致产业结构比下降；而准国民收入均衡增长速度 μ_0' 是随着产业结构比 $\frac{IM}{IIM}$ 的降低而下降的，即产业结构比 $\frac{IM}{IIM}$ 的下降将导致准国民收入均衡增长速度 μ_0' 的降低；也就是说，如果 $\mu_{0实} < \mu_0'$，将导致来年准国民收入均衡增长速度 μ_0' 下降，经济系统出现正反馈现象。

同样可以论证，当 P_1（$1+H_2$）$< P_2$（$1+H_1$）时：

1. 如果 $\mu_{0实} > \mu_0'$ 时，则（$\frac{IM}{IIM}$）$_* > \frac{IM}{IIM}$，即实际增长速度高于均衡增长速度将导致产业结构比提高；

2. 准国民收入均衡增长速度 μ_0' 将随着产业结构比 $\frac{IM}{IIM}$ 的提高而上升。

由此可知，当 P_1（$1+H_2$）$< P_2$（$1+H_1$）时，如果 $\mu_{0实} > \mu_0'$，导致（$\frac{IM}{IIM}$）$_* > \frac{IM}{IIM}$，即实际增长速度高于均衡增长速度将导致产业结构比提高；而准国民收入均衡增长速度 μ_0' 是随着产业结构比 $\frac{IM}{IIM}$ 的提高而上升的，即产业结构比 $\frac{IM}{IIM}$ 的提高将导致准国民收入均衡增长速度 μ_0' 的上升；也就是说，如果 $\mu_{0实} > \mu_0'$，将导致来年准国民收入均衡增长速度 μ_0' 上升，经济系统仍然出现正反馈现象。

五、未来经济繁荣条件下的推论

当 $P_1(1+H_2) > P_2(1+H_1)$ 时，属于经济不够繁荣的情况，经济系统是负反馈现象。在第三篇第三章已阐述，由所创建的经济增长模型推导出十一个规律性的推论。

现在论证当 $P_1(1+H_2) < P_2(1+H_1)$ 时，即第一类商品的资本有机构成 P_1 小于第二类商品的资本有机构成 P_2，且第一类商品的资本收益率 σ_1 大于第二类商品的资本收益率 σ_2 时，会有什么样的规律性。

当 $P_1(1+H_2) < P_2(1+H_1)$ 时，属于未来经济繁荣条件下的情况，经济系统存在正反馈。用第三篇第三章阐述的方法，同样可以推导出十一个规律性的推论，但是与 $P_1(1+H_2) > P_2(1+H_1)$ 时的推论有所不同。

（一）社会财富稳定增长速度被限定在一个区间内

用 μ_0 表示准国民收入增长速度，用 $\mu_下$ 表示准国民收入增长速度的下限，用 $\mu_上$ 表示准国民收入增长速度的上限，有：$\mu_下 < \mu_0 < \mu_上$。

当 $P_1(1+H_2) < P_2(1+H_1)$ 时，由第三篇第三章的论证可知，准国民收入增长速度上、下限的表达式为：

$$\mu_下 = \frac{\dfrac{1+H_1}{H_1}\dfrac{1}{P_2}\dfrac{IM}{IIM} - \dfrac{1}{H_2}}{\dfrac{1}{H_1}\dfrac{1+H_1}{1+H_2}\dfrac{IM}{IIM} + \dfrac{1}{H_2}}$$

$$\mu_上 = \frac{\dfrac{1+H_1}{H_1}\dfrac{1}{P_1}\dfrac{IM}{IIM} - \dfrac{1}{H_2}\dfrac{P_2}{P_1}}{\dfrac{1}{H_1}\dfrac{IM}{IIM} + \dfrac{1}{H_2}\dfrac{1+H_2}{1+H_1}}$$

与 $P_1(1+H_2) > P_2(1+H_1)$ 时的推论相比，准国民收入增长速度的上、下限的表达式恰好相反。

（二）社会财富均衡增长速度在被限定的区间之内

用 μ_0' 表示准国民收入均衡增长速度。在第三篇第三章已经论证，当 $P_1(1+$

H_2）$> P_2$（$1 + H_1$）时，有：

$$\mu_{\text{下}} < \mu_0{}' < \mu_{\text{上}}$$

$$\mu_0{}' = \dfrac{\dfrac{1 + H_1}{H_1} \dfrac{IM}{IIM} - \dfrac{P_2}{H_2}}{\dfrac{P_1}{H_1} \dfrac{IM}{IIM} + \dfrac{P_2}{H_2}}$$

用与第三篇第三章同样的论证方法可以论证，当 P_1（$1 + H_2$）$< P_2$（$1 + H_1$）时，仍然有：

$$\mu_{\text{下}} < \mu_0{}' < \mu_{\text{上}}$$

与 P_1（$1 + H_2$）$> P_2$（$1 + H_1$）时的推论相比，形式上是一样的，但是准国民收入增长速度的上、下限的表达式恰好相反。

（三）社会财富均衡增长速度取决于产业结构比

用 $\dfrac{IM}{IIM}$ 表示第一类商品与第二类商品的产业结构比。由第三篇第二章可知，准国民收入均衡增长速度 $\mu_0{}'$ 与产业结构比 $\dfrac{IM}{IIM}$ 之间的关系式为：

$$\mu_0{}' = \dfrac{\dfrac{1 + H_1}{H_1} \dfrac{IM}{IIM} - \dfrac{P_2}{H_2}}{\dfrac{P_1}{H_1} \dfrac{IM}{IIM} + \dfrac{P_2}{H_2}}$$

当 P_1（$1 + H_2$）$< P_2$（$1 + H_1$）时，可以求得准国民收入均衡增长速度 $\mu_0{}'$ 对产业结构比的导数，有：

$$(\mu_0{}')' = \dfrac{(\dfrac{1 + H_1}{H_1} + \dfrac{P_1}{H_1}) \dfrac{P_2}{H_2}}{(\dfrac{P_1}{H_1} \dfrac{IM}{IIM} + \dfrac{P_2}{H_2})^2} > 0$$

准国民收入均衡增长速度 $\mu_0{}'$ 对产业结构比 $\dfrac{IM}{IIM}$ 的导数（$\mu_0{}'$）′ 大于零，所以，准国民收入均衡增长速度将随着产业结构比 $\dfrac{IM}{IIM}$ 的提高而上升，随着产业结构比 $\dfrac{IM}{IIM}$ 的下降而降低。

社会财富均衡增长速度取决于产业结构比，这一推论与 $P_1（1+H_2）＞P_2（1+H_1）$ 时的推论相同。

（四）社会财富稳定增长速度的上下限取决于产业结构比

当 $P_1（1+H_2）＜P_2（1+H_1）$ 时，社会财富稳定增长速度的上、下限的表达式为：

$$\mu_{上}=\frac{\dfrac{1+H_1}{H_1}\dfrac{1}{P_1}\dfrac{IM}{IIM}-\dfrac{1}{H_2}\dfrac{P_2}{P_1}}{\dfrac{1}{H_1}\dfrac{IM}{IIM}+\dfrac{1}{H_2}\dfrac{1+H_2}{1+H_1}}$$

$$\mu_{下}=\frac{\dfrac{1+H_1}{H_1}\dfrac{1}{P_2}\dfrac{IM}{IIM}-\dfrac{1}{H_2}}{\dfrac{1}{H_1}\dfrac{1+H_1}{1+H_2}\dfrac{IM}{IIM}+\dfrac{1}{H_2}}$$

由此可以求得社会财富稳定增长速度的上限 $\mu_{上}$ 对产业结构比的导数，有：

$$(\mu_{上})'=\frac{\dfrac{1}{H_1}\dfrac{1}{H_2}\dfrac{1}{P_1}(1+H_2+P_2)}{(\dfrac{1}{H_1}\dfrac{IM}{IIM}+\dfrac{1}{H_2}\dfrac{1+H_2}{1+H_1})^2}＞0$$

社会财富稳定增长速度的上限 $\mu_{上}$ 对产业结构比的导数大于零。

同样可以求得社会财富稳定增长速度的下限 $\mu_{下}$ 对产业结构比的导数，有：

$$(\mu_{下})'=\frac{\dfrac{1+H_1}{H_1}\dfrac{1}{H_2}(\dfrac{1}{P_2}+\dfrac{1}{1+H_2})}{(\dfrac{1}{H_1}\dfrac{1+H_1}{1+H_2}\dfrac{IM}{IIM}+\dfrac{1}{H_2})^2}＞0$$

社会财富稳定增长速度的下限 $\mu_{下}$ 对产业结构比的导数大于零。

这表明准国民收入稳定增长速度 μ_0 的上限 $\mu_{上}$ 和下限 $\mu_{下}$ 取决于产业结构比 $\dfrac{IM}{IIM}$，随着产业结构比 $\dfrac{IM}{IIM}$ 的提高而上移，随着产业结构比 $\dfrac{IM}{IIM}$ 的下降而下移。

社会财富均衡增长速度取决于产业结构比，这一推论与 $P_1（1+H_2）＞P_2（1+H_1）$ 时的推论相同。

（五）实际增长速度低于均衡增长速度将导致产业结构比下降

用 $\mu_{0实}$ 表示来年准国民收入实际增长速度，用 $(\frac{IM}{IIM})_*$ 表示来年第一类商品与第二类商品的产业结构比。在第三篇第三章已经论证，当 $P_1(1+H_2)>P_2(1+H_1)$ 时，如果来年准国民收入实际增长速度 $\mu_{0实}$ 低于来年准国民收入均衡增长速度 μ_0'，即：

$$\mu_{0实}<\mu_0'$$

则：$(\frac{IM}{IIM})_* > \frac{IM}{IIM}$

前面已经论证，当 $P_1(1+H_2)<P_2(1+H_1)$ 时，如果来年准国民收入实际增长速度 $\mu_{0实}$ 低于来年准国民收入均衡增长速度 μ_0'，即：

$$\mu_{0实}<\mu_0'$$

则：$(\frac{IM}{IIM})_* < \frac{IM}{IIM}$

论证表明，当 $P_1(1+H_2)<P_2(1+H_1)$ 时，实际增长速度低于均衡增长速度将导致产业结构比下降。这一推论与 $P_1(1+H_2)>P_2(1+H_1)$ 时的推论恰好相反。

（六）实际增长速度高于均衡增长速度将导致产业结构比提高

同理可以论证，当 $P_1(1+H_2)<P_2(1+H_1)$ 时，如果：

$$\mu_{0实}>\mu_0'$$

则：$(\frac{IM}{IIM})_* > \frac{IM}{IIM}$

即，当 $P_1(1+H_2)<P_2(1+H_1)$ 时，实际增长速度高于均衡增长速度将导致产业结构比提高。这一推论与 $P_1(1+H_2)>P_2(1+H_1)$ 时的推论恰好相反。

（七）实际增长速度低于均衡增长速度将导致以后的均衡增长速度降低

前面已经论证，当 $P_1(1+H_2)<P_2(1+H_1)$ 时，如果实际增长速度低于均衡增长速度：

$$\mu_{0实}<\mu_0'$$

将导致来年产业结构比的下降：$(\frac{IM}{IIM})_* < \frac{IM}{IIM}$

由于准国民收入均衡增长速度 $\mu_0{}'$ 对产业结构比的导数大于零：

$$(\mu_0{}')^{\prime} = \frac{(\frac{1+H_1}{H_1} + \frac{P_1}{H_1})\frac{P_2}{H_2}}{(\frac{P_1}{H_1}\frac{IM}{IIM} + \frac{P_2}{H_2})^2} > 0$$

产业结构比 $\frac{IM}{IIM}$ 的下降会导致准国民收入均衡增长速度 $\mu_0{}'$ 的降低。因此，实际增长速度低于均衡增长速度将导致以后的均衡增长速度降低。这是一种正反馈现象，导致了社会财富减少的加速。

这一推论与 $P_1(1+H_2) > P_2(1+H_1)$ 时的推论恰好相反。

（八）实际增长速度高于均衡增长速度将导致以后均衡增长速度的提高

前面已经论证，当 $P_1(1+H_2) < P_2(1+H_1)$ 时，如果实际增长速度高于均衡增长速度：

$$\mu_{0实} > \mu_0{}'$$

将导致来年产业结构比的提高：$(\frac{IM}{IIM})_* > \frac{IM}{IIM}$

由于准国民收入均衡增长速度 $\mu_0{}'$ 对产业结构比的导数大于零：

$$(\mu_0{}')^{\prime} = \frac{(\frac{1+H_1}{H_1} + \frac{P_1}{H_1})\frac{P_2}{H_2}}{(\frac{P_1}{H_1}\frac{IM}{IIM} + \frac{P_2}{H_2})^2} > 0$$

产业结构比 $\frac{IM}{IIM}$ 的提高会导致准国民收入均衡增长速度 $\mu_0{}'$ 的提高。因此，实际增长速度高于均衡增长速度将导致以后的均衡增长速度提高，这是一种正反馈现象，导致了社会财富增长的加速。

这一推论与 $P_1(1+H_2) > P_2(1+H_1)$ 时的推论恰好相反。

（九）实际增长速度低于均衡增长速度将导致以后的增长速度限定区间下移

前面已经论证，当 $P_1（1+H_2）<P_2（1+H_1）$ 时，如果实际增长速度低于均衡增长速度：

$$\mu_{0实}<\mu_0'$$

将导致来年产业结构比的降低：$（\dfrac{IM}{IIM}）_* < \dfrac{IM}{IIM}$

当 $P_1（1+H_2）<P_2（1+H_1）$ 时，社会财富稳定增长速度的上限 $\mu_{上}$ 对产业结构比的导数大于零：

$$（\mu_{上}）' = \dfrac{\dfrac{1}{H_1}\dfrac{1}{H_2}\dfrac{1}{P_1}(1+H_2+P_2)}{（\dfrac{1}{H_1}\dfrac{IM}{IIM}+\dfrac{1}{H_2}\dfrac{1+H_2}{1+H_1}）^2} > 0$$

当 $P_1（1+H_2）<P_2（1+H_1）$ 时，社会财富稳定增长速度的下限 $\mu_{下}$ 对产业结构比的导数大于零：

$$（\mu_{下}）' = \dfrac{\dfrac{1+H_1}{H_1}\dfrac{1}{H_2}（\dfrac{1}{P_2}+\dfrac{1}{1+H_2}）}{（\dfrac{1}{H_1}\dfrac{1+H_1}{1+H_2}\dfrac{IM}{IIM}+\dfrac{1}{H_2}）^2} > 0$$

准国民收入稳定增长速度 μ_0 的上限 $\mu_{上}$ 和下限 $\mu_{下}$ 随着产业结构比 $\dfrac{IM}{IIM}$ 的降低而下移。因此，实际增长速度低于均衡增长速度将导致以后的增长速度限定区间下移。这是一种正反馈现象，导致了社会财富减少的加速。

这一推论与 $P_1（1+H_2）>P_2（1+H_1）$ 时的推论恰好相反。

（十）实际增长速度高于均衡增长速度将导致以后的增长速度限定区间上移

前面已经论证，当 $P_1（1+H_2）<P_2（1+H_1）$ 时，如果实际增长速度高于均衡增长速度：

$$\mu_{0实}>\mu_0'$$

将导致来年产业结构比的提高：$（\dfrac{IM}{IIM}）_* > \dfrac{IM}{IIM}$

当 $P_1（1+H_2）< P_2（1+H_1）$ 时，社会财富稳定增长速度的上限 $\mu_上$ 对产业结构比的导数大于零：

$$(\mu_上)' = \frac{\dfrac{1}{H_1}\dfrac{1}{H_2}\dfrac{1}{P_1}(1+H_2+P_2)}{(\dfrac{1}{H_1}\dfrac{IM}{IIM}+\dfrac{1}{H_2}\dfrac{1+H_2}{1+H_1})^2} > 0$$

当 $P_1（1+H_2）< P_2（1+H_1）$ 时，社会财富稳定增长速度的下限 $\mu_下$ 对产业结构比的导数大于零：

$$(\mu_下)' = \frac{\dfrac{1+H_1}{H_1}\dfrac{1}{H_2}(\dfrac{1}{P_2}+\dfrac{1}{1+H_2})}{(\dfrac{1}{H_1}\dfrac{1+H_1}{1+H_2}\dfrac{IM}{IIM}+\dfrac{1}{H_2})^2} > 0$$

准国民收入稳定增长速度 μ_0 的上限 $\mu_上$ 和下限 $\mu_下$ 随着产业结构比 $\dfrac{IM}{IIM}$ 的提高而上移。因此，实际增长速度高于均衡增长速度将导致以后的增长速度限定区间上移。这是一种正反馈现象，导致了社会财富增长的加速。

这一推论与 $P_1（1+H_2）> P_2（1+H_1）$ 时的推论恰好相反。

（十一）产业结构比被限定在一个合理的区间之内

第三篇第三章已经论证，只有当产业结构比被限定在一个合理的区间之内时，社会财富的增长才能够正常持续下去。

由社会财富增长原理性理论可知，在扩大再生产时必须满足 $IV + IM > IIC$，才有可能满足社会财富增长的必要条件。

因此，产业结构比 $\dfrac{IM}{IIM}$ 必须满足 $IV + IM > IIC$。由于：

$$IV = \frac{1}{H_1} IM，\quad IIC = \frac{P_2}{H_2} IIM$$

可以将 $IV + IM > IIC$ 改写为：

$$\frac{1}{H_1} IM + IM > \frac{P_2}{H_2} IIM$$

所以，产业结构比 $\dfrac{IM}{IIM}$ 必须满足下式：

$$\frac{IM}{IIM} > \frac{P_2}{H_2} \frac{H_1}{1+H_1}$$

由第三篇第二章稳定增长模型（3-2-15）式，可以求出在稳定均衡增长时 7 个未知量的表达式。

当准国民收入均衡增长速度 $\mu_0{}' > 0$ 时，有：

$$I\frac{M}{Z} > 0, \quad I\frac{M}{Y} > 0, \quad II\frac{M}{Z} > 0, \quad II\frac{M}{Y} > 0$$

当 $\mu_0{}' < \dfrac{H_1}{1+P_1}$ 时，有：

$$I\frac{M}{X} > 0$$

当 $\mu_0{}' < \dfrac{H_2}{1+P_2}$ 时，有：

$$II\frac{M}{X} > 0$$

当 $P_1(1+H_2) < P_2(1+H_1)$ 时，要满足稳定均衡增长的 7 个未知量均大于零，产业结构比 $\dfrac{IM}{IIM}$ 必须满足：

$$\frac{IM}{IIM} < \min\left\{ \frac{P_2}{P_1} \frac{H_1}{H_2} \frac{1+\dfrac{H_1}{1+P_1}}{\dfrac{1+H_1}{P_1}-\dfrac{H_1}{1+P_1}} , \quad \frac{P_2}{P_1} \frac{H_1}{H_2} \frac{1+\dfrac{H_2}{1+P_2}}{\dfrac{1+H_1}{P_1}-\dfrac{H_2}{1+P_2}} \right\}$$

由此可以得出产业结构比的限定区间：

$$\frac{P_2}{H_2} \frac{H_1}{1+H_1} < \frac{IM}{IIM} < \min\left\{ \frac{P_2}{P_1} \frac{H_1}{H_2} \frac{1+\dfrac{H_1}{1+P_1}}{\dfrac{1+H_1}{P_1}-\dfrac{H_1}{1+P_1}} , \quad \frac{P_2}{P_1} \frac{H_1}{H_2} \frac{1+\dfrac{H_2}{1+P_2}}{\dfrac{1+H_1}{P_1}-\dfrac{H_2}{1+P_2}} \right\}$$

这一推论与 P_1（$1+H_2$）＞P_2（$1+H_1$）时的推论相同。

六、《资本论》第二卷第二例对社会财富增长加速现象的验证

现在通过对《资本论》第二卷第二例的演算来验证前面所论证的社会财富增长加速现象。

《资本论》第二卷第二例在第一年的关系式是：

$$\left.\begin{array}{l} \text{I. 5 000c} + 1\,000\text{v} + 1\,000\text{m} = 7\,000 \\[1em] \text{II. 1 430c} + 285\text{v} + 285\text{m} = 2000 \end{array}\right\} = 9\,000^{①}$$

应用在第三篇第二章创建的稳定增长模型（3-2-15）式可以计算出《资本论》第二卷第二例来年的准国民收入均衡增长速度 μ_0'，及增长速度的上限 $\mu_\text{上}$ 和下限 $\mu_\text{下}$。

应用在第三篇第二章创建的非稳定增长模型（3-2-7）式对《资本论》第二卷第二例进行演算，在计算时所给出的来年实际增长速度 $\mu_{0实}$ 大于由产业结构比 $\dfrac{IM}{IIM}$ 所决定的均衡增长速度 μ_0'。

可以计算出《资本论》第二卷第二例各年的投资分配情况，以及各年的产业结构比 $\dfrac{IM}{IIM}$、增长速度的上限 $\mu_\text{上}$ 和下限 $\mu_\text{下}$、来年准国民收入实际增长速度 $\mu_{0实}$ 和来年准国民收入均衡增长速度 μ_0'。其计算结果如表 3-10-1 所示。

---

① ［德］卡尔·马克思. 资本论. 第二卷. 人民出版社, 2004 年: 579

表 3–10–1 《资本论》第二卷第二例对社会财富增长加速现象的验证

	IC	IV	IM	IIC	IIV	IIM	$\dfrac{IM}{IIM}$	$\mu_下$	$\mu_上$
第一年	5000	1000	1000	1430	285	285	3.50877	8.84%	8.87%
	$I\dfrac{M}{Y}$	$I\dfrac{M}{Z}$	$I\dfrac{M}{X}$	$II\dfrac{M}{Y}$	$II\dfrac{M}{Z}$	$II\dfrac{M}{X}$	来年实际 $\mu_{0实}$	来年均衡 μ_0'	
	467.183	93.437	439.38	102.807	20.4915	161.6915	8.866%	8.8647%	
第二年	IC	IV	IM	IIC	IIV	IIM	$\dfrac{IM}{IIM}$	$\mu_下$	$\mu_上$
	5467.18	1093.44	1093.44	1532.82	305.49	305.49	3.579	9.318%	9.351%
	$I\dfrac{M}{Y}$	$I\dfrac{M}{Z}$	$I\dfrac{M}{X}$	$II\dfrac{M}{Y}$	$II\dfrac{M}{Z}$	$II\dfrac{M}{X}$	来年实际 $\mu_{0实}$	来年均衡 μ_0'	
	637.665	127.533	328.239	16.3916	3.26686	285.833	9.35%	9.344%	
第三年	IC	IV	IM	IIC	IIV	IIM	$\dfrac{IM}{IIM}$	$\mu_下$	$\mu_上$
	6104.845	1220.97	1220.97	1549.21	308.76	308.76	3.9545	11.63%	11.67%
	$I\dfrac{M}{Y}$	$I\dfrac{M}{Z}$	$I\dfrac{M}{X}$	$II\dfrac{M}{Y}$	$II\dfrac{M}{Z}$	$II\dfrac{M}{X}$	来年实际 $\mu_{0实}$	来年均衡 μ_0'	
	744.96	148.99	327.01	147.77	29.45	131.54	11.665%	11.663%	
第四年	IC	IV	IM	IIC	IIV	IIM	$\dfrac{IM}{IIM}$	$\mu_下$	$\mu_上$
	6849.81	1369.96	1369.96	1696.98	338.21	338.21	4.0506	12.17%	12.21%
	$I\dfrac{M}{Y}$	$I\dfrac{M}{Z}$	$I\dfrac{M}{X}$	$II\dfrac{M}{Y}$	$II\dfrac{M}{Z}$	$II\dfrac{M}{X}$	来年实际 $\mu_{0实}$	来年均衡 μ_0'	
	890.52	178.1	301.34	152.42	30.378	155.406	12.205%	12.20%	

由表 3-10-1 可以看出：

在第一年，产业结构比 $\dfrac{IM}{IIM}$ =3.50877，来年准国民收入均衡增长速度 μ_0' =8.8647%，增长速度的上限 $\mu_上$ =8.87%，增长速度的下限 $\mu_下$ =8.84%，给定来年准国民收入实际增长速度 $\mu_{0实}$ =8.866%大于 μ_0' =8.8647%。

在第二年，产业结构比 $\dfrac{IM}{IIM}$ 提高为 3.579，来年准国民收入均衡增长速度 $\mu_0{}'$ 上升为 9.344%，增长速度的上限 $\mu_\text{上}$ 上移为 9.351%，增长速度的下限 $\mu_\text{下}$ 上移为 9.318%，再给定来年准国民收入实际增长速度 $\mu_{0\text{实}}$ =9.35%大于 $\mu_0{}'$ =9.344%。

在第三年，产业结构比 $\dfrac{IM}{IIM}$ 提高为 3.9545，来年准国民收入均衡增长速度 $\mu_0{}'$ 上升为 11.663%，增长速度的上限 $\mu_\text{上}$ 上移为 11.67%，增长速度的下限 $\mu_\text{下}$ 上移为 11.63%，再给定来年准国民收入实际增长速度 $\mu_{0\text{实}}$ =11.665%大于 $\mu_0{}'$ =11.663%。

在第四年，产业结构比 $\dfrac{IM}{IIM}$ 提高为 4.0506，来年准国民收入均衡增长速度 $\mu_0{}'$ 上升为 12.20%，增长速度的上限 $\mu_\text{上}$ 上移为 12.21%，增长速度的下限 $\mu_\text{下}$ 上移为 12.17%。

由于实际增长速度高于均衡增长速度，导致产业结构比 $\dfrac{IM}{IIM}$ 提高，进而导致均衡增长速度提高，增长速度的上、下限向上移动。

对《资本论》第二卷第二例的演算验证了经济繁荣条件下的社会财富增长加速现象。

七、未来经济的发展方向

美国作家乔治·克拉森（George S.Clason，1874—1957）出版过一部名为《为什么有钱的人越有钱·没钱的人越没钱》[①]的书，十分畅销。这本书不是在空想，而是在讲个人理财的理论。从书名可以看出，乔治·克拉森是在讲"有钱的人越有钱，没钱的人越没钱"的原因。而"有钱的人越有钱，没钱的人越没钱"是一种正反馈现象，其结果是"有钱的人越有钱"，个人的财富在加速增长。也就是说，对于个人理财或"微观经济"而言，财富的增长存在着正反馈现象，导致个人财富的加速增长。

人们对"有钱的人越有钱"，即对个人财富的加速增长现象是予以默认的，或

---

① ［美］乔治·克拉森. 肖文键译. 为什么有钱的人越有钱. 没钱的人越没钱. 中华工商联合出版社,2008 年

者说，人们对"微观经济"存在着财富加速增长现象是予以默认的。那么，对于宏观经济而言，是否也存在社会财富加速增长的现象呢？

先分析一下现实的社会财富增长情况。《资本论》第二卷第一例是对现实社会财富增长情况的描述，它有两个特点：其一是第一类商品的资本有机构成 P_1 大于第二类商品的资本有机构成 P_2，即 $P_1 > P_2$；其二是第一类商品的资本收益率 σ_1 小于第二类商品的资本收益率 σ_2，即 $\sigma_1 < \sigma_2$，可以表述为 $P_1（1 + H_2）> P_2（1 + H_1）$。

前面的分析已经表明，在社会财富增长的过程中有两个条件是任何情况下都必须遵守、对任何情况都同等有效的：其一是第一类商品与第二类商品之间的平衡交换；其二是国民收入增长速度取决于第一类商品与第二类商品的产业结构比 $\dfrac{IM}{IIM}$。

对于现实的社会财富增长情况，有 $P_1 > P_2$，$\sigma_1 < \sigma_2$。

如果 $P_1 > P_2$，由于资本有机构成是消耗的生产资料的价值与消耗的劳动力的价值之间的比例关系，那么在消耗的劳动力的价值相同的情况下，生产第一类商品要比生产第二类商品消耗更多的生产资料，消耗更多的自然界蕴藏的物质财富，而自然界蕴藏的物质财富又是有限的、不可再生的。

如果要保持较高的国民收入增长速度，就要保持较高的产业结构比 $\dfrac{IM}{IIM}$；要保持较高的产业结构比 $\dfrac{IM}{IIM}$，就必须要求第一类商品剩余价值 IM 的增长不能低于第二类商品剩余价值 IIM 的增长；要保持第一类商品剩余价值 IM 的增长，就必须加大对第一类商品的投资。

如果 $\sigma_1 < \sigma_2$，第一类商品是生产资料，在第一类商品资本收益率 σ_1 低于第二类商品资本收益率 σ_2 的情况下，又要保持甚至提高产业结构比 $\dfrac{IM}{IIM}$，那么只能在资本收益率 σ_1 相对较低的情况下，大量消耗自然界蕴藏的物质财富。

这表明，现实的社会财富增长情况，有 $P_1 > P_2$，$\sigma_1 < \sigma_2$。国民收入的增长速度是在资本收益率 σ_1 相对较低的情况下，依靠大量消耗生产资料来维持的。大量消耗生产资料等同于大量消耗自然界蕴藏的物质资源，而自然界蕴藏的物质资源是有限的、不可再生的。所以，不能说现实的社会财富增长情况是合理的。

如果能够依靠科学技术的进步和管理水平的提高，充分合理地利用资源，提高第一类商品的剩余价值率 H_1，就可以提高第一类商品的资本收益率 σ_1；与此同时，如果能够加大对第二类商品的投资，改变第二类商品的销售模式，对包括金融服务在内的中间环节加以控制，既提高第二类商品资本有机构成 P_2，又同时控制第二类商品的剩余价值率 H_2；这样就有可能导致第一类商品的资本有机构成 P_1 小于第二类商品的资本有机构成 P_2（即 $P_1 < P_2$），第一类商品的资本收益率 σ_1 大于第二类商品的资本收益率 σ_2（即 $\sigma_1 > \sigma_2$），同时保持较高的产业结构比 $\dfrac{IM}{IIM}$。

如果能够实现 $P_1 < P_2$，$\sigma_1 > \sigma_2$，这就意味着，在消耗相对较少资源的情况下，创造了更多的社会财富，实现了马克思所描述的经济繁荣。在这种情况下，由于满足 $P_1 < P_2$，$\sigma_1 > \sigma_2$，也就产生了经济繁荣条件下社会财富的加速增长。由论证可知，在宏观经济中同样可以存在社会财富加速增长的现象。

应当指出一点，当 $P_1 < P_2$，$\sigma_1 > \sigma_2$ 时，存在的社会财富增长加速现象是双向的，如果实际增长速度高于均衡增长速度，会出现社会财富增长的加速；如果实际增长速度低于均衡增长速度，则会出现社会财富减少的加速。

可以看出，当 $P_1 < P_2$，$\sigma_1 > \sigma_2$ 时，进入经济繁荣时期，这是以科学技术高度发达、管理水平显著提高为前提的。

从另一个角度讲，如果以科学技术高度发达、科学管理水平显著提高为前提，提高实体加工制造业的能力和水平，能够充分合理地利用资源，提高第一类商品的剩余价值率 H_1，使第一类商品的资本收益率 σ_1 得到提高；同时，改变第二类商品的销售模式，对包括金融服务在内的中间环节加以控制，在提高第二类商品资本有机构成 P_2 的同时，又控制第二类商品的剩余价值率 H_2；就有可能导致 $P_1 < P_2$，$\sigma_1 > \sigma_2$，同时保持较高的产业结构比 $\dfrac{IM}{IIM}$。这将使社会财富的增长进入经济繁荣时期，出现社会财富增长加速的现象，而且自然界蕴藏的物质资源也得到了充分的利用。乔治·克拉森所讲的"有钱的人越有钱"的微观经济正反馈现象，也同样会出现在经济繁荣条件下的宏观经济中。这种正反馈现象既充分利用了自然界蕴藏的物质资源，又使社会财富加速增长。

对于依据所创建的财富增长模型推导出的经济规律，可以通俗概括地解释为：如果能够在提高技术和管理水平的条件下，提高实体加工制造业的能力和水平，导致生产资料利用率和利润率提高，同时运用新型销售模式和金融监管政策，控制消费商品及金融服务等中间环节的利润率，扭转现实经济中生产资料商品的资本收益率小于消费商品的资本收益率的情况，就有可能在有效保护和利用自然界蕴藏的物质资源的情况下，创造更多的社会财富，使社会财富加速增长。这应当是社会财富增长的合理状态，也是未来经济发展的方向。

第十一章　局部最优之和并不等于整体最优

"科学方法所能教给我们的只是，事实是如何相互联系，又如何相互制约的。"[1]

一、概述

美国经济学家克拉克讲："一个社会的财富，是由各种各样的物品所组成的。"[2] 西斯蒙第讲："人类劳动的产物被称作财富……人们把财富和财富增长的理论，看作政治经济学的特有的目的。"[3]

通俗概括地讲，社会财富是通过人类劳动生产出的有使用价值和交换价值的物质产品。

第三篇前十章阐述了社会财富增长原理性理论和社会财富增长构造性理论及其在现实经济中的应用，并给出了关于未来经济繁荣条件下可能出现的规律性的推论。这都属于宏观经济的范畴，但是这些理论的基础是商品。如何能够消耗相对较少的资源而获得相对较多的财富，即获得相对较多的商品，这是现实经济中需要解决的问题，也是社会财富增长的基础。大家都知道，可以应用优化的方法来解决这个问题。但是，理论和实践都已经证实，应用单纯的优化方法解决局部的优化问题，能够使局部达到最优，但局部最优加起来并不等于整体最优。只有在局部最优的基础上再进行优化，才能达到整体最优。本章阐述了达到整体最优

---

① [美] 爱因斯坦. 方在庆, 韩文博, 何维国译. 爱因斯坦晚年文集. 科学与宗教. 海南出版社, 2000 年: 24

② [美] 克拉克. 陈福生, 陈振骅译. 财富的分配. 商务印书馆, 1981 年: 282

③ [瑞士] 西斯蒙第. 胡尧步, 李直, 李玉民译. 政治经济学研究. 第一卷. 导言. 商务印书馆, 1985 年: 10

的方法和整体优化计算的全过程,并将该方法应用到中国企业管理的实际计算中。

二、中国资源优化分配模型

笔者在 1984 年撰写论文《中国资源优化分配模型》,发表在《南开经济研究所季刊》1984 年第 3 期。文章从理论上阐述了资源的多级优化方法,并应用所提出的方法对当时天津市的有关工业情况进行了实际计算,验证了所提出的方法。1985 年,应大庆石油管理局的邀请,笔者带领包括南开大学数学系左义欣老师在内的课题组赴大庆,并采用笔者设计的优化模型顺利完成大庆油田的管理项目。1987 年,应辽河油田的邀请,笔者又带领课题组赴辽河油田,顺利完成辽河油田的管理项目。

1987 年,笔者主编的《经济管理实用程序选》由天津人民出版社出版。该书的第四章第七节对实际数据进行了技术性处理,使其成为模拟数据,并应用论文《中国资源优化分配模型》中的主要公式进行了实际的演算,同时给出了实际演算的计算机程序(计算机程序主要由左义欣老师编写)。结果表明,该方法具有可操作性,可称之为"资源的两级优化分配"。

现将该书中的"资源的两级优化分配"①一节转载如下。②由于篇幅所限,没有转载相关的计算机程序,需要者可以查阅原著。

三、资源的两级优化分配

例

某局下属 A、B、C 三个公司,每个公司各有四个所属工厂。该局拥有煤189142.0 吨、水 9366672.0 吨、电 20844.4 万度及足够量的生产所需的其他资源。由于煤、水、电三种资源比较紧缺,所以需要进行计划分配。该局根据各公司的设备及生产情况,对三种资源做了预计分配方案,如表 3-11-1 所示。

---

① 贾凤和主编. 经济管理实用程序选. 天津人民出版社, 1987 年: 178-197
② 为保持全书体例一致,对表格和公式的编号做了改动

表 3-11-1

企业＼资源	煤（吨）	水（吨）	电（万度）	预计实现利润（万元）
A 公司	35896.0	2299246.0	2328.1	2770.5
B 公司	39768.0	1681956.0	15710.8	3893.6
C 公司	103478.0	5685470.0	2805.5	3169.9
合　计	189142.0	9366672.0	20844.4	9834.0

各公司将这些资源分配给所属工厂使用，各工厂根据上级分配的资源和本厂的生产能力，可以计划出本厂的获利情况，如表 3-11-2 所示。

表 3-11-2

企业＼资源利润		煤（吨）	水（吨）	电（万度）	实现利润（万元）	保本利润（万元）	最大创利能力（万元）
A 公司	一厂	16840.0	674961	957.8	711.2266	640.09	732.55
	二厂	667.0	532773	494.7	396.8379	357.14	408.73
	三厂	8409.0	400535	391.1	915.5253	823.96	942.98
	四厂	9980.0	690977	484.5	746.9141	672.22	769.31
B 公司	五厂	14190.0	850609	5775.5	2075.0418	1867.53	2137.29
	六厂	17607.0	304079	6757.6	1181.5534	1063.39	1216.99
	七厂	6866.0	456712	3068.8	604.8129	544.33	622.95
	八厂	1105.0	70556	113.9	32.1829	28.96	33.14
C 公司	九厂	59776.0	2682700	1611.8	1962.9180	1766.62	2021.79
	十厂	664.0	1133160	519.6	333.8454	300.45	343.85
	十一厂	34055.0	1299610	513.9	599.0693	539.16	617.04
	十二厂	9891.0	270000	160.2	274.1182	246.70	282.33

各厂获得一个单位利润时所消耗煤、水、电的数额（简称单耗）如表 3-11-3 所示。

表 3-11-3

资源 企业		煤（吨）	水（吨）	电（万度）	单位利润
A 公 司	一厂	23.677	949.009	1.346	1
	二厂	1.68	1342.545	1.246	1
	三厂	9.184	437.492	0.427	1
	四厂	13.361	925.109	0.648	1
B 公 司	五厂	6.383	409.923	2.783	1
	六厂	14.901	257.355	5.719	1
	七厂	11.352	755.129	5.065	1
	八厂	34.334	2192.388	3.539	1
C 公 司	九厂	30.452	1366.689	0.821	1
	十厂	1.988	3394.265	1.556	1
	十一厂	56.846	2169.381	0.857	1
	十二厂	32.763	984.976	0.548	1

从表 3-11-3 中可以看到，同一种资源，各厂的单耗是不同的。也就是说，将同样多的某种资源分配给单耗小的厂使用，获得的利润要多些；分配给单耗大的厂使用，获得的利润要少些。现在要问：怎样分配这些资源才能使该局所获得的总利润最大？即怎样才能发挥这些资源的最大经济效益？

（一）计算公式

这个问题比较复杂，需要用影子价格理论对资源进行两级优化分配。在此略作说明。

某局的目的是要获得最大的利润，但还必须满足下述条件：

① 生产的产品能满足对其上、下限需求量的要求；

② 生产的产品能满足指令性计划指标的要求；

③ 不超过每个厂的最大生产能力；

④ 每个厂最低仍可获得保本利润。

在满足上述条件的情况下，用二级优化分配资源的方法，可以使该局获得最大的利润。

第一级优化分配资源，是在保持影子价格不变的情况下，使利润为最大。

第二级优化分配资源，是在改变影子价格的情况下，使利润为最大，以实现比第一级优化分配后更优的分配。

（1）资源第一级优化分配

设有 L 个经济部门（如公司），第 i 部门所用第 j 种资源的数量为 B_{ij}；第 i 部门生产第 k 类产品的数量为 X_{ik}；第 i 部门生产第 k 类产品所需第 j 种资源的数量为 A_{ijk}；第 i 部门所生产的第 k 类产品的利润为 C_{ik}。

对第 i 部门所生产的第 k 类产品的数量，如果限制其上限，用 $E2_{ik}$ 表示；如果限制其下限，用 $E1_{ik}$ 表示；如果不限制，则给 0。

对第 i 部门所生产的第 k 类产品的数量如果下达指令性指标，则以 D_{ik} 表示，此时 $D_{ik}>0$，如果不下达指令性指标，则 $D_{ik}=0$。

第 i 部门在满足指令性指标及对产品数量上、下限的限制条件下，使其达到利润最大的计划问题，可以归纳为在约束条件下：

$$\sum_{k}^{n}[1-\mathrm{Sing}(D_{ik})]A_{ijk}X_{ik}\leqslant B_{ij}-\sum A_{ijk}D_{ik}$$

$$\mathrm{Sing}(E2_{ik})\ X_{ik}\leqslant E2_{ik}$$

$$\mathrm{Sing}(-E1_{ik})\ X_{ik}\leqslant -E1_{ik} \tag{3-11-1}$$

$$X_{ik}\geqslant 0$$

$$(j=1,2,\cdots,n_i;\ k=1,2,\cdots,n_i)$$

求 X_{ik}（$k=1,2,\cdots,n_i$），使目标函数：

$$S_i=\sum_{k}^{n}[1-\mathrm{Sing}(D_{ik})]C_{ik}X_{ik} \tag{3-11-2}$$

为最大值的线规性划。

其中，n_i 为第 i 部门所生产产品的种类。

解（3-11-1）式、（3-11-2）式所构成的线性规划，可获得最佳计划时的下述信息：

X_{ik}：表示第 i 部门生产第 k 类产品的最佳数量；

W_{ik}：表示第 i 部门使用第 j 种资源的影子价格；

AMB_{ij} 与 ANB_{ij}：表示第 i 部门在影子价格不变时，允许使用第 j 种资源的上、下限。

设 AKB_{ij} 为第 i 部门可以消耗第 j 种资源的最大能力。

依据对第 i 部门的指令性指标及对产品数量下限的限制，可得该部门所需各种资源的最低数量，用 GB_{ij} 来表示。

对 L 个部门分别进行计算，均可得到上述信息。

设第 j 种资源的影子价格在 L 个部门中的方差为 DW_j，有：

$$DW_j = \sum_i^L (W_{ij} - EW_j)^2 / L \tag{3-11-3}$$

其中，EW_j 为第 j 种资源影子价格的数学期望。在此：

$$EW_j = \sum_i^L W_{ij} / L \tag{3-11-4}$$

对于第 i 部门的第 j 种资源而言，如果有：

$$W_{ij} < EW_j - DW_j \tag{3-11-5}$$

则应减少对第 i 部门的第 j 种资源的供给，作为第一级优化分配，其减少的数量 FB_{ij} 应满足下述约束条件：

$$FB_{ij} \leqslant （B_{ij} - ANB_{ij}） / H \tag{3-11-6}$$

$$FB_{ij} \leqslant （B_{ij} - GB_{ij}） / H \tag{3-11-7}$$

式中，$H（H > 1）$ 为控制系数。如果有：

$$W_{ij} > EW_j - DW_j \tag{3-11-8}$$

则应增加对第 i 部门的第 j 种资源的供给，作为第一级优化分配，其增加的数量 EB_{ij} 应满足下述约束条件：

$$EB_{ij} \leqslant （AMB_{ij} - B_{ij}） / H \tag{3-11-9}$$

$$EB_{ij} \leqslant （AKB_{ij} - B_{ij}） / H \tag{3-11-10}$$

对于 L 个部门而言，资源的增加与减少应互相平衡，即应满足下式：

$$\sum_i^L FB_{ij} = \sum_i^L EB_{ij} \tag{3-11-11}$$

所谓第一级优化分配，是指在保持影子价格不变的情况下，对L个部门的资源进行最佳分配，使L个部门的总利润达到最大。在对各种资源进行调整时，L个部门总利润的增加为：

$$\sum_{i}^{L} EB_{ij}W_{ij} - \sum_{i}^{L} FB_{ij}W_{ij} \tag{3-11-12}$$

因此，可以把资源的第一级优化分配问题归纳为在约束条件下：

$$\left.
\begin{aligned}
&[1 - \mathrm{Sing}(DF_{ij})]\, FB_{ij} \leqslant (B_{ij} - ANB_{ij})\,/\,H \\[2ex]
&[1 - \mathrm{Sing}(DF_{ij})]\, FB_{ij} \leqslant (B_{ij} - GB_{ij})\,/\,H \\[2ex]
&EB_{ij} \leqslant (AMB_{ij} - B_{ij})\,/\,H \\[2ex]
&EB_{ij} \leqslant (AKB_{ij} - B_{ij})\,/\,H \\[2ex]
&\sum_{i}^{L} EB_{ij} - \sum_{k}^{n}[1 - \mathrm{Sing}(DF_{ij})]FB_{ij} = \sum_{i}^{L} DF_{ij} \\[2ex]
&FB_{ij} \geqslant 0 \\[2ex]
&EB_{ij} \geqslant 0 \\[2ex]
&(i = 1, 2, \cdots, L;\ j = 1, 2, \cdots, n_i)
\end{aligned}
\right\} \tag{3-11-13}$$

求 FB_{ij}、EB_{ij}（$i = 1, 2, \cdots, L$；$j = 1, 2, \cdots, n_i$），使目标函数：

$$S_1 = \sum_{i}^{L} W_{ij}EB_{ij} - \sum_{k}^{n} W_{ij}[1 - \mathrm{Sing}(DF_{ij})]FB_{ij} \tag{3-11-14}$$

为最大值的线性规划。

其中，DF_{ij} 为对第 i 部门第 j 种资源的指令性调整量，如果不存在指令性调整量，则 $DF_{ij} = 0$。

由（3-11-13）式、（3-11-14）式，可获得第 i 部门第 j 种资源在第一级优化分配时的调整量为 $EB_{ij} - FB_{ij}$，将此结果代入（3-11-1）式，便可得到在影子价格不变的条件下，各部门经第一级资源优化分配后的最佳计划表达式，为在约束条件下：

$$\sum_{k}^{n}[1-\mathrm{Sing}(D_{ik})]A_{ijk}X_{ik} \leqslant B_{ij}+EB_{ij}-FB_{ij}-\sum_{k}^{n}A_{ijk}D_{ik}$$

$$\mathrm{Sing}(E2_{ik})\,X_{ik} \leqslant E2_{ik}$$

$$\mathrm{Sing}(-E1_{ik})\,X_{ik} \leqslant -E1_{ik} \qquad\qquad (3\text{-}11\text{-}15)$$

$$X_{ik} \geqslant 0$$

$$(j=1,2,\cdots,n_i;\ k=1,2,\cdots,n_i)$$

求 X_{ik}（$k=1,\cdots,n$），使目标函数：

$$S' = \sum_{k}^{n}[1-\mathrm{Sing}(D_{ik})]C_{ik}X_{ik} \qquad\qquad (3\text{-}11\text{-}16)$$

为最大值的线性规划。

由此可获得各类产品的最佳数量，用 X'_{ik} 表示，及 L 个部门的总利润 S' 为：

$$S' = \sum_{i}^{L}S_i + S_1 = \sum_{i}^{L}S'_i \qquad\qquad (3\text{-}11\text{-}17)$$

经第一级优化分配后，不仅各类产品满足了指令性指标及对产品数量上、下限的限制，而且使各部门的总利润增加了 S_1。

（2）资源第二级优化分配

经过资源的第一级优化分配后，并不能保证已对资源进行了最优分配，因为第一级优化分配是在保持影子价格不变的情况下进行的。第二级优化分配，是突破影子价格变动上、下限，在影子价格改变的情况下，使资源达到最优分配。

假设第一级优化分配后，经过对（3-11-15）式、（3-11-16）式进行计算，得到下述信息：

X'_{ik}：表示第 i 部门生产第 k 类产品的最佳数量；

W'_{ij}：表示第 i 部门使用第 j 种资源的影子价格；

AMB_{ij}：表示在影子价格不变的情况下，允许第 i 个部门使用第 j 种资源的上限；

ANB_{ij}：表示在影子价格不变的情况下，允许第 i 个部门使用第 j 种资源的下限。

由此可得，第 j 种资源的影子价格在 L 个部门中的方差 DW'_j：

$$DW'_j = \sum_i^L (W'_{ij} - EW'_j)^2 / L \tag{3-11-18}$$

及数学期望：

$$EW'_j = \sum_i^L W'_{ij} / L \tag{3-11-19}$$

现假定：

$$W'_{ij} < EW'_j - DW'_j \tag{3-11-20}$$

为了突破影子价格，需要确定一个突破点，设它是第 P 个部门的第 Q 种资源，则：

$$W_{PQ}^{(1)} = \max(EW'_j - DW'_j - W'_{ij}) \tag{3-11-21}$$

$$(i = 1, 2, \cdots, L; j = 1, 2, \cdots, n_i)$$

突破限额为 BR / K。

其中：

$$BR = \begin{cases} ANB_{PQ} - GB_{PQ} & \text{当 } ANB_{PQ} > GB_{PQ} \\ B_{PQ} - ANB_{PQ} & \text{当 } ANB_{PQ} = GB_{PQ} \end{cases} \tag{3-11-22}$$

若 $ANB_{PQ} < GB_{PQ}$，则另选 P、Q。

这样，在第二级优化分配中，首先对第 P 部门的第 Q 种资源减少供给，其减少数量 FB_{PQ} 为：

$$FB_{PQ}^{(2)} = B_{PQ} - ANB'_{PQ} + BR / K \tag{3-11-23}$$

其中，K 为常数。

将（3-11-23）式代入（3-11-13）式、（3-11-14）式的线性规划中，便得到资源第二级优化分配中的第一步调整量。可用 $EB_{ij}^{(2)}$、$FB_{ij}^{(2)}$ 表示，将其代入（3-11-1）式，得到对资源第二级优化分配中第一步调整时的最佳计划表达式，为在约束条件下：

$$\sum_{k}^{n}[1-\mathrm{Sing}(D_{ik})]A_{ijk}X_{ik} \leqslant B_{ij}^{/} + EB_{ij}^{(2)} - FB_{ij}^{(2)} - \sum_{k}^{n}A_{ijk}D_{ik}$$

$$\mathrm{Sing}(E2_{ik})\,X_{ik} \leqslant E2_{ik}$$

$$\mathrm{Sing}(-E1_{ik})\,X_{ik} \leqslant -E1_{ik}$$

$$X_{ik} \geqslant 0$$

$$(\,j=1,2,\cdots,\ n_i\,;\ k=1,2,\cdots,\ n_i\,)$$

（3-11-24）

求 X_{ik}，使目标函数：

$$S = \sum_{k}^{n}[1-\mathrm{Sing}(D_{ik})]C_{ik}X_{ik} \tag{3-11-25}$$

为最大值的线性规划。

其中：

$$B_{ij}^{/} = B_{ij} + EB_{ij} - FB_{ij} \tag{3-11-26}$$

第二级优化分配中的第二步是将（3-11-24）式等同于（3-11-1）式，将（3-11-25）式等同于（3-11-2）式，重复进行第一级优化分配过程，设此刻 L 个部门的总利润为 $S^{(2)}$。

第二级优化分配中的第三步是进行判断：

如果有 $S^{(2)} \leqslant S^{/}$ （3-11-27）

则停止第二级优化分配，并取第一级优化分配为最佳分配。

如果有 $S^{(2)} \geqslant S^{/}$ （3-11-28）

则重复第二级优化分配过程，直至 $S_{j+1}^{(2)} \leqslant S_{j}^{(2)}$ （3-11-29）

并取第 i 次的第二级优化分配为最佳分配。

其中，$S_{j}^{(2)}$ 为第 i 次重复第二级优化分配过程的总利润值。

经过第二级优化分配后，可以认为，单纯就资源的分配而言，已达到最佳分配。

（二）程序使用说明及计算机程序

由于篇幅所限，计算机程序[1]、程序使用说明以及输入数据、中间结果、最后优化结果[2]等内容不在此转载。

① 贾凤和主编. 经济管理实用程序选. 附录程序 35. 天津人民出版社, 1987 年: 404-436
② 贾凤和主编. 经济管理实用程序选. 天津人民出版社, 1987 年: 187-197

跋

我将这部书献给我的女儿和全球的青年人，及所有渴求知识的人。

为人类做出巨大贡献的物理学家爱因斯坦讲："人的价值应该体现于他能给予什么，而不是在于他能获得什么……只有这样的心理基础才能导致一种快乐的愿望，去追求人类最高财富，即知识和艺术家般的技艺。"[①]

在公元前5世纪时，古希腊哲学家苏格拉底就质问："你只注意尽力获得金钱，以及名声和荣誉，而不注意或思考真理、理智和灵魂的完善，难道你不感到可耻吗？"[②]

同样在公元前5世纪时，中国思想家、教育家孔子的学生曾子曰："吾日三省吾身——为人谋而不忠乎？与朋友交而不信乎？传不习乎？"曾子说："我每天多次反躬自问替别人办事，是不是尽心竭力了呢？同朋友交往，是不是诚心实意呢？老师传授我的学业，是不是复习了呢？"[③]

让我们以先人的教诲来勉励自己，尊重事实，尊重知识，完善自己的理智和灵魂，严于律己，诚信待人，崇尚奉献，这个世界会更加美好。

---

① 爱因斯坦. 方在庆等译. 爱因斯坦晚年文集. 论教育. 海南出版社. 2000年: 35

② 王晓朝译. 柏拉图全集. 第一卷. 申辩篇. 人民出版社. 2002年: 18

③ 今译锡伯峻，吴榭平. 英译潘富恩，沮少霞. 论语今译（汉英对照）. 学而篇第一. 齐鲁书社. 1993年: 2-4

后　记

　　这部书稿完成之后，心情久久不能平静。回想起几十年的工作经历，由衷感谢已故中国科学院院士、西安交通大学教授周惠久先生，感谢西安交通大学邓增杰教授，感谢他们在我年轻时对我的信任，把重要的科研项目交给我，让我有机会不断地探索新的领域，感谢他们在工作中对我的严格要求，在科研实践中培养我严谨的作风；感谢我的南开校友、西安交通大学张文修教授在方法论方面对我的帮助；感谢已故中国社会科学院工业经济研究所副所长张宣三教授对我的言传身教，让我领悟了人的正直、信念和坚强，懂得了搞经济研究"读万卷书、走万里路"的真正含义；感谢已故经济学家、南开大学原校长滕维藻教授对我承担国家重点科研项目的支持和指教；感谢南开大学教授杨敬年先生对我的指教；感谢几任南开大学校领导对我的关心和支持；感谢南开大学数学学院计算机实验室高级工程师左义欣老师多年来的通力合作和帮助。

　　欣慰地感谢我的学生天津财经大学李腊生教授、南开大学钟茂初教授、天津大学陈通教授，及晏松柏、刘培刚等多位生活、工作在海内外的学生，感谢他们多年来对我的关心和支持。

　　还要感谢孙劭、尹恩成、顾兴前等我的国内朋友们，以及刘洪利、郑道阳、谢新坦等我的美国朋友们多年来对我的关心和支持。

　　西安交通大学邓增杰教授对这部书的初稿提出了非常中肯的意见，南开大学出版社胡晓清编审对这部书的出版给予了大力的支持，责任编辑吴中亚认真负责，对此表示衷心感谢！

　　同时非常感谢我的夫人和女儿对我的支持和帮助。

　　希望我的付出和努力能够给我的家人、朋友和社会带来有益的帮助。

　　最后还应当讲一句，一个人做一件事情能够成功，不仅要付出艰辛和努力，要得到良师益友的支持和帮助，往往还要经历各种磨难。中国四大名著之一《西游记》讲述唐僧取经的故事，在唐僧已经拿到经书之后，"菩萨问道：'那唐僧四众，一路上心行何如？'诸神道：'……唐僧受过之苦，真不可言。他一路上历过的灾愆患难，弟子已谨记在此……'……菩萨道：'佛门中九九归真，圣僧受过八十难，还少一难……'"[①]。唐僧经受过八十一难方取得真经。磨难是试金石，磨难是催化剂，磨难能够增强开创者的意志，磨难能够激发开创者的思维。因此，对于给你带来磨难的人，不要怨恨。

人们传诵着南非前总统曼德拉[②]的一句名言："当我走出囚室迈向通往自由的监狱大门时，我已经清楚，自己若不能把痛苦与怨恨留在身后，那么其实我仍在狱中。""把痛苦与怨恨留在身后"就是在解放自己的思维，就是在增强自己的意志。没有磨难就没有成功，"所谓成功，就是不停地经历失败，并且始终保持热情"[③]。所以，也要对带来磨难的人说一声"谢谢"。

贾凤和

写于南开大学

---

① 吴承恩. 西游记. 第九十九回. 岳麓书社, 1994 年: 1050-1051

② 南非历史上首位黑人总统纳尔逊·罗利赫拉赫拉·曼德拉（Nelson Rolihlahla Mandela），出生于 1918 年 7 月 18 日，被尊称为南非国父

③ 注：据说这是英国前首相丘吉尔的名言，英文是 "Success is going from failure to failure without losing enthusiasm"

南开大学出版社网址：http://www.nkup.com.cn

投稿电话及邮箱：   022-23504636   QQ：1760493289
                                               QQ：2046170045(对外合作)
邮购部：   022-23507092
发行部：   022-23508339   Fax：022-23508542

南开教育云：http://www.nkcloud.org

App：南开书店 app

　　南开教育云由南开大学出版社、国家数字出版基地、天津市多媒体教育技术研究会共同开发，主要包括数字出版、数字书店、数字图书馆、数字课堂及数字虚拟校园等内容平台。数字书店提供图书、电子音像产品的在线销售；虚拟校园提供 360 校园实景；数字课堂提供网络多媒体课程及课件、远程双向互动教室和网络会议系统。在线购书可免费使用学习平台，视频教室等扩展功能。